Christa Müller
Schatten des Schweigens, Notwendigkeit des Erinnerns

Forschung Psychosozial

Christa Müller

Schatten des Schweigens, Notwendigkeit des Erinnerns

Kindheiten im Nationalsozialismus, im Zweiten Weltkrieg und in der Nachkriegszeit

Psychosozial-Verlag

Bibliografische Information der Deutschen Nationalbibliothek
Die Deutsche Nationalbibliothek verzeichnet diese Publikation in der Deutschen
Nationalbibliografie; detaillierte bibliografische Daten sind im Internet über
http://dnb.d-nb.de abrufbar.

Originalausgabe
© 2014 Psychosozial-Verlag
Walltorstr. 10, D-35390 Gießen
Fon: 06 41 - 96 99 78 - 18; Fax: 06 41 - 96 99 78 - 19
E-Mail: info@psychosozial-verlag.de
www.psychosozial-verlag.de
Umschlagabbildung: Luftbrücke, 1948 © AdsD, 6/FOTB001549
Umschlaggestaltung: Hanspeter Ludwig, Wetzlar, www.imaginary-world.de
Druck: Majuskel Medienproduktion GmbH, Wetzlar, www.majuskel.de
Printed in Germany
ISBN 978-3-8379-2354-4

Inhalt

Vorwort

In dieser Untersuchung werden die Auswertungsergebnisse einer Zeitzeugenbefragung von Angehörigen der Jahrgänge 1932 bis 1946 vorgestellt, deren Kindheiten im Nationalsozialismus, im Zweiten Weltkrieg und in der Nachkriegszeit erheblich beeinträchtigt waren. Kennzeichnend für die Generation der sogenannten »Kriegskinder des Zweiten Weltkriegs« ist, dass sie bis Anfang der 1990er Jahre hinsichtlich ihres spezifischen Entwicklungshintergrundes weder in der wissenschaftlichen Forschung noch im öffentlichen Bewusstsein und nicht einmal von den Betroffenen selbst Beachtung erfahren hat.

Die vorliegende Forschungsarbeit nimmt auf diesen Mangel Bezug. Sie beinhaltet eine differenzierte, qualitative wissenschaftliche Auswertung 72 narrativer Interviews, die mit einer Teilgruppe der Kriegskinder des Zweiten Weltkriegs in den Jahren 2005 und 2006 im Rahmen des Münchener Projekts Kriegskindheit geführt wurden. Der Wunsch, die Kindheitserlebnisse dieser zum Interviewzeitpunkt 60- bis 75-jährigen Personen erfahren und verstehen zu wollen, entwickelte sich zunächst aus einem allgemeinen Interesse heraus, dessen persönliche Beweggründe ich anfangs noch nicht eindeutig hätte benennen können. Mein Geburtsjahrgang ist 1957, ich gehöre der Generation der sogenannten »Kriegsenkel des Zweiten Weltkriegs« an. Mein familiärer Hintergrund ist dadurch gekennzeichnet, dass meine Eltern die Zeit des Nationalsozialismus und den Zweiten Weltkrieg in ihrer Jugend bzw. im jungen Erwachsenenalter erlebt haben. In den Erzählungen meiner Eltern über ihre Erfahrungen im nationalsozialistischen Deutschland und im Zweiten Weltkrieg kam ich, im Gegensatz zu anderen Themen, in gewisser Weise mit einer »emotionalen Distanz« in Berührung. Auch im außerfamiliären Kontext vermittelten sich mir in erster Linie historische »Fakten« bzw. statistische Größen der Zeit des Nationalsozialismus und des Zweiten Weltkrieges. Obwohl diese Fakten keine gefühlsneutralen Daten für mich darstellten, schien mir auch im gesellschaftlichen Kontext der emotionale Zugang zu den ungeheuerlichen Geschehnissen und soziokulturellen Phänomenen jener Zeit auf einer persönlichen Ebene schwer möglich.

Nimmt man auf das Phänomen der »emotionalen Distanzierung« unter soziohistorischer Perspektive Bezug, so wird deutlich, dass es in seinen restriktiven Ausprägungen bis in das wilhelminische Kaiserreich zurückreicht und dort neben anderen preußischen »Tugenden« (wie z.B. eiserner Disziplin, Gehorsam, Härte gegen sich selbst und andere etc.) als maßgebliche psychosoziale Norm Niederschlag gefunden hat. Diese repressiven Persönlichkeitsideale wurden in der Zeit des Nationalsozialismus gesellschaftlich forciert und gipfelten in dem Postulat, »alles Schwache zu eliminieren«. Grundlegende, unermessliche Verletzungen jeglicher Menschenrechte waren die Folge.

Auf erschütternde Weise kam ich im jungen Erwachsenenalter beim Lesen des Buches *KZ-Dachau. Eine Welt ohne Gott* mit den Gräueln des Nationalsozialismus in Berührung. Der Autor des Textes, Pater Sales, ein früherer Abt des Benediktinerklosters Münsterschwarzach, war über vier Jahre im KZ Dachau interniert. Seine detaillierten Beschreibungen der Geschehnisse im KZ lösten heftige Gefühlsbewegungen, vor allem aber ein Gefühl der Sprachlosigkeit in mir aus, das es mir zunächst unmöglich machte, über die Inhalte dieses Buches zu sprechen. Ich denke, dass diese und viele weitere eindrückliche »Berührungen« mit den Geschehnissen der jüngsten deutschen Vergangenheit die Folie bildeten, die der vorliegenden psychohistorischen Auseinandersetzung mit der nationalsozialistischen Vorkriegszeit, der Kriegszeit des Zweiten Weltkriegs und der Nachkriegszeit zugrunde liegt.

Die Auseinandersetzung mit der komplexen und vielschichtigen Erinnerungswelt der Studienteilnehmer eröffnete eine persönliche Ebene der Begegnung mit den Geschehnissen jener Zeit. Im Verlauf des Forschungsprozesses zeigte sich, dass weder in privaten noch in gesellschaftlichen Bereichen hinreichende Kommunikationsräume tradiert wurden, in denen die Themenbereiche »Kindheit und Jugend im Nationalsozialismus der Vorkriegszeit«, »Kindheit und Jugend im Zweiten Weltkrieg« und »Kindheit und Jugend in der Nachkriegszeit« als fester Bestandteil eines Generationen übergreifenden Dialoges hätten reflektiert werden können. Die Beschäftigung mit der Forschungsthematik eröffnete jenseits der medialen Präsenz des Themas »Kriegskindheit« gleichsam einen persönlichen und auch öffentlichen – mehr oder weniger großen – Resonanzraum, in dem es immer wieder einer erheblichen inneren Anstrengung bedurfte, diesen komplexen Forschungsdialog aufrecht zu erhalten. Mein Dank gilt daher insbesondere meinen Familienangehörigen und all denjenigen, die mich in diesem Dialog unterstützten. Mein besonderer Dank gilt Herrn Prof. Dr. phil. Wolfgang Mertens für seine vielfältige Unterstützung. Herrn Prof. Dr. med. Michael Ermann, dem Projektleiter des Münchener Projekts Kriegskindheit, sowie meinen Kolleginnen und Kollegen danke ich für ihre langjährige hilfreiche Präsenz bei der Bewältigung der komplexen und aufwendigen Arbeitsbereiche. Besonderer Dank geht auch an den Leiter des Projekts »Zeitzeugen des Hamburger Feuersturms und ihre Familien«, Herrn Priv.-Doz. Dr. med. Dipl.-Psych. Ulrich Lamparter, und an seine Mitarbeiter für den regen und inspirierenden Forschungsdialog. Nicht zuletzt gilt mein Dank Herrn Prof. Dr. med. Hartmut Radebold und den Mitgliedern der w2k-Forschergruppe; der kollegiale und konstruktive interdisziplinäre Austausch war eine große Bereicherung im Umgang mit der vielschichtigen Forschungsthematik. Mein Dank richtet sich zudem an die Steeger-Hain Stiftung in München, die für diese Arbeit Forschungsmittel bereitgestellt hat.

München, im Mai 2014
Christa Müller

»Kriegskindheit« im historischen Kontext – Hintergründe und Fragestellungen

Für die Erinnerungskultur Deutschlands sind die Auswirkungen des Nationalsozialismus und des Zweiten Weltkrieges von maßgeblicher Bedeutung. Die Folgen des unfassbaren Unrechts, das im nationalsozialistischen Deutschland begangen wurde, haben bis heute Einfluss auf gesellschaftliche und persönliche Prozesse, die in der deutschen Erinnerungskultur in unzureichender Weise in ihren vielschichtigen Dimensionen reflektiert werden. Der Weg zu einer reifen nationalen wie individuellen Identität setzt eine selbstkritische Auseinandersetzung mit den weitreichenden Einflüssen der Geschehnisse im nationalsozialistischen Deutschland, im Zweiten Weltkrieg und in der Nachkriegszeit voraus. Ein breites Spektrum bewusster und unbewusster Tradierungsprozesse im öffentlichen, familiären und individuellen Kontext beeinflusst bis heute die Ausgestaltung kollektiver und individueller Identitäten und formt somit das historische Bewusstsein unserer Gesellschaft ebenso wie das individuelle Bewusstsein ihrer Mitglieder. Fragen des privaten und öffentlichen Diskurses und somit der persönlichen und öffentlichen Geschichtswahrnehmung sind eng mit Fragen der nationalen Identitätsstiftung verbunden. Diese berühren immer wieder eine Vielzahl persönlicher und gesellschaftlicher Themen, über die zwischen den Generationen bis heute kein ausreichend differenzierter Dialog hergestellt werden konnte und die bis heute meist polarisierend diskutiert werden.

Die nachfolgenden Generationen stehen deshalb vor der Aufgabe, sich mit den Auswirkungen des nationalsozialistischen Deutschlands, des Holocausts und des Zweiten Weltkriegs auseinanderzusetzen und als Teil des politischen Gedächtnisses jenes Landes, in dem sie aufgewachsen sind, in ihr Selbst zu integrieren. Der Ethnologe Jens Schneider stellte aufgrund seiner empirischen Untersuchungen fest, dass die Auseinandersetzung mit dem Nationalsozialismus und der Shoah, neben anderen Schlüsselthemen – wie Multikulturalität und Zuwanderung – in Deutschland zentral für das Verhältnis zum Ausland und für die Identitätsbildung der Deutschen sei (vgl. Schneider 2001). Die Auseinandersetzung mit den Verbrechen des Nationalsozialismus stellt bis heute ein zentrales Element der Konstruktion bzw. Rekonstruktion deutscher nationaler Identität dar und definiert maßgeblich unser nationales Bewusstsein, unser Verhältnis zu uns selbst und zu anderen Nationen. Der Prozess der Auseinandersetzung ist mit großen Spannungen verbunden, die nicht zuletzt auf die Divergenzen zwischen Repräsentanzen öffentlicher Geschichtsbilder und individuellen bzw. familiären Erinnerungen zurückzuführen sind. In diesem Reflexionsprozess wird ein Spannungsbogen zwischen individueller Erinnerung und kollektiven Konstruktionen erzeugt (vgl. A. Assmann 2006, S. 21–61). Dabei sind die Vorgänge, in denen sich öffentliche Geschichtsbilder formen, historische Ereignisse erinnert oder vergessen werden und einzelne Menschen individuelle Geschichtsdeutungen und Bilder entwickeln, komplex und unübersichtlich. Die herkömmliche Vorstellung von der Funktionsweise des Gedächtnisses ist in der Regel von der Überzeugung gekennzeichnet, eine wirklichkeitsgetreue Abbildung der Realität aus dem Langzeitspeicher des Gedächtnisses jederzeit unverändert abrufen zu können. Diese Vorstellung ist nach heutigen Kenntnissen der Gedächtnisforschung unzutreffend. Erinnerungsprozesse bewegen sich im Spannungsfeld zwischen subjektiver Erfahrung, wissenschaftlich »objektivierbaren« historischen Fakten und »offiziellem« Denken. Mit jedem Erinnern, mit jeder erneuten Zuwendung zum Erlebten ändern sich Gedächtnisinhalte. Frühere Erinnerungen gehen in ihrer ursprünglichen Form verloren und werden durch neue Eindrücke erweitert und ersetzt (vgl. Koukkou/Leuzinger-Bohleber/Mertens 1998).

Hinzu kommt, dass sich individuelle und kollektive Erinnerungen in einem ständigen Prozess der Wandlung befinden, der in einer kontinuierlichen Wechselwirkung zur öffentlichen Erinnerungskultur steht. Im Rahmen seiner kulturwissenschaftlichen Forschungen arbeitete Jan Assmann verschiedene Aspekte hinsichtlich der Ausformung und der wechselseitigen Bedingtheit persönlicher und gesellschaftlicher Gedächtnisinhalte aus. Er zeigt auf, dass das Gedächtnis ebenso wie Bewusstsein, Sprache und Personalität neben individuellen Prägungen sozialen Einflüssen unterliege und verwendet in diesem Zusammenhang den Begriff »Erinnerungskultur«. Die Kultur der Erinnerung kennzeichnet er als ein universales Phänomen. Es finde in der psychischen Innenwelt ein strukturierender Prozess statt, der gesellschaftlich bedingt sei und uns mit der sozialen Welt verbinde. Die Ausbildung sozialer Sinn- und Zeithorizonte setze eine Bezugnahme zur Vergangenheit voraus. Vergangenheit wiederum entstehe erst dann, wenn man sich auf sie beziehe (vgl. J. Assmann 1992, S. 29–34). In welcher Weise diese Bezugnahme hergestellt wird, ist – wie erläutert – von vielen inneren und äußeren Faktoren abhängig. Der Prozess der Wahrnehmung und Erinnerung unterliegt somit maßgeblich subjektiven Komponenten, die in Wechselwirkung zum jeweiligen sozialen Kontext stehen und verschiedene Gestaltungsmerkmale der Vergangenheitsbeschreibung beinhalten. Die individuelle Wahrnehmung historischer Ereignisse und Vorgänge sowie das Geschichtsbild einzelner Menschen hängen einerseits von deren biografischen Erfahrungen in ihrem persönlichen Umfeld, andererseits von den jeweiligen gesellschaftlichen Bedingungen ab, in denen Geschichte erinnert und rezipiert wird. Im Folgenden soll deshalb zunächst der öffentliche Diskurs in der Bundesrepublik Deutschland in Bezug auf die nationalsozialistische Vergangenheit und die Geschehnisse im Zweiten Weltkrieg in seinen zentralen Aspekten skizziert und reflektiert werden.

Seit Kriegsende im Mai 1945 bis in die Gegenwart hinein war die Erinnerungskultur in Deutschland durch wesentliche Umformungen gekennzeichnet. Der Historiker Norbert Frei beschreibt die Erinnerungskultur der Nachkriegszeit als geprägt durch die »Diskretion des Unkonkreten« als ein »kollektives Verwischen der Dimensionen und Konturen des Holocausts vor dem Hintergrund eines individuell vielfach beträchtlichen Wissens (bzw. einer konkreten Erfahrung als Täter, Mitwisser oder Opfer)«, das den Umgang mit der NS-Zeit geprägt habe und dem ein »Nichtertragenkönnen, dass aus- und angesprochen würde, was doch wirklich jeder wusste [...]« zugrunde gelegen habe. Die Nachkriegszeit sei insbesondere durch eine »schrittweise Entzerrung von entwirklichten Geschichts-

bildern« gekennzeichnet gewesen (vgl. Frei 2001, S. 3). Im Gegensatz zu dieser
indifferenten Bezugnahme der Deutschen zu ihrer nationalsozialistischen Geschichte hielten bereits früh literarische Zeugnisse Einzug in die öffentliche Erinnerungskultur. Im Jahr 1950 wurde *Das Tagebuch der Anne Frank* veröffentlicht.
Das Schicksal der jüdischen Kinder und Erwachsenen wurde durch literarische
Zeugnisse in den gesellschaftlichen Fokus gerückt und galt vor allem als Symbol
des Holocaust. Bereits im Jahr 1948 wurde das Gedicht *Todesfuge* von Paul Celan,
das er 1944/1945 geschrieben hatte, zunächst in dem Gedichtband *Sand aus den
Urnen* in Deutschland veröffentlich, erlangte aber erst durch die Veröffentlichung
in dem Folgeband *Mohn und Gedächtnis* eine breitere öffentliche Wahrnehmung.
Die *Todesfuge* wurde Teil einer öffentlichen Kanonisierung, die das Gedicht als
Ganzes sowie einzelne Bildformeln zum sprachlichen Ausdruck des Holocausts
erhob. Metaphern wie »Der Tod ist ein Meister aus Deutschland« kennzeichneten
plakativ die Thematik in der medialen Reflexion. Im Jahr 1960 wurde Paul Celan
der Büchner-Preis verliehen. Celan wurde dennoch nicht zu einer Identifikationsfigur einer Gegenkultur; vielmehr blieb er als Person in seiner persönlichen Er-
fahrungswelt weitgehend unzugänglich oder unbekannt. Über viele Jahre man-
gelte es an einer anschaulichen Sozialgeschichtsschreibung und deren Reflexion.
Zunehmend rückte im öffentlichen Nachdenken über die NS-Zeit der Genozid
in den Mittelpunkt. Charakterisierend für den gesellschaftlichen Umgang mit
der NS-Zeit und dem Zweiten Weltkrieg war von Anbeginn eine dialektische
Bewegung zwischen dem Wunsch nach Reflexion und dem Wunsch, die Thematik
»ruhen« zu lassen. Bis in die heutige Zeit ist der Erinnerungsprozess einerseits
durch eine vielschichtige Gehemmtheit im Umgang mit und in der Übermittlung
von Erinnerung gekennzeichnet. Andererseits sind sowohl im öffentlichen als
auch im privaten Bereich der Wunsch und das Bestreben nach Auseinandersetzung
mit dem Erbe der nationalsozialistischen Vergangenheit zu erkennen. Der Soziologe Harald Welzer und dessen Mitautoren sind diesem Phänomen nachgegangen
und stellen in dem Buch *Opa war kein Nazi* (Welzer et al. 2002) die Ergebnisse
ihrer Untersuchungen über die Tradierungen von Geschichtsbewusstsein vor. In
den Zeitzeugeninterviews habe sich häufig das Phänomen der Doppelstruktur
von Wissen und Nichtwissen gezeigt. Einerseits hätten die Gesprächsteilnehmer
Unkenntnis in vielerlei Hinsicht bekundet, andererseits habe sich gezeigt, dass
weitaus mehr Erinnerungen vorhanden sind, als die Zeitzeugen einräumen.

Gleichzeitig würden Tradierungstypen bestimmten Inhaltes weitergegeben, die wenn überhaupt, nur sehr indifferent auf die Vielschichtigkeit der nationalsozialistischen Zeit Bezug nehmen würden. Konrad Brendler geht bei seinen sozialwissenschaftlichen empirischen Untersuchungen deutscher Jugendlicher im Vergleich mit israelischen Jugendlichen der Frage nach, wie sich beim Erwerb historischer Kenntnisse die Lernprozesse im Umgang mit der Zeit des Nationalsozialismus auf das aktuelle Verhalten und die Identität der Jugendlichen auswirkten. Er kommt zu dem Ergebnis, dass »eine konstruktive, persönlichkeitsbildende Auseinandersetzung mit der NS-Geschichte in Familie und Schule nur selten gelingt« (Brendler 1997, S. 54ff.).

Mit diesem Aspekt der Thematik setzte sich Adorno in seinen soziologischen und philosophischen Studien bereits in den 50er Jahren auseinander, indem er den Bildungsbegriff neu hinterfragte. In seiner Schrift *Erziehung nach Auschwitz* thematisiert er die Notwendigkeit der Neugestaltung von Erziehung. Es bestehe die Notwendigkeit einer Erziehung in der Kindheit und einer allgemeinen Aufklärung hin zu einem geistigen, kulturellen und gesellschaftlichen Klima, das eine Wiederholung unmöglich mache. Solange die Voraussetzungen, die eine Wiederholung menschlicher Verbrechen hervorbringen könnten, fortdauerten, könne der Wiederholung von Auschwitz nicht entgegengewirkt werden. Um die Wiederkehr von Auschwitz zu verhindern, müsse man die Schuldigen von Auschwitz mit wissenschaftlichen Methoden – so insbesondere in langjährigen Psychoanalysen – erforschen, um zu verstehen, wie es zu diesen Denk- und Verhaltensweisen kommen könne. Man müsse erkennen und darlegen, durch welche Mechanismen die Menschen fähig würden, solch grausame Taten auszuüben. Nur, indem man ein allgemeines Bewusstsein für die Mechanismen erwecke, seien diese zu verhindern (vgl. Adorno 1965, S. 1–3).

Eine breite innerdeutsche Thematisierung der nationalsozialistischen Vergangenheit setzte im öffentlichen Diskurs der Bundesrepublik Deutschland Ende der 60er Jahre mit dem Frankfurter Auschwitz-Prozess und den Verjährungsdebatten zum nationalsozialistischen Unrecht im Deutschen Bundestag ein. Alexander und Margarete Mitscherlich entfachten mit ihrem Buch *Die Unfähigkeit zu trauern* im Jahr 1967 einen erneuten öffentlichen Diskurs über die schwierige Erbschaft des Nationalsozialismus. Sie fokussierten dabei den Prozess der kollektiven Verdrängung aus psychoanalytischer Sicht. Anhand einer gleichsam »klinischen« Untersuchung des »Patienten Bundesrepublik Deutschland« diagnostizierten sie im Umgang mit der NS-Vergangenheit eine intensive Abwehr von Schuld und Scham sowie eine Verleugnung der emotionalen Bindungen an die NS-Ideologie und an Hitler. Diese Abwehr der Trauer habe zu einer mangelnden politischen und sozialen Entwicklungsfähigkeit in der BRD geführt und nicht zuletzt eine demokratische Entwicklung der deutschen Nachkriegsgesellschaft behindert (vgl. Mitscherlich 1967). Im Zusammenhang mit diesen Thesen sind bis heute viele Fragen aufgeworfen, die an Brisanz nichts verloren haben: Warum löste das Buch neben Interesse auch heftige Ablehnung aus? Ist eine persönliche und emotionale Auseinandersetzung mit der Täterschaft der Deutschen erforderlich? Wie ist die »Unfähigkeit zu trauern« aus heutiger Sicht einzuschätzen? Welche Auswirkungen hat die Zeit des Nationalsozialismus und des Zweiten Weltkrieges auf die Kinder und Enkel? Wie beziehen wir uns heute auf diese Vergangenheit – in der öffentlichen Gedenkkultur wie im persönlichen und familiären Umgang? Wie man Berichten der Presse entnehmen kann, erklären Angehörige der jüngeren und auch der älteren Generation den Nationalsozialismus inzwischen zu einer Episode, die der Vergangenheit angehöre und die für die folgenden Generationen kaum Bedeutung habe.

Eine weitere soziokulturelle Dynamik folgte in der 68er-Bewegung. Der Historiker Ulrich Herbert stellt eine Verbindung zwischen den »68ern« und dem kulturellen Klima der 50er Jahre her, das die Provokation herausgefordert habe. Die Protestgeneration in den 60er Jahren habe den typischen Gestus einer possenhaften Entlarvung entwickelt, der aber nicht hauptsächlich von einem Interesse an der Vergangenheit motiviert gewesen sei, sondern von einem Bedürfnis, diese abzuschütteln und die eigene moralische Überlegenheit zu demonstrieren (vgl. Herbert 2001).

Seit den 80er und 90er Jahren war vom Genozid an den europäischen Juden ein konkretes Bild verfügbar. In den Jahren 1986/87 wurde im Historikerstreit die Kontroverse über die Zuordnung der Hintergründe der Judenvernichtung in das Geschichtsbild der Bundesrepublik Deutschland ausgetragen. Die verschiedenen Positionen beschrieben Bilder einer deutschen Identität nach dem Nationalsozialismus.

Der Historiker Dan Diner plädierte für eine Geschichtsschreibung aus der Sicht der Opfer. Nur die Opfer könnten beschreiben, welch ein ungeheuerlicher

Zivilisationsbruch ihnen widerfahren sei, und somit einer Instrumentalisierung des Grauens vorbeugen. Er schrieb dazu:

> »Auschwitz ist ein Niemandsland des Verstehens, ein schwarzer Kasten des Erklärens, ein historiographische Deutungsversuche aufsaugendes, ja, außerhistorische Bedeutung annehmendes Vakuum. Nur ex negativo, nur durch den ständigen Versuch, die Vergeblichkeit des Verstehens zu verstehen, kann ermessen werden, um welches Ereignis es sich bei diesem Zivilisationsbruch gehandelt haben könnte. Als äußerster Extremfall und damit als absolutes Maß von Geschichte ist dieses Ereignis wohl kaum historisierbar. Ernst gemeinte Historisierungsbemühungen endeten bislang in geschichtstheoretischen Aporien. Anders gemeinte, relativierende und das Ereignis einebnende Historisierungsversuche enden hingegen notwendig in einer Apologie. Auch dies ist eine Lehre aus dem Historikerstreit« (Diner 1987, S. 159).

Im Jahr 1996 entfachte das Buch *Hitlers willige Vollstrecker* des amerikanischen Politikwissenschaftlers und Soziologen Daniel Goldhagen eine erneute öffentliche Debatte über die Ursachen des Holocaust. Ein Teil des Buches befasst sich mit der historischen Genese des Antisemitismus in Deutschland. Goldhagen vertritt dabei die Position, dass der Antisemitismus das wichtigste Bindemittel für die Ausbildung der deutschen Nation gewesen sei. Er stellte die These des »eliminatorischen Antisemitismus« auf, der in Deutschland vorgeherrscht habe und richtete sein Hauptaugenmerk auf das einzelne handelnde Individuum. Bislang erfolgte Erklärungsmuster, wie etwa ein unmittelbarer Zwang zum Ausführen der Tötungsbefehle oder die Staatshörigkeit der Deutschen sind für Goldhagen keine hinreichenden Erklärungen. Der eliminatorische Antisemitismus sei nicht mit den Nazis über die Deutschen hereingebrochen, sondern sei als ein elementarer Bestandteil der deutschen Kulturgeschichte zu betrachten (vgl. Goldhagen 2000). Goldhagen stellt die »Brutalität« der deutschen Bevölkerung in den Vordergrund, Hannah Arendt griff einen weiteren zentralen Aspekt des Nationalsozialismus auf und hat auf die »Banalität des Bösen« hingewiesen (Arendt 2007). Die Reflexion der deutschen Kulturgeschichte im eigenen Land sei sehr einseitig erfolgt, konstatiert der Soziologe Harald Welzer (2007, S. 1f.). Er weist darauf hin, dass die Auseinandersetzung der Deutschen mit ihrer nationalsozialistischen Vergangenheit und der gesellschaftlichen Wirklichkeit des Dritten Reiches, insbesondere durch das Prisma des Holocaust erfolgt sei. Der zentrale Fokus der Erinnerungskultur der jüngsten deutschen Geschichte sei bis 1990 die Thematik des Holocaust gewesen. Die Auseinandersetzung mit den Opfern und den transgenerationalen Folgen der Shoah für die Überlebenden sei vorrangiger Gegenstand historischer und psychotherapeutischer Forschungsarbeiten in Deutschland und im Ausland gewesen. Welzer verweist dabei auf den Umstand, dass die Thematisierung des Holocaust das Ergebnis eines dramatisch beschleunigten gesellschaftlichen Wandlungsprozesses gewesen sei. Das gesellschaftliche Selbstverständnis vor dem Hintergrund des Alltags im Nationalsozialismus sei bei dieser eindimensionalen Betrachtungsweise in den Hintergrund getreten. Er verweist zudem auf den seiner Meinung nach bisher vernachlässigten Aspekt einer soziokulturellen Betrachtung der Thematik. Die nationalsozialistische Gesellschaft habe eine ungeheure psychosoziale Energie und Dynamik bei ihren Mitgliedern gerade deshalb freizusetzen vermocht, weil das »Tausendjährige Reich« von den meisten Deutschen als ein gemeinsames Projekt empfunden worden sei, an dem man teilhaben wollte und auch durfte, sofern man die Ideologie der rassisch definierten Kriterien für gut geheißen oder zumindest gebilligt habe. Zusammenfassend lässt sich zur Erinnerungskultur der NS-Zeit und des Zweiten Weltkriegs in Deutschland seit 1945 feststellen, dass die Heterogenität in immer neuen Kontroversen diskutiert wird. Welzer stellt im Zusammenhang mit seiner These der verzerrten Tradierung des Alltagsgeschehens im nationalsozialistischen Deutschland zurecht die Frage:

»Aber wie kann man rekonstruieren, was die Deutschen über den Führer, ihr Land und die Politik der Vernichtung gedacht haben? Eine moderne Umfrageforschung gab es vor 70 Jahren noch nicht und die offiziellen Stimmungs- und Lageberichte, die das Regime regelmäßig erhob, sind von nur begrenzter Aussagekraft, da sie erstens stark die subjektiven Auffassungen der Berichterstatter spiegeln und zweitens nicht nur als Untersuchungs-, sondern zugleich als Steuerungsinstrument der öffentlichen Stimmung gedacht waren und insofern erheblich verzerrt sind. Man wird sich daher mit einem Patchwork ganz unterschiedlicher Datenquellen begnügen müssen, das die Zustimmung zur Politik des Regimes, insbesondere zur Judenpolitik, in unterschiedlichen Farbtönen abbildet und das aus Beobachtungen des Alltagsverhaltens der Volksgenossinnen und Volksgenossen, aus Daten zum Wissen über den Vernichtungsprozess, sowie aus retrospektiven Interview- und Umfragedaten zusammengefügt ist« (Welzer 2007, S. 1).

In dieser Fragestellung ist zudem der Aspekt aufgeworfen, warum gesellschaftlich identifikatorische Inhalte in Bezug auf die Zeit des Nationalsozialismus bisher in der persönlichen und öffentlichen Erinnerungskultur so wenig Raum eingenommen haben. Welzer führt als einen wesentlichen Aspekt für diese fehlende Auseinandersetzung die unreflektierte Verstrickung der Deutschen in identifikatorische Größenfantasien an. Ebenso hebt er in diesem Zusammenhang die Dissonanz zwischen dem Familiengedächtnis und dem offiziellen Erinnerungsdiskurs in der Bundesrepublik hervor. So würden bei Stellungnahmen im öffentlichen Leben die NS-Verbrechen und die daraus für Deutschland erwachsende historische Verantwortung kontinuierlich thematisiert, doch habe sich in der deutschen Bevölkerung das Bild gehalten, dass im sozialen Umfeld die meisten dieser Verbrechen nicht stattgefunden hätten. Die Einschätzungen Welzers finden in den Arbeiten des Ethnologen Jens Schneider Bestätigung. Schneider konstatiert aufgrund seiner theoretischen und empirischen Untersuchungen zur Identität der Deutschen bezüglich des Umgangs mit der NS-Täterschaft, dass sich im familiären Umfeld mehrheitlich bestenfalls eine Kultur des Verdrängens entwickelt habe. Er geht in seinen Untersuchungen außerdem unter Berücksichtigung zentraler Identitätsbildungsaspekte, wie die der sogenannten deutschen Tugenden, der nationalsozialistischen Vergangenheit und der multikulturellen Gegenwart, der Frage nach, wie eine nationale deutsche Identität konstruiert bzw. rekonstruiert werde (vgl. Schneider 2001).

Eine kritische Reflexion aus der Perspektive der Historiker findet unter dem Begriff »Historisierung des Nationalsozialismus« statt. Auf einer internationalen Tagung führender NS-Forscher im Dezember 2006 in Jena, zu der Prof. Dr. Norbert Frei, Lehrstuhlinhaber für Neuere und Neueste Geschichte an der Friedrich-Schiller-Universität Jena, eingeladen hatte, äußerte dieser den Gedanken, dass es »an der Zeit sei, nicht mehr nur die Geschichte des Nationalsozialismus weiter zu erforschen, sondern auch den Gang ihrer Erforschung selbst«. Es gehe dabei um eine Historisierung »bei lebendigem Leibe«, denn einige der beteiligten Forscher träten in einer Doppelrolle als Wissenschaftler und Zeitzeugen auf. Während die Historisierung des Nationalsozialismus angesichts des Verschwindens der Zeitzeugen eine unwiderrufliche Tatsache sei, stehe die Historisierung der Historiografie zur NS-Zeit erst am Anfang (Frei 2006).

Mit der emotionalen Anziehungskraft des Nationalsozialismus befassen sich auf dem Wege einer psychoanalytischen Herangehensweise Gudrun Brockhaus und Yvonne Karow. Die Religionswissenschaftlerin und Psychoanalytikerin Yvonne Karow setzt sich in ihrem Buch *Deutsches Opfer. Kultische Selbstauslöschung auf den Reichsparteitagen der NSDAP* unter anderem mit dem Aspekt der Reichsparteitage als Ritual und mit dem Aspekt der Selbstopfer für das Volk auseinander, den die Parteitage der NSDAP verkörperten. Ihre Interpretation der Reichsparteitage als Ritual beinhaltet die Deutung des Gemeinschaftserlebens als die Teilhabe des Individuums an einem »fernen Ursprung«. Die Reichsparteitage hätten ein eng verbundenes Kollektiv der Lebenden und Toten symbolisiert. Dieses eng verbundene Kollektiv sei auf den »Führer« als obersten Opferbringer und erstes Opfer an den beschworenen Ursprung konzentriert gewesen. Der idealisierte Opfertod habe dabei das verbindende Element für die Einheit des Volkes dargestellt. Die Selbstauslöschung des Individuums sei mit Verschmelzungsfantasien in die Geborgenheit »des Ursprungs« inszeniert worden. Der Einzelne habe sich der Brutalität im Umgang mit sich selbst und den anderen – außerhalb der Gemeinschaft stehenden – Individuen ausgeliefert (vgl. Karow 1997). Die Psychoanalytikerin und Sozialpsychologin Gudrun Brockhaus veröffentlichte verschiedene Arbeiten zur Sozialpsychologie des Nationalsozialismus, in denen sie die Wirkmechanismen der soziokulturellen Strukturen des Nationalsozialismus aufzuspüren sucht. In ihrem Buch *Schauder und Idylle. Faschismus als Erlebnisangebot* setzt sie sich mit dem Aspekt der emotionalen Erlebniswelt und der emotionalen Bindungen im faschistischen Deutschland auseinander. Mit der Herangehensweise eines psychoanalytischen Ansatzes nähert sie sich der Thematik und hebt die Notwendigkeit hervor, sich von dem aufgefundenen Material ergreifen zu lassen, um sich dem Thema adäquat nähern zu können, damit nicht durch die Formulierung, einer wie auch immer gearteten These, wichtige weitere Erlebnisdimensionen außer Acht gelassen würden (vgl. Brockhaus 1997).

Im Zuge dieses Wandels der Erinnerungskultur geriet seit den späten 1990er Jahren verstärkt die Perspektive der Erlebnisdimensionen der im Nationalsozialismus und im Zweiten Weltkrieg aufgewachsenen Kinder in den Blick. Von den vielfältigen weltweiten Entwicklungsschicksalen der unter totalitären Strukturen und Kriegseinflüssen lebenden Kindern, wurde erstmals auch das Schicksal der nicht-jüdischen deutschen Bevölkerung der Jahrgänge 1928 bis 1948 in der Öffentlichkeit thematisiert und zum Gegenstand wissenschaftlicher Untersuchungen erhoben.

Die Thematisierung der Kriegskindheit in der Öffentlichkeit

Der allmählichen Anerkennung der kollektiven Verantwortung folgte nunmehr eine Erinnerungskultur der sogenannten »Kriegskinder«. Bezogen auf den Zweiten Weltkrieg umfasst der Begriff »Kriegskinder« sehr unterschiedliche Schicksale. Zum einen bezieht er sich auf das furchtbare Schicksal jüdischer Kinder und Kinder anderer Glaubenskulturen oder Minderheiten, die der nationalsozialistischen Rassenpolitik zum Opfer fielen und deswegen unendliches Leid ertragen mussten. Erstmals aber drängten nun auch die Erinnerungen deutscher, nicht »rassisch« verfolgter Kinder, die als Kindersoldaten, Flüchtlinge oder Bombardierte die Schrecken des Zweiten Weltkrieges erlebten, in das Bewusstsein der Öffentlichkeit. Ab Mitte der 1990er Jahre erlangte das Thema »Kriegskindheit« durch eine Fülle von autobiografischen Erlebnisberichten mediale Präsenz. Unzählige Romane, Filme und Feuilletons handelten von den belastenden Erlebnissen der Kinder im Krieg, von Flucht, von Vertreibung und gewaltsamen Erfahrungen. Weniger präsent waren zunächst die Schicksale jener Kinder, die Opfer nationalsozialistischer Euthanasiepolitik geworden waren. Auch waren die Schicksale von Lebensbornkindern über lange Zeit tabuisiert, ebenso wie es das Schicksal der unter Zwang germanisierten Kinder war. Aber auch das Schicksal der Kinder vergewaltigter Mütter oder osteuropäischer Zwangsarbeiterinnen war nur marginal im öffentlichen Bewusstsein präsent. Vergegenwärtigt man sich die hier nur angedeutete Vielfalt kindlicher Leiden und Erfahrungsbereiche, so ist nachvollziehbar, dass von »der Kriegskindheit« nicht gesprochen werden kann. Ich verwende den Begriff »Kriegskinder« in dieser Arbeit trotz der eben ausgeführten vielfältigen Bedeutungsinhalte, die mit diesem Begriff verbunden sind, ohne Anführungszeichen weiter, da es der Sprachgebrauch ohne Anführungszeichen dem Leser besser ermöglicht, Bezug auf Personen und deren innerpsychische und äußere Lebenswelten in der Zeit des Nationalsozialismus, des Zweiten Weltkrieges und der Nachkriegszeit zu nehmen. Um sich bestmöglich den Redensarten und Denkmustern der Zeitzeugen zu nähern, sind deshalb auch oft völkische und national-sozialistische Begriffe nicht mit Anführungszeichen versehen.

Die zunehmende wissenschaftliche, gesellschaftliche und private Thematisierung der Kriegskinder löste in der Öffentlichkeit vielfältige Diskussionen aus und wird gegenwärtig aus verschiedenen Perspektiven diskutiert. Der Soziologe Michael Heinlein spricht von Schätzungen, die bezifferten, dass pro Jahr bis zu 1.000 Autobiografien, autobiografisch intendierte Romane sowie populärwissenschaftliche Bücher auf den Markt kämen, gesammelt und archiviert würden. Dabei falle auf, dass sich der öffentliche Erinnerungsdiskurs fast ausschließlich auf das Schicksal deutscher Kinder konzentriere. Die Thematik werde zunehmend Gegenstand wissenschaftlicher und therapeutischer Untersuchungen. Heinlein hebt hervor, dass im Zusammenhang mit der Thematisierung des Schicksals deutscher Kriegskinder von einem »Tabu« die Rede sei, dass nun gebrochen werde (Heinlein 2010). Er stellt fest, dass von einem »Bruch des Schweigens« der Kriegskinder keine Rede sein könne. Die öffentliche Anerkennung deutscher Opfer habe bereits ab der Nachkriegszeit stattgefunden und somit einen entlastenden Umgang mit dem verbrecherischen Naziregime und dem Vorwurf der Kollektivschuld ermöglicht. In diesem Zusammenhang seien auch die Erfahrungen der deutschen Kriegskinder nicht verschwiegen oder tabuisiert worden. Auch habe bereits früh eine literarische Thematisierung der Schicksale der Kriegskinder stattgefunden, beispielsweise in Heinrich Bölls Roman *Haus ohne Hüter* (1954), der von der Bewältigung des Verlusts eines im Krieg gefallenen Vaters handelt, oder in Heinz Küppers Roman *Simplicius 45* (1963), der die Verarbeitung einer deutschen Kindheit und Jugend im Dritten Reich zum Inhalt hat. Radebold hingegen zeigt auf, dass zwar eine literarische Thematisierung des Schicksals der deutschen Kriegskinder stattgefunden habe, diese aber aus der Sicht der Belange der Erwachsenen erfolgt sei. Als einen der Gründe für die späte öffentliche, persönliche und wissenschaftliche Reflexion der vielfältigen Schicksale der Kriegskinder führt er an, dass diese damals alltäglich gewesen seien. Es sei kein Bewusstsein dafür entstanden, dass diese Kinder ein besonderes Schicksal gehabt hätten. Aus diesem Grunde seien die Kenntnisse über die psychische Entwicklung der Kriegskinder bis in die Gegenwart hinein äußerst mangelhaft (vgl. Radebold 2004a, S. 17–29). Heinlein nimmt in seinen Ausführungen weiter Bezug auf die gesellschaftliche Auseinandersetzung mit der »Täter«- und »Opfer«- Position.

Mit dem Aufkommen der 68er-Bewegung sei die Opferperspektive bis 1990 zunehmend in den Hintergrund gerückt. Die Thematisierung der deutschen Zivilbevölkerung als »Opfer« sei im öffentlichen Bewusstsein mit dem Attribut »rückwärtsgewandt« und »revanchistisch« assoziiert gewesen (vgl. Heinlein 2010). Mit Beginn der 1990er Jahre sei die Thematisierung der »Opfer« wieder in den Vordergrund der öffentlichen Erinnerungskultur gerückt, und damit auch die sogenannten Kriegskinder. Im Geschehen um den Gedenktag 60 Jahre nach Kriegsende am 8. Mai 2005 seien die Kriegskinder mit Nachdruck in den Bereich der öffentlichen Erinnerung gehoben worden. Zu beobachten sei aber auch, dass diese sich selbst vermehrt dort eingebracht hätten.

Forschungskontext, Zielsetzung und Fragestellung der vorliegenden Arbeit
Die Gruppe der Kriegskinder des Zweiten Weltkrieges umfasst im Kontext der gängigen Forschungspraxis die Generation der zwischen 1928 und 1946 geborenen Kinder. Bei der untersuchten Personengruppe in der vorliegenden Arbeit handelt es sich um nicht-jüdische Angehörige der Geburtsjahrgänge 1932 bis 1946, die in Deutschland geboren sind, also um eine Teilgruppe der Kriegskinder des Zweiten Weltkrieges; die Auswahl dieser Geburtsjahrgänge war zunächst auf die gängige Forschungspraxis in Deutschland ausgerichtet. Die vorliegende Forschungsarbeit eröffnete die Möglichkeit, Interviews mit einem Teil der letzten lebenden Zeitzeugen aus der Zeit des Nationalsozialismus und des Zweiten Weltkrieges in Deutschland führen zu können und dieses Material wissenschaftlich zu untersuchen. Im Sinne des Postulats Welzers, vielfältige Datenquellen zur Erforschung der jüngsten deutschen Vergangenheit heranzuziehen, konnten anhand eines retrospektiven Erkenntnisprozesses bisher unreflektierte soziohistorische bzw. psychohistorische Inhalte erfasst werden, die auf dem Wege einer Zeitzeugenbefragung gewonnen wurden. Der Erkenntnisprozess der vorliegenden Arbeit erfolgte somit aus der Perspektive der im Untersuchungszeitraum (2005/2006) 60- bis 75-jährigen Personen und ihrem individuellen Zugang zur eigenen Kindheits- und weiteren Lebensgeschichte, der sich in ihren Erzählungen über die Zeit des Nationalsozialismus, des Zweiten Weltkrieges und die Nachkriegszeit und deren vielfältige Auswirkungen abbildete. Das Forschungsziel war von dem Vorhaben geleitet, eine möglichst vielschichtige und differenzierte Annäherung an die spezifischen Inhalte zu erlangen, um die komplexen, individuellen Schicksale im

Kontext ihrer bewussten und unbewussten Erlebensprozesse unter Berücksichtigung eines sich verändernden Geschichtsbewusstseins abbilden zu können.

Die Wahl des Forschungsweges fiel deshalb auf einen qualitativen Forschungsansatz, der eine verstehende Erkenntnishaltung beinhaltet und den Gesetzen der reflexiven Sozialforschung bzw. psychoanalytisch geprägten Forschungskonzeptionen folgt. Das Design der Studie ist durch einen zweigeteilten Ansatz gekennzeichnet. Einerseits sollten die spezifischen Phänomene der Kindheit im Nationalsozialismus und im Zweiten Weltkrieg in ihrer Komplexität möglichst umfassend beschrieben werden, zum anderen sollten die Auswirkungen dieser spezifischen innerpsychischen und äußeren Erfahrungen auf das spätere Leben transparent und verstehbar gemacht werden. Bei der Untersuchung fand die Prämisse Berücksichtigung, dass entwicklungsspezifische, innerpsychische bewusste und unbewusste Prozesse nicht allein auf den individuellen Lebensverlauf des jeweiligen Menschen bezogen werden können, sondern auch als Ausdruck eines Zeitgeschehens verstanden werden müssen. Ebenso bestand die Vorannahme, dass manifeste wie auch latente Tradierungen in der Familiengeschichte eine Bedeutung für die öffentlichen und privaten Handlungsweisen und innerpsychischen Prozesse der nächsten Generationen hätten, die wiederum die Aneignung der Geschichtserinnerungen in den nachfolgenden Generationen beeinflussten. Vor dem Hintergrund dieser Betrachtungsweise bewegt sich der Forschungsgegenstand der vorliegenden Arbeit um folgende zentrale Fragestellungen:

➤ Was erzählen Kriegskinder, wenn man sie einlädt, in einem Interview über ihre Kindheit und ihr weiteres Leben zu sprechen?

➤ Welchen spezifischen Einflüssen waren die Angehörigen dieser Generation in ihrer Kindheit im Nationalsozialismus, in der Zeit des Zweiten Weltkrieges und in der Nachkriegszeit ausgesetzt und welche innerpsychischen Folgen zogen diese Einflüsse nach sich?

➤ Wie stabil und auf welche Weise sind die mit der Kindheit verknüpften Repräsentanzen, die sich aus Erinnerung und Erzählung ableiten, in das Selbst-Konzept der Kriegskinder integriert?

Erlebniswelten der Kriegskinder – Forschungsaspekte

Publikationen und Forschungsarbeiten, die in direktem Zusammenhang mit den vorab formulierten Forschungsfragen stehen, sollen zunächst erörtert werden. Dabei werden hier nur Arbeiten vorgestellt, die einen engen Bezug zu den vorliegenden Fragestellungen aufweisen. Ab dem Jahr 2000 und insbesondere ab dem Jahr 2003 wurde das Thema »Kriegskindheit« in Deutschland in verschiedenen Forschungsprojekten Gegenstand wissenschaftlicher Bearbeitung:

➤ In München unter der Federführung von Prof. Dr. med. Michael Ermann, Psychoanalytiker und Leiter der Abteilung für Psychotherapie und Psychosomatik an der Psychiatrischen Klinik der Ludwig-Maximilians-Universität, im Forschungsprojekt »Europäische Kriegskindheit im Zweiten Weltkrieg und ihre Folgen«.

➤ In Kassel (bzw. Hofgeismar) im Rahmen der interdisziplinären Forschungsgruppe »w2k« (»weltkrieg2kindheiten«), die von Prof. Dr. med. Hartmut Radebold, Altersforscher und Psychoanalytiker, Lehrstuhl für Klinische Psychologie an der Universität Gesamthochschule Kassel, und dem Zeithistoriker Prof. Dr. phil. Jürgen Reulecke, Prof. für Neuere und Neueste Geschichte an der Universität-Gesamthochschule Siegen (seit 2003 Justus-Liebig-Universität Gießen), Sprecher des Sonderforschungsbereichs »Erinnerungskulturen«, gegründet wurde.

➤ In Hamburg das »Hamburger-Feuersturm-Projekt« unter der Leitung von Priv.-Doz. Dr. med. Dipl.-Psych. Ulrich Lamparter, Poliklinik für psychosomatische Medizin und Psychotherapie, Zentrum für Innere Medizin, Universitätsklinikum Hamburg-Eppendorf.

Langzeitfolgen der Kriegskindheit

Durch die Erkenntnisse, die in diesen Forschungsprojekten gewonnen wurden, gelangte die Thematik zunehmend in das Bewusstsein der fachlichen wie auch der allgemeinen Öffentlichkeit in Deutschland. Dabei wurde immer deutlicher, dass den belastenden Erfahrungen der Kindheit im Nationalsozialismus, im Zweiten Weltkrieg und in der Nachkriegszeit, insbesondere den traumatisierenden Erfahrungen, eine lebenslang nachwirkende Bedeutung für die weitere Entwicklung zukam.

Das Forschungsprojekt »Europäische Kriegskindheit im Zweiten Weltkrieg und ihre Folgen« an der Ludwig-Maximilians-Universität München wurde im Jahr 2003 im Rahmen der Vorbereitung für die Lindauer Psychotherapietage von Prof. Dr. med. Michael Ermann ins Leben gerufen. Die vorliegende Arbeit ist Bestandteil dieses Forschungsprojektes. Ansatz, Fragestellungen, Inhalte und erste Ergebnisse des Forschungsprojektes wurden in verschiedenen Veröffentlichungen (Ermann/Müller 2006; Ermann 2004, 2007a, b, c, d, 2008, 2009, 2010) dargestellt.

In den im Münchener Projekt Kriegskindheit geführten Interviews zeigte sich vor allem, dass die langfristigen Folgen der spezifischen Erfahrungen der Kriegskinder bislang wenig thematisiert worden waren, ebenso wenig wie die spezifischen Erfahrungen selbst. Eine erste Durchsicht des Forschungsmaterials machte die im Vordergrund stehenden Merkmale der Studienteilnehmer bei der Schilderung ihrer Lebenserinnerungen deutlich. Äußerungen wie: »Es erging allen so!«, »Andern erging es viel schlimmer!«, »Das war ganz normal!« oder »Wir mussten funktionieren!« sind typische Charakterisierungen ihrer Lebenserinnerungen. Die Interviewteilnehmer beschrieben zudem eine ihrem damaligen Erleben nach mangelnde emotionale Präsenz der Eltern, die sie jedoch als ganz normal empfunden hätten. In den Gesprächen mit den Kriegskindern zeigte sich außerdem, dass deren Eltern, die Vorstellung gehabt zu haben scheinen, dass ihre Kinder noch zu klein seien, um unter den äußeren Belastungen zu leiden. Ein weiterer zentraler Aspekt, der sich von Anbeginn zeigte und die gesamte Arbeitshaltung während des gesamten Forschungsprozesses erschwerend beeinflusste, war die Belastung, die von dem Thema ausgeht. Ständiger Begleiter im Forschungsprozess war ein Gefühl der Überforderung hinsichtlich der komplexen Vielfalt der Thematik. In Verbindung mit diesem Gefühl tat sich immer wieder eine mehr oder weniger große innere Distanz auf, die es schwer machte, sich auf die Bearbeitung der jeweiligen Forschungsinhalte einzulassen und die immer wieder der Reflexion dieses inneren Abstandes bedurfte. Diesen Eindruck teilen all diejenigen, die sich im Rahmen der benannten Forschungsgruppen mit der Thematik »Kindheit im Nationalsozialismus und Zweiten Weltkrieg« beschäftigt haben. Gleichzeitig stellte sich der Eindruck ein, dass das Unvermögen, sich adäquat der Thematik nähern zu können, von dauerhafter Aktualität bleibt. Vor dem Hintergrund dieser Erfahrungen richtete sich das Bestreben der vorliegenden Forschungsarbeit darauf, zu konkretisieren, welche spezifischen Erlebnisse für die Angehörigen der Jahrgänge 1932 bis 1946 von Bedeutung waren, welche Folgen diese Erfahrungen nach sich gezogen hatten und um welche Spuren es sich etwa 60 bis 75 Jahre später handelte (vgl. Ermann/Müller 2006).

Unter der Leitung von Prof. Dr. med. Hartmut Radebold und Prof. Dr. phil. Jürgen Reulecke nahm die interdisziplinäre Forschungsgruppe »weltkrieg2kindheiten« (»w2k«) im Dezember 2002 ihre Forschungsarbeit auf und beendete sie im Herbst 2010. Die Gruppe »w2k«, mit der auch das Münchener Projekt Kriegskindheit kooperierte, verstand sich als ein Zusammenschluss von Wissenschaftlerinnen und Wissenschaftlern, die untersuchten, welche Erfahrungen Kinder in der Zeit des Nationalsozialismus, des Zweiten Weltkrieges und in den ersten Jahren nach 1945 gemacht hatten und welche Folgen diese Erfahrungen nach sich zogen. Sie war interdisziplinär zusammengesetzt und international vernetzt. Ihre Mitglieder forschen an unterschiedlichen Universitäten und Instituten in den Disziplinen Zeitgeschichte, Literatur- und Erziehungswissenschaft, Entwicklungspsychologie, Psychoanalyse, Psychosomatik/Psychotherapie und Psychiatrie. Aus der Zusammenarbeit sind verschiedene Forschungsprojekte hervorgegangen. Fooken, Heuft, Radebold, Reulecke und Stambolis (2011) führen in ihrem Abschlussbericht der Forschungsgruppe »weltkrieg2kindheiten«

unter anderem folgende Inhalte zum Forschungsstand zu Beginn des Projektes an:

➤ Die wenigen, bald nach dem Ende des Zweiten Weltkrieges durchgeführten Untersuchungen vermittelten der fachlichen und allgemeinen Öffentlichkeit, dass sich diese sogenannten Kriegskinder nach Abklingen der schon beobachtbaren deutlichen psychischen, psychosozialen und körperlichen Störungen weitgehend unauffällig weiterentwickelt hätten. Diese Annahme wurde durch das Selbstbild der gut funktionierenden Kriegskinder verstärkt. Ihre ausgeprägte Identifizierung mit der deutschen Schuld am Zweiten Weltkrieg und seinen Folgen trug zusätzlich dazu bei, die eigenen etwaigen Beeinträchtigungen und Belastungsfolgen entweder zu verdrängen oder zumindest zu bagatellisieren. Sie ließen daher jahrzehntelang ein Bild anormaler Normalität dieser Geburtsjahrgänge entstehen.

➤ Das Konzept der Trauma-Reaktivierung im Alter wurde erstmals 1993 von Heuft beschrieben. Er wies zunächst in Einzelfallstudien nach, dass im Zweiten Weltkrieg schwer belastete Kinder nach einem erfolgreich gelebten Erwachsenenleben jenseits des 60. Lebensjahres in einer akuten (körperlichen) Bedrohungssituation plötzlich wieder die kriegsbedingten Erfahrungen ängstigend vor Augen hatten. Er wies zugleich auch auf spezifische psychodynamische Behandlungsmöglichkeiten für diese »Älteren« hin (vgl. Heuft et al. 2006).

➤ Empirische Evidenz der Auswirkung von kindlichen Kriegserfahrungen in der weiteren lebensgeschichtlichen Entwicklung lässt sich mittlerweile in zahlreichen empirischen Studien nachweisen (vgl. z.B. zu Partnerschaftsproblemen Fooken 2008). Gleichzeitig wies die zeitgeschichtliche Forschung auf die Notwendigkeit hin, Geschichte immer gleichzeitig als individuelle wie auch kollektive Wahrnehmungs- und Erfahrungsgeschichte (Reulecke, Stambolis) zu begreifen, das heißt zu bedenken, dass Menschen historische Ereignisse in unterschiedlichen Lebensphasen mit einem unterschiedlichen Ausmaß eigener Beteiligung und Betroffenheit durchlaufen. Entsprechend ergab sich jetzt erstmals die Chance einer konkreten »psychohistorischen Forschung« (Fooken et al. 2011, S. 1–2).

Fooken, Heuft, Radebold, Reulecke und Stambolis kennzeichneten folgende
wichtige Aspekte im Forschungsverlauf der Gruppe »w2k«:

»Die sich schnell zusammenfindende und intensiv konstruktiv zusammenarbeitende
interdisziplinäre Forschungsgruppe w2k erlebte zunächst sowohl in der Fachöffent-
lichkeit, bei Forschungsanträgen sowie in der allgemeinen Öffentlichkeit eine zumindest skeptische, teilweise auch ablehnende Reaktion gegenüber den beabsichtigten
Forschungsvorhaben. Die unüberhörbare Skepsis bis hin zu manchmal auch deutlich
geäußerter Ablehnung gründete offensichtlich auf der erfahrenen deutschen Geschichte, insbesondere in der hohen Identifizierung mit der deutschen Schuld am Zweiten
Weltkrieg und den Folgen der nationalsozialistischen Diktatur wie der Shoah. 2005
hatte inzwischen die Öffentlichkeit das Thema der Erfahrungen und möglicher le-
benslanger Folgen durch eine entsprechende Kindheit/Jugendzeit im Zweiten
Weltkrieg und der direkten Nachkriegszeit weitgehend akzeptiert und ebenso die
Notwendigkeit entsprechender Forschung anerkannt. So ermutigt führte die Forschungsgruppe w2k in Kooperation mit der Studiengruppe »Kinder des Weltkrieges«
des KWI (Kulturwissenschaftliches Institut Essen) dann vom 14. bis 16. April 2005
den Internationalen Kongress »Die Generation der Kriegskinder und ihre Botschaft
für Europa 60 Jahre nach Kriegsende« an der Johann-Wolfgang-Goethe-Universität
in Frankfurt/Main durch, der auf große nationale und internationale Resonanz stieß
(Ewers et al., 2006; Radebold et al., 2006).

Das (Forschungs-)Thema Kriegskindheit ist inzwischen in der Öffentlichkeit
sowie aus der Perspektive zahlreicher Wissensdisziplinen als wichtig erkannt und
anerkannt. Von den Mitgliedern von w2k wurden inzwischen zahlreiche (weitgehend)
interdisziplinäre Forschungsprojekte (siehe Publikationsliste) durchgeführt. Im
Rahmen dieser Forschungen wurde das notwendige quantitative und qualitative
Forschungsdesign für die weitere psychohistorische Perspektive entwickelt und die
gegebene Möglichkeit interdisziplinärer Kooperation (insbesondere zwischen der
Zeitgeschichte, den psychologischen Fächern und den Kulturwissenschaften) erkundet
und erfolgreich erprobt. Aus den intensiven produktiven w2k-Vernetzungen sind
nicht zuletzt Anregungen in ein breit angelegtes, von der DFG gefördertes und inzwischen abgeschlossenes, erfahrungsgeschichtlich fundiertes Interview- und Buch-
projekt: »Jahrgang 43 deutscher Historiker« eingeflossen« (Fooken et al. 2011, S. 1f.).

Kriegskinder auf der Couch

Die Psychoanalytikerin Anita Eckstaedt kennzeichnet Folgen des Nationalsozialismus – wie Verfolgung, Krieg, bedingungslose Kapitulation, Vertreibung, Nachkriegszeit und die Zweiteilung Deutschlands – als zentrale Bereiche in ihrer therapeutischen Arbeit. Die durch den Krieg erlittenen Traumatisierungen seien bei den Müttern und ihren Kindern verhältnismäßig leicht zu erkennen gewesen. Gleichzeitig beschreibt sie diesen therapeutischen Arbeitsprozess mit ihren Patienten als ein Betreten tabuisierter Bereiche. Die Auswirkungen der belastenden Erfahrungen ihrer Patienten hätten sich auch auf der Beziehungsebene widergespiegelt, so in der Gestaltung ihrer Objektbeziehungen. Jedoch hätten Eltern wie Kinder ihre seelischen Verletzungen oder die psychischen Einflüsse der nationalsozialistischen Ideologie und ihre Folgen nicht sehen und erst recht nicht benennen können. Verletzung oder Tod eines Elternteils oder eines Geschwisters seien als Folgen schwerwiegend gewesen, doch seien beispielsweise Flucht und Vertreibung nicht als etwas Außergewöhnliches gewertet worden. Die Patienten hätten immer wieder gesagt, dass es doch vielen so ergangen sei (Eckstaedt 1989). Im Jahr 2000 publizierte Radebold das Buch *Abwesende Väter – Folgen der Kriegskindheit in Psychoanalysen*. Auf der Basis der Auswertung von 10 Psychoanalysen 45- bis 60-jähriger Patienten schildert Radebold das Ausmaß der Beschädigungen bis ins mittlere Erwachsenenalter aufgrund der kriegsbedingten Vaterlosigkeit in der Kindheit. Anhand von Therapieberichten stellt er anschaulich dar, was die Patienten in den Jahren 1933 bis 1945 erlebten, was im Krieg geschah, was nach dem Krieg geschah und welchen Einfluss diese Erlebnisse auf die innerpsychische Entwicklung nahmen, vor allem unter dem Gesichtspunkt der abwesenden, fehlenden, verlorenen oder durch den Krieg seelisch belasteten Väter und deren Älterwerden. Radebold – selbst ein Angehöriger dieser Generation – zeigt auf, wie oftmals das Gefühl der Leere, der Resignation und Beziehungsstörungen das innerpsychische Erleben dieser Kinder und späteren Erwachsenen bestimmt habe. Er weist darauf hin, dass die Frage, welche psychischen Folgen diese emotionale Distanz wiederum für deren Kinder hatte, lange Zeit unbeachtet geblieben sei. Es habe sich gezeigt, dass dem Erleben der Kriegskinder nach die Väter innerlich abwesend gewesen seien. Die Väter seien als Kriegsheimkehrer krank, apathisch und unzugänglich gegenüber ihren Familien geblieben. Die Querschnittperspektive auf diese Behandlungen habe ihr »freudloses bis resignatives, chronisch depressives und dazu altruistisches Funktionieren ohne Zukunftsperspektive häufig kombiniert mit tief sitzenden Ängsten« offenbart (Radebold 2000, S. 101). Die erlebte scheinbare Normalität dieser Kinder sei in Wirklichkeit eine von vornherein pathologische Normalität (vgl. ebd., S. 102). Franz, Lieberz und Schepank zeigten aus psychohistorischer, entwicklungspsychologischer und epidemiologischer Sicht Folgen der Vaterlosigkeit für die kindliche Entwicklung auf. Auf der Datengrundlage der Mannheimer Kohortenstudie zur Epidemiologie psychogener Erkrankungen wurden Extremgruppenvergleiche günstiger und ungünstiger Langzeitverläufe (Untersuchungsdauer 11 Jahre) durchgeführt. Das Fehlen des Vaters in den frühen Entwicklungsjahren stelle sicher keinen für sich genommenen einzigen ursächlichen Einflussfaktor auf die psychogene Beeinträchtigung im späteren Erwachsenenleben dar. Eine überdurchschnittlich hohe psychogene Beeinträchtigung resultiere letztlich aus dem Zusammenwirken zahlreicher Einflüsse wie zum Beispiel Persönlichkeitsmerkmale, soziale Unterstützung, chronische Belastungen, konstitutionelle und frühkindliche Belastungen. Könne der Verlust des Vaters jedoch nicht ausreichend kompensiert werden, scheine eine Risikoerhöhung wirksam zu werden (Franz/Lieberz/Schepank 2004, S. 45–55).

Schlesinger-Kipp (2004) wertete die im Rahmen einer Katamnese-Studie zur psychoanalytischen Behandlung erhobenen Interviewdaten von 10 weiblichen und 7 männlichen Patienten der Geburtsjahrgänge 1935 bis 1945 im Hinblick auf spezifische Merkmale aus. Auf der Grundlage ihrer Untersuchung hebt sie die zentrale Bedeutung hervor, die der Bearbeitung früher Kindheitstraumata zukommt. Ihrer Arbeit legt sie das Konzept des »analytischen Dritten« von Ogden zugrunde und zeigt Beschädigungen des innerpsychischen Raums ihrer Patienten und die therapeutische Arbeit daran auf. Im Fokus ihrer Untersuchungen standen folgende Merkmale: Abwesenheit der Väter; Nazitäterschaft; Vertreibung, Flucht, Evakuierung; Beziehung zu eigenen Kindern und Partnern; Anlässe zur Behandlung; Geschlecht und Alter der aufgesuchten Psychoanalytiker; Beziehungserleben bei Frauen (Verlorengehen der Mutter bzw. Fremdunterbringung durch die Mutter; frühe Phase des weiblichen Ödipuskomplexes) und Männern (Beziehung der Männer zu ihren Müttern; ödipaler Übergangsraum beim Jungen). Die Inhalte der fokussierten Merkmale setzte sie in Bezug auf Ogdens Thesen zur Bedeutung des präödipalen Übergangsraums (Schlesinger-Kipp 2004, S. 75–90).

Die Generation der entfremdeten Eigenbeziehung

Wie die Untersuchungen im Münchener Kriegskindheitsprojekt zeigen, sind Kommentare wie »Es ist doch vielen so ergangen!« oder »Andere haben es viel schlimmer gehabt!« zentrale Aussagen, die im Gespräch mit den Zeitzeugen der Jahrgänge 1932 bis 1946 über ihre Entwicklungsgeschichte im Vordergrund stehen. Für Angehörige dieser Generation ist kennzeichnend, ihrem spezifischen Entwicklungshintergrund wenig oder keine Bedeutung beizumessen. Die Aussage »eigentlich nichts Bedeutungsvolles erzählen zu können«, findet sich nahezu in allen Interviews. In den Gesprächen zeigte sich zudem, dass die meisten Untersuchungsteilnehmer kein differenziertes Bewusstsein für ihren spezifischen Entwicklungshintergrund entwickelt haben. Dies hängt unter anderem damit zusammen, dass es in der familiären Gesprächskultur der Nachkriegszeit für die Studienteilnehmer nahezu keinen Raum für Gesprächsinhalte über ihre Kindheit, also die NS-Zeit oder die Zeit des Zweiten Weltkriegs gab; Familienerinnerungen aus der NS-Zeit waren weitgehend tabuisiert. Sich nunmehr mit dem eigenen Kindheitsschicksal auseinandersetzen zu können und dabei auf Interesse zu stoßen, erlebten die Untersuchungsteilnehmer als große Erleichterung. Fast alle Befragten gaben an, dass sie unter dem jahrzehntelangen Schweigen über ihr Schicksal, über Belastungen und Fremdheitsgefühle, Depressionen und Ängste, gelitten hätten und das jetzt aufkommende Interesse als befreiend erlebten. Dabei zeigte sich, dass es ihnen nicht darum geht, das »Wir haben auch gelitten« gegen die Ungeheuerlichkeiten aufzurechnen, die der jüdischen Bevölkerung, Minderheiten und anderen Nationen zugefügt wurden. Die Tatsache, nun in ihrem individuellen Kindheitsschicksal wahrgenommen zu werden, erscheint ihnen als heilsame Anerkennung. Sie fühlen sich dadurch gleichsam in ihrem Schicksal getragen, eine Erfahrung, die sie in ihrem bisherigen Leben in dieser Form nicht machen konnten. Als eine der Ursachen für das bisherige Ausbleiben einer persönlichen, öffentlichen oder wissenschaftlichen Aufarbeitung des Schicksals der nichtjüdischen Kinder des Zweiten Weltkriegs wird meist in der Verstrickung der deutschen Bevölkerung in Schuld und Verantwortung aufgrund der in der Zeit des Nationalsozialismus verübten Verbrechen gesehen. Die nichtjüdischen Angehörigen der Jahrgänge 1932 bis 1946 fürchteten lange Zeit, angeklagt zu werden, die Schuld gegenüber dem

Schicksal der jüdischen Bevölkerung oder anderer Minderheiten aufrechnen oder relativieren zu wollen (vgl. Ermann/Müller 2006).

Die These des Soziologen Michael Heinleins (2010), das Schicksal der Kriegskinder sei im Rahmen literarischer Abhandlungen bereits in der Nachkriegszeit Gegenstand persönlicher und öffentlicher Reflexion gewesen, wodurch bei den Angehörigen selbst, aber auch in der Gesellschaft, ein Bewusstsein für das spezifisches Schicksal der Angehörigen dieser Generation entstanden sei, hat sich in den Untersuchungen des Münchener Projekts Kriegskindheit nicht bestätigt. Die Beobachtung Heinleins, dass die Kriegskinder sich vermehrt selbst eingebracht hätten, fand jedoch im Münchener Projekt Kriegskindheit Entsprechung. Die öffentliche Aufforderung zur Beteiligung an dem Projekt fand eine in dieser Form nicht erwartete Resonanz, die über die gesamte Projektdauer anhielt. Auffällig war die enorme Gesprächsbereitschaft, die sich in den Interviews zeigte, die sich aber auch schon in der überaus großen Resonanz (ca. 1.000 Personen) auf die Medienaufrufe zur Projektteilnahme und in der vorausgehenden Fragenbogenuntersuchung abgebildet hatte. Etwa die Hälfte dieser Personen erklärte sich bereit, ein Interview zu führen. Über die Personen, die keine Bereitschaft zeigten, ein Gespräch über ihre Kindheit im Krieg zu führen, lassen sich keine Aussagen machen, da darüber keine Befragung erhoben wurde. Das große Interesse bei den betroffenen Zeitzeugen an der Thematik zeigte sich auch in der Hamburger Untersuchung. Die rasche Resonanz auf die Interviewanfrage spiegele die Gesprächsbereitschaft der befragten Zeitzeugen wider, ebenso wie diese in einer Fülle von umfangreichen Interviews zum Ausdruck gekommen sei. Bei allen befragten Zeitzeugen sei das Erleben des Feuersturms in seiner überwältigenden Bedrohlichkeit noch präsent und sei plastisch geschildert worden. Einigen Zeitzeugen sei es gelungen im Interview die kindliche Perspektive einzunehmen und das Erleben aus der damaligen Sicht zu schildern (Lamparter et al. 2008, S. 215–254). Diese unterschiedlichen Erzählperspektiven (Kind- und Erwachsenenperspektive) zeigten sich auch in den Interviews des Münchener Projekts Kriegskindheit. Die mögliche, ehemals eingenommene Familienperspektive einer Idealisierung der NS-Ideologie, mit der die damaligen Kinder vermutlich auch identifiziert waren, konnte von den Untersuchungsteilnehmern des Münchener Projekts Kriegskindheit nur selten im Interview eingenommen werden. In ihrer Rückerinnerung aus der Kindheits- und der Erwachsenenperspektive nahmen die Untersuchungsteilnehmer gegenüber dem Nationalsozialismus überwiegend eine kritisch distanzierte Haltung ein. Die Untersuchungsteilnehmer schilderten ihre belastenden Kindheitserlebnisse wie Bombardierung, Flucht, Vertreibung, Vergewaltigungen, Hungererfahrungen etc. jeweils mit einer mehr oder weniger großen emotionalen Beteiligung. Die Erzählungen wurden häufig mit brüchiger Stimme berichtet, dabei vermittelten sich unter Tränen der Verzweiflung geäußerte Verlusterfahrungen in einer Präsenz, als seien diese Ereignisse erst in der jüngsten Vergangenheit geschehen. Die Erzählungen waren zudem immer wieder durch den wiederholten Versuch gekennzeichnet, Worte für die belastenden Erlebnisdimensionen zu finden oder aber waren trotz spürbar hoher emotionaler Beteiligung der Gesprächspartner durchwegs »neutralisierend« gehalten. Es entstand der Eindruck, als hätten die betroffenen Personen erstmals die Möglichkeit, sich in ihrem Leid mitzuteilen. Dieser Eindruck fand immer wieder durch entsprechende Kommentare der Untersuchungsteilnehmer Bestätigung. Die untersuchten Personen sprachen auch über angenehme Kindheitserinnerungen, die meist mit positiven Gefühlen konnotiert und mit großer Bedeutung besetzt waren. Es ist wichtig, darauf hinzuweisen, dass nicht alle Angehörigen der Jahrgänge 1928 bis 1946 von extremen äußeren Belastungen betroffen waren. Dies erklärt die so auffallend unterschiedlichen Erzählungen über die damalige Zeit. Die Schicksale und Erfahrungen der Studienteilnehmer erwiesen sich als ebenso vielfältig, wie die Verstrickungen ihrer Familien in den NS-Terror. Erschwerend kommt hinzu, dass viele Eltern der Studienteilnehmer ein eigenes Schicksal als Kriegskinder im Ersten Weltkrieg erlitten hatten. Radebold (2005, S. 42) nimmt insbesondere unter dem Aspekt brüchiger Familienstrukturen folgende Unterteilung in drei Gruppen der Kriegskinder des Zweiten Weltkriegs vor:

- ➤ »Durch den Krieg und seine Folgen kaum beeinträchtigt aufgewachsene Kinder mit anwesendem Vater (stabile familiäre, soziale, materielle und wohnliche Verhältnisse; geschätzt 35–40%).
- ➤ Kinder mit zeitweiliger väterlicher Abwesenheit und zeitweilig eingeschränkten Lebensbedingungen bei vorübergehenden belastenden bis beschädigenden Erfahrungen (geschätzt 30–35%).
- ➤ Kinder mit lang anhaltender oder andauernder väterlicher Abwesenheit bei in der Regel gleichzeitig dauerhaft eingeschränkten Lebensumständen bei

mehrfachen und lang anhaltenden beschädigenden bis traumatisierenden zeitgeschichtlichen Erfahrungen (geschätzt 30–35%).«

Die vorliegende Stichprobe enthält nur wenige Personen, die der ersten Gruppe der obigen Einteilung zuzurechnen wären. Wie bereits ausgeführt, wurden in dieser Forschungsarbeit die Angehörigen der Jahrgänge 1932 bis 1946 untersucht, die extreme Belastungen in der Kriegszeit oder in der Nachkriegszeit erlitten hatten; ein Großteil der untersuchten Personen wäre den Gruppen zwei und drei zuzuordnen. Eine klar umgrenzte zeitliche Einordnung oder Definition für den Begriff »Kriegskinder« konnte aufgrund der vielfältigen Schicksale der Kriegskinder nicht vorgenommen werden. Dennoch haben die Angehörigen dieser Generationen einen gemeinsamen soziokulturellen Hintergrund mit spezifischen Ausprägungen. Nicht zuletzt ist von maßgeblicher Bedeutung, dass Kinder diesen spezifischen Einflüssen in unterschiedlichen Entwicklungsstufen ausgesetzt waren. Radebold (2005) nimmt auf die generell begrenzten Möglichkeiten von Kindern Bezug, gesellschaftliche Umbrüche zu verstehen. Die Möglichkeiten der Wahrnehmung gesellschaftlicher Veränderungen durch Erwachsene und deren – wenn auch begrenzte – Möglichkeiten, sich den jeweiligen Gegebenheiten anzupassen, würden nicht den Möglichkeiten der Wahrnehmung eines kleinen Kindes entsprechen. Ein kleines Kind könne noch nicht in historischen Zusammenhängen denken. Für das Kind seien Geschehnisse, wie die Abwesenheit des Vaters, die Not, der Hunger, die Vertreibung, die Vergewaltigung und die Verlassenheit danach, äußere und innerseelische belastende Faktoren, ohne dass inhaltliche Bezüge zum gesellschaftlichen Kontext hergestellt werden könnten. Die damaligen Erfahrungen extremer Gewalt und plötzlicher Verluste hätten für viele dieser Kinder Ereignisse dargestellt, durch die sie in ihren Ich-Fähigkeiten überfordert gewesen seien. Es sei ihnen nicht möglich gewesen, für ein minimales Gefühl der Sicherheit und integrativen Vollständigkeit zu sorgen. Eltern und Kinder hätten unbewusst in großem Umfang Abwehrmechanismen, wie Verdrängung, Ungeschehenmachen, Verleugnung etc. ausgebildet. Gefühle von Hilflosigkeit und damit Abhängigkeit anlässlich einer unveränderbaren Situation seien daher meist lebenslang gefürchtet und möglichst vermieden worden (vgl. Radebold 2005).

35

Ermann, ebenfalls ein Angehöriger der Kriegskinder-Generation, hebt als ein wesentliches Merkmal seiner Generation das merkwürdig gespaltene Verhältnis zur eigenen Biografie hervor, in dem ein Bewusstsein für die erlittenen Verletzungen und Verdrängungen ausgeblieben sei. Ein großer Teil der Kriegskinder sei in der Nachkriegszeit und weiterer Lebenszeit mit den Traumatisierungen allein geblieben und habe keine Unterstützung durch die Elterngeneration gefunden, die selbst mit ihrem zerbrochenen Leben beschäftigt gewesen sei. So seien sie zu einer von sich selbst entfremdeten Generation geworden. Die Betroffenen hätten ihre Identität daraus entlehnt, auf andere zu blicken und sie zu stützen. Damit erfüllten sie einen Auftrag der an ihrem Schicksal gescheiterten Eltern. Solange diese Identifikation fortwirkte, blieben die Verletzungen der Kriegsjahre im Verborgenen. Diese seelischen Verletzungen seien an die nachfolgende Generation, die Kinder der Kriegskinder weitergegeben worden. Ermann konstatiert, wenn es in der Psychoanalyse gelinge, diese Dynamik aufzudecken und zu bearbeiten, ergebe sich die Chance, dass sich die Kriegskinder auch noch 60 oder 70 Jahre später ihr Schicksal emotional aneignen und so zu einer »positiven Kriegskindheitsidentität« gelangen könnten (vgl. Ermann 2010). Ulbrich-Monsees (2008) ging in ihrer qualitativen Untersuchung der im Münchener Projekt Kriegskindheit durchgeführten Interviews der Frage nach, inwiefern die Angehörigen dieser Generation eine Identität als Kriegskind entwickelt hatten. 14 Interviews wurden mittels differenzierter Einzelfallauswertungen im Hinblick auf Aussagen zu Selbstbild und Identität als Kriegskind untersucht. Bei der Gegenüberstellung soziodemografischer Daten mit dem im Interview dargestellten Identitätsgefühl als Kriegskind wurde deutlich, dass weder Geschlecht oder Geburtsjahr noch die Möglichkeit bewussten Erinnerns an besonders belastende Erlebnisse, wie etwa Flucht, als maßgebliche Merkmale für die Ausbildung einer positiven Identität als Kriegskind betrachtet werden konnten. Hingegen konnte der Verlust eines oder beider Elternteile als maßgebliches Merkmal (Prädiktorvariable) herangezogen werden. Es zeigte sich eine hohe Ambivalenz im Hinblick auf die Identität als Kriegskind. Einerseits sähen die Kriegskinder rückwirkend ihre Erfahrungen als Entwicklungschance, andererseits beschrieben sie Schwierigkeiten bei der Integration des Erlebten mit der Zuschreibung »Kriegskind«. In einer Studie der DPV unter der Leitung der Direktorin des Frankfurter Sigmund-Freud-

Instituts, Prof. Dr. Marianne Leuzinger-Bohleber, wurden 401 Patientinnen und Patienten nachuntersucht, die zwischen 1990 und 1993 ihre psychoanalytische Langzeitbehandlung beendet hatten. Leuzinger-Bohleber beschreibt die Ergebnisse wie folgt:

> »Das Forscherteam ist unerwartet häufig und dramatisch den Schatten des Zweiten Weltkriegs begegnet: Bei mehr als der Hälfte der untersuchten Personen, bei 54 Prozent, hat die zivilisatorische Katastrophe in Deutschland die gesamte Lebensgeschichte bestimmt und Jahrzehnte nach dem Zusammenbruch des nationalsozialistischen Regimes mit dazu beigetragen, dass sie psychotherapeutische Hilfe suchten. Zu den dunkelsten Schatten des Zweiten Weltkriegs gehört auch, dass wir in unserer repräsentativen Studie vorwiegend nicht-jüdische deutsche Kriegskinder antrafen. Die jüdisch-deutschen Kinder sind in der Shoah ermordet worden, falls ihren Familien nicht vorher die Flucht oder Emigration gelungen war. Nur einige wenige von ihnen kehrten in das Land der Täter zurück und waren in den 1980er Jahren bei deutschen Psychoanalytikern in Behandlung. Wer als Kind den Zweiten Weltkrieg miterlebt hat, kann diese intensiven und lebensbedrohlichen Erlebnisse oft auch als Erwachsener nicht ausblenden – sie überschatten sein Leben weiter, auch ohne dass es dem Betroffenen selbst bewusst sein muss« (Leuzinger-Bohleber 2011, S. 1).

Erlebniswelten »Kriegskindheit«: Nationalsozialismus, Zweiter Weltkrieg und Nachkriegszeit

Im Folgenden soll das Spektrum belastender Kindheitserfahrungen der Vorkriegszeit, der Kriegszeit im Zweiten Weltkrieg und der Nachkriegszeit der Angehörigen dieser Generation aufgezeigt werden, um einen Eindruck über das Ausmaß und die Inhalte dieser spezifischen Erfahrungen zu vermitteln. Statistische Daten fehlen weitgehend. Die folgenden Ausführungen beziehen sich im Wesentlichen auf die Darstellung Radebolds (Radebold 2000, S. 17ff.) und wurden im Rahmen der vorliegenden Arbeit ergänzt.

Nationalsozialismus

➤ Nationalsozialistisch geprägtes Erziehungsideal der Entindividualisierung nach Johanna Haarer

➤ Betonung des Starken

➤ Betonung des »Übermenschen«

➤ Eliminierung des Schwachen und Minderwertigen

➤ Trennung von der Familie durch Kinderlandverschickung

➤ Flucht vor dem näher rückenden Krieg

Zweiter Weltkrieg

➤ Evakuierungen der unter zehnjährigen Kinder zusammen mit der Mutter und weiteren jüngeren Geschwistern.

➤ Kinderlandverschickungen der über zehnjährigen Kinder mit Trennung von der Mutter und der weiteren Familie.

➤ Bombenangriffe, Ausbombungen, Städtezerstörungen (»Feuersturm«) mit der Erfahrung von Tod, dem Anblick von verstümmelten Menschen und Leichen.

➤ Heimatverlust durch Vertreibung oder Flucht. Ungefähr 14 Millionen Menschen verloren zwischen 1944 und 1947 ihre Heimat. Unter den Heimatvertriebenen waren über zwei Millionen Kinder und Jugendliche. Die Kinder machten auf der Flucht Erfahrungen von Gewalt, Trennung und Verlust. Mehr als 470.000 Zivilisten kamen nachweislich auf der Flucht und während der Vertreibung ums Leben. Mehr als die Hälfte davon waren Frauen und Kinder.

➤ In der Zeit nach dem Krieg wuchsen die Kinder in einer fremden bis feindselig eingestellten Umwelt (Sprache, Religion, Lebensgewohnheiten etc.) mit der Folge von häufigem langen Hunger oder Unterernährung, Verarmung und sozialem Abstieg der Eltern auf.

➤ Aktive oder passive Gewalterfahrung, zum Beispiel durch Verwundungen oder Tötungen.

➤ Erleben von Vergewaltigungen. Die Gesamtzahl der Vergewaltigungen wird auf etwa 1,9 Millionen geschätzt, davon wurden 1,4 Millionen in den ehemaligen deutschen Ostgebieten während Flucht und Vertreibung begangen, 500.000 in der späteren sowjetischen Besatzungszone, 100.000 in Berlin.

Nachkriegszeit

➤ Hunger und Unterernährung aufgrund der mangelhaften Versorgungsmöglichkeiten in der Nachkriegszeit und mangelhafte Behandlungsmöglichkeiten von Krankheiten und Verletzungen.

➤ Unvollständige Familien der Kinder. Im Frühjahr 1947 befanden sich noch 2,3 Millionen Kriegsgefangene in den Lagern der Alliierten und 900.000 in sowjetischen Lagern. 1947 wurden 350.000 entlassen, 1948 rund 500.000 und 1949 weitere 280.000.

➤ Abwesenheit, Verlust oder psychische und/oder körperliche Versehrtheit des Vaters bedingt durch lang anhaltende (durch Kriegsteilnahme oder Gefangenschaft) oder dauernde (weil gefallen, vermisst, an Krankheit verstorben) väterliche Abwesenheit; dazu kehrten diese Väter oft physisch oder psychisch versehrt bzw. krank zurück und blieben innerpsychisch abgekapselt und unerreichbar.

➤ Die Gefallenen und Vermissten hinterließen mehr als 1,7 Millionen Witwen sowie fast 2,5 Millionen Halbwaisen und 100.000 Vollwaisen.

➤ Etwa ein Viertel der Kinder der Kriegsgeneration wuchs ohne Vater auf.

➤ Zusätzlicher Verlust der Mutter (Status als Vollwaise), der Geschwister oder näherer Verwandter (insbesondere Großeltern).

➤ Mangelnde Betreuung der Kinder:
  ➤ Nur langsam anlaufender Schulbesuch
  ➤ Dasein als »Schlüsselkinder«
  ➤ Kinder sind sich selbst überlassen, finden häufig Banden als Zusammenhalt.
  ➤ »Organisieren« von Lebensmitteln (»hamstern«) und Heizmaterial
  ➤ Trümmerhaufen als Spielplätze
  ➤ Beengte Wohnverhältnisse für Kinder von Flüchtlings- und Vertriebenenfamilien
  ➤ Extreme Not: Hunger, Kälte, zerstörte Wohnungen
  ➤ Die Säuglingssterblichkeit in Bayern ist 1945/46 doppelt so hoch wie 1938
  ➤ Günstige Betreuungsverhältnisse für die Kinder: Ein Teil wuchs weitgehend unbeeinträchtigt durch den Kriegsverlauf und die katastrophale Nachkriegssituation auf, vor allem in ländlichen Regionen.

Kinderschicksale der Kriegskinder des Zweiten Weltkriegs

Die gesamte Gruppe der »Kriegskinder des Zweiten Weltkrieges« umfasst weltweit die Angehörigen der Jahrgänge 1928 bis 1946. Diese Personengruppe war zum Großteil vielfältigen Leiden und Erfahrungsbereichen ausgesetzt, die von der nationalsozialistischen Verfolgungs-, Tötungs- und Kriegspolitik ausgegangen waren. Hier sind insbesondere die Gruppe der jüdischen Kinder, ebenso wie weitere, vom nationalsozialistischen Regime verfolgte Kindergruppen hervorzuheben. Daneben gibt es eine Vielzahl weiterer Kindergruppierungen, die in die Kriegswirren involviert waren, selbst psychische oder körperliche Leiden davon trugen und den Tod von Familienangehörigen hinnehmen mussten.

Die Gruppe der Flakhelfer

Die Gruppe der sogenannten »Flakhelfer« der Jahrgänge 1928 bis 1931 wurde in der vorliegenden Studie nicht untersucht. Die Gruppe der Flakhelfer und ihr jeweiliges Alter in der Zeit:
- des Nationalsozialismus 2–5 Jahre/8–10 Jahre
- des Zweiten Weltkrieges 8–10 Jahre/14–17 Jahre
- der Nachkriegszeit 14–17 Jahre/19–22 Jahre

Die Angehörigen der Gruppe der Falkhelfer und der Untersuchungsgruppe erlebten den Zweiten Weltkrieg, die Zeit des Nationalsozialismus und die Nachkriegszeit in Deutschland in unterschiedlichen Phasen ihrer Kindheit und Jugendzeit, die im Folgenden beschrieben werden sollen:
Die Generation der Flakhelfer ist diejenige Generation, die vor der Zeit des Dritten Reiches geboren wurde und aktiv in Kriegshandlungen einbezogen wurde. Die Angehörigen der Gruppe der Jahrgänge 1928 bis 1931 waren zur Zeit des Zweiten Weltkriegs 14-, 15-, 16- und 17-jährig und bis zum Kriegsende 1945 nicht nur passiv, sondern seit der Kriegswende 1943 auch aktiv am Kriegsgeschehen beteiligt. Ganze Schulklassen im Alter zwischen 14 und 17 Jahren wurden ab diesem Zeitpunkt als Luftwaffenhelfer eingezogen. Die Jugendlichen wurden reguläre Soldaten, waren meist »bereit«, für ihre Heimat

und den Führer den »Heldentod zu sterben« und mussten Erfahrungen im Kriegsgeschehen oder in der Kriegsgefangenschaft machen. Von dort entlassen waren sie noch keine 18 Jahre alt, häufig abgemagert und krank. Als Beteiligte am Zweiten Weltkrieg fühlten sie sich mithin für das Geschehene verantwortlich und fanden sich nun abermals in einer gesellschaftlichen Struktur, die äußerlich einen fundamentalen Wandel vollzogen hatte. Je nachdem, ob die Kinder auf dem Land oder in der Stadt aufwuchsen, waren sie und ihre Familien mehr oder weniger stark in die Kriegswirren involviert. Viele Kinder und ihre Familien wurden aus ihrer Heimat vertrieben oder mussten fliehen.

Kriegskinder der Jahrgänge 1932 bis 1946

In der vorliegenden Studie wurde die Gruppe der Angehörigen der Jahrgänge 1932 bis 1946 untersucht, die ehemals dem Deutschen Reich zugehörig erklärt wurden. Dieser Personenkreis war im Zeitraum der Untersuchung (2005/2006) im Alter zwischen etwa 60 und 75 Jahren.

Die untersuchte Personengruppe, also die Gruppe der zwischen 1932 und 1946 geborenen Personen und ihr jeweiliges Alter in der Zeit:

➤ des Nationalsozialismus: 0–7 Jahre
➤ des Zweiten Weltkrieges: 0–13 Jahre
➤ der Nachkriegszeit: 0–18 Jahre

Zur Zeit des Nationalsozialismus waren die Studienteilnehmer in der Altersspanne von 0–7 Jahren (Säuglingsalter und frühe Kindheit), während der Zeit des Zweiten Weltkrieges waren sie in der Altersspanne von 0–13 Jahren (Säuglingsalter bis beginnende Adoleszenz) und in der Nachkriegszeit im Alter von 0–18 Jahren (Säuglingsalter bis Adoleszenz). Es lag nahe, die verschiedenen Entwicklungsabschnitte im Kontext der jeweiligen gesellschaftlichen Strukturen zu untersuchen. Dabei ergab sich folgende Substruktur der Unterteilung in Entwicklungsabschnitten, bezogen auf die Vorkriegs-, Kriegs- und Nachkriegszeit.

Zeitabschnitte im gesellschaftlichen Kontext
➤ Vorkriegszeit (1932–1938)
➤ Kriegsbeginn (1939–1942)
➤ Kriegsgeschehen in Deutschland und Nachkriegszeit (1943–1946)

Maßgebliche Entwicklungsabschnitte der Kindheit
➤ Frühe Kindheit (0–6 Jahre)
➤ Latenzalter (7–10 Jahre)
➤ Adoleszenz (11–18 Jahre)

Daraus ergab sich folgende Einteilung, die auf die verschiedenen Entwicklungsphasen und den jeweiligen gesellschaftlichen Kontext Bezug nimmt:

Gruppe A (Gruppe der 1932 bis 1938 geborenen Personen)
➤ Vorkriegszeit (1932–1938): Frühe Kindheit
➤ Kriegsbeginn (1939–1942): Frühe Kindheit, Latenzalter
➤ Kriegsgeschehen und Nachkriegszeit (1943–1946): Frühe Kindheit, Laten-
zalter, Adoleszenz

Gruppe B (Gruppe der 1939 bis 1941 geborenen Personen)
➤ Vorkriegszeit (1932–1938): Noch nicht geboren
➤ Kriegsbeginn (1939–1942): Frühe Kindheit
➤ Kriegsgeschehen und Nachkriegszeit (1943–1946): Frühe Kindheit

Gruppe C (Gruppe der 1942 bis 1946 geborenen Personen)
➤ Vorkriegszeit (1932–1938): Noch nicht geboren
➤ Kriegsbeginn (1939–1942): Noch nicht geboren
➤ Kriegsgeschehen und Nachkriegszeit (1943–1946): Frühe Kindheit

Die zwischen 1932/33 und 1938 geborenen Personen (Gruppe A) durchlief ihre
frühe Kindheit auf der Folie des gesellschaftlichen Kontextes einer faschistischen
Diktatur, also einer Gesellschaftsstruktur, die auf eine Person, den »Führer«
ausgerichtet war und die ihre gesellschaftlichen Strukturen über das Ausüben
von Gewalt gefestigt hatte. Es folgte der gesellschaftliche Kontext eines sechs

Jahre andauernden Weltkrieges, den die drei Subgruppen in ihrer frühen Kindheit bzw. bis in die beginnende Adoleszenz durchliefen und der für die Kinder eine Vielzahl potenziell traumatisierender Erfahrungen bereithielt. Gruppe B erlebte die Säuglingszeit und die frühe Kindheit in der nationalsozialistischen Zeit unter dem Erleben des Krieges und die Nachkriegszeit im Kindergartenalter. Die Gruppe C erlebte die Jahre 1943 bis 1945 in der Säuglings- und Kleinkindzeit und die Nachkriegszeit im Kindergarten- und Schulalter. Nach Kriegsende veränderte sich abermals der gesellschaftliche Bezugsrahmen der Kinder aller Subgruppen und ihrer Familien in einen demokratischen Parlamentarismus des Nachkriegsdeutschlands, der abermals strukturelle Veränderungen im inner- und außerfamiliären Leben der Kinder zur Folge hatte.

Kriegskinder im Forschungsinterview

Forschungsweg und zeitlicher Ablauf

Unter Einbeziehung vorangegangener Arbeiten des Münchener Projekts Kriegskindheit »Europäische Kriegskindheit und ihre Folgen« gliederte sich der For-
schungsweg der vorliegenden Forschungsarbeit in folgende zeitliche Abfolge und
inhaltliche Bereiche (Mai 2004 bis August 2011):

- ➤ Ausarbeitung des Basisinterviews (Forschungsgruppe Münchener Projekt
  Kriegskindheit 2004/2005)
- ➤ Durchführung eines Probeinterviews, danach erneute Überarbeitung des
  Probeinterviews im Gruppenprozess (2005)
- ➤ Ausarbeitung des Manuals zum Basisinterview (Müller 2004/2005)
- ➤ Ausarbeitung der Erläuterungen zum Basisinterview (Ermann/Müller
  2004/2005)
- ➤ Ausarbeitung der Diskursanalyse (Pape, Müller, Ermann 2005)
- ➤ Ausarbeitung des Manuals zur Diskursanalyse (Müller 2005)
- ➤ Durchführung der Interviews (Ermann, Müller 2005/2006)
- ➤ Ausarbeitung des »Repräsentanzenbogen Feinkategorien« (Forschungsgruppe
  Münchener Projekt Kriegskindheit 2006/2007)

➤ Ausarbeitung des »Repräsentanzenbogen Grobkategorien« (Forschungsgruppe Münchener Projekt Kriegskindheit 2008)
➤ Datenauswertung »Diskursanalyse« (Müller 2008/2009)
➤ Datenauswertung »Verstehende Typenbildung« (Müller 2009–2011, davon vier Gruppenarbeitssitzungen zur Bildung der Subkategorien im Gruppenprozess: Müller, Krinner, Loetz 2010)
➤ Diskussion der Ergebnisse (Müller 2011/2012)

Auswahl der Untersuchungspersonen nach dem Prinzip des »Theoretical Samplings«

Die Methodik der Auswahl der Untersuchungsgruppe (Stichprobe) wird in der qualitativen Forschung auf das Ziel der Studie hin bestimmt. Es handelt sich daher nicht um eine randomisierte Untersuchungsgruppe, also nicht um eine Untersuchungsgruppe, die nach dem Zufallsprinzip ausgewählt wird und die Grundgesamtheit repräsentieren soll. Größe und Qualität der Untersuchungsgruppe orientieren sich in erster Linie an der Problemstellung der Untersuchung. Als »Theoretical Sampling« (Strauss/Corbin 1996) wird die gezielte Auswahl einer Untersuchungseinheit bezeichnet, die sich an theoretischen Überlegungen orientiert. Die Zusammenstellung der Untersuchungsgruppe unterliegt dabei den Kriterien der Angemessenheit und der Adäquatheit. Durch die Stichprobe sollen so viele Informationen vorliegen, dass eine Beschreibung des Phänomens möglich ist, wobei die Auswahlstrategie von der Prämisse geleitet sein soll, relevante Informationen und Daten zu erhalten. Bei qualitativen Stichproben muss aufgrund der geringen Fallzahl besondere Sorgfalt bei der Selektion der teilnehmenden Personen aufgewendet werden. Hier gelten insbesondere die Grundsätze des »Theoretical Samplings«, das heißt, die Stichprobe sollte den theoretischen Überlegungen und der Fragestellung angepasst werden, heterogen zusammengesetzt sein und möglichst typische Vertreter enthalten. Wegen der meist geringen Stichprobengröße sollten die Daten einen hohen Grad an Nützlichkeit aufweisen; auch muss die Datenerhebung effizient und effektiv sein. So ist die statistische Repräsentativität in der qualitativen Forschung von nachrangiger Bedeutung. Stattdessen ist die Forderung nach inhaltlicher Repräsentativität vorrangig. Die

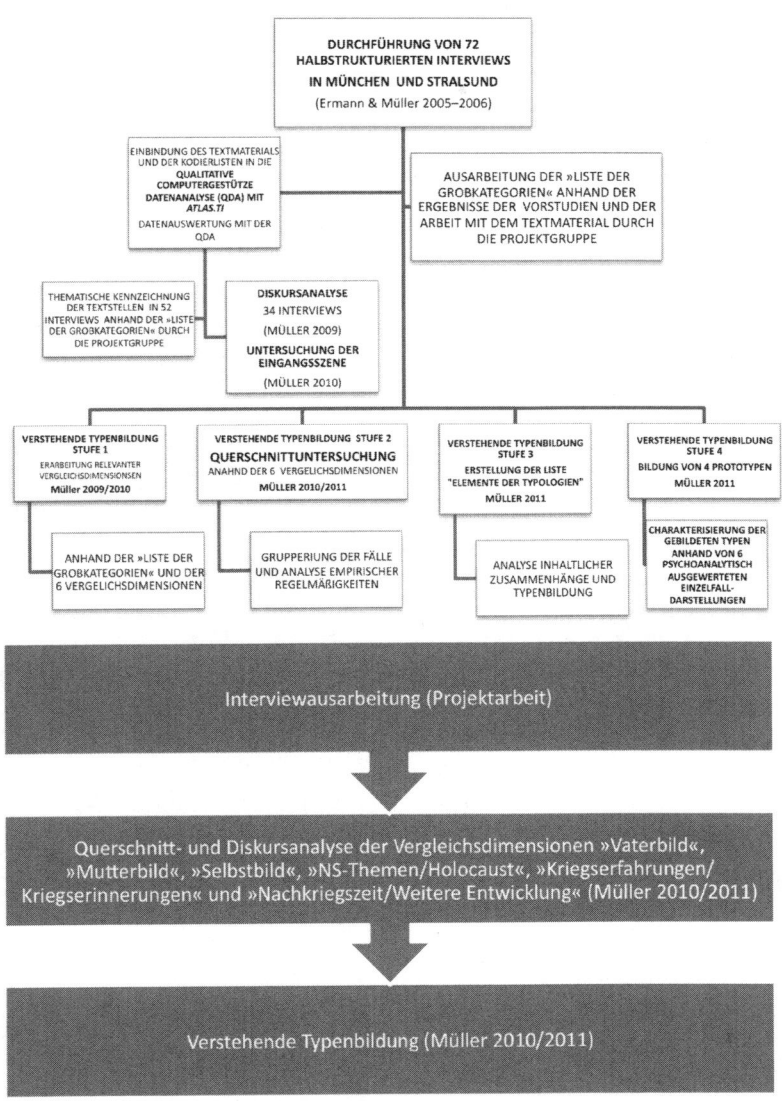

Organigramm der Forschungsarbeit

Überlegungen hinsichtlich der Auswahlkriterien für das Interview-Sampling waren von spezifischen Fragestellungen geleitet:

➤ Zu welchem Zeitpunkt findet die Forschung statt und warum?

➤ An welchem Ort wird das Forschungsmaterial erhoben und warum?

➤ Welche Kriterien müssen für die Auswahl der Stichprobe berücksichtigt werden?

Diese Fragestellungen bildeten die Richtlinie bei der Auswahl der Kriterien für eine angemessene Zusammenstellung der Stichprobe im Münchener Projekt Kriegskindheit. Die Untersuchungsgruppe der vorliegenden Forschungsarbeit ist identisch mit der Untersuchungsgruppe des Münchener Projekts Kriegskindheit. Um obige Fragestellungen differenziert beantworten zu können, wurde zunächst eine Fragebogenerhebung durchgeführt. Es stellte sich die Frage, welche Studienteilnehmer für die Untersuchung geeignet seien, also mit welchen Teilnehmern man ein Gespräch führen müsse, um das Phänomen einer belasteten Kriegskindheit abbilden zu können? Es war naheliegend, diejenigen Personen auszuwählen, die spezifische äußere Belastungen erlitten hatten. Eine weitere Untersuchung derjenigen Personen, die angaben keine Belastungen erlitten zu haben, wäre als Vergleichsgruppe von großem Interesse gewesen; diese zusätzliche Forschungsarbeit war jedoch im Rahmen dieser Arbeit nicht zu leisten. In der Fragebogenuntersuchung wurden neben demografischen Daten unter anderem die Form und die Schwere der Belastung der Kriegskinder erfasst. Die 1.000 Personen, die an einer ersten Fragebogenuntersuchung teilnahmen, hatten auf der Basis von Einladungen in den Medien den »Fragebogen zur Kriegskindheit« angefordert oder diesen über Mediatoren (Mitarbeiter, Bekannte, deren Bekannte etc.) erhalten. Etwa die Hälfte dieser Personen erklärte sich bereit, ein Interview zu führen.

Soziodemografische Merkmale der Interviewteilnehmer

In der Fragebogenuntersuchung wurden neben demografischen Daten unter anderem die Form und die Schwere der Belastung der Kriegskinder erfasst. Als Kriterium für die Teilnahme wurde festgelegt, dass die Kriegskinder, die in die

Untersuchungsgruppe aufgenommen werden sollten, eines der fünf Merkmale »Trennungserleben«, »Bombardierung«, »Trauma«, »Flucht oder Vertreibung« oder »Andere schwerwiegende Belastungen« vorweisen sollten. Diese Merkmale wurden im Fragebogen erfasst und mussten als Einschlusskriterium für die Studienteilnahme vorliegen. Eine weitere Überlegung war, Kriegskinder aus beiden ehemaligen deutschen Staaten in die Untersuchungsgruppe aufzunehmen. Da die Durchführung der Interviews aus organisatorischen Gründen an die beiden Orte München und Stralsund gebunden war, beschränkte sich der befragte Personenkreis auf Bewohner dieser beiden Städte, bzw. auf Bewohner aus dem Umland der beiden Städte, sodass sich letztlich folgende Zusammensetzung der untersuchten Personen des Münchener Projekts Kriegskindheit im Rahmen einer Selbst-Selektionsstichprobe ergab:

Für die Interview-Studie wurden insgesamt 72 Kriegskinder nach obigen Kriterien ausgewählt. Die Interviews wurden in den Jahren 2005 und 2006 durchgeführt. Die Mehrheit der Teilnehmer (zwei Drittel) hat einen akademischen Abschluss. 62 Personen wohnten in München oder im Umfeld von München, zwölf Personen lebten in der ehemaligen DDR, in Stralsund oder im Umfeld von Stralsund. Die Anzahl der weiblichen Untersuchungsteilnehmer betrug 47 Personen, die Anzahl der männlichen Untersuchungsteilnehmer 25 Personen, der weibliche Anteil ist also nahezu doppelt so hoch. Das Geschlecht war bei der Auswahl der Untersuchungsteilnehmer nicht maßgeblich. Maßgeblich war lediglich das Vorhandensein von Belastungsfaktoren bei den Teilnehmern. Das Verhältnis 2:1 der Geschlechterverteilung ergab sich durch die Auswahl der Untersuchungspersonen nach ihren Belastungsfaktoren. Dennoch spiegelt die Geschlechterverteilung der Untersuchungsgruppe das Verhältnis 2:1 bei den ca. 1.000 Teilnehmern der vorangegangenen Fragebogenuntersuchung wider. Auffällig ist, dass sowohl bei den männlichen als auch bei den weiblichen Untersuchungsteilnehmern die Gruppe der 1938 und 1939 geborenen Teilnehmer weitaus stärker repräsentiert war. Diese höhere Teilnehmerzahl könnte neben anderen Ursachen auch mit der 1939 erstmals wieder angestiegenen Geburtenrate zusammenhängen. Die Geburtenrate lag 1939 mit 20,4 Geburten pro 1.000 Einwohner um mehr als fünf Punkte höher als 1932 und hatte fast wieder das Niveau von 1924 erreicht.

Inhalte und Aufbau des narrativen halbstrukturierten Interviews

Die Interviewdialoge folgten der Perspektive der im Untersuchungszeitraum (2005/2006) etwa 60- bis 75-jährigen Personen auf ihre Kindheit. Ziel der Untersuchung war es, die gegenwärtige, bewusste und unbewusste individuelle innerpsychische Repräsentanzenwelt, die sich auf die Kindheit im Nationalsozialismus, im Krieg und in der Nachkriegszeit bezieht, zu erfassen und zu verstehen. In Anlehnung an die inhaltlichen Voruntersuchungen von Psychotherapieberichten dieser Altersgruppe wurden im Rahmen der Projektarbeit ein halbstrukturiertes Interview und der dazugehörige Interviewleitfaden erstellt. Die interessierenden Inhalte waren durch vorangegangene Untersuchungen von Therapieberichten (Hughes 2005; Katz 2004) ausgearbeitet und in der Gruppenarbeit durch argumentative Validierung festgelegt worden. Auf der Grundlage dieser Vorarbeit wurden zentrale inhaltliche Schwerpunkte konzipiert. Der erste Teil des Interviews umfasst die Thematik »Bild der Kriegskindheit« und deren Bewertung und Verarbeitung. Im Vergleich dazu beziehen sich die weiteren Fragen auf die Thematik »Schilderung des Lebensprofils« (vgl. Müller 2013):

➤ Bild der Kindheit im Krieg und in der NS-Zeit
➤ Bewertung der Geschehnisse im Zusammenhang mit der Kindheit im Krieg und in der NS-Zeit
➤ Faktoren bei der Verarbeitung der Kindheit
➤ Lebensprofil
➤ Spätfolgen

Zur Anwendung kam dabei das sogenannte »narrative Interview« in modifizierter Form. Es ist eine Spezialform des qualitativen Interviews, die Schütze 1977 entwickelt hat. Die Erzählungen kommen dabei in ihrer Struktur den Orientierungsmustern des Handelns am nächsten. Das freie Erzählen beinhaltet implizit eine retrospektive Interpretation des erzählten Handelns. Damit eine Erzählsituation zustande kommt, in der frühere Erfahrungen und Erlebnisse aus einer subjektiven Perspektive erinnert werden, sollte die Interviewführung dem Modell eines sich fortwährend wiederholenden Phasenverlaufs folgen. Zunächst erfolgt die Erzählaufforderung. Darauf erfolgt die Haupterzählung, der sich meist eine Bilanzierung anschließt. Im Interviewleitfaden fand eben dieser methodische Ansatz der Aufteilung in verschiedene phasentypische Akzentuierungen der Erzählungen Berücksichtigung:

➤ Erklärungsphase (Frage des Interviewers)
➤ Einleitung/Erzählphase (Interviewter)
➤ Nachfragephase (Interviewer)
➤ Bilanzierungsphase (Interviewter)

Dabei sollten die erzählenden Personen im Rahmen des halbstrukturierten Interviews zum freien Erzählen selbst erlebter Ereignisse (»Stehgreiferzählung«) angeregt werden. Der Interviewer hat dabei zunächst die Rolle des aufmerksamen und interessierten Zuhörers. Die Einleitung bzw. Erzählaufforderung gibt die Dimension der Erzählung vor. Immanente Nachfragen folgen der Erzählchronologie und sind dabei erzählgenerierend angelegt (vgl. Lamnek 2005). Das Ziel der Interviews bestand also nicht in dem Vorhaben »objektive« Daten zu gewinnen, wie dies bei quantitativen Methoden angestrebt wird, stattdessen sollte folgenden zentralen Aspekten Rechnung getragen werden:

➤ Durch die vorgegebene thematische Schwerpunktsetzung sollte den Erzählungen der Untersuchungsteilnehmer einerseits eine inhaltliche Richtung gegeben werden, andererseits sollte genügend Raum zur szenischen Entfaltung innerpsychischer Inhalte bereit gestellt werden, die sich auf einer manifesten Ebene (bewusste Inhalte) und einer latenten Ebene (unbewusste Inhalte) bilden.

➤ Die Schilderung biografischer Elemente wurde aus der subjektiven Perspektive der Interviewten erfasst und in den Kontext der von den Studienteilnehmern subjektiv festgelegten Sinnzusammenhänge gestellt.

➤ Die Interviewauswertung hat nicht – wie bei den gängigen quantitativen Methoden – die Funktion, Forschungshypothesen zu überprüfen. Stattdessen steht vor der Interviewführung die Formulierung einer offenen Forschungsfrage. Aus der Interpretation der geführten Interviews heraus findet der sukzessive Prozess der Hypothesenbildung statt. Anhand der im Forschungsprozess gewonnenen Erkenntnisse werden die Hypothesen schrittweise modifiziert und inhaltlich ausgestaltet. Damit kann dem Ziel einer differenzierten Beantwortung der Forschungsfragen immer besser entsprochen werden.

Dieses Vorgehen entspricht der, vor allem im »Symbolischen Interaktionismus« entwickelten Annahme, dass die soziale Wirklichkeit keine objektive Größe sei, sondern im Rahmen kommunikativer Interaktionen hergestellt werde. Demnach sind individuelle Repräsentanzen sozialer oder innerpsychischer Wirklichkeiten nur über die individuelle – verbale und nonverbale – Darstellung der Beteiligten erfassbar. Die Vorgehensweise für die Interviewführung im Münchener Projekt Kriegskindheit wurde in einem langwierigen Gruppenprozess nach Maßgabe dieser Konzeption ausgearbeitet und in einem Manual festgehalten. Ebenso wurden das halbstrukturierte narrative »Basis-Interview zur Kriegskindheit« und die Transkriptionsregeln vor dem Hintergrund dieser Ergebnisse im Jahr 2004 und 2005 in einem fortwährenden intensiven Gruppenprozess methodischer und inhaltlicher Reflexion ausgearbeitet und dokumentiert (vgl. Müller 2013).

Interviewdurchführung

Die 72 Interviews wurden im Jahr 2005 und 2006 von zwei Mitarbeitern des Münchener Projekts Kriegskindheit durchgeführt. Dies waren zum einen Prof. Dr. med. Michael Ermann (Jahrgang 1944), Leiter des Projekts »Europäische Kriegskindheit im Zweiten Weltkrieg und ihre Folgen« an der LMU München, Leiter der Abteilung »Psychotherapie und Psychosomatik«, Psychoanalytiker. Zum anderen die Autorin der vorliegenden Arbeit, Dr. phil. Christa Müller (Jahrgang 1957), wissenschaftliche Mitarbeiterin des Projektes »Europäische Kriegskindheit im Zweiten Weltkrieg und ihre Folgen« an der LMU München, Psychoanalytikerin. In der qualitativen Forschung sollen auch diejenigen Phänomene behandelt werden, die sich auf die Verschiedenheit der Interviewer beziehen. Diesem Aspekt wurde durch die Kennzeichnung der Interviewer und die gesonderte Reflexion dieses Aspekts im Auswertungsteil Rechnung getragen.

Erste Eindrücke aus den Interviews

Nach dem Abschluss der Interviewphase im Jahr 2006 wurden erste Eindrücke der Interviewer von der Autorin wie folgt festgehalten:[1]

Die Gesprächsteilnehmer brachten eine große Bereitschaft und ihre Dankbarkeit darüber zum Ausdruck, erstmals in einen Dialog über ihre Lebensgeschichte treten zu können. Es lassen sich keine Aussagen über die Projektteilnehmer machen, die ein persönliches Gespräch ablehnten, da diese über ihre mangelnde Gesprächsbereitschaft nicht befragt wurden. Die Darstellung der vielfältigen Erinnerungsbilder nahm einen breiten Raum ein, in dem immer wieder deutlich wurde, wie komplex und vielschichtig die Schicksale der Angehörigen dieser Generation sind und wie unterschiedlich sich diese Schicksale auf den weiteren Entwicklungs- und Lebensverlauf ausgewirkt haben. Die Schilderungen der oftmals erschütternden und als nachhaltig bezeichneten Kindheitserlebnisse schienen mitunter nur bedingt informativ, wurden sachlich gehalten, gleichsam »neutralisiert« oder auch bagatellisiert. Im Gegensatz dazu waren viele Interaktionssequenzen von starken unausgesprochenen Affekten begleitet, den sogenannten Übertragungen und Gegenübertragungen, die in dieser Heftigkeit nicht zu erwarten waren. Das Konflikthafte in den Erzählungen zeigte sich an der emotional aufgeladenen bleiernen Schwere der geschilderten Inhalte, die in vielen Momenten über den Gesprächen lastete. Dabei hatten die emotionalen Botschaften zumeist appellativen Charakter: »Wir waren uns selbst überlassen, mussten alleine klar kommen!« Diese und ähnliche Gefühlsbotschaften sind kennzeichnend für das emotionale Übertragungsgeschehen in den Gesprächen mit den Kriegskindern dieser Untersuchungsgruppe. Die Erzählungen vermittelten sich meist in einer drastischen Unmittelbarkeit, als hätten die berichteten Geschehnisse erst vor wenigen Tagen stattgefunden. Mitunter fühlten sich die Interviewer im Laufe der Gespräche durch die Komplexität der belastenden Erinnerungen »überschwemmt«, dienten den Gesprächsteilnehmern als ein Gegenüber, auf das »implizite Anklagen« gerichtet waren. Die Erinnerungen eines nach vielen Jahren aufbrechenden Erlebnishorizontes bildeten den zentralen Inhalt dieser Gespräche. Dabei wurden hoch belastete persönliche Lebenswirklichkeiten thematisiert, in

---

1   Unveröffentlichte Aufzeichnungen (Müller 2006).

denen aber auch freudvolle Erinnerungssequenzen auftauchten. Oftmals waren die Interviewer durch Bestätigung suchende Kommentare, so zum Beispiel mit Formulierungen wie »nicht wahr«, »oder« etc., unterschwellig aufgerufen, zustimmend Stellung zu beziehen. An anderen Stellen waren sie aufgefordert, im Rahmen differenzierter und vielschichtiger Schilderungen den zumeist distanzierten und vordergründig rationalisierenden Erklärungsschemata zu folgen, die durch den Verweis auf die Zugehörigkeit zu einer Schicksalsgemeinschaft: »Es ging allen so!« untermauert wurden. Die Interviewer waren aber auch gleichzeitig auf eine sehr einfühlsame Weise als Zeugen großer und kleiner bedeutsamer Ereignisse eingebunden, die einerseits gewaltsame Einbrüche in die kindliche Erlebniswelt offenbarten, in denen sich aber auch hoffnungsvolle Erlebnissequenzen der Kindheit zeigten. Gegenwart und Vergangenheit standen sich oft unvereinbar gegenüber. Kennzeichnend für die Kriegskinder der Untersuchungsgruppe sind hohe Erwartungen an das berufliche Leistungsvermögen und im Gegensatz dazu geringe Erwartungen an die psychische Präsenz enger Bezugspersonen. Innerseelische Spannungen im Beziehungserleben wurden beschrieben, wurden wahrgenommen, konnten aber meist nicht zugeordnet werden bzw. wurden als gegeben hingenommen. Die lebensgeschichtlichen Erzählungen eröffneten neben dem individuellen Zugang zur persönlichen Geschichte der Interviewteilnehmer auch einen sinnlich erfahrbaren Zugang zum atmosphärischen Verständnis einer Epoche, in der durch eine bis dahin unvorstellbare Unmenschlichkeit das Vertrauen in die moderne Zivilisation grundlegend erschüttert worden war. Der Dialog mit den Untersuchungsteilnehmern berührte die psychohistorischen Tiefenschichten einer tradierten Vergangenheit, in der sich einzelne Schicksale und persönliche Entwicklungen auf unterschiedlichen Ebenen abbildeten.

Auswertung der Interviews

Untersuchung der Eingangssequenzen – Inhaltliche Textanalyse

Die Eingangssequenzen der 72 erhobenen Interviews wurden im Rahmen der vorliegenden Arbeit gesondert mit dem Code »Eingangsszene« gekennzeichnet. Das gesamte Textmaterial »Eingangsszene« wurde sodann extrahiert und im Querschnitt auf empirische Regelmäßigkeiten hin inhaltlich analysiert. Die Untersuchung der Eingangssequenz fokussierte die Inhalte, die gewissermaßen assoziativ zu Beginn des Interviews von den Kriegskindern angesprochen wurden. Zum besseren Verständnis der Eingangsszene sind die Eingangserläuterungen aus dem Interviewmanual den Ergebnissen vorangestellt:

Herzlichen Dank, dass Sie sich zu diesem Interview bereit erklärt haben. Wie Sie wissen, führen wir dieses Interview im Rahmen unseres Forschungsprojektes über die Kriegskindheit durch. Das Interview wird ca. zwei Stunden dauern. Ich werde Sie zu Ihrer Kriegskindheit befragen, doch werden wir auch auf die Nachkriegszeit, Ihre späteren Jahre und auf Ihre heutige Lebenssituation zu sprechen kommen. Im Verlauf des Gesprächs können wir eine Pause machen. Vielleicht muss ich nach einiger Zeit das Tonband wechseln. Haben Sie vorher noch Fragen an mich?

Eingangsfrage
Was hat Sie motiviert, an dieser Studie teilzunehmen?
Da vertiefende Inhalte im folgenden Interview thematisiert werden, ist der zeitliche Raum für die Beantwortung der Frage kurz zu halten.

Bild der Kriegskindheit
Als wir Sie eingeladen haben, ein Interview mit uns zum Thema Kriegskindheit in Deutschland im Zweiten Weltkrieg zu führen – was fiel Ihnen ein?
Diese Frage dient noch der Einstimmung auf das Thema. Geben Sie genügend Raum zum Nachsinnen. Wenn keine spontane Antwort erfolgt, können Sie gleich zur nächsten Frage übergehen. Wenn hier bereits Einzelheiten berichtet werden, können Sie auf später verweisen: Darauf werden wir später noch zurückkommen. Das werden wir später vertiefen.

Was ruft der Begriff »Kriegskindheit« in Ihnen hervor? Was kommt Ihnen in den Sinn, wenn Sie den Begriff »Kriegskindheit« hören?
In dieser Frage soll der Assoziationshof des Begriffs erfasst werden, Stimmungen, Bewertungen usw. Es ist nicht erforderlich, dass hier bereits konkrete Erinnerungen mitgeteilt werden. Wenn das trotzdem geschieht, bremsen Sie: Darauf werden wir später noch zurückkommen. Das werden wir später vertiefen.

Wie haben sich diese Vorstellungen vom Begriff Kriegskindheit gebildet?
Hier kann zum Beispiel geantwortet werden: »Das sind meine persönlichen Erinnerungen, das habe ich von meinen Eltern übernommen.« Wenn die Antwort zu allgemein ist, dann fragen Sie nach, ohne hier bereits allzu sehr zu vertiefen: »Können sie das näher erläutern?«

Ende der Eingangsszene

Zentrale Themenkomplexe

Im Folgenden werden anhand beispielhafter Textsequenzen zentrale Themenbereiche vorgestellt, die in der Eingangsszene von den Untersuchungsteilnehmern thematisiert wurden.[2]

»Kriegskinder sehen sich erstmals in ihrem Schicksal wahrgenommen.«

Codes: [24.01 Eingangsfrage]
»Zu dem Wort alleine? (Mh), dass ich es sehr gut fand, dass auch plö, endlich einmal wir, die wir auch traumatisiert sind und nicht dem Holocaust, äh, zum Opfer gefallen sind, äh, angeschaut werden. Dass wir Kinder, die von traumatisierten Erwachsenen erzogen worden sind, die selber mit sich, selber nich klar kommen, ein ganzes Päckchen mitschleppen. Und dass es vielleicht jetzt allmählich die Möglichkeit gibt, da ein paar Wunden zu glätten, zu schließen.«

Codes: [24.01 Eingangsfrage]
»Also erst hab i gedacht, da geh ich hin (mh). Und ähm, dann hab ich gedacht endlich (mh), also endlich darf das ausgesprochen werden, oder endlich, also eigentlich es is ja, ich hab auch gelitten. Und ähm (Schweigen) und mir ist einfach der, der Verlust eingefallen, über den man nicht sprechen durfte, damit die Eltern nicht traurig sind. Also es war n ungeschriebenes Gesetz! (Ja.) Und, und ich hatte mich wohlzufühlen, fühlen da wo ich bin und ich bin von einem Ort zum andern gekommen. Das ist extrem anders, und ähm, ich hab mich ja nach allen Regeln der Kunst, kann man schon sagen, versucht mich einzuleben.«

Codes: [24.01 Eingangsfrage]
»Also die früh ste Erinnerung ist, ähm, eine (Schweigen), ein Bombenangriff. Ich saß auf dem Topf und mein Onkel, mein Vater war im Krieg, meine Mutter war

---

2   Erläuterungen zur Schreibweise im Text: »(Schweigen)«: Unterbrechungen im Gesprächsverlauf; »(Ja?)«: Äußerungen der Interviewer; »XXX«: anonymisierte persönliche Daten der Untersuchungsteilnehmer.

nicht da. Ja, der war im Krieg und mein Onkel schnappte mich und sagte: »Das sind Bomben!« und ging mit mir in den Keller! (Das ist eine eigene Erinnerung?). Das ist eine eigene Erinnerung! (Wissen Sie wie s ausgegangen ist?) Ähm, das weiß ich nicht. Ich weiß nur dass, also ich kann mich erinnern an den Keller, das war ein alter Weinkeller, das waren alte Häuser. Und dass Kinder da weinten und (Schweigen) ich kann das Gefühl, hab ich nicht mehr, wie es war. Ich weiß es nur noch (ja) wie es war; also, dass er mich schnappte. Und ähm, wie es ausgegangen war, weiß ich nur im Nachhinein, dass sehr viele Bomben über dieses Städtchen abgeworfen wurden; aber sie wurden nicht ausgeklinkt, sie haben wohl irgendwie ein militärisches Ziel angepeilt damals (leise) und wir sind relativ glimpflich davongekommen!«

Codes: [24.01 Eingangsfrage]
»Äh, Auslöser war, äh, diese *Frontal 21*-Berichterstattung (ja), äh, im Z, äh, DF äh, die ich per Zufall gesehen hatte. Und äh, nach diesem Beitrag, äh, hatte ich sofort das Gefühl, da möchte ich gerne teilnehmen oder zumindest mich dafür oder darüber informieren! Denn äh, ich hatte so das Gefühl bei mir, äh, schon sehr lange, dass äh, eigentlich mein, mein Leben besonders als Spätkriegskind und in der Nachkriegszeit nirgendwo eine Würdigung gefunden hat. Denn, äh, wie? Ich musste, wenn ich so auf mein Leben zurückschaue, äh, eigentlich immer nur funktionieren! Es hat wenig Gespräche im Hause, und auch anderwärts, um diese Zeit gegeben. Ich muss auch sagen, äh, 68 war ich Student in XXX an der Universität und ich habe eigentlich nichts damals, äh, begriffen, dass es auch um eine Auseinandersetzung mit der Nazizeit gegangen ist, äh. Ich hatte, äh, eher andere Eindrücke. Ich hab mich nicht unwohl gefühlt, partiell, äh dadurch, dass es sozusagen gegen alte Zöpfe gegangen ist, äh. Es war sehr vieles verknöchert in der Wissenschaft. Ich habe in XXX studiert. Nur, dass es nun so gezielt gegen die Nazizeit und über die Überwindung der Nazizeit gegangen sein sollte, also das hab ich so nicht mitbekommen, zumal ja sehr schnell die Störungen dann auch einsetzten, äh vom SDS und anderen linken Gruppen. Dass dann Marxismus-Leninismus-Schulungen und dergleichen da durchgeführt wurden statt der Vorlesungen und Seminare. Ich hab immer eins begriffen in dieser Zeit. Um das abzuschließen, dass äh, ich für mich verstanden habe was Menschen bewegt hat evtl. mitzulaufen, zu schweigen, äh, äh, sich nicht, äh, aktiv in einem Widerstand,

äh, äh, zu befinden. Denn die Bedrohung war körperlich 68, wie auch teilweise in der Nazizeit, das ist so meine Fantasie (ja)! Gut, was hab ich jetzt, ach entschuldigen Sie.«

»Folgen der Kriegskindheit, die sich erstmals oder aber verstärkt im Ruhestand zeigen.«

Codes: [24.01 Eingangsfrage]
»Ich hab ja eine V-, Vergangenheit (mh) und, äh, die hat mich jetzt in mit zunehmendem Alter etwas eingeholt, weil ich hab mich auch da mal, na ja so nebenbei beschäftigt, was ma eben so liest und äh hab selber festgestellt, dass mich gewisse Dinge immer wieder neu beschäftigen. Äh, man denkt an das, was passiert ist, man denkt an sei, an seine Jugend. Ja, das war also mit der Hintergrund, warum ich gesagt hab, na ja. Zumal man mir auch gesagt hat, es besteht die Möglichkeit, dass ich da eben auch Probleme habe. Allerdings muss ich dazusagen, es hat auch noch n andern Grund, ähm. Ich bin vorzeitig in Ruhestand getreten worden (mh) und äh, da hatt ich einen gewaltigen Zusammenbruch. Ich war dann sechs Wochen in der Klinik in XXX und hab da s erste mal eben eine wahnsinnig starke Depression bekommen, mit allen Konsequenzen! Hab mich dann mehr oder weniger wieder e-, erholt, hatte Gesprächstherapie. Und, äh, hab dann so na ja, sagen ma, des war im Jahr XX, war das nächste Mal, aber nicht so schlimm, also das konnte man dann am-, ambulant eben. Und zwar war immer im Herbst, ist ja auch bekannt, Herbst. Ist irgendwie ein, anscheinend eine bevorzugte Zeit, wo man depressiv wird. Und äh, dummerweise oder auch, ich weiß es nicht, wie ma s betrachten soll? Ich hab ja mich hier gemeldet schon vorzeitig, bevor ich überhaupt in die Depression gefallen bin. Also ich hab, mich hats jetzt auch relativ stark wieder erwischt (mh). Allerdings auch, äh, ambulant äh, ich nehme Psychopharmaka und äh, hab mich jetzt auch wieder gefangen. Also man lernt, damit umzugehen. Äh, damals auch bei der, ich hab jetzt keine Gesprächs Unterstützung. Vielleicht such ich sie noch? Aber damals hab ich eben sehr lange auch, äh (mh) mit Damen und Herren auch gesprochen, also mit Therapeuten. Und da kam sehr wohl auch das Kriegsthema hoch. Es kam natürlich irgendwo auch die Ehe mit dazu, es gibt also Faktoren. Und, na ja, jetzt hab ich des eben als Möglichkeit

gesehen. Und dacht, na ja, kann man sich da mal drüber unterhalten, inwieweit tatsächlich da eben Dinge in mir (mh), ja wie soll ich sagen, Unruhe verursachen? Wobei ich eigentlich sagen muss, ähm, sagn ma dieses dieses Verfolgen der Jugend, äh, auch dies Erinnerung an die Kriegszeit, vor allen Dingen an die Nachkriegszeit, ähm, hat sich etwas gelegt in den letzten zwei, drei Jahren, aus welchem Grund auch immer. Es war eigentlich vorher intensiver. Vielleicht weil man des, oder weil ich des, also auch mehr oder weniger verarbeitet habe oder versucht habe zu verarbeiten, aber möglicherweise is es eben noch nich ganz vorbei!«

Codes: [24.01 Eingangsfrage]
»Äh, denn der Aspekt ist, je älter ich werde, desto mehr geht man dann auch in die eigene Vergangenheit zurück, und überlegt sich die Stationen, die man, äh durchgemacht hat. Na ja, da lief der Film noch mal ab. (Ja.) Und ich muss sagen, ich hab eigentlich erst seit 10 oder 15 Jahren wirklich realisiert was es war. Denn in jungen Jahren, man hat sein Leben aufgebaut, man hat geheiratet, Kinder bekommen, man war immer sehr beschäftigt. Ich war noch berufstätig und irgendwann kam mir, dass ich gar keine Kindheit hatte (mh). Und meine Jugend war auch total kaputt dadurch (mh). Und wie gesagt, als ich das sah, hat mich das richtig interessiert. (Wie kam es zu dieser Ansicht? Hatte das einen konkreten Anlass?) Eigentlich nicht (mh). Eigentlich nicht (mh). Das kam so nach und nach beim Überlegen, beim Denken. Ich hab auch das Leben meiner Mutter noch mal vor sich gesehen, die also ein sehr schlimmes Leben hatte (mh) erst vor zwei Jahren gestorben ist (ja) und das (mh) war wohl der Grund. (Mh.) Und ich stell auch fest, wenn wir unseren Kindern das erzählen, mein Bruder, meine Schwester, die finden das sehr schlimm, aber irgendwo begreifen sie s gar nicht, wie man so hungern kann (mh), wie die Kindheit so schlimm sein kann (mh), das können die nicht begreifen (mh). Also, ich hab auch noch mal drüber nachgedacht jetzt. Ähm, ich hab also einmal die Erinnerung der, ähm, wenn ich jetzt manchmal Hitler im Radio höre, das wird ja manchmal noch wieder oder im Fernsehen, seine Reden, dann hab ich das noch. Ich hab das noch. Und dann hieß es bei uns: »Mach das Radio aus!« Daran kann ich mich erinnern. Ich kann mich auch erinnern an Auseinandersetzungen, ähm, zwischen meiner Mutter, meinem Onkel, mein Vater war ja da nicht mehr da und einmal Verwandten. Das ging also ziemlich laut her. Und also meine

Meinung im Nachhinein ist, dass da einige Nazis waren und die haben sich also auseinandergesetzt und also meine Mutter und mein Onkel waren, da bin ich eigentlich auch dankbar dafür, die haben von Anfang an das System durchschaut.«

Codes: [24.01 Eingangsfrage]   *Realisationsdauer?*

»Ich hab erst seit 10 oder 15 Jahren wirklich realisiert was es war. Und dann kam mir, dass ich gar keine Kindheit hatte. Denn die jüngeren Leute können sich nicht vorstellen, was der Krieg war. (Ja.) Und was wir damaligen Kinder erlebt haben! Und da wollt ich einfach mitmachen. Ich seh mich in den Trümmern in der Straße, ja ich spiele mit Puppen. Wir haben ja aus den Backsteinen, äh, die Puppenwohnungen gebaut. (Ja.) Und die Rückwände standen noch. Und da haben wir dann so als Kinder so irgendwie gespielt »Ich bau mir ne Wohnung!« Da waren grüne Kacheln, irgendein Rohr, woanders ein Stück Tapete. Was war das mal für eine Wohnung? Das haben wir uns dann ausgedacht. Und hier unten derweil haben wir, äh, für die Puppen eine Wohnung gebaut. (Ja.) Und das waren schöne Spielplätze, ne. Das Nachdenken kam ja erst viel später, irgendwann, wo man dann dachte: »Wo warst du da eigentlich?« Aber wahrscheinlich bleibt auch für die Erwachsenen. Das Heilende war ja, ja es wirkt an Kindern, die leben da, mit dem was sie vorfinden, die fragen noch nicht. Und dann ist das eben die natürliche Welt gewesen. Ja, da ist mir sofort in den Sinn gekommen, was ich erlebt habe, ich bin 1933 geboren, also ich weiß ganz genau wann der Krieg angegangen ist, ich kann mich ganz deutlich erinnern, wie meine Eltern und meine Onkel reagiert haben und das war so entsetzlich und ich stand im Raum und war plötzlich ganz allein (mh). Die Einsamkeit, ein sechsjähriges Kind steht da und kennt die Welt nicht mehr.«

Codes: [24.01 Eingangsfrage]
»Also als erstes fiel mir eigentlich ein, dass, ähm (Schweigen), dass also mir eigentlich immer auffiel, dass unter dieser Last dieser Zeit eigentlich für uns keine Stimme war. Ja und zwar also durch diese, ähm, Judenverfolgungen. Das war eigentlich das Allerschlimmste. Und dass, ähm, das eigentlich so im Schatten stand.«

»Lebensbegleitende Beschwerden«

Codes: [24.01 Eingangsfrage]

»(Lautes Ausatmen), (Schweigen), Angst (mh), existenzielle Angst! (Aha.) Und die hat mich eigentlich mein Leben begleitet dann (mh). Und ich war eigentlich irgendwie, sehr, ähm, wie soll ich sagen, erleichtert, dass überhaupt des n Thema ist, weil ich kann mich erinnern, während meiner Lehranalyse ich das Thema mal ansprechen wollte, weils ja auch um diese Ängste ging und der Analytiker sagte: »Ja des hama doch alle erlebt!« Des heißt, es war so ein Tabu drüber zu sprechen. Und auch innerhalb der Familie, es wurde nicht drüber gesprochen und insofern fand ich, äh, sehr große Erleichterung und, äh, fand das positiv, dass es überhaupt zum Thema wird (ja).«

Codes: [24.01 Eingangsfrage]

»Ja, des is, ähm, weil ich auch ne, ne Weile sehr viel auch drüber nachgedacht hab (mh) und mir einiges auch klar geworden is. Äh beziehungsweise ich finds halt, ich fands immer schon schwierig, dass des, dass diese Situation von unserer Generation oder von der davor also etwas untern Tisch gefallen is (mh). Mir sind im Lauf meines Leben oder in der eigenen Therapie auch, äh, einiges gekommen erst, wo ich den Ursprung gesehen hab, so in meiner Situation. (Auf Ihre Kindheit hin?) Auf meine Kindheit hin. (Sie sagen grad eigene Therapie?). Ja, ich hab, äh, ja ich hab ne intensive Therapie gemacht, erst ne Analyse auch auf Bezug auf meine auf meinen Beruf auch hilfreich (mh) und dann noch ne körperorientierte. (Und wann die Therapie, die Analyse?) Ja, ja, ach so, nee erst Psychoanalyse und dann körperorientierte. Nein, also weil, äh, weil so dieses, also im, also die Analyse hat mir viel gebracht, muss ich sagen, auch in Bezug auf meinen Beruf. Aber so, was ich so von, so dieses Verlorensein von meiner Kindheit her, was ich, was ich so erst da innerhalb der Analyse sich aufgetan hat (mh), äh, dieses Verl-, Verlassen-, Verlorensein von meiner Kindheit her, des hat, hat die Analyse, hat nich ausgereicht einfach (mh). (Und das, was sich im Körper gespeichert hat an Erinnerungen beziehungsweise über den Körper in Ihrem Gedächtnis, das konnten Sie dann modifizieren in der Körpertherapie, das war möglich?) Ja, mh. Und da fand ich auch, dass meine Generation, bzw. also ein paar Jahre davor oder ein paar Jahre danach, äh, fast nicht vorkommen. Ja, also schon so, dass äh, dass ein bisschen unsere Generation vor, ja, aus dem Geschehen, dem großen aktiven Geschehen, zum Teil sich ausblendet (mh) und äh vielleicht weniger Spuren hinterlassen hat, als eigentlich einer Generation zukommt (mh). Und dass, glaub ich, äh, sollte man schon viell-, oder mich interessiert schon wenn da also Spuren auch hinterbleiben (mh).«

Codes: [24.01 Eingangsfrage]
»So ganz kurz einfach. Ja, ich hatte äh, ich weiß gar nich mehr, ich glaub es war letztes Jahr. Hatte ich, äh, immer wieder fürchterliche, äh, ja irgendjemand hat dann gesagt, des sind Panikattacken (mh). Also mir ist wahnsinnig schwindlig geworden, ich hab mich übergeben, ich hab fürchterliche Angst gehabt.«

Codes: [24.01 Eingangsfrage]
»Also, äh, eigentlich wieder sehr stark, äh, diese Zeit. Und es ist auch so, ich schau sehr wenig fern, wenn aber eine solche Sendung ist jetzt zu diesen 60 Jahren, dann fällt mir auf, dass ich dies in erster Linie anschaue. Und auch, wissen Sie, ich hab schachtelweise die Feldpostbriefe meiner zwei gefallenen Onkels, zu denen ich auch sehr starke Kontakte hatte. Und diese ganze leidvolle Geschichte der Großmutter und der Sch-, die Sch-, meiner Mutter als Schwester und so, das hab ich so stark in Erinnerung, auch die Besuche von der Front bei uns und so weiter, sodass ich denke, warum interessiert mich das so wahnsinnig, warum lese ich das immer wieder, also das fällt mir auf, dass ich da nicht abgeschlossen habe.«

Codes: [24.01 Eingangsfrage]
»Eigentlich des Chaos hinterher (mh). Weil ich denk, die ersten Jahre warn immerhin noch im Familienrahmen und äh, gut, ich mein, ma hat sicher mit viel Angst gelebt, aber des Chaos hinterher. Meim Vater is zwei-, am XX. April 45 in XXX umgekommen, is von den Russen irgendwie halt abgeknallt worn. Es war ja nur Chaos. Und ab da war einfach, wars schlimm (mh). Und des wars Erste, was mir in n Sinn kam. Äh, die Zeit, die ich nicht bewusst erlebt habe, also eigentlich zwei Teile. Die Zeit, die ich nicht bewusst erlebt habe, wo ich aber sehr genau weiß, dass sie ganz tiefe Spuren hinterlassen hat, äh, und dann diese sogenannte Aufarbeitung oder wie man das nennen will, was dann, äh, in den 50er Jahren, ja so ab dem Schulalter (mh) ja so eigentlich die ganzen Jahre.«

Codes: [24.01 Eingangsfrage]

»Als erstes, dass ich, dass ich dieses Hin und Her, was ich als Kind da durchgemacht habe. Zu meinen Großeltern ins, wieder zurück nach Hause zurück. Das
war das erste. Und dann diese, wir haben im, bei meinen Großeltern, als es ganz
schlimm wurde wegen den Bombenangriffe bei XXX, Vorort bei XXX, dann
sind wir zu meinen Großeltern. Und da war dann, das ist ne Kleinstadt im XXX,
die (Räuspern). Meine Großeltern wohnen am Rande der Stadt und da und da
waren amerikanische Soldaten und auf der anderen Seite, da war die Hitlerjugend.
Und da wurde drei Wochen lang auf diese Stadt eingeschossen. Das war nicht
so schlimm, es waren auch nicht so sehr viel die Geschosse, aber man wusste nie,
wann se kommen, und da hatten wir drei Wochen im Keller gelebt als Kinder.
Geschlafen da unten und immer Angst gehabt. Nachts das Sausen hören. Das
sind so die Zwecke, mit denen ich, das ist das, was mir zuerst einfällt.«

»Belastungen der Kriegskindheit werden in der Gegenwart erstmals in Zusammenhang mit psychischen Beschwerden gebracht.«

Codes: [24.01 Eingangsfrage]

»Was mich motiviert hat ist der Vortrag, den ich bei einer Vorlesung von Herrn
Professor M. gehört hab, seinen Vortrag. (Ah ja.) Und äh, gelegentlich hab ich
mir Vorlesungen in letzter Zeit von Herrn Professor M. angehört und da is mir
da einiges klar geworden, warum ich trotz Analysen immer noch nicht klar bin
(mh). Vor allem (Schweigen), (Weinen), fängt schon an sind mir, is mir so klar
geworden, dass manche Verrücktheiten des Alltags, die ich nicht in den Griff
bekommen hab, das die ein Zusammenhang haben, mit dem davor mit der
Wurzel allen Übels nämlich mit meiner Geburt, mit dem ewigen Bombardement
dort, das auf diesen kleinen Körper eingebrochen is, auf ne halb Verschüttung
durch (Schweigen), Brandbomben, (Schweigen) und was sich dann weiterentwickelt hat. Ich kanns nicht wieder runterrücken und hatte ich die ganzen Jahre
lang immer auch den Verdacht, es is nich bloß die aktuelle Kindheitsthematik,
äh diese, äh, Veränderungen, dieses Herumirren, diese Heimatlosigkeit, sondern
es is der Anfang von allem.«

»Weitere belastende Gefühle und Erinnerungen,
die sich auf die Kriegskindheit beziehen.«

Codes: [24.01 Eingangsfrage]

»Ja, eigentlich nur des, dass des eben meine Kindheit war, dass es aber für mich eine schöne Kindheit war (mh) trotz allem. (Gut und jetzt als Sie das Einladungsschreiben gekriegt haben und Sie daran dachten ein Interview mit uns zum Thema der Kindheit in Deutschland, im Zweiten Weltkrieg und zu Zeiten des Nationalsozialismus zu führen, was fielen Ihnen da spontan ein, also als Sie unser Schreiben in Händen hielten?) Immer wieder die damals erlebte Angscht. Es kommt immer wieder zurück, aber auch das ich mir sehr bewusst bin, wie gut ich durch diese Zeit durchkomme bin und das es eigentlich für mich keine negative Auswirkungen über mei Lebe gehabt hat. Des war eigentlich für mich eine sehr schöne Zeit. Und vor Weihnachten ist die Puppe verschwunden, sie tauchte auch nicht mehr auf und die Mutti gab mir drauf die Antwort: »Ja du warst nicht lieb zu der Puppe!« Des konnt ich mir zwar nicht vorstellen, aber es hat mich also furchtbar betroffen gemacht (mh). Ich hab des ja schon in den ersten Fragebogen, den ich vorm Jahr ausgefüllt hab (mh) eigentlich erwähnt, dass ich eigentlich an dem Krieg selber, ich mein, ich war, ich bin 40 geboren, also keine schlimme Erinnerungen hab (mh). Wir waren ab XXX in XXX evakuiert (mh), also wir Geschw-, ich hab Geschwister, Kinder und eben meine Eltern (mh) und lebten dort im Nebengebäude eines Bauernhofes (mh). Des war eigentlich für mich eine sehr schöne Zeit. Und, äh, dann kann ich mich an ein Ereignis erinnern, ähm, des mich schon sehr betroffen gemacht hat, den Hintergrund hab ich erst äh in den letzten Jahren so richtig erfahren, äh, die Frauen dort in dem Ort bekamen noch Babys und meine Mutti hatte also Babykleidung und hat die natürlich hergeschenkt. Hats eingetauscht, hats eingetauscht, äh, in Lebensmittel (mh). Und dann, äh, hatte ich eine Puppe mit Haaren (mh) und ich war beim Frisör und meine Mutti hat zu mir gsagt, also der Frisör muss mir die Haare schneiden, damit ich nicht so schwitzen muss. Und dann hab ich also meiner Puppe die Haare geschnitten, damit sie nicht so schwitzen muss. Und vor Weihnachten ist die Puppe verschwunden, sie tauchte auch nicht mehr auf und die Mutti gab mir drauf die Antwort: »Ja, du warst nicht lieb zu der Puppe!« Des konnt ich mir zwar nicht vorstellen, aber es hat mich also furchtbar betroffen gemacht (mh), von meiner 10 Jahre älteren Schwester hab ich also erfahren, sie hat zwei Puppen gegen Lebensmittel eingetauscht.«

Codes: [24.01 Eingangsfrage]
»Ja, ich hab so des Gefühl, dass ich also so durch den Krieg eigentlich nicht traumatisiert bin oder also zumindest nicht, was mir bewusst is. Ähm, das kam mir in den Sinn und jetzt, dass komisch war, vor einem Jahr, ähm, hatt ich plötzlich so n Gefühl, also völlig unabhängig so von hier, das war ja da noch nicht, dass ich die Angst der Erwachsenen gespürt, die Todesangst der Erwachsenen gespürt habe, als Kind. Dass ich das wahrgenommen ha, so aus heitrem Sinn ka-, also aus heiterem Sinn, nicht. Also ich mach zur Zeit ne Analyse und da kam das dann. Dass ich als Kind, ich hab da, bin da so am Tisch gesessen, ich hab nur so mitgekriegt, wenn die, wenn also da Fliegeralarm war, dann sind wir in den in son ja privaten Kellerbunker gegangen, den mein Vater gebaut hat im Garten und da bin ich, hab ich dieses Bild vor mir, dass ich da aufm Tisch sitz. Und da bin ich halt immer anzogen worden, die Fenster sind verdunkelt gewesen. Und es waren ja nur die Frauen da, da. Und da hab ich das Gefühl gehabt, dass ich die, dass Todesangst im Raum da war. Also des war zum ersten Mal, dass ich so was gespürt, aber nja (mh), also eigentlich hab ich so des Gefühl, dass ich da noch gut weggekommen bin im Verhältnis zu Gleichaltrigen. Oder ich hab n Freund kennen gelernt, der is ein Jahr älter als ich, also Jahrgang XX, und der hat in, in XXX gelebt, und der hat da viel mehr mitgekriegt. Ich hab in XXX draußen gewohnt, also am Ende von der Stadt, am Stadtrand, auch am Stadtrand Richtung XXX, und da war das nicht so schlimm, da hab ich nich so viel mitbekomm, auch in der Nachkriegszeit. Der hat, als wir diesen Film da angeschaut ham *Rama dama* glaub ich, da hat der wirklich ziemlich geweint in dem Kino, weil er sich da so erinnern hat. Aber diese Erinnerungen hab ich nicht (mh). Ähm, äh, in dem Stadtrand war allerdings die Einflugschneise zum Flughafen genau (mh). Und das spielte aber keine Rolle! Also (räuspert sich), ich war ja drei Jahre als der Krieg zu Ende war. Also ich kann mich an, also ich hab eine, äh, Szene in Erinnerung, wo ich (räuspert sich), wo meine Mutter hat anscheinend diesem, diesem Bunker oder diesem Keller wohl nich so ganz vertraut und dann hats bei uns son Hochbunker gegeben. Und da is die mit mir zu dem Hochbunker gegangen und dann war son Tieflieger da und da ham wir uns auf der Straße

dann aufn Boden. Des ha-, des hab i so abgespeichert, dass wir, also dass wir da aufm Boden lagen auf der Sch-, mitten auf der Straße, die Einflugschneise. Also während des Krieges hab ich da nichts (mh) mitbekommen (mh), aber nachher hab ich da natürlich die, die (ja) Flughafen total mitbekommen (mh), wo ich da noch gewohnt hab.«

Codes: [24.01 Eingangsfrage]
»Also da muss i aufpassen, dass ich nich gleich anfang zu heulen. Ähm, also es kam sehr viel raus, zum Beispiel auch über, über Teilnehmer meines Alters die Naziväter hatten. Und die da- und die dabei geblieben sind. Und das hat die Kinder, also Kinder, halt die Erwachsnen dann sehr bewegt. Und ja also, diese Altersgruppe und das Sterben dieser Leute, das war sehr aktuell. Und eines Tages hab ich gedacht, ich arbeite so heftig mit denen, wo, wo is es denn bei mir? Und ähm, ich hab schon auch Therapien gemacht ähm, (Schweigen), weil immer wieder viel hoch kam, aber nicht so. Ich würd nur sagen, dass es gestattet war (mit wackeliger Stimme), (Schweigen). Und einmal auf einer Tagung, wo man sowieso n bisschen aufgeweicht is oder sehr aufnahmefähig, da hab ich also, ich hab mir vorgenommen nicht zu heulen, ja! Aber es nützt ja nix, ähm, da standen aufm Bahnsteig und da ratterte so ein Güterwagen vorbei und der war wahnsinnig lang und da kam alles hoch (Stimme bricht). Und wir sind ungefähr, meine Familie und ich sind Wochen lang ungefähr in einem Güterwagen geflüchtet, also wir, ich bin Vertriebene, ab 49.«

Codes: [24.01 Eingangsfrage]
»Ich war mal im Haus des XXX (mh) bei einem Vortrag von einer XXX, mir ist jetzt der Name entfallen, und dann hab ich mir ihr Buch gekauft, des schildert Schicksale von Flüchtlingskindern. Sie selber stammt, glaub ich, auch aus einem Elternhaus XXX oder XXX oder so (mh). Und dann hab ich mir die Sache einfach mal selbern bissl überlegt und hab gedacht »du liebe Zeit, das trifft ja alles auf mich zu«. Vor allen Dingen (lacht), was ganz grotesk ist, ich hatte ja viele Ortswechsel während meiner Kindheit, also erst XXX. Das war wohl der einschneidenste, weil des meine Eltern so schwer getroffen hat und des kriegt ma als Kind ja mit, da warn wir erst in XXX, war eine reine Hungergegend.«

Codes: [24.01 Eingangsfrage]

»Ähm, die, die unfertige, die mit meinen Eltern nicht fertige Geschichte, die ich da rumtrage (mh). Das fiel mir ein, deshalb ein (mh), sonst hätte ich s vielleicht in den Papierkorb (mh) geworfen (mh). (Können Sie das etwas konkreter machen? Was unfertig, was Sie da meinen?) Ähm, ja. Also mein Vater ist XX gestorben (mh) und war mir eine ganz ganz wichtige Person. Ähm (Rascheln im Hintergrund), aber wie das wohl oft so ist, ähm, ich hab ihn nicht richtig gefragt danach, weil ich wusste, dass ich das Bild von ihm in mir bewahren möchte, so wie s war (mh). Und ähm, ja, wir habn ganz viele Ähnlichkeiten im Charakter, in den Interessen. Ich bin diejenige, die das studiert hat, was er auch studiert hat, von allen Kindern. Ja und XX ist meine Mutter gestorben, mit der ich nie ein wahres Verhältnis hatte. Und auch das ist letztlich nicht aufgearbeitet worden (mh). Und dann sind se beide tot und ähm meine Kinder sagen oft: »Warum beschäftigst du dich denn immer und immer wieder damit?«

Codes: [24.01 Eingangsfrage]

»Spontan eigentlich kam mir in den Sinn, dass unsere Väter, unser aller Väter keine Hilfe hatten ihren, ihr Kriegstrauma, wie auch immer, größer oder kleiner, zu verarbeiten. Jetz weiß ma des ja, dass ma, dass solche Leute Probleme ham und dass ma versuchen muss, die da raus (mh) zu holen. Und des, mei Hauptgrund war eigentlich, dass also bei diesen Leuten des nahezu nicht war (mh). Die mussten einfach fertig werden damit (ja), mein Vater, wenn sich mit seinen Brüdern getroffen hat, dann ham die Ehefrauen meistens scho gsagt: »Und fang nicht wieder vom Krieg an!«. Aber jetzt glaub ich, sie hams nötig ghabt, drüber zu sprechen (ja). Und weil ich ja auch nie, oder ganz, also gschamig sag ich jetzt mal, erwähnt habe, dass mein Vater bei der SS war. Vielleicht habn Sie meine Unterlagen irgendwie. (Ja). Dann können Sie das auch ein bisschen (mh) äh, wahrscheinlich auch noch so verfolgen. Und ich hab mich dafür immer, auf der einen Seite war ich stolz darauf, das ist ne ganz komische ambivalente Geschichte und auf der anderen Seite hab ich mich geschämt.«

Codes: [24.01 Eingangsfrage]

»Sie werden lachen, wie spät ich mich – aber das ist vielleicht normal – an meine Kindheit erinnere (mh). Meine Erinnerungen an den Krieg beginnen, ich weiß nicht was, vorher noch, nur bruchstückhaft, durch Erzählungen, war 45 als XXX ausgebombt wurde und wir in diesem, ähm, tja Sturm von Feuer und so. Das sind, glaub ich, meine ersten Erinnerungen (Stimme der Interviewten brüchig). Und dann vielleicht n Teil von der Flucht (mh). Erst mal unsere Evakuierung nach XXX und da soll mein Bruder geboren an die Z- (sieben Minuten Schweigen), (Stimme klingt jetzt weinerlich, tiefes Luftholen), soweit kann ich mich ganz wenig erinnern. Also acht, neun, zehn, die letzten drei Kriegsjahre, ah, weil diese Dämonie, also ich hab ja dann die brennenden Häuser, gä. I bin in München, also XXX, also aufgewachsen. Und äh die brennenden Häuser, die sterbenden Menschen, die aus den Fenstern springenden Menschen, die Plünderer, die ihnen des Zeug dann noch wegtragen, die, die Glut, äh, die Verzweiflung, dann die, äh, 45 die Trümmerwüste. Und eigenartigerweise ma darf a Kind auch heutzutage nich unterschätzen, a Kind nimmt des gaanz genau wahr, is, is bloß wehrlos. Also sie können ja nichts machen, sie sind in keiner Verfassung, wo sie irgendetwas machen könnten, aber es nimmt wahr. Äh, und für mich hats wirklich gheißn nachm Krieg, in der Nachkriegszeit dann, also wie ich so heranwachs, Pu-, heranwuchs Pubertät oder so. Mh, also äh, also was alle Pazifisten damals gesagt haben, a nie wieder Krieg, nicht, also nie wieder diese Dämonie. Nie wieder diese Zerstörung, nie wieder diese Grausamkeit. Äh und da gabs einen Film *Vivere in Pace* und erst so glaub ich, im äh, äh Rauswachsen dann später, sag ma mal ab XX. I war dann am Gymnasium, also wo dann, wo ma si dann den Geist auch bildet, dann war mir eigentlich dieses Carl-Friedrich-von-Weizsäcker-Wort sehr nahe, wie er gsagt hat: »Aus der Geschichte lernen kann man nichts, aber weise werden für alle Zeit«. Also des is eigentlich die Motivation, dass ich mir gedacht hab, es ist gut, dass ma diese, des, des noch einmal sagt wie erschreckend (betont erschreckend) äh, des auf die auf die Kinder einwirkt, aber sie sind völlig wehrlos. Sie müssen erdulden, was die Erwachsenenwelt bietet.«

Codes: [24.01 Eingangsfrage]
»I ja, ah, ja also, Bedrohung, ah, auch des Lebens. Also dann zum Beispiel unser Haus, in dem wir gewohnt hatten, wurde wieder von ner Brandbombe getroffen. Wir hatten kein Dach über dem Kopf, wir hatten Fensterscheiben aus Pappdeckel (kurzes Lachen), äh, Bedrohung, dann Armut, unendliche Armut. Ich war

XX, wie i Abitur gemacht hab, des war dann schon XX. Ja ich hatte, ich weiß, dass i Abitur hatte, des, des is ja heute unvorstellbar, also oder oder wieder anders (kurzes Lachen) äh, äh, Kleider aus eins mach zwei, mein, mei Mutter hat aus zwei Kleidern eins zusammengeschustert. Die Schuhe wurden uns, äh, wenn wir ge-, uns Füße gwachsen sind, wurden vorne die Kappen abgeschnitten; also Armut, Bedrohung, Armut. Dann des Elend der Menschen, also des nimmt man auch wahr, wei man is ja schon Mensch, ganzer Mensch. Elend, Entsetzen und dann schon die Frage woher und warum. Also des warn scho diese Sachn.«

Codes: [24.01 Eingangsfrage]
»Diese äh, ganze Zeit während der NS-Zeit (hm), die ich ja als 1936 Geborener, also ziemlich alles, also zehn Jahre mitgemacht hab. Allerdings die ersten Jahre unbewusst (ja), des ist ja klar. (Ja.) Aber dann doch äh, ab 1939 doch schon mehr (ja) verstanden hab, (ja) also einige Sachen verstanden hab.«

Codes: [24.01 Eingangsfrage]
»Also mir war des ja a großes Bedürfnis mit Ihnen zu sprechen (ja). Also ich hatte damals den Artikel in der Süddeutschen gelesen (mh). Und dann hab ich gedacht, ich, ich such seit Jahren jemanden mit dem ich darüber sprechen könnte (mh, ja). Und ich hab vor XX Jahren mein XXX verloren. Und das war also wirklich so ne schlimme Retraumatisierung und da sind diese ganzen nicht betrauerten Todesfälle (mh), die eben auch am Kriegsende passiert sind. Und dann der Tod meiner Eltern und das ist alles mit hochgekommen. Also es war, ich hab nur gemerkt es ist keine normale Trauer mehr, ich bin nicht mehr rausgekommen.«

Codes: [24.01 Eingangsfrage]
»Einfach alles wieder. (Ja?) Die Bombenteppiche äh, äh, der Rückzug, die Flüchtlinge, die als erstes gekommen sind zu uns von XXX her. Äh XXX anschließend, äh, die Soldaten, die gsagt ham: »Raus, raus, raus wir sind Kampfzone!« (Mh) mussten alles packen, äh, bis dann Soldaten da warn und eben a diese Pferde beschlagnahmt ham und mir dann mit Sack und Pack weiter mussten.«

Codes: [24.01 Eingangsfrage]

»Ja, ich denke halt, dass ma, äh, dass es nicht viel genug Leute geben kann, mh, die dazu Stellung nehmen. Und äh, des andere muss ich sagen. Man spricht heute soviel über diese Kriege irgendwo und über die Vergewaltigungen. Aber des was wir mitgemacht habn, des interessiert keinen (weinerliche Stimme). (Ja, ja, da gehen wir dann auch ganz am Schluss nochmal drauf ein genau auf diese Themen.) Und mein Mann sagt halt immer, wir sind, äh, Kriegsverlierer und des is halt mal so und damit hat ma sich abzufinden. (Mh, hat er Recht?) Nein. Net Recht (weinerliche Stimme), (Schweigen). Deswegen muss i Eana *(Ihnen)* sagn, dass i eigentlich sch-, des schon alles bedaure, diesen Krieg. Aber, ah, wie soll i sagn? Ich bin nicht hart, aber ich denke dann immer, mir is es genauso gegangen. Ja, dieser, dieses Mitleid sagn ma so, was ma eigentlich vielleicht habn sollte, des is nicht da. Sondern ich vergleiche es immer mit meinem (mh), mit meiner Zeit (Schweigen). Wie ma eben dann raus mussten und in in XXX in Kata-, Katakomben leben mussten und die Ratten über uns hergfalln sind und im Dreck warn. Und i, eins muss i imma sagn, ich erinner (Rascheln von Papier und Blättern) mi nit, wo wir eigentlich unser Essen herghabt ham? Des, des, des was mich immer wieder frage, wo ham die Leute unser, des Essen herghabt? Weil wie gsagt, wir ham ja keine Eltern dabei ghabt net!«

Codes: [24.01 Eingangsfrage]

»Motiviert hat mich, äh, einmal der Vaterverlust, das heißt, dass der Vater nicht präsent sein konnte, dadurch dass er vermisst ist und, äh, des andere was mich äh. (Ihr Vater, oder?) Mein Vater, ja. Mein leiblicher Vater und das andere kam ja neulich bei ner Fernsehsendung, ein Bild von einer Mutter mit zwei Koffern und zwei Kindern. Und da war ich im Moment wie geschockt, weil die eigene Geschichte hochkam, dass ich dann gedacht hab: »Oh Gott, da ist bei dir noch was, was du nicht bearbeitet hast, und da musst du jetzt mal schauen, dass du des jetzt in Angriff nimmst!«

Codes: [24.01 Eingangsfrage]

»Meine Verlustgefühle, die ich bis heute hab (mh). Äh, das is etwas, was man nie mehr aufholt. Wir sind ja dann zweimal geflohen. Wir sind ja äh, warn wir, sind ja Vertriebene aus dem ehemaligen XXX. Warn dann fastn dreiviertel Jahr auf der Flucht. Sind dann in XXX gelandet. Und von dort sind wir XXX dann hierher in den Westen (mh). Und ähm, sie, sie verlassen immer alles und dann mü-, müssen sie feststellen, irgendwann, dass sie in eine Gegend kommen, wo alles ist. Und ich hab auch meinen Vater im Krieg verloren und äh, ja, des geht durch ein ganzes Leben.«

Zusammenfassung

Bei der sequenziellen Untersuchung der Eingangsszene der 72 Interviews im Querschnitt fiel auf, dass die Gesprächssequenzen zu Beginn des Interviews durch eine hohe emotionale Dichte geprägt waren. Anders als im weiteren Interviewverlauf nahmen die Interviewteilnehmer in der Eingangsszene dezidiert aus ihrem subjektiven bewussten (und natürlich auch unbewussten) emotionalen Erleben und aus ihrer emotionalen Betroffenheit heraus, Bezug auf ihre Kindheit in der NS-Zeit, im Zweiten Weltkrieg und in der Nachkriegszeit sowie deren Folgen auf das weitere Leben.

Im Wesentlichen ließen sich folgende thematische Schwerpunkte (empirische Regelmäßigkeiten) bei der Auswertung der Eingangssequenz festhalten:

- ➤ Die Untersuchungsteilnehmer sehen sich erstmals in ihrem schweren Schicksal wahrgenommen.
- ➤ Sie sprechen von einer ganz »normalen« mitunter von einer schönen Kindheit.
- ➤ Sie sprechen gleichzeitig von lebensbegleitenden Beschwerden.
- ➤ Sie sprechen von vielfältigen belastenden Gefühlen und Erinnerungen, die sich auf die Kriegskindheit beziehen.
- ➤ Sie bringen Belastungen ihrer Kindheit erstmals in Zusammenhang mit psychischen Beschwerden in der Gegenwart.
- ➤ Sie sprechen von Folgen der Kriegskindheit, die sich erstmals oder aber verstärkt im Ruhestand gezeigt hätten.

Die Inhalte der Eingangssequenz machen deutlich, dass diese Personengruppe ihr Kindheitsschicksal und dessen weitreichende Folgen meist erst im späten Erwachsenenalter reflektiert hat. Einerseits sprechen die Kriegskinder von einer ganz »normalen« Kindheit, gleichzeitig aber ist die Rede von einer furchtbaren bzw. grausamen Zeit. In der indifferenten Zweiteilung zeigt sich die eingeschränkte Fähigkeit der Untersuchungsteilnehmer, differenziert auf diese Erinnerungssequenzen Bezug zu nehmen. Sie sprechen über permanente Angstgefühle unter denen sie gelitten hätten und die sich bis in die Gegenwart szenisch wiederholten. Die Studienteilnehmer sprechen in der Eingangsszene zudem davon, dass ihre Eltern traumatisiert gewesen seien, führen diese Traumatisierungen aber nicht weiter aus. Es scheint, als ob die Formulierung »traumatisiert« eine Fülle unterschiedlicher Erlebnisdimensionen in der Vorstellung und im Beziehungserleben der Kriegskinder umfasse. Die Studienteilnehmer sprechen von einem ambivalenten Beziehungs- und Selbsterleben, das sie mit ihrer Kindheit im Nationalsozialismus verbänden und das mit Schamgefühlen, aber auch mit dem Erleben von Stolz assoziiert sei. Sie sprechen in der Eingangsszene außerdem davon, dass ihnen auffalle, dass sie mit ihrer Kindheit »nicht abgeschlossen« hätten. Das Wort »Kindheit« wird meist assoziativ mit dem Wort »Krieg« in Verbindung gebracht. Sie berichten von vielfältigen belastenden Gefühlserinnerungen, von Angst, Verzweiflung, Ohnmacht und Wehrlosigkeit in Verbindung mit den Schreckensszenarien des Zweiten Weltkrieges und den damit verbundenen traumatisierenden Beziehungserlebnissen wie Vergewaltigungen, Erschießungen etc. Sie selbst fühlen sich in ihrem Schicksal nicht wahrgenommen, leiden unter ihrem Schattendasein und den vielfältigen Belastungen. Ihr belastetes Schicksal realisierten sie erst viele Jahre später. Ein Großteil der Betroffenen sei sich der Belastung der Kindheit erst im späteren Leben bzw. erst mit dem Austritt aus dem Berufsleben gewahr geworden, vermutlich deshalb, weil das »Funktionierenmüssen« als haltgebende innerseelische Struktur mit dem Übergang in den Ruhestand weggebrochen war und neue psychische Räume entstanden sind, die an die belastenden Erinnerungen der Kindheit wieder anknüpfen.

Inhaltliche Strukturierung und Auswertung der Interviewtexte

Um das umfangreiche Textmaterial (72 Interviews à 25–40 Seiten) hinsichtlich empirischer Regelmäßigkeiten bzw. thematischer Schwerpunkte inhaltlich ausloten

und Sinnzusammenhänge herstellen zu können, wurden die 72 Interviewtran-
skripte im Prozess der verstehenden Typenbildung themenspezifisch strukturiert
und inhaltlich ausgewertet. Der Prozess der Strukturierung des Materials erfolgte
im Prozess der Gruppenarbeit des Münchener Projekts Kriegskindheit, wodurch
eine einseitige subjektive Herangehensweise bei der inhaltlichen Auswertung
vermieden werden konnte. Einer einseitigen subjektiven Strukturierung des
Materials wurde zudem dadurch entgegengewirkt, dass die Grob- und Feinkategorien in einem fortwährend tagenden Plenum der Forschungsgruppe des
Münchener Projekts Kriegskindheit im Diskussionsprozess ausgearbeitet und
differenziert wurden. Hilfreich – im Sinne einer differenzierten Außenperspektive
und konstruktiven Methodenreflexion – waren im gesamten Arbeitsprozess auch
die interdisziplinären Arbeitstagungen der w2k-Forschungsgruppe in Hofgeismar
unter der Leitung von Prof. Dr. med. Hartmut Radebold und der Austausch mit
dem Hamburger Forschungsprojekt unter Leitung von Priv.-Doz. Dr. med. Dipl.-
Psych. Ulrich Lamparter. Den Gütekriterien der qualitativen Forschung soll nun
durch die detaillierte Beschreibung des weiteren Forschungsweges, so der Weg
der verstehenden Typenbildung, in der vorliegenden Arbeit Rechnung getragen
werden.

Der Prozess der empirisch begründeten Typenbildung in der vorliegenden
Forschungsarbeit orientiert sich am Vier-Stufen-Modell Kelles und Kluges (2010).
Gemäß der Komplexität des Forschungsgegenstandes wurden ergänzende methodische Modifikationen vorgenommen, die an den jeweiligen Stellen näher erläutert
werden.

Erste Stufe:
Erarbeitung relevanter Vergleichsdimensionen

Um die Fülle der dokumentierten Erzählungen – Umfang ca. 2.000 Din-A4-
Seiten – differenziert bearbeiten zu können, war es erforderlich, das Textmaterial
inhaltlich zu strukturieren. Auf dieser Auswertungsebene gilt es Vergleichsdimensionen zu finden, welche die Basis für die spätere Typologie bilden sollen. Dabei
geht es darum, Kategorien zu finden, die im Hinblick auf bestimmte Merkmale
bzw. Merkmalskombinationen homogene und heterogene Gruppen bilden. Die

Typologie soll auf dieser Ebene intern maximal homogen und extern maximal heterogen sein. Die Ähnlichkeiten und Unterschiede zwischen den Untersuchungselementen sollen auf diese Weise möglichst exakt beschrieben und schließlich charakterisiert werden können. Für die Erarbeitung relevanter Vergleichsdimensionen in der vorliegenden Untersuchung, wurden zunächst die Kategorien herangezogen, die vorab im Münchener Projekt Kriegskindheit anhand der Voruntersuchungen im Gruppenprozess ausgearbeitet worden waren. Die im Rahmen der Voruntersuchungen des Münchener Projekts Kriegskindheit von Hughes und Katz (Ermann/Hughes/Katz 2007c) gefundenen Hauptkategorien wurden zunächst für die Ausarbeitung einer Kodierliste im Projekt Münchener Kriegskindheit herangezogen. Zusätzlich wurden im Zuge der Sichtung des Materials neue Kategorien gebildet. Eine große Anzahl von Grob- und Feinkategorien waren so in einer ersten Version des Auswertungsmanuals »Grob- und Feinkategorien« zusammengetragen worden, die sukzessive durch die Ergebnisse des Diskussionsprozesses in der Gruppenarbeit erweitert wurden. Letztendlich war eine Fülle von Feinkategorien zusammengekommen, die ein viel zu differenziertes Auswertungsraster dargestellt hätten, als dass dieses Kategoriensystem im praktischen Auswertungsprozess handhabbar gewesen wäre. Deshalb wurden in der fortlaufenden Projektarbeit in einem erneuten differenzierten Diskussionsprozess, der sich wiederum an der Sichtung des Datenmaterials orientierte, die wesentlichen Inhalte zentriert. Im anschließenden Überprüfungsprozess der sogenannten »argumentativen Validierung« in der Gruppe wurde die neu entstandene Liste »Grobkategorien« noch einmal intensiv mit Blick auf jede einzelne Auswertungskategorie diskutiert. Ergaben sich dabei strittige Fragen oder die Notwendigkeit einer Revision, Erweiterung bzw. Ausdifferenzierung der vorliegenden Kategorien oder einer Ausarbeitung ganz neuer Kategorien, wurde dies wiederum im regelmäßig tagenden Plenum der Projektgruppe diskutiert. Nachdem auf diese Weise die Interviews in einer komplexen Gruppenarbeit themenspezifisch ausgelotet und das Manual fortlaufend optimiert worden war, galt es wiederum, die Praktikabilität der Methode am Material zu überprüfen, um sie mit der aktuellen Version des Auswertungsmanuals in Einklang zu bringen. In einer langwierigen Projektarbeit entstand aus diesem Prozess heraus der »Repräsentanzenbogen Grobkategorien«, der dann in die Computersoftware *atlas.ti* für die Bearbeitung qualitativer Daten übertragen wurde. Das zu untersuchende Textmaterial wurde nach Fertigstellung der Liste der Grobkategorien von der Forschergruppe in einem ersten Auswertungsschritt kodiert. Es wurde eine Grobkategorisierung anhand der Liste »Grobkategorien« mit *atlas.ti* vorgenommen, also eine Kennzeichnung spezifischer Themenbereiche, somit eine erste Kodierung durchgeführt. Mit dem »Repräsentanzenbogen Grobkategorien« ließ sich somit die aufwendige erste inhaltliche Strukturierung des Materials mit *atlas.ti* vornehmen, das dann themenspezifisch extrahiert werden konnte. Es bestand sodann die Möglichkeit, das Material inhaltlich zu bündeln und hinsichtlich unterschiedlicher Fragestellungen nach qualitativen Kriterien auszuwerten. Im Folgenden die verwendeten Überkategorien aus der Liste »Repräsentanzenbogen Grobkategorien«, die zur Strukturierung des gesamten Textmaterials verwendet wurden.

Liste der zentralen Vergleichsdimensionen (VD)
- ► VD 00. Erzählung anderer
- ► VD 01. Selbstbild
- ► VD 01.01. Identitätsgefühl als KK
- ► VD 02. Affekte
  - ► 02.01. Angst, Furcht
  - ► 02.02. Aggression, Zorn, Ärger
  - ► 02.03. Scham, Schuld
  - ► 02.04. Reue
  - ► 02.05. Freude
  - ► 02.06. Kummer, Trauer, Traurigkeit
  - ► 02.07. Interesse/Neugier
- ► VD 03. Gesundheit
- ► VD 04. Kindheit allgemein (außer Krieg und NS-Themen)
- ► VD 05. Kindheits-Familie
  - ► 05.01. Mutter
    - ► 05.01.1 Überforderte Mutter
    - ► 05.01.2 »mutterlos« aufgewachsen
  - ► 05.02. Vater
    - ► 05.02.1 »vaterlos« aufgewachsen
- ► VD 06. Trennung

- VD 07. Familiendynamik
  - 07.02. Gespräche
  - 07.03. Keine Gespräche
  - 07.04. Parentifizierung
  - 07.05. Paternalisierung
  - 07.06. Maternalisierung
  - 07.07. Adultisierung
- VD 08. Flucht und Vertreibung
- VD 09. Mangelerfahrung
- VD 10. Militärische Übergriffe
- VD 11. Verletzungen
- VD 12. Nationalsozialismus
- VD 13. Protektive Beziehungen
- VD 14. Soziale Brüche
- VD 15. Weitere Entwicklung
  - 15.14. Staat
- VD 16. Gegenwart
  - 16.13. Staat
- VD 17. Latenter Inhalt
- VD 18. Formale Aspekte
  - VD 18.03. Biografische Daten

Zusätzlich wurden – aufgrund der Voruntersuchungen im Münchener Projekt Kriegskindheit – sechs weitere zentrale Bezugskategorien in die Liste der Vergleichsdimensionen aufgenommen und den jeweiligen Codes der Grobkategorienliste zugeordnet:

- VD: Die Sequenz Va: »Vater«
- VD: Die Sequenz Mu: »Mutter«
- VD: Die Sequenz Se: »Selbstbild«
- VD: Die Sequenz Ns: »NS-Themen/Holocaust«
- VD: Die Sequenz Ke: »Kriegserfahrungen/Kriegserinnerungen«
- VD: Die Sequenz Nk: »Nachkriegszeit/Weitere Entwicklung«

Daraus ergaben sich für die vorliegende Untersuchung als zentrale Vergleichsdimensionen oben aufgeführte sechs Repräsentanzen. Das zugehörige Datenmaterial konnte mittels der erfolgten Grobkategorisierung aus dem gesamten Datenfundus extrahiert und inhaltlich differenziert ausgewertet werden.

Repräsentanzen	*Grobkategorien*
Vaterbild	05.02. Vater
Mutterbild	05.01. Mutter
Selbstbild	01. Selbstbild
NS-Themen/Holocaust	12.0 Nationalsozialismus
Kriegserfahrungen/Kriegserinnerungen	07. Familiendynamik im Zusammenhang mit NS-Zeit, Kriegszeit und Nachkriegszeit10. Militärische Übergriffe
Nachkriegszeit/Weitere Entwicklung	15. Weitere Entwicklung

Zweite Stufe:
Sequenzielle Textanalyse der Vergleichsdimensionen im Querschnitt

Um das Typische im gesamten Material zu erfassen zu können, war das Material in einem ersten Schritt anhand der ausgearbeiteten Kategorien durch die Forschergruppe themenspezifisch kodiert und damit kategorisiert worden. Es bestand dann die Möglichkeit, Inhalte themenspezifisch aus dem gesamten Material zu extrahieren und gesondert auszuwerten. Im Mittelpunkt der Auswertung standen die sechs oben aufgeführten Repräsentanzen (Vergleichsdimensionen):

➤ Vaterbild

➤ Mutterbild

➤ Selbstbild

➤ Kriegserfahrungen/Kriegserinnerungen

➤ NS-Zeit-Holocaust

➤ Nachkriegszeit

Das Textmaterial dieser sechs Vergleichsdimensionen wurde von der Autorin inhaltlich untersucht und einer ersten Analyse hinsichtlich markanter Subkategorien unterzogen. Parallel dazu erfolgte die Parallelauswertung durch zwei Forschungskollegen. Die Ergebnisse der Kennzeichnung empirischer Regelmäßigkeiten wurden hinsichtlich der interessierenden Fragestellungen in dieser Arbeitsgruppe zunächst grob skizziert und hinsichtlich ihrer Relevanz diskutiert. Anhand dieser primär inhaltlichen Analyse (im Hinblick auf das »Typische« im themenspezifisch extrahierten Material) wurden die ermittelten Subkategorien in der Gruppe erneut reflektiert und dem Prozess der argumentativen Validierung unterzogen. Dieser Auswertungsschritt wurde im Rahmen der Arbeitsgruppe (Müller/Krinner/Loetz 2009) geleistet. Analog dazu wurden wiederum die dazugehörigen Gruppierungen der Fälle studiert. In diesem Stadium der Typenbildung wurden alternierend sowohl Einzelfälle mit ähnlichen Inhalten in Gruppen zusammengefasst, als auch auf der Ebene der Vergleichsdimensionen (sozusagen aus der Querschnittperspektive) markante inhaltliche Ausprägungen herausgearbeitet und die ermittelten Gruppen hinsichtlich ihrer empirischen Regelmäßigkeiten, das heißt bezüglich ihrer internen Homogenität (gleiche Inhalte innerhalb der Gruppe) und externen Heterogenität (inhaltliche Unterscheidung zu anderen Gruppen), untersucht. In einer weiteren vertiefenden Bearbeitung der gefundenen Subkategorien wurden die Gemeinsamkeiten und Unterschiede zwischen den jeweiligen Fällen untersucht. Gemäß dem zirkulären methodischen Auswertungsvorgehen wurden die kontrastierenden Erlebensphänomene der Kriegskinder auf der Grundlage dieser jeweils vorangegangenen Untersuchungsergebnisse mit einer offenen Auswertungshaltung abermals von der Autorin untersucht und die entwickelten Merkmalskategorien und Merkmalsdimensionen einer genaueren inhaltlichen Prüfung unterzogen. Daraufhin wurden die Subkategorien gemäß den stetig hinzugewonnenen inhaltlichen Erkenntnissen immer weiter ausdifferenziert. Dies erfolgte durch die Einschätzung der Relevanz der Inhalte im Vergleich der Interviews untereinander bzw. im Gesamteindruck aus den themenspezifischen homogenen bzw. heterogenen Gruppen. Aus diesem Prozess heraus ließen sich im Rahmen der vorliegenden Arbeit folgende Elemente der Typologien (Subkategorien) spezifischer Erlebensphänomene unterscheiden, die aufgrund der subjektiven Herangehensweise und der Fülle des komplexen Materials trotz des differenzierten Auswertungsvorgehens natürlich nur Teilaspekte des Gesamtinhaltes abbilden können.

Im Folgenden werden die ausgearbeiteten zentralen Inhalte (empirische Regelmäßigkeiten) durch prototypische Textsequenzen dargestellt.[3]

Vergleichsdimension »Vaterbild«:
»Er war natürlich verändert durch den Krieg!«

Folgende Subkategorien wurden aus der themenspezifischen Querschnittanalyse zum »Vaterbild« herausgearbeitet:
- *Vaterverlust: Der endgültig abwesende Vater*
- *Der zeitweise abwesende und nach dem Zweiten Weltkrieg zurückkehrende Vater*
- *Der über die Erinnerungen aus der NS-Zeit und die Kriegserlebnisse schweigende Vater*
- *Der psychisch abwesende Vater*
- *Der psychisch mehr oder weniger präsente Vater*

Vaterverlust: Der endgültig abwesende Vater
P62: KK_62.rtf – 62:75 [Ich war ganz attraktiv. Rein] (307:307)
»Ich war ganz attraktiv. Rein äußerlich und auch in meiner Art, aber ich hab keinen rangelassen. Und wollte irgendwie auch nicht. Ich hatte ja, jetzt kam ganz massiv der tote Vater ins Spiel. Ich hab diesen, ich hab wirklich bewusst diesen Vater gesucht als Männerfigur, den ich nie gekannt hab, aber der Irrsinn war mir nicht bewusst. Äh und das haben wohl meine Freunde, Partner, was auch immer, irgendwie immer sehr schnell gespürt. Die kamen auf mich zu, dann ist man ausgegangen und dann haben die gemerkt, mit der, die tickt irgendwo nicht richtig, mit der stimmt was nicht und haben sich wieder entfernt.«

---

3   Erläuterungen zur Schreibweise im Text: (Schweigen)«: Unterbrechungen im Gesprächsverlauf; »(Ja?)«: Äußerungen der Interviewer; »XXX«: Anonymisierte persönliche Daten der Untersuchungsteilnehmer.

P51: KK_51.rtf – 51:59 [Ich hab mir immer vorgestellt] (237:237)
»Ich hab mir immer vorgestellt als Kind, der hat mich verlassen und um dort irgendwie was Tolles für mich aufzubauen. Und dann war er tot! Ich hatte ihn auch vorher schon besucht, da hab ich das nich gemerkt. Aber als dann tot war, hab ich gesehen, dass das also ein ganz durchschnittliches, äh *(unverständliches Wort)*, äh, Leben da, was er da aufgezogen hat. Und da brach für mich das richtig so, da kam so ne Emotion raus. Da dacht ich, also, das gibts nicht! Mein Bruder hat, den hat das überhaupt nicht gestört, der sachte immer nur, das is doch nich so schlimm (lacht) und so, äh. Aber äh, das heißt, da is etwas, äh gewesen, was äh, was ich mir jetzt äh klar gemacht habe, äh, was das is, aber äh, das war für mich schon überraschend.«

P23: KK_23.rtf – 23:16 [Ja. Gehen wir dann ähm auch] (59:69)
»(Ja. Gehen wir dann ähm auch nachher noch drauf ein. Mh. Äh, was sind denn nun? Ah ja, vielleicht der eine Punkt, den möchte ich noch mal, äh, im ganz (mh), hervorheben, das is so n bisschen untergegangen im Nebensatz: Vater ist 1943 (ja) gefallen?.) Das war ja für mich zunächst, äh, sag ma mal glaube ich nicht, auch nicht beabsichtigt von der Familie, vorgetragen als, als Realität oder als Wirklichkeit, sondern äh, des war n bisschen vielleicht doch unausgesprochen, aber ständig präsent irgendwie und er ist gefallen im, im Krieg.«

P23: KK_23.rtf – 23:67 [Und das mein Vater dann nich] (171:171)
»Und das mein Vater dann nich mehr auftauchte, war für mich ja dann auch selbstverständlich geworden und ich hat ja einige, ich will nicht sagen Ersatzväter, auf keinen Fall, aber ich hat ja einige männliche Persönlichkeiten, Erwachsene in der Familie. Grad die Brüder von meinem Vater tauchten ja immer wieder auf, besonders der eine, der war, der war ja in der Nähe und ähm (Schweigen), des war vielleicht n gewisser Ersatz. Jetzt bin ich aber abgekommen von dem was ich sagen wollte.«

P23: KK_23.rtf – 23:71 [Dann war Funkstille und] (181:181)
»Dann war Funkstille und wahrscheinlich ne gewisse Traurigkeit. Also es es schwebte immer so eine gewisse Traurigkeit in ruhigen Momenten schon mit. Und (Schweigen) äh, ich glaube, es war so dann gedreht worden, dass nehm ich

jetzt mal an. Ich hoffe, ich sag da nichts Falsches, dass, dass die Erwachsenen, also meine Großmutter mütterlicherseits und meine Mutter am Kriegsende sagten. Jetzt ist der Krieg zu Ende und der Vater kommt nicht mehr nach Hause. Ob er da schon – als ich müsste jetzt nachgucken, wann die offzielle Todesbescheinigung ausgestellt worden is – wahrscheinlich doch schon im Krieg, ähm, aber das wurde mir nich so offiziell mitgeteilt: »Dein Vater is tot!« Sondern er, er kommt nich mehr nach Hause oder so, ja. Ähm, ich kann mich jedenfalls nicht erinnern, dass ich gewusst hätte, dass ich sozusagen keinen Vater mehr habe.«

P23: KK_23.rtf – 23:72 [(Mh) da fragt man sich ja] (183:189)
»(Mh) da fragt man sich ja auch, ob es dann überhaupt eine Möglichkeit gegeben hat, wirklich Abschied zu nehmen von ihm innerlich. Abschied zu nehmen? (Schweigen). Ja, ich mein wenn er nich so sehr präsent war, muss man ja vielleicht auch nicht in der Weise Abschied nehmen (mh). Also er, er is wahrscheinlich immer nur gefühlsmäßig irgendwie präsent gewesen. Und ich glaub auch, dass das auch mein weiteres Leben bestimmt hat, dass er nie richtig präsent war. Abschied genommen hab ich im Übrigen – des is auch auch ne gewisse Schwierigkeit – äh, von anderen Familienangehörigen immer nur durch Besuche am Grab von meinen beiden Großvätern zum Beispiel. Damals bin ich immer hingegangen mit meiner Großmutter, Gießen und so. Na, äh, und da mein Vater ja nun kein Grab hatte, war des nochmal ne weitere Erschwernis. Also ich hab tatsächlich die Möglichkeit, Abschied zu nehmen eigentlich, eigentlich nie gehabt. Ich hab sie auch nicht gesucht in dem Sinne, würd ich mal sagen.«

P23: KK_23.rtf – 23:73 [Ja. Sie sagen, dass ähm] (191:197)
»Ja, sie sagen, dass, ähm (Räuspern), sie glauben Ihr Leben sei sehr dazu geprägt worden, dass Ihr Vater nicht da war (Räuspern). In welcher Weise meinen Sie, ist es geprägt worden?) Also einerseits, dass ich wahrscheinlich, äh, zunächst in den entscheidenen Jahren rein weiblich erzogen wurde und das männliche Bilder, Vorbilder immer nur etwas weiter entfernt in der Familie warn. Und äh, dass ich nachher durch meinen zweiten Vater auch ein, ein Vaterbild sozusagen präsentiert bekam, an das ich mich gewöhnen musste (mh). Des hab ich aber auch glaub ich ganz gut hingekriegt, der Meinung wird mein Stiefvater, der jetzt immer noch gut am Leben is äh, is glaub ich auch der Meinung. Aber alle diese Dinge, die

wichtig sind um n männliches Leben zu bestehen, später wenn man groß geworden is, äh, die hab ich wahrscheinlich entweder nie erlernt. Oder ich hab sie nur durch Kompensation hingekriegt oder, oder durch eher vielleicht etwas sanfteres Wesen, wie man s vielleicht behaupten könnte, dass man s von weiblicher Seite äh, anerzogen bekommen hat. (Ja, was würden Sie denn sagen, ähm, wie hat denn, oder ist das schon die Antwort vielleicht auch? Wie hat denn der Krieg Ihr Leben geprägt? Ihr persönliches?) Also eher indirekt dann, würd ich mal sagen. (Mh), in dem eben, äh, einerseits, äh, d, die Vä-, der Vater gefehlt hat, die Begleitung. Und andererseits, indem ich auch überbehütet wahrscheinlich aufgewachsen bin.«

Empirische Regelmäßigkeiten

➤ Die Vaterrepräsentanzen der Kriegskinder zeigen, dass die Kriegskinder in ihrer Kindheit die Abwesenheit des Vaters meist mit Heldenfantasien über den Vater kompensierten. Die Enttäuschungen nach dem Krieg, die über das fehlende Heldentum und über das Verlusterleben erfolgten, blieben unverarbeitet bis ins hohe Alter bestehen.

➤ Der Vater im Krieg wird meist im Kontakt mit der Familie aus dem Kriegsgeschehen erinnert (»Vater schickte Apfelsinen aus Italien«). Reale Begegnungen mit dem Vater, zum Beispiel bei Besuchen, werden kaum erinnert bzw. bestehen nur aus kurzen Sequenzen. Diese Sequenzen sind emotional hoch besetzt und haben einen zentralen Stellenwert in der Kindheit.

➤ Die Kindheitserinnerungen sind in erster Linie von dem Bild geprägt, in einem weiblichen Umfeld groß geworden zu sein, »weiblich« erzogen worden zu sein. Kommentare der Kriegskinder zu ihrer Erziehung werden wie folgt vorgenommen: »Überbehütete Erziehung«, »verdeckte Ängste«, »Unsicherheiten«, »Labilität«, die väterliche Präsenz habe gefehlt und das Vaterbild sei defizitär gewesen.

➤ Der Tod des Vaters sei nicht konkret mitgeteilt worden, es habe die Möglichkeit gefehlt, Abschied zu nehmen bzw. das Abschied nehmen sei nicht fokussiert worden. Es habe auch keinen Ort für die Trauer gegeben.

Der zeitweise abwesende und nach dem Zweiten Weltkrieg zurückkehrende Vater/der
über die Erinnerungen aus der NS-Zeit und die Kriegserlebnisse schweigende Vater
P 4: KK_04.rtf – 4:49 [Und später dann, als wir uns] (69:97)
»Und später dann, als wir uns in der Schule dann mit dem Dritten Reich beschäftigt haben, sag ich mal die Zeit zwischen 15 und 19 Jahren, wenn ich damals nachgefragt nicht, in der Schule lern ich, die, die, die, die Nazis waren alle Verbrecher. Von meinem Vater weiß ich, er war keiner »Ja, ich war kein Verbrecher, ich hab all das nicht gemacht. Ich war in keinem KZ. (Sagt er?) Sagt er, sagt er. (Mh.) Und ähm, aber sagen wir mal, tiefer gehende Gespräche, die sind nie wirklich gewesen, ja: »Wenn dich mal jemand wegen mir was frägt, sagscht nix«, hieß es immer. Ja! Aber weil da so vieles im Schweigen verlief, waren die wenigen Sachen, die dann zu mir gesagt wurden umso fürchterlicher (mh). Ja!«

P 1: KK_01.rtf – 1:122 [Sie haben jetzt ja mehrmals] (119:120)
»(Sie haben jetzt ja mehrmals Ihre Geschwister erwähnt, äh, mir fällt auf, dass Ihre Eltern dabei nicht vorkommen?) Meine Mutter ja, immer (ja), also deswegen mein Vater so durch die langen Arbeitszeiten früher und so etwas (mh), er schaute ihr zu (ich verstehe, ja) XXX. Des ist, des klingt jetzt negativ, is es gar net. Er wusste nie, in welcher Oberschulklasse ich gewesen bin (mh). Also so, zum Beispiel die, es war die richtige (mh) und darauf verließ er sich (mh). Also äh, man könnte ja so sagen (mh) jetzt positiv. Er äh, vertraute äh, äh, äh, er delegierte (ja) äh, ja, er vertraute so den Eigenkräften und deswegen hamma die gebracht (mh). Man kann es natürlich so sagen, er delegierte; so habs ich vielleicht eher empfunden, delegierte des, was sonst ein Vater eher hilfreich sein könnte (mh) an das Kind. Und deswegen fühlte ich mich dabei wahrscheinlich eher äh, unwohl (mh). Also äh ja, wenn man es selber machen muss. Also Hilfe in dem Sinn, man kann heulen (mh) und dann der Papa wird es schon richten (mh), wie es in Österreich (mh) der Spruch is. Nein, der richtete nix! (Verstehe, ja ja.) Und mit meiner Mutter konnte man sprechen über so etwas.«

P 1: KK_01.rtf – 1:186 [Es ist der erste Weltkrieg äh] (351:351)
»Es ist der erste Weltkrieg, äh (ja, ja), außer, dass mein Vater und zwar der Vater meiner Frau, als auch mein Vater, die waren im ersten Weltkrieg (mh). Aber mein Vater war zuerst zivil interniert (mh), weil er in XXX gearbeitet hat (mh),

äh und da is er dann als zivil eben interniert worden und dann später is er entlassen worden und dann is er wieder in russische Kriegsgefangenschaft gegangen (mh). Aber das hat er bloß erzählt (mh), war so, kann, kann bei mir keinen Eindruck hinterlassen haben (mh) *(unverständliches Wort)* und so weiter auch nicht.«

P 1: KK_01.rtf – 1:199 [Da hat mein Vater die habe ich] (168:168)
»Da hat mein Vater, die habe ich heute noch, äh, aus Holzklötzen eine Eisenbahn gebaut (mh). Äh (mh) und äh, also, äh, des is, des einzige Kindheitsüberbleibsel bis heute (mh). (Mh, also Erzählungen sind ein, eine Quelle sozusagen, Literatur eine andere.) Ja. (Gibt es noch andere Quellen, woraus sich Ihr Bild von der Kriegskindheit, äh, speist?) Ja, Filme (mh), sowohl, äh, Kinofilme als auch Fernsehfilme, als auch, äh, geschichtliche Literatur. Also nicht bloß jetzt autobiografische Schriften, die ja erklärtermaßen subjektiv sein wollen oder sind, sondern auch also die, ähm, ja ein bisschen mit, äh, Versachlichung arbeitenden Darstellungen. Und dann meine Mutter (ja), also mit, die hat mir am meisten erzählt, mein Vater weniger. Das, das gehört auch dazu, dass also ja, also die Beziehung eher zur Mutter intensiver war, auch auch was, was diese Erlebnisse betrifft. (Wissen Sie etwas über die Zeit, als Ihre Mutter mit Ihnen schwanger war? Ist da irgendwas erzählt worden?) (Interviewteilnehmer schnauft.) Jetzt müsste ich nachrechnen, wann mein, wann man, mein Vater eingezogen worden ist. Denn er ist ja schon sehr alt gewesen (mh). Er ist erst später dann? Wie hieß des, Volkssturm? Oder nein, äh, es müsste noch a bisserl vorher, also da muss ich jetzt passen (mh). Könnte sein, dass da (mh), na, ich glaube erst während der Zeit (mh), aber da war er beim XXX beschäftigt (mh) und äh, ist glaube ich erst während, vielleicht während der Schwangerschaft (mh), oder wo ich scho auf der Welt war. Halt! Ja, da hat er Uniform (mh) auf dem Weihnachtsfoto, wo äh, es wurden jeden Weihnachten typisch bürgerliche Familienfeiern (mh), so wie Heinrich Böll (mh) des geschildert (mh) hat, genau so, äh, Familienfest an Weihnachten (mh). Und da is er in Uniform drauf (mh). Also deswegen, aber da bin ich ja schon geboren, stimmt. Des is ja dann ja, dann stimmts (mh)! Also da is er erst als ich schon auf der Welt war vermutlich eingezogen worden (mh, ja). Des Familienfoto Weihnachten war dann 43, ja, des is des früheste Foto dann.«

P 2: KK_02.rtf – 2:4 [Ich komm leider auch aus ner, öh] (13:13)
»Ich komm leider auch aus ner, öh Familie, die wenig darüber gesprochen hat.
Mein Vater gar nicht (mh). Der war, hatte echt ein Kriegstrauma.«

Empirische Regelmäßigkeiten
- ➤ Die Studienteilnehmer beschreiben ihre Väter als traumatisiert und unfähig
  über ihre Kriegserlebnisse zu sprechen.
- ➤ Die Studienteilnehmer erleben ihre Väter als distanziert und emotional in
  vielen Bereichen (insbesondere hinsichtlich der NS- und Kriegszeitthemen)
  nicht erreichbar.
- ➤ Die Beziehung zur Mutter wird zumeist »intensiver« beschrieben, insbesondere im Hinblick darauf, über die gemeinsame Vergangenheit sprechen zu
  können.
- ➤ Die Uniform des Vaters kann – wenn überhaupt – nur im Kontext eines
  Erinnerungsfotos (Weihnachtsfoto) thematisiert werden.
- ➤ Es gibt wenige Erlebnissequenzen in der Kindheit mit dem Vater (»einzige
  schöne Kindheitsüberbleibsel«). Diese Sequenzen sind emotional hoch besetzt
  und haben einen zentralen Stellenwert in der Kindheit.

Der psychisch abwesende Vater
P56: KK_56.rtf – 56:40 [Wann kam der? Der kam Ende] (180:182)
»Bin nur reingrennt und hab gsagt: ›Da is a Ma drus düssa‹ (mh) und bin weg
glaufen, weil ich einfach, mit dem Mann wollt ich nix zu tun ham, und er hat
vielleicht gmeint, er sieht sei Tochter und (mh) scho schlimm. Also ich find (mh),
wenn i des so überleg, auch für ihn (mh) ganz furchtbar (mh), dass ich mich eigentlich vor ihm gforchten hab, wie er kam (mh). Ja ich kann des etz vom Gefühl
her, äh, so beschreiben, ned direkt die Erinnerungen, aber äh, es gab scho a
Komplikationen, wei ja der Vater so lang ned da war und des Leben von uns hat
sich eingspielt (mh) und er kam dann auch wieder voller Erwartungen (mh) und
war natürlich auch verändert durch den Krieg (mh) und durch des, was er da erlebt
hat. (Der war zwei Jahre (mh?) Ja, zwei Jahre und war ja da drüben in XXX. (Wo?
Im?) Und äh XXX hat da auch scho recherchiert, weil ihn des ja auch intressiert
(mh) und der hat gsagt, da warn also sehr viele Erschießungen damals, Judenerschießungen und da is die Wehrmacht abge-, äh, abkommandiert worden (mh).

Und i weiß nur, dass mei Vater ungern da drüber gsprochen hat (mh) und äh, immer nur gsagt hat, sie wurden abkommandiert, der hat nie gsagt wozu (mh). Aber er hat rausgekriegt, dass des also nichts is, wo er da mitmachen will, und der hat sich dann immer umfallen lassen. Der is ohnmächtig gworden (mh). Das konnt er. (Ähm, war er dann an der Front, also richtig (er war an der) im Kriegsgeschehen dabei?) Er war an der Front, er war bei XXX (mh), aber war immer direkt dran und nachdem er da, ja bei ge-, b-, bestimmten Sachen halt entweder krank oder fff, ohnmächtig war. (Bestimmte Sachen« heißt wahrscheinlich Judenerschießungen? Und das Wenige, was er gesprochen hat, war was?) Das es furchtbar war und dass äh, sie eine, äh, Nummer eingraviert gekriegt ham. Und äh, er sollte dann, weil des bei ihm verschwunden war, sollte er zum Nachtätowieren gehn, des is er aber nicht gegangen und des hat ihm dann mehr oder minder dann auchs Leben gerettet (mh), weil die Russen da, wenn da was eingraviert war, war des SS, egal was (mh). Und (mh) äh, das war bei ihm eben dann nicht mehr sichtbar (mh) und er is auch geflohen (mh). Er hat si, mir noch zwei Kameraden, äh, dann da verdrückt und kam dann bis an XXX durch und is dann von da oben irgendwie dann (mh) runter gekommen. (Des war, des hat ihms Leben gerettet, das heißt, man hat früher die, also Ihrer Antwort entnehm ich, dass die Zugehörigen der ehemaligen SS von den Russen gleich erschossen wurden?) Ja (mh). Ja. Die ham ned gfragt (mh), was is des, oder so. (Also ne Nummer oder (mh) irgendwelche (mh) Zeichen (ja) am Arm (mh), dann wurden die identifiziert als SS Zugehörige (mh) und erschossen?) Ja, ich hab a mehr Angst ghabt vor meim Vater (mh). Meim Vater durft mer nur die guten Noten sagen und die Einser, die warn selbstverständlich (mh), bin ja sein XXX (mh). Und alles Andere (mh) des wurd ihm vorenthalten. Also is, ich hab ihn sehr geliebt (mh) und er hat mich sehr geliebt, aber er konnts nie zeigen, er hat mich nie irgendwie in Arm gnommen, ich kann mi nie erinnern, dass mir gschmust hätten mitanander (mh).«

P56: KK_56.rtf – 56:40 [Wann kam der? Der kam Ende] (180:182)
»(Ähm, was würden Sie sagen, welche einschneidenden oder herausragenden Geschehnisse, Erlebnisse gabs nach 45 in Ihrem Leben?) Des wieder dasein von meim Vater (mh). Diese Distanz, die ich ned als Distanz empfunden hab als Kind und (mh) Jugendlicher, sondern als, als unwahrscheinliche Strenge (mh). Des war herausragend für mich (mh). (Worüber wurde in Ihrer Familie gespro-

chen, wenn es um den Zweiten Weltkrieg ging, also während der Zeit (ja) oder danach?) Ja. Also äh dieser Zwote Weltkrieg wurde aus, äh, dem Erinnern meines Vaters, oder dem Bericht, wie mein Vater ihn immer gegeben hat, vor allen Dingen in der zweiten Phase sehr stark verinnerlicht, also es war nicht dieser erste Teil, den wir heute so als Angriffskrieg (mh) und verbrecherischen (mh) Angriffskrieg sehen, es war mehr so dieses Zurückgedrängt werden, äh auf Deutschland, mein Vater war dann auch an der Ostfront gewesen. Und ähm, dieser Aspekt, ohne dass das groß so ausgesprochen wurde, jetzt geht es um den Schutz Deutschlands und äh, jetzt sind wir im Grunde genommen, in äh, vertauschten Rollen (mh), jetzt greifen die Sowjets an, die Rote Armee und wir verteidigen Deutschland (mh), also dieser Aspekt hat bei meinem Vater eine große Rolle gespielt, darüber hat er öfters gesprochen, er hat gesagt: »Ich habe überhaupt nur noch einen Sinn in diesen letzten Kriegsmonaten gesehen unter diesem Aspekt, dass es jetzt darum ging, ja Schaden zu begrenzen, auf Distanz zu halten, was natürlich nicht gelungen ist.«

Empirische Regelmäßigkeiten

- ➤ Bei der Rückkehr des Vaters wird dieser als fremd und verändert erlebt, die an ihn gerichtete Erwartung aller Beteiligten sei hoch gewesen. Das Leben ohne Vater sei eingespielt gewesen, nach dem Krieg habe es deswegen Konflikte im Familiengeschehen gegeben.
- ➤ Das Beziehungserleben zum Vater wird häufig als distanziert und streng beschrieben; das inadäquate Beziehungserleben wurde jedoch in der Kindheit nicht als Mangel erlebt. In der Regel wird ein eher autoritäres Beziehungserleben geschildert.
- ➤ Die Zeit der »Entnazifizierung« wird als ausgesprochen spannungsgeladen im Familiengeschehen erlebt.
- ➤ Tiefer gehende Gespräche seien »nie wirklich gewesen«. Das Schweigen des Vaters ist an die Vorstellung eines »Kriegstraumas« geknüpft. Häufig hat eine Parentifizierung der Untersuchungspersonen stattgefunden; die Untersuchungspersonen mussten dem Vater gegenüber eine fürsorgliche Haltung einnehmen: »Der Vater muss geschont werden!« Über die Beteiligung der Väter an Erschießungshandlungen werden von den Studienteilnehmern Vermutungen angestellt.

➤ Im Zusammenhang mit dem Holocaust werden die Väter überwiegend als diejenigen geschildert, die »weggeschaut« hätten oder nach eigenen Angaben »nichts damit zu tun« gehabt hätten. Häufig wird Verständnis für dieses Verhalten, das aus Angst vor lebensbedrohlichen Folgen erfolgt sei, geäußert.

➤ Über das, was in den KZs geschehen sei, hätten die Väter nicht sprechen können. Die Väter werden in unterschiedlichen Zusammenhängen als traumatisiert wahrgenommen.

➤ Erzählungen der Väter aus dem Krieg oder der Kriegsgefangenschaft seien kaum erfolgt.

➤ Häufig entstand eine globale Identifizierung mit dem Abgrenzungs- und Schweigegebot des Vaters bzw. eine Identifikation mit der Abwehr von Trauer und Schuld ausgehend vom verinnerlichten väterlichem Überich-Introjekt.

➤ Der Vater habe den Eigenkräften des Kindes vertraut. Das Verlassenheits- und Einsamkeitserleben der Kriegskinder wurde abgewehrt. Sie entwickelten die Vorstellung, dass ihre Väter ihre Zuneigung gegenüber den Kindern nicht zeigen konnten. Liebvolle Berührungen habe es wenige oder keine gegeben. Schlechte Nachrichten über die Kinder seien vom Vater fern gehalten worden. Vom Vater sei die Erwartungshaltung ausgegangen, funktionieren zu müssen, gute Leistungen erbringen zu müssen.

Der psychisch mehr oder weniger präsente Vater
P32: KK_32.rtf – 32:58 [Mein Vater, da dauerte das] (241:241)
»Mein Vater, da dauerte das etwas länger, aber der hat sich dann danach auch sehr um uns beiden Buben bemüht, wir ham sehr viele Vater-Sohn-Aktivitäten gehabt, Radtouren, Zeltlager, Bergtouren und so weiter.«

P32: KK_32.rtf – 32:26 [Ähm und ich erinner mich daran] (73:73)
»Ähm und ich erinner mich daran, dass mein Vater weg musste, aber ich erinner mich nicht, wie er weggegangen ist, an diese Abschiedsszene erinner ich mich nicht, sondern erinner mich erst wieder daran, als er dann im Urlaub mal da war. (Mh, noch kurz noch mal auf die Zeit während des Krieges, Ihr Vater, können Sie sich erinnern, äh, Sie ham ja geschrieben, er ist eingezogen worden?) Ja, ja! (An die Zeit als Kind, ham Sie da noch?) Nein. Ich erinner mich nur an einen

Eindruck, als er in Uniform uns mal in XXX (mh) besucht hat während (mh) der Evakuierung, also meine Mutter war mit den Kindern in XXX, wir hatten da so n Zimmer im so m Bauernhaus und mein Vater kam irgendwie vom Fronturlaub oder im Fronturlaub (mh) zu uns dann nach XXX und da erinner ich mich an einen Eindruck, wie er da in der Tür stand, äh, also an diese Lichtverhältnisse, wie die Tür da aufging, der Vater war da und es war also eine riesige Freude!«

Empirische Regelmäßigkeiten
- ➤ »Wir ham sehr viele Vater-Sohn-Aktivitäten gehabt, Radtouren, Zeltlager, Bergtouren und so weiter.« Schilderungen, die in dieser Weise auf angenehme Erlebnissequenzen mit dem Vater in der Kindheit Bezug nehmen, wurden aus der Kriegszeit und Nachkriegszeit nur sehr selten berichtet. Wenn überhaupt, werden diese aus der Vorkriegszeit erinnert.
- ➤ Ebenso selten werden Vater-Kind-Erlebnissequenzen beschrieben, also Erinnerungssequenzen, die sich nur auf den Vater beziehen. Diese werden meist im Kontext des Familienerlebens beschrieben.

Vergleichsdimension »Mutterbild«: »Sie hat immer arg schauen müssen, wie mache ich das, krieg' ich das wieder hin?«

Folgende Subkategorien wurden aus der themenspezifischen Querschnittanalyse zum »Mutterbild« ausgearbeitet:
- ➤ *Die »starke«, überlastete Mutter*
- ➤ *Die distanzierte Mutter*
- ➤ *Die uneinfühlsame Mutter*
- ➤ *Die vereinnahmende Mutter (Kriegskinder waren für ihre Mütter Ersatzpartner)*
- ➤ *Die zu beschützende und Angst machende Mutter*
- ➤ *Die Schuldgefühl generierende Mutter*
- ➤ *Die der Naziideologie und ihren Erziehungsidealen verpflichtete, distanzierte Mutter (Johanna Haarer: Nationalsozialistisch geprägte Mutterbilder von Kriegskindern)*

Die »starke«, überlastete Mutter

P63: KK_63.rtf – 63:36 [Nur, den Aufbau und des ganze] (135:135)

»Nur den Aufbau und des ganze Zeugs dann, ich weiß gar net, wie meine Mutter des gmacht hat. Dass man dort trotzdem irgendwie wieder und irgendwie hatten wir, hatten wir wieder ne Wand. Tja, ne, tja sie hat sogar auch Seife gekocht. Ich hatte keine Seife, nein. Des hat sie irgendwo organisiert und wir hatten dann so komische viereckige Stücke, des waren dann Seife irgendwie so. Mir sind dann schon wieder, habn uns da schon durchgemo-, gemauschelt. Aber es hat einen eben, der Tod meines Vaters im Krieg, der muss ihr, vielleicht war se in den Wechseljahren, vielleicht ja irgendwo, sie war net defekt (mh). Und so wie s war, nehm ich an, war auch niemand da, der äh, ja für sie eingestanden hätte oder irgendwie. Sondern sie hat immer arg schauen müssen, äh, wie mach des, krieg ich des wieder hin. Sie hats ja auch teilweise wieder hinkriegt. Aber ich nehme an, dass die Depression, wie man auch es nennt, ich glaub nicht, dass sie geisteskrank war. Des, sie hat vorher, hats mich ja normal erzogen. Und sie hatte normal gearbeitet. Und abends bis halb sieben, bis sie die Angst hatte, sie wird verfolgt oder, äh, ich weiß nicht, woher des kommt. Es ist niemand da gwesn, den ich fragen konnte, und man konnte nichts irgendwo, kein Fetzen Papier mehr sehen, was mit der Frau eigentlich los war.«

P10: KK_10.rtf – 10:39 [Was würden Sie sagen, wie hat] (75:81)

»(Was würden Sie sagen, wie hat, äh, der Krieg und die Nazizeit, wie hat das in Ihrer Mutter nachgewirkt?) Und äh, ich konnte nämlich nicht ertragen äh, ich also. Es ist so, es war nur so ein Gefühl das plötzlich auftauchte. Im Jahr XX war das in einer bestimmten Situation, äh, ich wollte sterben in dem Moment. (Mh.) Und äh. (In welchem Moment?) In dem Moment der Erkrankung des Kleinkindes, mit einem Jahr war das, äh. Und äh, in dem Moment, ähm, als ich ähm, den Schmerz der Mutter gespürt habe, diese Verzweiflung, denn es haben Medikamente nicht geholfen, nichts hat geholfen mehr. Und ich war wohl schon an der Schwelle des Todes (Schweigen, Atemgeräusche, Schniefen). Ja, da kam dann, äh, ich muss sie tragen, ich darf nicht sterben (weinerliche Stimme). Und sie hat mir dann auch hinterher erzählt, wäre ich gestorben, wäre sie auch in den Tod gegangen. Ja, das hat mein Leben bestimmt. Hab sie dann getragen bis zum Ende. Viele Jahre (weinerliche Stimme). Und fange jetzt erst an, zu verstehen, zu suchen, ja wer ich eigentlich bin, was mein eigenes Leben ist. Hatte im letzten Jahr große Probleme auf eigenen Füssen zu stehen, die haben furchtbar geschmerzt. (Aber beruht das, äh, nach Ihrer eigenen Vorstellung, so wie Sie sich verstehen, auf Ihrer Kriegskindheitserfahrung?) Ich weiß ja nicht was gewesen wäre, wenn Krieg nicht gewesen wäre. Ich kann nur sagen, dass mich das unglaublich, äh, verunsichert und belastet hat, des sicher! Weil, des war ja auch meine Eltern, also ich hab ja meine Mutter praktisch ständig stützen müssen, ich war in, mit XXX Jahren in, in, a, in, oder vorher schon wie mein Vater im Krieg war, immer diejenige, die sie trösten muss. Ich denk, des is ja ne komplette Überforderung und hab dann so die Sehnsucht auch auch gehabt, einfach selber mal getröstet zu werden (mh). Also ich war eigentlich, muss ich sagen, als Kind schon erwachsen. Ich hab diese unbeschwerte Kindheit nicht erlebt.«

P63: KK_63.rtf – 63:10 [Meine Mutter habe ich, die hat] (41:45)
»Meine Mutter habe ich, die hat sich damals das Leben genommen und äh, Daten, außer dass ich, wie gsagt Todesurkunde hab, habe ich, ich habe nichts. (Wann hat sich denn Ihre Mutter denn das Leben genommen?) Hm, als mein Vater nimmer zurückkam. Aber rausgekommen, was sie eigentlich hatte? Ich hab dann, äh, geforscht in XXX in dem Krankenhaus äh, wo sie gstorbn ist, irgendetwas herauszubekommen über sie. Nichts! Die ganzen Akten waren damals schon, wie s halt so ist, vernichtet, ne (undeutlich). Ich weiß nur, sie hat XXX getrunken (Papierrascheln), sie ist also jämmerlich gestorben (Papierrascheln). Und fragen wollt ich dazu eigentlich niemand (Papierrascheln) Verwandtschaft oder.«

P48: KK_48.rtf – 48:62 [ich weiß nicht, was passiert] (125:125)
»Ich weiß nicht, was passiert is, aber ich denk, ich fantasier. Also ich denk schon, dass meine Mutter vergewaltigt (mit weinender Stimme) wurde. Und sie war seit der Zeit sehr verschlossen und ich kann jetzt das nicht mehr anders sagen, also sie war so zu; und ich hab i, di, in ihr rumgehämmert, aber ich, bis ich einfach begriffen hab, das kann sie nicht sagen, das geht nicht. Mh. (Schweigen) und sie war ne sehr attraktive Frau, sie war damals Anfang XX und äh sie war (räuspert sich), also ich kann nur sagen, sie war ein freundlicher Mensch, zugewandt, also so schu-, sch- und XXX tätig und also, ach ja alles, aber des andre war unter Verschluss (Schweigen), ja.«

P48: KK_48.rtf – 48:83 [Und Ihre Mutter? Also ich hab] (183:185)
»(Und Ihre Mutter?) Also ich hab einmal so, so gespürt, äh, da he, hat meine Mutter einfach, ich denk fast, sie hatte Depressionen (lacht) oder was und dann dann hab ich sie so gefragt? Was denn is? Und ähm, da sagt sie, sie leidet so, dass ihre Brüder in Kriegsgefangenschaft sind. Also es, ich, ich denk, es ging ihr so schlecht, dass sie s gesagt hat, sonst hätt sie s nicht gesagt. Also die Brüder warn da und warn in Gefangenschaft und (Schweigen) und ja, und, also viele von unsern Verwandten in uns-, in meiner Verwandtschaft, sin auch viele umgekommen. Aber es wird einfach nich gesprochen, es wird einfach nich gesprochen. (Würden Sie denn sagen, dass diese Zeit, äh, äh, in Ihren Eltern irgendwie Spuren hinterlassen hat?) (Räuspern) meine Mutter sagt ja. Also ich kenne meine Mutter nur kränkelnd und (tiefes Ausatmen) ich, ich glaube schon (Schweigen), ich glaube schon.«

P 3: KK_03.rtf – 3:55 [Und auch die Nachkriegszeit] (121:121)
»Und auch die Nachkriegszeit empfand ich sehr schwierig. Und zwar in dem Sinn, wir kamen aus einer Not heraus und nach dem Krieg kamen ja ganz viele Flüchtlinge. Und meine Mutter hatte immer das Gefühl und das hat sie mir auch vermittelt. Sie sagte: »Die Flüchtlinge habens viel leichter als wir Ausgebombten! Wir kriegen keine Wohnung. Also sie ging immer zum Wohnungsamt. Es war nichts zu machen. Haben wir Wohnung besichtigt, wer hats bekommen? Es waren die Flüchtlinge. Und dann Anfang der 50er Jahre, da schossen die Villen aus dem aus dem Boden. Und die Leute, die als Flüchtlinge gekommen waren, die haben sich in Nullkommanichts hochgearbeitet. Und meine Mutter war so so verärgert darüber. Sie sagte: »Ich muss kämpfen.«

P 9: KK_09.rtf – 9:53 [Also ich bin immer wieder, das] (94:94)
»[…] und das war eine ganz heftige Enttäuschung, über die ich immer nachsinne, ich komm überhaupt nicht drauf, wie das so möglich ist, weil meine Mutter das alles nicht erzählt. Sie hat, es kommt also keine einzige oder fast keine Jahreszahl drin vor. Es ist auch nicht chronologisch gut, also das ist ihr zu schwer gefallen. Aber es kommen diese ganzen Dinge von der Nach-, das einzige, was sie erzählt ist, wie sie es nur immer fertig gebracht hat, mit praktisch keinem (mh), wenig Nahrungsmitteln oder dem Wenigen, was da war, es irgendwie hinzukriegen.

Also davon sind unendliche Geschichten, wie man und Anekdoten, was alles Komisches passierte. Es passierte ja auch, man kann auch Dinge als komisch ansehen. Äh, alle die ganzen Schrecknisse, die hat sie überhaupt alle gar nicht erwähnt (mh). Überhaupt nicht! Sprich XXX Stunden! So was müssen Sie sich mal vorstellen! Also ich ich bin fassungslos! Ich weiß nicht, wie ich das deuten soll. Das muss ich wirklich sagen. Also sie hat gar nichts Persönliches erzählt. Alles, was ich wissen wollte, nichts von ihren eigenen, sie selber hatte ihre Kind-, ihre Eltern verloren, als sie XX war, ihre Mutter und als sie XX war ihren Vater, so ungefähr, ohne Krieg damals (mh). Also es war in XXX. Und hatte da nun ne schwierige Kindheit ganz unten. Ja! Und da war ja dann auch schon der Erste Weltkrieg gewesen und war alles nicht einfach. Ich habe also geglaubt, sie erzählt mir nun mal was davon, wie das wirklich war. Nein! (Gibt es denn?) Das hat sie weggelassen!«

P 9: KK_09.rtf – 9:72 [Kam das Thema Judenverfolgung] (160:162)
»(Kam das Thema Judenverfolgung und Holocaust vor?) Also meine Eltern oder meine Mutter kannte jemanden. Ich, ich glaub zu wissen, wer es ist, aber es ist auch egal. Der, ich denke vor 39 ins KZ kam. In eins. Möglicherweise *(unverständlich)* das war *(unverständlich)* oder eins der ersten. Also ich weiß nur, dass sie erzählte, der und das war ein Jude. Dieser war ein Freund meiner Eltern. Der verschwand plötzlich und kam irgendwann wieder und hätte kein Wort darüber gesagt. Aber sie haben sich das so zusammengereimt. Was nun in dem KZ, wie s genau gewesen ist, das meine ich, wussten sie nicht, sondern mehr äh, dass man aufpassen muss, dass man also mit allem aufpassen muss, was man sagt in der Öffentlichkeit, äh, dass man nicht so, wo auch hingerät. Also das war. Und dann, was meine Mutter auch eine Erinnerung ist, dass meine Mutter. Also so, was machte sie. Und dann haben wir äh, in äh XXX, ja an den Wochenenden machte man tatsächlich kleine Ausflüge. Also ich wundere mich jetzt auch darüber, wenn ich die Katastrophe mir angucke, die damals lief, was für ein normales Leben man da eigentlich geführt hat.«

P24: KK_24.rtf – 24:11 [Nur einmal war des wohl alles] (40:40)
»Nur einmal war des wohl alles sehr knapp und und dann gingen die Mutter, ging Hamstern im Krieg, das weiß ich auch, die die einmal hat sie ein Tieflieger

sehr verfolgt wegen einer Flasche Milch, die sie im Rucksack hatte und sie musste sich in den Ackerboden, in die Furche werfen. Erst als sie auf dem Boden lag ist dieser Tiefflieger abgedreht. Das ist auch noch so ein Beispiel, das sich mir sehr eingeprägt hat.«

P16: KK_16.rtf – 16:12 [Ähm, meine Mutter fuhr mit uns] (29:29)
»Ähm, meine Mutter fuhr mit uns, wir waren ziemlich viel unterwegs und ähm, lebten mit Pannen und Schneestürmen, ich hab erfrorene Füsse gekriegt und später Operationen an den Füssen und so weiter ähm, sind wir bis XXX gekommen und da wollte meine Mutter auf meinen Vater warten, entgegen aller guten Ratschläge und XX sind weiter nach XXX. Und in XXX sind wir von den Russen überrollt worden, sind in Flüchtlingslager gekommen. Dann gab es ne Typhus-Epidemie. Also Flüchtlingslager waren auch Erfahrungen in sich und ähm, meine Mutter schaffte es, uns in irgendein Privathaus hinein zu besorgen (kurzes Lachen) und dann wurde krank, ich hatte Typhus schon gehabt und sie steckte sich an und es kamen dann offene Lastwagen, die alle Kranken abholten (kurzes Lachen) und das war das letzte Mal, dass ich sie sah, dass sie ein Soldat durch den Vorgarten von diesem Haus trug und in, auf den Lastwagen stieg. Da ist sie dann im Krankenhaus gestorben und kam nach vielen Wochen zurück und wir wohnten dann bei diesen Leuten, die uns netterweise behielten, bis mein Vater uns später durchs Rote Kreuz gefunden hat.«

Empirische Regelmäßigkeiten
- ➤ Mütter konnten sich nicht adäquat auf die Bedürfnisse ihrer Kinder einstellen, da sie überlastet waren: »Meine Mutter hat immer versucht, alle einschneidenden Belastungen zu bewältigen.«
- ➤ Lebensbedrohliche erzählte Ereignisse (z.B. Tiefflieger) für die Mutter oder auch im Beisein des Kindes erlebte lebensbedrohliche Situationen für die Mutter werden als sehr belastend »einprägsam« beschrieben.
- ➤ Enorm belastende Erfahrungen, wie beispielsweise Erfrierungen, schwere Krankheiten (z.B. Typhus) oder der Aufenthalt in Flüchtlingslagern, werden als alltägliche Ereignisse beschrieben, welche die Mutter so gut es ging bewältigte, jedoch den vielfältigen Anforderungen häufig nicht gewachsen war.

Die distanzierte Mutter/die uneinfühlsame Mutter

P 7: KK_07.rtf – 7:29 [Mh. Ich frag Sie! (Lacht.) Sie] (108:110)

»(Mh. Ich frag Sie!) (Lacht.) Sie fragen mich (ja). Ähm, eine, eine glaube keiner meiner Geschwister von uns hatte ein richtig warmes Verhältnis zu der Mutter (mh). Der Älteste vielleicht, der hat nicht geheiratet, der hat keine sonstigen Bindungen, der hat so ne gewisse, ja so ne, nicht, Hassliebe ist übertrieben, aber doch so ne? Er war der Anhänglichste, kam am häufigsten zurück nach XXX, aber hat meine Mutter auch am schärfsten kritisiert. Ich weiß noch, der hatte einen Freund aus Amerika, einen Juden mit nach Hause gebracht und der hat so als Provokation, und da hat meine Mutter gesagt: »Na ja, das ist das ist jetzt ein Einzelner, das ist was Anderes. Also dieses Argument immer, der einzelne Jude ist o.k. aber die Juden sind das Schlimme (mh). Was hat meine Eltern geprägt? Die Familie? Ja wir sind alle, wir sind alle keine herzliche Familie. Ich mein, das hat, das, das war so das Dritte Reich, in das wir involviert waren. Es war ein Kampf jeder gegen jeden. Es war ein Futterneid ganz furchtbar. War das die Mentalität meiner Mutter, oder war das, oder war das, hat das mit dieser Zeit zu tun? Das weiß ich nicht. Wir sind alle jetzt vergleichsweise distanziert zueinander (mh). Wir stehen, wir helfen uns schon, aber dass es so ne richtige Wärme wäre, die kam da nicht rüber.«

P42: KK_42.rtf – 42:43 [Ich weiß, ich hab dann nur ein] (97:97)

»Ich weiß, ich hab dann nur ein Bild von mir, blondgelockt mit irgendso einem, äh, Holztier und eine Erinnerung an einen riesengroßen Teddy, an den, den ich sehr geliebt habe, da hab ich auch n Bild. Der war größer als ich damals und den hat dann meine Mutter sozusagen, ich sag einfach gemordet. Die hat den nämlich dann, ich hab den ewich bis glaub ich sieben, acht, neun Jahren gehabt und den hat die mal, als ich in der Schule war, ertränkt. Sicher aus einem Grund, ich hab ihr das hinterher vorgeworfen, weil ich so geschockt war, dass ich das verloren hatte. Und da hat sie gesagt, ja s wär mottenzerfressen gewesen, aber sie war uneinfühlsam einfach. (Was hat Ihre Mutter denn während der, äh Zeit, während der Kriegszeit und der NS-Zeit gemacht?) Die war erstmal Pflegehelferin. Sie war nach der Volksschule Pflegehelferin und anschließend is sie dann äh zum BDM gegangen, bis hin zur, war dann fast Führeranwärterin und hat sich aber dann mit ihrem BDM? (Wie hat das auf Sie gewirkt?) Ja, jetzt äh kann ich natürlich nicht sagen, wie das damals war. Jetzt aus dem Rückblick denk ich mir, das passt in die Linie ihres Verhaltens. Sie hat immer alles weggesteckt, was sie ein bisschen psychisch gefährden könnte. Die Frau is schwer depressiv, die hat mich auch als Ersatzpartner auf ihre Weise benutzt, genau wie mein Vater ein biss, äh, bisschen das mit mir auch gemacht hat. Die hat sich auf mich gehängt, angedockt, das tut sie jetzt noch.«

P42: KK_42.rtf – 42:51 [Wie war denn äh die Einstellung] (115:125)
»(Wie war denn, äh, die Einstellung Ihrer Mutter zum Nationalsozialismus?) Pah (Schweigen), die war begeistert! Da hatten wir was, da hatten wir Brot und Arbeit. Die hat jetzt noch Probleme damit, wenn ich die dazu ansprechen möchte, dann, äh, na ja, zum Schluss bin i wieder geisteskrank. Wenn ich a bissl bohren möchte, also die is insgeheim no a total verkappte Nazi. (Ham Sie das auch in Ihrer Erziehung, also wie Sie erzogen worden sind, äh, mitbekommen, gemerkt, irgendwie? Also aus heutiger Sicht können Sie das beurteilen?) Na ja, äh, ich habe eher mitbekommen, dass sie als, äh, Tochter einer außerordentlich, äh, strengen, gefühlsarmen Mutter, die äh, sie alleine erzogen hat, ne wahnsinnig stolze Frau, die auf das Proletariat herabschaute und die Tochter als hoch unbegabt – wie konnte Gott mich mit zwei so unbegabten Kindern strafen – hab ich grad wieder erst gehört, äh, so schwankt. Was war die Frage? (Ob Sie s in Ihrer Erziehung gemerkt haben, die?) Ich hab eben, äh, in der Erziehung gemerkt, dass sie völlig unreflektiert das weitergibt, was sie gelernt hat, auch Prügeln. Mein Bruder wurde gedroschen (Schweigen), Bestrafung eine gewisse Frömmelei (Schweigen). Ich hab sie als unecht empfunden, genauso wie meinen Vater. Sie hatte Angst vor dem Vater und sie hat sich in chronisches Leiden geflüchtet, in Krankheit um Zuwendung zu bekommen in erster Linie von mir. Das macht sie immer noch, es is ein solche Automatik geworden. Also die Erziehung war klebrigst. Ich hab immer gesagt, die Frau is wie Nebel, 36 Stunden am Tag haftet sie an einem (Seufzt).«

P42: KK_42.rtf – 42:62 [Hat denn oder wie mh würden Sie] (131:141)
»(Hat denn oder wie, mh, würden Sie sagen, hat denn der Krieg, die NS-Zeit im Leben Ihrer Eltern nachgewirkt?) Ich denke, sie sind irgendwie entwicklungsmäßig erstarrt. Sie ham sich nich weiterentwickelt. Sie ham Schuldgefühle be-

graben und meine Mutter hat ja jetzt noch immer das Gefühl, äh, also sie vermittelt mir immer noch das Gefühl, als, dass sie, äh, pfff, ungeheuere Schuldgefühle empfindet für alles und es nicht zugibt und äh, alles ver-, verherrlicht, genauso wie sie ihre sehr harte Mutter verherrlicht. Das war und es war teilweise warn Momente, wo sie groß warn. Ich hab fast den Verdacht, das war teilweise ihre beste Zeit. (Ihre, also von beiden?) Ja, meine Mutter schwärmte immer noch von der BDM-Zeit und mein Vater hat pff, ich weiß sehr wenig. Ich hab nur mal ein Foto von ihm gehabt in Fliegeruniform. Und die stand ihm halt ganz gut. Da weiß ich nichts. (Wie kommt des, dass Sie so wenig über ihn wissen? Also äh, äh, ja?) Ja erstens Mal hat er nie was erzählt, der war ja auch immer weg an den Wochenenden.«

P24: KK_24.rtf – 24:13 [Äh, gabs irgendwelche besondere] (46:48)
»Des muss ganz furchtbar gewesen sein und meine Mutter hat mir des leider ein Leben lang erzählt, dass ich sie so zerrissen habe. Ich hab daher immer schlechtes Gefühl gehabt. Wissen Sie, ja mei, eigentlich konnt ich ja gar nichts dafür, aber trotzdem, also ich muss wahrscheinlich ein furchtbares Kind gewesen sein. Einmal hat sie gsagt, wir waren wo, äh, bei Verwandten und da hätt sie mich am liebsten in eine Schublade gesperrt. Das hab ich mir dann immer vorgestellt, wie klein es da drinnen wohl gewesen wäre.«

Empirische Regelmäßigkeiten
- ➤ Wegen des existenziellen Überlebenskampfes und ihrer persönlichen Überforderung konnten die Mütter für ihre Kinder nicht ausreichend psychisch präsent sein bzw. auf deren Bedürfnisse adäquat eingehen, sodass die Kinder ihre Mütter als distanziert und zu wenig auf sie bezogen erlebten.
- ➤ Mütter werden häufig als uneinfühlsam beschrieben. So kommt zum Beispiel ein zentrales Erinnerungsbild der kindlichen Erlebniswelt an den Lieblingsteddy zum Ausdruck, der von der Mutter im Fluss »ertränkt« worden sei.
- ➤ Mütter wurden als »depressiv« erlebt, die Kinder fühlten sich als Ersatzpartner benutzt.
- ➤ Mütter werden als (bis in die Gegenwart) der Ideologie des Nationalsozialismus verhaftet beschrieben, ein Gespräch über diese ideologische Bezogenheit sei nicht möglich gewesen.

➤ Mütter werden mit einem Hang zur Grandiosität, als nicht authentisch beschrieben. Das Streben nach Rechtschaffenheit wurde als Doppelmoral erlebt. Die Mutter habe Angst vor dem Vater gehabt, habe sich in chronische Leiden geflüchtet, um Aufmerksamkeit zu erlangen.

➤ Die Kinder seien von ihren Müttern als »unausstehliche« Last erlebt worden.

➤ Die Erziehung sei auch in der Nachkriegszeit von Nazielementen geprägt gewesen: »und äh, dieses unduldsame, des Gehorchenmüssen, hundertfünfzigprozentig Gehorchenmüssen, das bestrafen, das auch brachial war, äh, nicht nur Stubenarrest äh sondern auch Schläge sehr früh und äh, dieses wirklich laute Schimpfen, dieser Kommandoton, ähm, ein dieses übertriebene der preußischen klassischen Tugenden einfach, diese Perversion. Und keine Heimlichkeiten haben dürfen, kein Privatleben haben müssen, äh, Übergriffigkeit auch, Kontrolle, äh und und äh, solche Elemente, also da würde ich heute schon sagen, äh wenn ich mir mein Leben angucke, es ist wahnsinnig geprägt worden durch diese Erziehungsprinzipien.«

➤ Kinder erlebten sich in ihrem Beziehungserleben mit der Mutter verstrickt.

Die vereinnahmende Mutter (Kriegskinder waren für ihre Mütter Ersatzpartner)
P 4: KK_04.rtf – 4:48 [Und meine Mutter hat, meine meine] (65:69)
»Und meine Mutter hat, meine, meine Mutter hat meinen Vater einfach dafür verachtet. Und das hat sie auch mir weitergegeben. Ja? Dass er s im Grunde nach dem Krieg nicht mehr geschafft. (Was hat Sie Ihnen weitergegeben? In welchem Sinne meinen Sie das?) In dem Sinne, ähm, dass ich, äh, dass ich, dass äh, eine ganze Zeitlang, zumindest so lange ich auch zu Hause gewohnt habe, äh, äh mitgemacht habe. Ich war so ein Mutterkind (mh) und ihre Eheprobleme hat sie auch mir, also ich war im Grunde ein Gesprächsersatz, der ihr der Vater nicht war und der ihr eben sonst in der Umgebung niemand war und äh, ich hab das voll mitgemacht. Ja! Und zwar zunächst mal auf der Kinderstufe, sag ich jetzt mal, äh, und hab auch darunter gelitten, dass meine Mutter gelitten hat. Ja! Das, das hat sie mir einfach so vermittelt. Und mit welchem Gleichmut, sag ich jetzt heute, die 60-Jährige, mein Vater das eigentlich ausgehalten hat, das begreif ich gar nicht. Ja?«

P32: KK_32.rtf – 32:101 [Äh mein Vater war dann eingezogen,] (21:21)
»Äh, mein Vater war dann eingezogen, war im Krieg und äh, dieses Verhältnis
entstand damals zu meiner Mutter und hat im Grunde genommen bis zu ihrem
Tode äh, gehalten (mh), ich hatte immer ein ganz besonderes Verhältnis zu
meiner Mutter, das resultiert aus dieser frühen Kindheitsphase.«

P28: KK_28.rtf – 28:96 [Ähm, was glauben Sie, welchen] (271:273)
»(Ähm, was glauben Sie, welchen Einfluss oder welche Wirkung die Kriegskindheit
eben auf Ihre Partnerschaften oder Beziehungen hatte?) Tja, also ich denke das,
also ich vermute mal (Schweigen), dass die Tatsache, dass mein Vater nie da war
und dass meine Mutter so mächtig war, dass des was damit zu tun hatte. Auch
sicherlich mit dieser, und, und auch, dass mein Vater dann so sehr ich ihn bemit-
leidet habe, oder, oder, oder auf n Sockel gestellt habe; ich mein, die Kehrseite
vom Mitleid is ja schon eigentlich auch ne Verachtung.«

P28: KK_28.rtf – 28:62 [Also irgendwas mit Tod, also] (157:157)
»Also irgendwas mit Tod, also, aber ich hab kein, aber des is, äh, des is so ne Erinnerung, die ich hab und die ich nich einordnen kann, wo halt nur dieses, dieses
Gefühl is, dass irgendwas Schreckliches passiert is. Und des hat mich, ich, ich,
ich denke hauptsächlich hat mich die Angst und dann son Van-, son Verantwor-
tungsgefühl geprägt, also dieses was dann, was da meine Mutter dann auf mich,
weiß ich nicht, was sie auf delegiert hat, keine Ahnung.«

Empirische Regelmäßigkeiten

➤ Wut und Enttäuschung über den Verlust des Partners werden auf das Kind
projiziert, die Kinder wurden häufig als Ersatzpartner funktionalisiert (Parentifizierung) und litten unter diesem weitgehend funktionalisierten Beziehungserleben.

➤ Aufgrund der äußeren belastenden Erfahrungen stellten die Mütter zu ihren
Kindern eine ausgesprochen intensive Nähe her, die wiederum von den
Kindern nicht hinreichend reflektiert werden konnte.

➤ Die Kinder wurden von den Müttern adultisiert und übernahmen häufig
die Verantwortung wie ein Erwachsener. Die Aufgaben des Vaters wurden
an die Kinder delegiert.

Die zu beschützende und Angst machende Mutter

P10: KK_10.rtf – 10:38 [Also sehr ängstlich war die Zeit] (73:73)

»Also sehr ängstlich war die Zeit zumal auch die Mutter auf der einen Seite zwar äh, ne gewisse, besonders bei Gewitter ist mir das in Erinnerung, ne gewisse Vitalität, äh, an den Tag legte und mich ein bisschen lächerlich gemacht hat. Da braucht man doch keine Angst vor zu haben; nur ich glaube unterschwellig hatte sie auch Angst (mh). Und, und hat das nur überspielt, äh. Und, und dann wie gesagt die plötzliche Dunkelheit bei Stromsperre, sie wussten ja auch nie wann das Licht wieder kam, wann das Wasser wieder kam, also das hatte schon sehr viel Ängstigendes und Bedrohliches für mich. Konnte auch nicht in den Keller gehen, äh, den wir dort hatten in der XXXstraße, äh, es mir unheimlich gewesen und es hat bei mir später hin die größten Ängste ausgelöst, als die Mutter damit drohte, äh, mich in den Keller zu sperren. Weil ich nicht, äh, gehorcht habe, weil ich nicht ein braves Kind war.«

Empirische Regelmäßigkeiten

➤ Aufgrund der defizitären Selbst- und Affektregulierung der Mütter wurden Gefühle der Wut und der Angst auf die Kinder projiziert.

➤ Kinder sind einerseits in einen Zustand der emotionalen »Überflutung« geraten, wurden andererseits adultisiert.

Die Schuldgefühl generierende Mutter

P 2: KK_02.rtf – 2:21 [Mh. Hat sie davon erzählt? Bei] (43:57)

»(Hat sie davon erzählt? Bei einer bestimmten Gelegenheit?) Und, dass sie immer gesagt hat, sie ist durch diese Behinderung, hat sie immer Angst gehabt, dass sie nicht so ne richtige Mutterrolle spielen kann. Aber das hat sie mir ganz oft unablässig auch immer wieder wenn sie wieder das (Schweigen), auch als ich Autofahren, sie hat durch diese Gehbehinderung nie Autofahren können. Und sie hat im Krieg so wahnsinnige Angst gehabt, dass sie, als sie dann von vor Russen und Polen da weggelaufen sind, dass sie nicht schnell genug; und es hat auch schlimme Situationen da gegeben, die ihr dann großen Rolle gespielt haben und ein Handicap waren. (Was wissen Sie konkret?) Sie ist da von Russen aufgegabelt worden. Die sind ja immer, die sind ja immer; meine Mutter war wahrscheinlich sogar ne sehr hübsche Frau. Es existieren ja leider Gottes nur wenige Bilder und da wollte der, ja wie heißen denn die oberen Leute von den Russen? Der da diese ganzen Sachen so unter sich hatte und dies Lager betreut hat und so, der wollte unbedingt, dass meine Mutter (Schweigen) ja zu seinen Diensten steht (mh) und das hat sie ablenken können (Husten). Sie hat, sie hat geweint und sie hat gesagt, also sie hat ein Kind und sie wartet auf meinen Vater und merkwürdigerweise war der Mann bereit zu sagen: »Gut, dann gegen ihren Willen will ers auch nicht machen.«

P 2: KK_02.rtf – 2:25 [Mein Vater war ein am Anfang] (61:61)
»Mein Vater war ein am Anfang Traumatisierter und später glaub ich, der hat das alles verdrängt, ein ganz glücklicher Mensch, mit dem was er dann noch erreicht hat. Aber meine Mutter nicht. Das hat sie uns immer wieder, immer wieder, immer wieder erzählt. Dass sie sich erhofft hat, dass mein Vater Karriere macht als Berufsoffizier und dass der Krieg dazwischen gekommen ist und dass man ihr – ach sie hat das immer nur auf sich selbst bezogen – die Jugend genommen hat.«

Empirische Regelmäßigkeiten
➤ Genannt werden Unzulänglichkeitsgefühle, Neidgefühle, Gefühle der Erniedrigung und Demütigung, Ohnmachtsgefühle (psychischer und physischer Missbrauch), die von den Müttern ausgegangen seien.
➤ Enttäuschungen hinsichtlich der eigenen Lebenserwartungen und Erwartungen an die Partnerschaft hätten seitens der Mütter dazu geführt, dass die Kinder den Neidgefühlen ihrer Mütter ausgesetzt gewesen seien und dadurch Schuldgefühle entwickelt hätten.

Die der Naziideologie und ihren Erziehungsidealen verpflichtete, distanzierte Mutter (Johanna Haarer: Nationalsozialistisch geprägte Mutterbilder von Kriegskindern)
P10: KK_10.rtf – 10:40 [Was würden Sie sagen, wie hat] (75:77)
»(Was würden Sie sagen, wie hat äh der Krieg und die Nazizeit, wie hat das in Ihrer Mutter nachgewirkt?) Ähm, was ich heute weiß, äh, sozusagen aus Lektüre, dass äh, über die Nazizeit, XXX hat mir da sehr viel geholfen, äh, dass sie ihre Erziehung sozusagen, äh, äh, hatte ungeheuer viel Nazielemente (mh). Und äh, dieses Unduldsame, des Gehorchenmüssen, hundertfünfzigprozentig Gehorchen-

müssen, das Bestrafen, das auch brachial war, äh nicht nur Stubenarrest, äh, sondern auch Schläge sehr früh und äh, dieses wirklich laute Schimpfen, dieser Kommandoton. Ähm, ein, dieses übertriebene der preußischen klassischen Tugenden einfach, diese Perversion. Und keine Heimlichkeiten haben dürfen, kein Privatleben haben müssen, äh, Übergriffigkeit auch, Kontrolle, äh und und äh, solche Elemente. Also da würde ich heute schon sagen, äh, wenn ich mir mein Leben angucke es ist wahnsinnig geprägt worden durch diese Erziehungsprinzipien, hinzugekommen natürlich auch diese schreckliche Verstrickung mit der Mutter, wahrscheinlich ausgehend aus dieser vorsprachlichen Zeit der Kindererkrankung, da hat es dann ein, ein, wie ich es nenne, ein Vertrag gegeben zwischen mir und ihr, äh, und äh, Leben gegen Leben sozusagen.«

P50: KK_50.rtf – 50:2 [Kriegt ne Nummer. Ok] (11:39)
»Kriegt ne Nummer. Ok. Dieser Flyer, der mir irgendwann mal mir (mh) zugekommen is, ja. Und dann hab ich ja, ja ich hab n persönliches Problem und zwar ich kenn meinen Vater nicht (mh). Und vorab, also das sag ich nachher nochmal, wenn Sie fragen, bin ich ein Lebensbornkind. (Des wusst ich nicht natürlich, woher sollt ich des?) Und ähm, dann dacht ich vielleicht ist es auch interessant. Ja, weil es gibt ja viele (ja) sehr viele. Und die meisten verschweigen s. Läuft schon, ja? (Ja.) Ok! (Mh.) Fragen Sie mich oder soll ich jetzt einfach von der Leber weg erzählen? (Ich frag, ich frag! Ja, ja, als Sie den Flyer in die Hand kriegten, da steht ja drauf, äh, Kriegskindheit, was kam Ihn denn da zuerst in den Sinn?) Meine Mutter XXX hat, mit einem Mann, der, der sich also um sie gekümmert hat, eingelassen und der aber verschwiegen hat, dass er schon verheiratet war und als sie das dann, als er das offenbart hatte, dann ham die sich irgendwie geeinigt, dass sie nichts sagt. Und er, des, äh, den Antrag stellt auf Lebensborn-Entbindung, dass da seine Familie da nich äh, behellicht wird. Und sie und er hat sich auch bereit erklärt, äh, wie was zu zahlen und so weiter, was ja da üblich war. Und äh, meine Mutter war also damit einverstanden. Die wollte auch kein äh, wi Staub aufwirbeln. Und hat mich also praktisch dann in nördlich von XXX, in Kloster XXX bei XXX war ein ein großes, äh, Entbindungsheim, wo auch dann während dem Krieg andere, äh, Frauen zur Entbindung hingeschickt wurden, weils dann in XXX schon zu unsicher war in den Krankenhäusern. Äh, die haben, die haben also, so wie meine Mutter

mir das gesagt hat: »Was für een kleener Steppke und ganz weizenblond.« (Ach so!) So und, und nur, die mochten blonde Kinder *(unverständlich)* germanische Rasse ist. Die haben ja selber auch genug Blonde da, das sind so Geschichten, so ne kleinen Punkte, die hab ich im Gehirn drin und das geht auch nicht wieder raus.«

P72: S_09.rtf – 72:38 [Mh. Wie hat das auf Sie gewirkt] (173:175)
»(Mh, wie hat das auf Sie gewirkt, solche Geschichten?) (Schweigen) pff, ja als ich kleiner war, hab ich das bloß, bloß sehr fassungslos aufgenommen, glaub ich. Also ich hab dieses nicht integrieren können. Aber je älter ich wurde, ja, was da so los war. Also das ist unfassbar, dass wir überhaupt so nen Krieg überlebt haben. Was die Frauen da durchgemacht haben, das hab ich oft gedacht. Da hab ich mich oft hinein, äh, fallen, doch das hab ich schon oft hineinfallen lassen, aber gar nicht eigentlich so direkt. Und als ich mich so mit, mit Frauen so ein bisschen beschäftigt hab. Was haben die da geleistet? Wie weit, dass die das überhaupt geschafft haben? Dann wirklich im Krieg. Ich meine, als diese Angriffe noch nicht so direkt waren, da sagte sie, da hat man das ja nicht so mitgekriegt, dass überhaupt Krieg war. Und das warn ja erst eigentlich diese Angriffe, als das warn ja erst in meiner Schwangerschaft diese Alarme und dann Angriffe. Das da hat mich ja dann und da ja, ich hab sie auch gefragt: »Sag mal, wie gings dir denn da eigentlich? Dass du da noch n Kind kriegst?« Das hab ich sie auch gefragt. Und muss doch ein schrecklich gewesen sein, dass du noch mal ein Kind kriegst, in so ner Zeit?« »Nee sagt se, ich hab mich dann schon auch auf dich gefreut.« Das nehm ich ihr nicht ab. Da hat sie vielleicht ein bisschen daran festgehalten, das kann natürlich schon sein. Trotzdem, ich denke, sie war sehr moralisierend, dass das einfach und sie war sehr, sehr auch an der Kirche festgehalten, also später noch. Sie ist jeden Sonntag mit mir in die Kirche gegangen. Und, und diese, dieses Moralisierende, das hat mich nämlich sehr geprägt. Ähm, das man sich einfach auf Kinder freut. Dieses, so man freut sich als Mutter einfach auf ihr Kind und so, hat sich zu freuen. Und dann wird da nicht reflektiert, kann ich jetzt in dieser Zeit, hab ich eigentlich die Kraft überhaupt noch für n Kind? Ich hab ja fünf Jahre, ja also kein, keinen Vater da.«

P10: KK_10.rtf – 07:40 [Das Kultbuch oder das Buch war]
»Das Kultbuch oder das Buch war natürlich Johanna Haarer. Ähm, ja. Also dieses Gefühl und dann wars natürlich nicht so toll, weil dann gings uns erst richtig dreckig.«

P10: KK_10.rtf – 11:40 [Wenn Sie an sich selbst denken,]
»(Wenn Sie an sich selbst denken, was meinen Sie hat Sie besonders geprägt von diesen ganzen Geschehnissen?) Ja, das Verhältnis zur Mutter. Ich meine diese, diese, diese Erziehung, äh, dieses »Gelobt sei, was hart macht.« Und man muss den Kindern den Willen brechen und diese ganzen, also ich find s, es ist monströs (mh). Und dann war das aber nicht irgendwie schnell ein Klaps auf den Hintern, sondern eine wirklich üble Peitsche mit so Riemen!«

Empirische Regelmäßigkeiten

➤ Nationalsozialistisch geprägte Erziehungsideale haben Einfluss auf die Entwicklung der Kinder.

➤ Die Kriegskinder beschreiben ihre Verunsicherung über die national-sozialistisch geprägte Erziehung (Johanna Haarer), die durch ihre Mütter erfolgt sei. Die Mütter seien weiterhin den Erziehungsidealen der Ideologie des Nationalsozialismus verhaftet gewesen, gleichzeitig hätten die Kriegskinder ihren Müttern psychischen Halt geben müssen.

➤ Ein Lebensborn Kind beschreibt das Beziehungserleben zu seiner Mutter als sehr bezogen, dennoch erlebt es sich »anders« als andere Kinder.

➤ Kinder kommen durch ihre Mütter oder ihre Großeltern mit der rassistischen Ideologie des Nationalsozialismus in Berührung. »Äh, die haben, die haben also, so wie meine Mutter mir das gesagt hat, was für een kleener Steppke und ganz weizenblond. Das sind so ne Geschichten, so ne kleinen Punkte, die hab ich im Gehirn drin und das geht auch nicht wieder raus.«

Vergleichsdimension »Selbstbild«:
»Ich hatte eine ganz normale Kindheit!
Das war schon ne schlimme Zeit!«

Subkategorien, die bei der themenspezifischen Analyse im Querschnitt gefunden wurden:

➤ *»Ich hatte eine ganz normale Kindheit! Das war schon ne schlimme Zeit!«*
➤ *Prägende Kindheitserinnerungen aus der Sicht der Kriegskinder*
➤ *Fantasien zur Urszene*
➤ *Gefühle, die sich auf das Selbsterleben in der Kindheit beziehen*

»Ich hatte eine ganz normale Kindheit! Das war schon ne schlimme Zeit!«
P64: S_01.rtf – 64:8 [Sie haben gesagt äh XXX, drei] (127:137)
»Und meine, wir hatten drei Zimmer in diesem Haus und meine Mutter hat die Möbel mit hochgenommen als wir dann; ich nehm an, das war bekannt, dass diese Werke da waren. Und da wurden die und wir haben da nun gleich gewohnt; da war eben nur noch Fliegeralarm, Bombenalarm dann. Und dann ist meine Mutter nach oben und hat aber ein Zimmer, ungefähr damit sie immer mal hin kann, mal nachgucken kann, war eingerichtet geblieben. Die anderen Möbel hat se mit hoch genommen. Und wie sie nach dem Krieg das erste Mal wieder zurück ist, dann waren die zugebombt (Lachen). Dann mussten die erst wieder raus, damit wir, und dann sind wir nach XXX mit, zurück ohne Möbelwagen ohne alles. Ich weß gar nicht, wie, wie das war *(unverständlich)*; wir hatten da auch gar keine Möbel am Anfang. Man hat ja dann 45 ken Möbelwagen gekriegt, der vom XXX nach XXX fährt. Ne? Da hatte se so nen Hocker und da waren Koffer drauf und ne Decke drüber. Das eben mit der Decke, das war mir eben, also ich weiß nicht, wir hatten auch die zwei Betten, die in dem Kinderzimmer waren; das war das einzige, was se aufgehoben hat. Ne? Und trotzdem hat meine Mutter uns so durchgebracht während der Zeit. Ne? (Sie haben gesagt, äh, XXX, dass, wo Sie wohnten, das war ein Vorort. Gab es denn da auch Kriegshandlungen direkt, also Bombardierungen oder irgend so etwas?) Bombardierungen kamen. Ja (mh). Wir hatten, also die Straße ist so ein bisschen versetzt und da ist schon mal en Haus kaputt gegangen. Da haben se n Haus bombardiert. Und bei uns, da waren wir aber nicht mehr, da waren wir schon

dann, schon oben in, im XXX, da sind aus dem Haus welche raus, aus dem Haus und sind aufs Feld. Da waren drei Häuser weiter, fing das Feld an, in eine Scheune; und genau da is ne Brandbombe reingefallen. Und da ist von der einen Frau, die Mutter ist verbrannt. Sie hat schwere Brandwunden, heute noch. Also solche Sachen gabs auch. Aber das war, das haben haben wir dann erst hinterher erfahren, weil wir zu der Zeit ja schon im XXX waren. Ne? Und XXX war nicht so Bombenangriffe, das war nicht so schlimm, aber diese, die drei Wochen im Keller da mit diesen Granat, ja mit Kanonen, mit was schießen die da? Jo. Jo, dann konnte man schon denken, wenn die Eltern manchmal hochgekommen sind, die haben dann in der, ach den Berg abgewandten Seite, mal schnell gekocht oder gemacht, weil wir ja nur so unmittelbar dran waren. Ne? Und dann hieß es mal, den Apotheker, die hats getroffen und die hats getroffen und (mh) ich hab heut Nacht gar nicht richtig geschlafen. Ich hab mir immer überlegt, ich denk, Mensch, hast, hast du eigentlich? Das ist doch eigentlich ganz normal, was ich erlebt hab! Das ist doch nichts Besonderes. Immer wieder hab ich mir das gedacht. (Ich verstehe, was Sie meinen, ja.) Weil ich nun, jetzt Frau XXX hätt mich vorgeschlagen. Und jetzt kam da, ich sag zu meinem Man: »Ich hab doch gar nichts Besonderes zu erzählen!« Denn der hat in meinem Alter, ich bin jetzt 70, der hat da nicht Erlebnisse, die sind doch teilweise sehr viel schlimmer! Deshalb weiß ich nicht, warum ich da, ich sag mal, ausgewählt wurde für das Interview. (Lacht.)«

P31: KK_31.rtf – 31:19 [Also ich würd sagen, meine] (139:139)
»Also ich würd sagen, meine Eltern haben wenig drüber gsprochen (mh). Des war schon ne schlimme Zeit, und vielleicht wollten sie sich da nicht erinnern. Äh, gemeinsam in der Familie kann ich mich ned erinnern, dass wa später über Krieg (mh), also meine Mutter hat dann so von ihren Brüdern erzählt, die im Feld waren und die kamen wieder heim zum Glück und von deren Erlebnissen hier und da.«

P31: KK_31.rtf – 31:43 [Also ich glaub, dass dieses] (231:231)
»Also ich glaub, dass dieses Schweigen was mit zu tun hat, dass man da einfach nimmer dran denken wollte.« *Verdrängung*

Empirische Regelmäßigkeiten

➤ Kriegskinder erzählen von Bombardierungserlebnissen, von Verbrennungen, von Menschen in ihrem Erlebnisumfeld, die durch Bombardierungen zu Tode kamen. Gleichzeitig wird berichtet, dass sie im Vorfeld des Interviews deswegen schlaflose Nächte gehabt und sich gefragt hätten, weshalb sie eine Einladung zum Interview erhalten hätten, das sei doch alles »normal« gewesen.

➤ Neben dem Hinweis, dass diese enormen Belastungen in der Kindheit ganz »normales« Alltagsgeschehen gewesen seien, stellten die Kriegskinder fest, dass die Zeit dennoch »schlimm« gewesen sei. Die belastenden Erlebnisse für ihre Eltern (Verluste von Familienangehörigen) werden berichtet, doch sei darüber nicht gesprochen worden. Das Schweigen wurde so interpretiert, dass die Eltern an diese Erlebnisse »nicht mehr denken« wollten.

Prägende Kindheitserinnerungen aus der Sicht der Kriegskinder
P80: S_17.rtf – 80:57 [Ein ganz scharfes Kratzen, wie] (98:98)
»Ein ganz scharfes Kratzen, wie diese Mine am Schiffsrumpf vorbeigescheuert ist und dann ein Riesenknall. So und dass alles zitterte und alles bebte und da hab ich wohl geschrien und meine Mutter war wohl oben und die kam dann gleich runter und da kam das Wasser schon alles rein. Und äh, jedenfalls haben se uns dann noch so runter gekriegt. Da sind viele, viele hundert Leute ertrunken und ich hab denn dieses Schreien dieser, dieser, diese, diese Angst und nnn, nicht wissen, was passiert da! Erzähl bloß keinem, dass du ein Flüchtling bist, das ist eine Schande! Ich war ein »Flüchtlingskind«, ich habe sehr darunter gelitten, nicht anerkannt zu werden. Ich habe mich geschämt. Die räumliche Enge war sehr belastend.«

P13: KK_13.rtf – 13:9 [Wie ha, hat denn der Weltkrieg] (183:189)
»(Wie ha, hat denn der Weltkrieg und die NS-Zeit in Ihren Eltern nachgewirkt?) Sehr schlimm! Sehr schlimm! Also meine Eltern haben sich beide sehr gegrämt, vor allem meine Mutter, die is in XXX totunglücklich gewesen die kam vom eigentlich vom Land halt in ner großen Familie aufgewachsen mit Geschwistern und ähm und dann die Großstadt und womit sie überhaupt nichts anfangen konnte oder was, was sie unglaublich wütend gemacht hat. Und äh, na ja alles

Mögliche, äh, diese XXX aufgesetzte Fröhlichkeit. Also meine Mutter ist, so, äh son, son Mischung aus Wut und Neid glaub ich, äh: »Die feiern und die ham überhaupt nichts vom Krieg mitgekriegt!« So ungefähr äh, obwohl die natürlich massive Bombardements in XXX hatten. Aber es warns, ich weiß es nicht wie (mh). Und ich muss sagen, ich hab auch mit dieser XXX Fröhlichkeit, ich hab die auch immer als aufgesetzt erlebt. Also ich konnte mich da auch nie anfreunden. Also es war bei uns doch sehr durch die Landschaft geprägt und die durch Menschen geprägt. Eher so was Schwermütiges, etwas sehr Schweres, sehr dunklen Wälder und Moore und und so weiter, all die Geschichten, die es darum gab um die Moore (mh). Und des hat einfach nicht zusammengepasst und meine Mutter ist also wirklich fast ze-, zerflossen vor Heimweh und vor allem solange ihre Mutter noch gelebt hat (mh). Und äh, sie immer immer gehofft hat noch einmal ihre Heimat zu sehen, ist leider nicht der Fall. Also meine Eltern sind beide mit 57 an XXX gestorben. Und ich glaub, des einfach auch zu großen Teil der Kummer war. Und die äh, nichts zu essen und die vielen Sorgen, also die hams wirklich ausgelaugt, da bin ich sicher. So was, wie unbeschwerte pff, Atmosphäre, kann mi gar nit erinnern (mh), (Schweigen) und das war eben auch ganz, äh, lange ähm so dieses Gefühl wir sind da äh, zwangsweise reingesetzt worden, oder anderen Leuten vor die Nase. Oder ähm, eigentlich sollt ma ja nicht da sein und äh, (Schweigen) ich ich weiß net, ob wir auch irgendwie, so, so ne Haltung entwickelt haben so: »Entschuldigen se, dass ich da bin.« Und möglichst dann nit auffalln, also des denke ich, is also ganz massiv a psychische Auswirkung, ah bloß nicht auffalln und lieber ne graue Maus. Und ich weiß, dass ich in der Schule fast gestorben bin, wenn ich aufgerufen worden bin. Also allein nur mein Name ger aufgerufen worden ist. Und ich musste da in der Klasse stehen, mir ist der Schweiß ausgebrochen. Also des, da konnte ich keine graue Maus mehr sein, konnt mi nimma verstecken (mh). Und als ich dann noch äh, hier, als ich dann gearbeitet hab, äh meine Schwiegermutter auch: »Erzähl bloß keinem, dass du Flüchtling bist!« Und, und des war also ne Schande (Schweigen); und meine Mutter, ja des war für meine Mutter auch noch ganz schlimm. Die war ne geborene XXX und des is ja ein XXX Name (mh). Und da hat sie sich also auch immer äh geschämt dafür.«

P49: KK_49.rtf – 49:43 [Na, am prägendsten war die Zeit] (364:364)

»Na, am prägendsten war die Zeit also von von 43 bis äh, äh Flucht, bis mir äh, äh, a eigne richtige Wohnung gehabt haben (mh). Des war dies, weil dann dies enge Aufeinandersitzen (mh), des war äh, da is ewig zu Streit gekommen (mh), ge (mh). Des war des, dass, dass der Familien- äh, der Einheit in der Familie, ziemlich gestört war (mh), ge (mh).«

P 2: KK_02.rtf – 2:50 [Also das war schon eine erlebt] (110:110)

»Also das war schon eine erlebte Armut. Und wenn Sie sehen, (tiefes Seufzen) wie die anderen so grade in der Volksschule so wohlgenährt. Und (kurzes Auflachen) da konnte man diese Sachen auch nicht erzählen. Ich glaub, ich hab keiner meiner Leute dort, glaub denen hab ich nicht erzählt, wo ich herkam oder wie wir geflohen sind, oder so (mh). Ich glaube nicht, dass ich darüber in der Volksschule groß geredet hab, ich weiß es nicht. Über persönliche Dinge wurde nicht gesprochen. Wir wollten unsere Eltern nicht belasten. Ich hab mit mir alles allein ausgemacht, das war einfach so. Ich bin sehr früh selbstständig geworden. Nicht auffallen!«

P 3: KK_03.rtf – 3:30 [Ich würde sagen, ich bin sehr] (141:141)

»Ich würde sagen, ich bin sehr früh selbstständig geworden, weil das sein musste (mh). Ich erinnere mich, ich war schon mit sechs Jahren groß gewachsen und hatte dann immer nen krummen Rücken und musste zur Gesundheitsgymnastik (mh). Das war als wir wieder in XXX zurück waren, ich war vielleicht acht. Ja, da musste ich selbst hin, das war dann in der XXXstraße, im früheren Judenviertel war das. Da musste ich selbst suchen, wo ist die? Ich war acht Jahre. Ich musste mit der Straßenbahn, ich musste umsteigen, in ne andere Straßenbahn, musste alles allein machen. Meine Mutter war ja nicht da. Wenn ich zum Arzt musste, ich musste allein zum Zahnarzt. Ich war sehr früh selbstständig geworden (mh). Und ich denke, das hat mir geholfen und ich bin dann ja auch früh ins Ausland. Ich hab alles immer selbst verarbeiten müssen, mich durchsetzen müssen. Ich konnte keinen Pfennig von zu Hause bekommen (mh), also alles selbst.«

P58: KK_58.rtf – 58:25 [Also viel gesprochen ham mer] (87:87)
»Also viel gesprochen ham mer ned, des weiß ich. Viel gesprochen ham mer nicht!«

P60: KK_60.rtf – 60:54 [Und über den Krieg? Übern Krieg] (129:131)
»(Und über den Krieg?) Übern Krieg, da hat sie sofort des Weinen angfangen, da konnt mer ned reden.«

P31: KK_31.rtf – 31:85 [Äh, ja dass ich vielleicht auch] (497:497)
»Äh, ja, dass ich vielleicht auch a bissl wenig, sagen wir mal wenn ich traurig war, dann hab ich des ned ausgsprochen (mh). Und die Tochter, ich hab also zwei Buben, in der Mitte ne Tochter, die sagt dann manchmal: »Ja wir mussten des ja immer erst rausfinden (mh). Du warst zwar ned launisch«, aber sie sagt, aber so: »Wenn dich was bedrückt hat oder so, dann hättst ja manchmal was erzählen können.« (Mh) aber ich weiß jetzt eben ned, waren des jetzt die Nachbarn in dem Moment oder war des äh?«

P31: KK_31.rtf – 31:86 [Ja, war des, weil meine Eltern] (501:501)
»Ja, war des, weil meine Eltern eben auch ned gsprochen haben, dass man eben einfach über, dass man eben als Eltern früher (mh) so Dinge, persönliche, die Kinder ned mit belasten mag, sie halt ned belastet hat (mh). Des war ja so.«

P32: KK_32.rtf – 32:59 [Also es war so, dass wir uns] (242:242)
»Also es war so, dass wir uns immer irgendwie beschäftigt fühlten mit unsern Eltern (mh) und unsre Eltern ham vieles gemeinsam gemacht; aber wir ham, sie ham auch vieles getrennt gemacht. Also des ähm, meine Mutter dann mit der Tochter und, und mein Vater mit den beiden Buben. Also des hat uns, es gab nie einen Zweifel für uns Kinder an unsern Eltern oder nie irgendetwas Beklagenswerteswertes an unsern Eltern. Ich hab meine Eltern auch nie über die Situation klagen hören (mh) oder über die wirtschaftlichen Verhältnisse klagen hören. Äh, des hats sicher gegeben, des blieb für uns Kinder verborgen. Die ham (mh) des von uns ferngehalten (mh), während dann, wenn son Care-Paket eingetroffen ist oder ein Fresspaket von den Verwandten, äh das als großes Familienfest, des dann begangen wurde (mh). Also es war mehr so des Herausstellen (mh), heute

weiß ich das (mh). Aber (lacht) ja, Herausstellen von freudigen, äh, Anlässen und Ereignissen, als das Beklagen, das hat unglaublich geholfen und die Familie sehr eng zusammengehalten.«

P62: KK_62.rtf – 62:28 [Wie schätzen Sie denn, nach] (124:126)
»(Wie schätzen Sie denn, nach dem, was Sie so wahrgenommen haben, zwischen den Zeilen auch, wie schätzen Sie denn die Einstellung Ihrer Mutter zum Nationalsozialismus ein?) Heute würde ich sagen, immer noch ambivalent. Das hätte ich früher nie sagen dürfen. Aber sie hat, da war ich noch sehr, da war ich noch Kind, hat sie doch auch versucht. Ja, ich bin in eine sehr gute Schule gegangen, äh, wo wir sehr früh über die den Holocaust aufgeklärt wurden, in ziemlich intensiver Weise und dann hat sie immer versucht, das zu beschönigen. Bei mir mit wenig Erfolg, ich hab dann den Mund gehalten. Aber ich denke, mal ne, sie hat sich auch nie, äh jetzt wirklich, über die derzeitigen politischen Verhältnisse geäußert. Und wenn ich sie gefragt habe, ja, ich hab sie immer mal gefragt: »Wieso habt ihr das nicht gemerkt? Ihr müsst das doch gewusst haben! Das kann doch nicht sein, dass hier Millionen Menschen verschwinden und keiner weiß es? Also in Berlin! Das gibts doch gar nicht!« »Ach, wir waren damals politisch gar nicht interessiert. Wir waren so unpolitisch.« Nein, da also, in nem Akademikerhaushalt! Öh, sehr seltsam! Also es wurde eigentlich nur gelogen. Ich kann heute kaum unterscheiden, was Lüge und was Wahrheit ist und das belastet mich sehr. Das Gefühl, immer belogen worden zu sein. Hat alles nicht gestimmt! Man zweifelt dann ja mit der Zeit an allem. Vielleicht bin ich auch heute ein bisschen zu heftig und zu kritisch, aber man hat mir auch nicht die Wahrheit gesagt.«

P18: KK_18.rtf – 18:49 [Was wurde denn später auch] (165:167)
»(Was wurde denn später auch nach dem Krieg über die Nazis erzählt?) Das ist bei uns ganz tot geschwiegen worden. Ich weiß nur noch wie vor der, die zwei Plätze vor der Universität. Ich weiß nicht, wie die früher geheißen haben, da kann ich mich nicht mehr erinnern. Die sind dann umgetauft worden in »Prof.-Huber-Platz« und »Geschwister-Scholl-Platz«. Das hat also vor allen Dingen meine Mutter ganz unmöglich gefunden, äh, weil, da hat sie gesagt, dass waren Verräter (mh). Und wir haben ja in der Schule da drüber auch überhaupt nichts gehört. Also ich war viele Jahre überzeugt, dass das wirklich Verräter waren.«

P 3: KK_03.rtf – 3:11 [Und irgendwie hat uns das nicht] (161:161)

»Und irgendwie hat uns das nicht umgeworfen. (Mh.) Wir haben das gepackt. Heutzutage wenn wir jung wären, hätte man gesagt, wir brauchen ne Psychotherapie. Aber wer wusste, wer kannte das damals? Heldentum war wichtig! Berufsausbildung war auch nach dem Krieg nur für Jungen vorgesehen. Ich wollte es immer zu etwas bringen.«

P 9: KK_09.rtf – 9:82 [Diese so so ne Heldengeschichten] (190:190)

»Diese so so ne Heldengeschichten, die jeder erzählen konnte. Und ich meine im Grunde haben das ja auch die Männer, die aus dem Krieg zurückkamen, die haben das auch gemacht. Nicht? Es waren die Geschichten, wie sie endlose Märsche machten und, und, und … Ich habe später, ja das könnte ich vielleicht auch noch Ihnen, sehr viel später, das ist gewesen XX. Ich habe Freunde, also richtig gute nahe Freunde und da ist er *(unverständlich)* ist im KZ Auschwitz gewesen und ist der einzige Überlebende seiner Familie. Und der hat mir und allen anderen Freunden mal einen ganzen Tag lang oder länger erzählt, genau erzählt. Er hat dann noch ein Buch geschrieben später und äh, das waren die Zeiten, da war ich ja aber nun schon erwachsen und irgendwie eigentlich schon in meinem Beruf tätig.«

P24: KK_24.rtf – 24:60 [Gibt es in Ihnen selbst etwas] (146:148)

»(Gibt es in Ihnen selbst etwas, was hilfreich war, äh, welche Wesenszüge, Eigenarten, die hilfreich waren, mit den Dingen fertig zu werden?) Also da hab ich also zwei Sachen: Das eine ist, ne starke Bindung an die Natur zum Beispiel. Ich hab jetzt mir einen wunderbaren Rosengarten gepflanzt. Das ist ganz was, wo ich auch viel Kraft hab. Und das andere äh ist, ist Engagement.«

P25: KK_25.rtf – 25:60 [Trotzdem war es schön auf dem] (101:101)

»Trotzdem war es schön auf dem Bauernhof. Und wir ham äh, die Natur erlebt und wir ham die Tiere erlebt. Und wir waren sehr kreativ, wir Kinder. Wir hatten in Sch-, unser Vater hat uns dann Stockbetten gebaut, mit einem, äh Holzstand, den er vom Bauern gekriegt hat und den er halt zusammengebaut hat. Und hatten zu zweit in einem Bett geschlafen, in einem Doppelstock und da ham wer Theater gespielt. Das waren unsere Theaterkulissen. Und wir waren sehr kreativ (mh) (Hintergrundgeräusche) und musiziert! Mit, ich weiß nicht auf welchen Instrumenten, jedenfalls öh, gesungen, musiziert, auf ich weiß, auf Zeitungspapierstreifen hat mir meine Schwester Tiere gemalt (mh). Und das war mein Bilderbuch. Und wir hatten ein Theaterstück über Tiere geschrieben. Mit Tierlauten und was wir halt im Stall und im Wald (ja) gesehen haben. (Was hat Ihnen denn überhaupt geholfen, Ihre, Ihrem Schicksal, als im Kriege Geborene, äh, und mit all dem, was Sie jetzt eben auch nochmal erwähnen, äh, zu verarbeiten?) Die Möglichkeit zu lernen. Ich hab mich in die Welt der Bücher geflüchtet, ich hab mich in Tagträume geflüchtet. Ich habe gelernt, gelernt, gelernt. Ich war, ich hätte gern studiert. Mach jetzt net umsonst als Seniorstudent (lacht) die Uni unsicher. Und dann natürlich die Therapie auch. Es is äh, es sind so viele, äh, so ein a bunch of flowers. Es is nicht nur eins gewesen, ich hab mich auch alternativ, äh, eben in die, der spirituellen Ebene bemüht. Ich hab mich in der esoterischen Ecke bemüht. Ich hab Yoga, ich hab Mediation gelernt. Ich hab philosophische Bücher gelesen, jede Menge psychologische Bücher; auch wenn ich sie teilweise nicht ganz kapiert hab und immer noch net versteh. Aber ich habe über Bücher versucht, mich zu orientieren, zu, zu erklären und Hilfe zu finden. Und was mir auch noch geholfen hat, natürlich, Natur begegnen.«

P13: KK_13.rtf – 13:12 [Was hat Ihnen denn geholfen] (202:209)
»(Was hat Ihnen denn geholfen, das alles zu bewältigen?) (Ausatmen und Schweigen.) Also, als ich klein, als wir noch in XXX warn, da hab ich gesagt in der Natur sein (ja). Einfach mich hinzulegen und den Himmel über mir und dann war die Welt für mich in Ordnung (mh). Und dann nachher (Schweigen), ich war bei Nonnen in der Schule im Gymnasium. Äh, was sehr ambivalent war, auf der einen Seite, ähm, war des sehr moralisierend alles. Und äh, also ich weiß, wir durften kein Rock, äh, keine Hosen anziehen und nur Röcke auch im Winter. Und ähm, es war alles sehr, äh, wir hatten nur Anstandsunterricht und es war *(unverständliches Wort)* sehr moralisierend. Und auf der anderen Seite, weil ich doch so, weil ich ja sehr religiös erzogen worden bin, dieses Eingebunden sein dort, wenn Einkleidungen waren. Wir durften singen ja und dieses gemeinsame Singen ähm, des war immer n Gemeinschaftserlebnis für mich. Und dann bin auch sehr bald nach m Krieg, ähm dort in in ne Jugendgruppe (mh). Und diese, diese, dies Gruppengefühl, also mit anderen zu singen, vor allem oder, oder zum

Wandern – wir ham sehr viel gewandert und gesungen – also mit der Gitarre. Dann noch, weiß ich 10 Kilometer oder wie weit, dann zur nächsten Jugendherberge oder 20 Kilometer, ich weiß es nimma, was ja jetzt gar nicht mehr gibt. Wirklich auf der Landstraße, dann noch so diese alten Lieder (kurzes Lachen). Und das hat mir ganz viel, ja ich weiß nit. Und später hab ich dann ja ein anderen Chor gesungen, des, des hat mir schon sehr viel gegeben. Ich denk, das war einfach n Gemeinschaftserlebnis (Schweigen); und dann doch, glaub ich, so, so n Stück, ähm, religiösen Rückhalt, der aber dann später komplett zusammengebrochen ist. Also kann mir jetzt da nichts mehr übrig von dem, gar nichts mehr. Und ich bin sehr froh, dass das meine Eltern das nicht mitbekommen ham, als ich glaub, hätt ihm das Herz gebrochen. Wir sind alle aus der Kirche ausgetreten, auch meine Kinder. Also im Gegenteil, ich hab da n richtigen Hass entwickelt auf das ganze religiöse, auf diesen Überbau verlogen erlebt und (mh) ich habe lebensbegleitende Verlustängste und bin anfällig für Affektansteckungen.«

P62: KK_62.rtf – 62:59 [Gabs auch etwas äh oder gibt] (248:250)
(Gabs auch etwas äh, oder gibt es etwas in Ihrer Persönlichkeit, was es Ihnen besonders schwer macht, die Dinge zu bewältigen?) Ja, das ist meine Liebe zur Wahrheit. Ich kann mit diesen Lügen nicht umgehen. Und da werd ich dann auch andern gegenüber, wenns nach meinem Naturell geht gerne heftig. Das muss ich sehr stark kontrollieren und immer denken: »Komm sei still. Halt den Mund. Die Anderen wissens nicht, sie könnens nicht wissen. Nimms wie s ist.« Äh, das machts mir manchmal n bisschen schwer. Man hat so viel erlebt und so viel durchgelebt, man kann mit dem Normalen nicht mehr so richtig gut umgehen. Verstehen Sie, was ich meine?«

P 2: KK_02.rtf – 2:100 [Der Verlust war dann so schlimm] (256:256)
»Der Verlust war dann so schlimm, dass ich die Bandscheiben parallel, den Bandscheibenvorfall parallel mit dem Ableben meines Vaters bekam und ich zur Beerdigung gar nicht fahren konnte. Also das war furchtbar für mich. (ja) Das, das hab ich, das hab ich überhaupt psychisch gar nicht überstanden, weil ich dann, konnte ich, ja meiner Mutter, ja gar nicht mehr zur Seite stehen. Ich konnte meinen Vater eigentlich in dem Sinne gar nicht mehr verabschieden.«

P 1: KK_01.rtf – 1:41 [Also zum Beispiel – Das ist jetzt] (58:58) (katja)

»Also zum Beispiel, das ist jetzt ne andere Geschichte, betrifft meinen Bruder, der zwei Jahre älter ist, der musste dann, ich glaube, äh, musste große Geschäfte machen, also musste koten. Und ist dann, wir waren in einem Flüchtlingszug, der aber wegen Fliegerbeschuss oder musste sonst stehen bleiben, auf offener Strecke stehen geblieben ist. Alle raus, also auch deswegen konnte er von meiner älteren Schwester abgehalten werden. Und dann fuhr der Zug, also pfiff und fuhr ab! Und da wäre er mit meiner Schwester fast nicht mehr mitgekommen! Und das hab ich mir später dann also überlegt. Das wären wahnsinnige Verlustängste! Also da würde ich sagen jetzt – obwohl ich nicht betroffen bin, es war mein Bruder, ja – ich hätte irre Verlustängste gehabt! Und dass wir so viele Situationen durchlebt haben, das hat sich bei mir wahrscheinlich eingeprägt, äh, Angst nahestehende Personen zu verlieren. Also das, das würde ich wahrscheinlich, dass ich auch sehr familiär bezogen bin und vielleicht übers Normalmaß hinaus, wobei jetzt natürlich die Frage ist: Was ist, äh, zu erwarten, wie stark ist die Bindung an nahe stehende Personen? Ich würde meins eher stärker einstufen! (Mh, verstehe.) Also wenn man das also extrem von hier bis da, würde ich mich eher zu diesem Pol ansiedeln und da kann ich mich versetzen, dass das ja vielleicht natürlich auch wahrscheinlich Rückwirkungen auf meine Mutter und so weiter – die anderen Geschwister schrien, dass die reinkommen – dass das auf mich wirkt.«

P 1: KK_01.rtf – 1:98 [Also bei mir ist nur wenn die] (62:62)

»Also bei mir ist nur, wenn die Widerspiegelung, die Widerspiegelung der Ängste meiner Familie, also Geschwister und meiner Mutter. Das, das glaube ich! Dass ich zum Beispiel, wenn andere sich ängstigen, auch sofort praktisch in dieselbe Stimmung komme – wo man ja zuschauen könnte! Aber ich empfinde dann über das Maß des Notwendigen hinaus ergreift mich das! Und dass es mich ergreift – so ergreift wie es nicht müsste – nehme ich an, dass halt da diese, diese Sorgen, diese Ängste, diese Beklemmungen (verstehe, ja) auf mich ohne Sprechen gewirkt haben.«

P 4: KK_04.rtf – 4:29 [Das Nachdenken kam ja erst] (17:17)

»Das Nachdenken kam ja erst viel später, irgendwann, wo man dann dachte: »Wo warst du da eigentlich?« Aber wahrscheinlich bleibt auch für die Erwachsenen das Heilende war ja, ja es wirkt an Kindern, die leben da, mit dem was sie vorfinden, die fragen noch nicht. Und dann ist das eben die natürliche Welt gewesen.«

P 4: KK_04.rtf – 4:51 [Ja, sie konnte einfach so so] (71:75)
»Ja, sie konnte einfach so so schnell so Urteile fällen. Da lief irgendein Film, in den wir alle gingen: *»Wir Wunderkinder«* oder was das war und, und dann konnte sie so in der Klasse, so ne halbe Rede halten. Na schaut, wie das gewesen ist und ist ja ok, ist ja ok und dann aber immer mal mit einem Seitenhieb zu mir. Sie sagte aber nie was. Ja? Und äh, auch dann so, wenn man von irgendjemand, wenn in der Bonner Politik mal wieder rauskam, dass der eben auch in der Partei war und sein Amt verlor oder nicht, dann konnte sie also, so gleich, so Schimpftiraden gegen so jemand dann loslassen und zwar dieses un-, also für mich auch, ist wie so ein Bild für dieses undifferenzierte Zuordnen (mh) und Aburteilen (mh) in der Zeit. Womit ich eigentlich auch aufgewachsen bin. Ich finde jetzt heutzutage kann man viel differenzierter über so Einzelschicksale reden oder dass man auch in einem Gespräch sagen kann: »Ja, ich hab da auch Erfahrungen. Mein Vater war auch in der Partei gewesen. Das hat lang gedauert und das ist nicht nur alleine meins, das spür ich gesellschaftlich auch. Oder Bücher, die da sind, die damals noch nicht da waren. Ne?«

Empirische Regelmäßigkeiten

➤ Die Kriegskinder litten unter der mangelnden Anerkennung als Flüchtlingskinder: »Ich war ein Flüchtlingskind, ich habe sehr darunter gelitten, nicht anerkannt zu werden.« »Ich habe mich geschämt.« »Die räumliche Enge war sehr belastend.«

➤ Die Kriegskinder litten unter der mangelnden Anerkennung ihrer Eltern.

➤ Die Natur wurde von vielen Kriegskindern als heilsamer Ort beschrieben: »Die Zerstörungskraft vom Krieg hat mit meiner Sehnsucht nach Schönheit zu tun.« »Ich habe eine starke Bindung an die Natur.«

➤ Die weiblichen Kriegskinder berichten, dass sie in ihrer beruflichen Ausbildung gegenüber den Jungen benachteiligt waren. Die männlichen Kriegskinder sprechen davon, wie wichtig es für sie war ein »Held« zu sein.

➤ Das positive Selbstbild der Kriegskinder ist maßgeblich über erfolgreiche Arbeit und einen hohen Leistungsanspruch definiert.

➤ Die Kriegskinder berichteten, dass sie unter starken emotionalen Gefühlsschwankungen lebensbegleitend gelitten hätten: »Ich habe lebensbegleitende Verlustängste und bin anfällig für Affektansteckungen.«

➤ Die Kriegskinder konnten sich in ihren individuellen Belangen nicht mitteilen: »Über persönliche Dinge wurde nicht gesprochen.« »Wir wollten unsere Eltern nicht belasten.« »Ich hab mit mir alles alleine ausgemacht, das war einfach so.« »Ich bin sehr früh selbstständig geworden.« »Nicht auffallen!«

➤ Sie berichteten, dass sie über ihre Kindheitserfahrungen – wenn überhaupt – erst viel später in ihrem Leben über das nachdachten, was Ihnen in ihrer Kindheit widerfuhr: »Das Nachdenken kam erst viel später, irgendwann.«

➤ Gefühle zeigen, sei nicht möglich gewesen. Ihre Erlebnisse im Zusammenhang mit der Kriegskindheit seien »abgekapselt« gewesen. Über Gefühle im Zusammenhang mit der Kriegskindheit zu sprechen, sei ihnen meist erst im hohen Alter möglich gewesen. *Dauer der Verarbeitung*

Fantasien zur Urszene

P 2: KK_02.rtf – 2:31 [Und hinterher die Angst, dass] (81:85)

»Und hinterher die Angst, dass XXX. Ich sollte das Bindeglied zwischen meinem Vater und meiner Mutter werden. (Diese ganzen Erzählungen über die Kriegszeit, das war ja nun bei Ihnen vor allem von, ging von Ihrer Mutter aus. In welchem Tenor, in welchem Unterton waren diese Erzählungen?) Also einmal schon, das klang, dass meine Mutter sich in ganz bestimmten Situationen, die sie wohl so empfand, sie müsste was erzählen, sich das von der Seele reden wollte. Aber das hatte einen ganz anderen Tenor in meinen Augen: »Euch gehts ja so gut (mh). Mir gings ja so schlecht.« (Ja) und je älter ich wurde, so Abiturzeit und so, ähm, war das ganz kritisch, dass sie immer wieder gesagt hat, du musst mir dankbar sein. Dankbar! Ich habe sie gehasst dafür – ein Leben lang! Dieses ewige: »Du musst mir dankbar sein! Wir ermöglichen dir das. Du kannst Abitur machen. Ich hab damals überhaupt nichts machen können. Mir hat man alles genommen in der Jugend und du musst und.« Also das war unterschwellig und das empfindet meine Schwester noch viel schlimmer. Noch viel schli-. Wir haben neulich drüber gesprochen. Meine Schwester lebt in XXX (Studienteilnehmerin redet jetzt sehr schnell, verschluckt Silben). Noch viel mehr! Unablässig! Und das hat früh begonnen. Das hat begonnen, glaub ich schon in dem Moment, in dem ich auf Zuspruch meines Klassenlehrers in der 4. Volksschulklasse, äh, aufs Gymnasium durfte. Das hätten meine Eltern nie gemacht und nie erlaubt und nie gedurft. Nur er war der Meinung, ich sollte es. Und er hat auch ganz komisch, er hat irgendwo gespürt auch, ich wollte raus. Und das ist mein Leben lang auch so geblieben (lacht, mh). Ich wollte ja irgendwie raus. Aber ich wollte auch aus der Enge raus. Und ich wollte auch aus der, ich will nicht sagen aus der Familie, ich hab mich da schon wohlgefühlt, aber ich weiß nicht, ob sie mir s eingeredet hat, ich müsste raus, aber ich glaube nicht. Ich glaube eher, ich wollte raus. Und hinterher die Angst, dass mein Vater irgendwie frühzeitig fällt und sie gar keine Erinnerung mehr an ihn hat, sollte ich wohl so Bindeglied zwischen meinem Vater und meiner Mutter werden. (Ist das so mehr Ihre Ahnung oder hat sie das auch mal so (mh) das hat sie gesagt, hat sie das gesagt?). (Mh) das sollte dann die Erinnerung an meinen Vater gewesen sein, wenn er und das (lacht), also das war wie das Typische natürlich. Mein Vater kam Weihnachten XX, ich bin dann im September XX geboren und es geht dann mit meinem Bruder, war das auch. Es sind immer die Weihnachtsurlaube und neun Monate später waren einmal ich und einmal mein Bruder. Wobei ich – also da kommen wir sicher auch noch mal drauf – überhaupt nicht und überhaupt nicht verstehen kann, wie man 44 dann noch ein Kind hat in die Welt setzen können.«

P 7: KK_07.rtf – 7:27 [Was hat Sie, was hat den Anstoß] (101:103)
»(Was hat Sie, was hat den Anstoß dafür gegeben?) Also, das hört sich so komisch moralisierend an, aber ich glaub schon dieses, diese, also ich fühl mich immer schuldig. Was meine Kinder überhaupt nicht verstehen, mein Mann auch nicht. Ich hab ein, immerzu ein Gefühl von, also nicht diese Kollektivschuld, aber irgendwie, ich bin nicht frei davon. Ich hab irgendwas abzutragen.«

Empirische Regelmäßigkeiten
- ► Kriegskinder tragen die Vorstellung in sich, funktionalisiert worden zu sein: »Ich sollte das Bindeglied zwischen meinem Vater und meiner Mutter werden.«
- ► Das Selbstbild ist häufig von der Vorstellung geprägt, von den Eltern nicht ausreichend libidinös besetzt worden zu sein, sondern als Selbstzweck in

oinn des wahens / überlebens

Verehrung für den Führer gezeugt worden zu sein: »Ich bin für den Führer gezeugt.«

➤ Kriegskinder verharren in dem Unverständnis über die Gräuel, die ihre Eltern angerichtet haben: »Und dann hab ich da: Was hat mein Vater da gemacht? Was haben die da eigentlich getan? Die SA? Wie, wie, wie, wieso? Warum?«

Gefühle, die sich auf das Selbsterleben in der Kindheit beziehen

P 7: KK_07.rtf – 7:40 [Das sind wirklich tief greifende] (144:144)
»Das sind wirklich tief greifende Schuldgefühle, mit denen ich nicht fertig wurde, die verdräng ich wiederum selber.«

P 4: KK_04.rtf – 4:58 [Und in Bezug auf Ihr ganz] (109:117)
»(Und in Bezug auf Ihr ganz persönliches Leben? Was war da so der stärkste kriegsbedingte Einfluss?) Die Verunsicherung (mh). Eine ganz große Unsicherheit im Leben. Weil das Feste war nicht mehr fest. Ja? Mauern stürzten ein! Und dieses, dieses, äh auch, auch Angst, große Lebensangst auch. So, wann kommt so was mal wieder oder wer muss das noch erleben? Ja? (Mh) daraus ist also auch viel Positives erwachsen. Eine, eine. Ja. Ja. Also eine große? Aber, aber so, immer wieder dieses? Oder, wenn ich in so Städten bin, dieses Doppelgesicht, das Städte haben. So, auch München jetzt. Das schöne München. Gott sei Dank schöne, XXX ist hässlich. Ja? XXX oder XXX ist hässlich. Aber ich hab Mitleid mit diesen Städten, weil ich weiß, was passiert ist (mh). Ja? Ja? Also da hab ich so ganz viel sensibles Empfinden auch behalten, ja? (Ja) und bei mir selber und, und für mich ist eigentlich dann wunderbar, äh, äh, dass ich mit eben mit meinem Mann zusammen lebe, der in derselben Stadt, er ist jetzt zwei Jahre älter als ich, in derselben Stadt aufgewachsen ist, noch ein paar konkretere Erlebnisse an Krieg hatte, zum Beispiel auch, auch so Trümmer beiseite räumen und so was. So was weiß ich nicht mehr. Mein Mann weiß so was noch. Und äh, dass der eben so, nicht so für sich das Gefühl hat, dass da so Verletzungen irgendwie sind. Ja? Und mit dem kann auch da gut reden, wenn ich das Bedürfnis mal wieder habe. Und das ist für mich was ganz wertvolles auch. Äh, also mich hat er irgendwie ängstlich gemacht, könnte es nochmal wieder so etwas geben nach 45. Dann war ja auch nachher die, die Zeit des kalten Krieges und hab ich mir gedacht, so kam mal wieder Krieg, also

wie soll das noch werden. Und wissen Sie, ich, ich sag Ihnen jetzt was, ich habe nur ein Kind, ich wollte nich noch mehr Kinder, weil ich immer Angst hatte, wie sollst du, wenns nochmal Krieg gibt, mit den Kindern durchs Leben komm, das hat mich?«

P44 KK_44.rtf [Äh, dass es da irgendetwas gibt]
»Äh, dass es da irgendetwas gibt, was äh, Unruhe verursacht, was sehr schlimm war, dass man aus der Heimat vertrieben worden ist, dass die Heimat sehr schön war, ähm, dass man uns was weggenommen hat (mh). Und vor allen Dingen, was ja dann sehr sehr stark, äh, zuta-, zutage trat, war ja die Ungewissheit meiner Mutter über meinen Vater. Sie hat viel geweint und äh, ich hab des dann als Kind, wie man des eben so macht, versucht zu trösten und des hat mir als, mei eigentlich meistens, äh, irgendwo n Stich gegeben, obwohl man s gar nicht wusst. Was, was heißt das eigentlich, ne? Ich mein, wir ham auch zusammen gebetet, ich will ihr heute keinen Vorwurf machen. Aber es war halt, sie hat halt sehr, sehr stark ihre Gefühle damals an die Kinder übertragen, sie hatte ja auch sonst niemanden, ne und äh.«

Empirische Regelmäßigkeiten
- ➤ Kriegskinder sprechen häufig von einem tief sitzenden elementaren Gefühl der Unsicherheit, das sie über ihr ganzes Leben in sich getragen hätten.
- ➤ Kriegskinder sprechen in unterschiedlichen Zusammenhängen von ihrem ambivalenten Beziehungserleben ihren Eltern gegenüber: »Ich trage eine unfertige Geschichte mit meinen Eltern mit mir herum.« »Es gibt vieles, was mir bis heute zu schaffen macht!«
- ➤ Die Kriegskindheit ist mitunter auch positiv konnotiert: »Aus diesen Erfahrungen ist auch viel Positives erwachsen.«
- ➤ Kriegskinder sprechen häufig von unterschiedlichen Ängsten, so zum Beispiel der Angst davor, nahestehende Personen zu verlieren oder der Angst vor dem Leben: »Kommt so was mal wieder?«
- ➤ Kriegskinder äußern Ängste davor, Kinder in die Welt zu setzen: »Ich habe nur ein Kind, ich wollte nicht noch mehr Kinder, weil ich immer Angst hatte, wie sollst du, wenns nochmal Krieg gibt, mit den Kindern durchs Leben kommn.«

- ► Der kriegsbedingte Einfluss war eine große Verunsicherung und zog eine große Lebensangst nach sich.
- ► Kriegskinder sprechen häufig von dem Gefühl der lebensbegleitenden sozialen Angst, unter dem sie leiden.
- ► Kriegskinder sprechen von ihrem leidvollen Erleben von Schamgefühlen, die ihren Beginn in der Nachkriegszeit hätten.
- ► Kriegskinder berichten von Hassgefühlen, die sie gegenüber ihren Müttern hegten, da diese ausgeprägte Dankbarkeitserwartungen wegen ihrer Leistungen und Opfer an ihre Kinder herangetragen hätten.
- ► Kriegskinder sprechen von vielfältigen Schuldgefühlen: »Ich fühl mich immer schuldig!«
- ► Kriegskinder sprechen davon, welche positiven Gefühle damit verbunden seien, in ihrem Partner einen »Vertrauten« gefunden zu haben: »Über diese Erlebnisse mit meinem Mann sprechen zu können, ist etwas ganz Wertvolles.«

Vergleichsdimension »NS-Themen/Holocaust«: »Gesprochen, erzählt hat er nie etwas darüber!«

Bei der themenspezifischen Querschnittanalyse in der Vergleichsdimension 4 »NS-Themen/Holocaust« wurden wegen der Komplexität des Materials zunächst keine Subkategorien herausgearbeitet, um nicht Gefahr zu laufen, dass die Vielschichtigkeit des Materials in der Darstellung verloren geht. Deshalb wurde die Vorgehensweise so gewählt, dass zunächst die Vielfalt der inhaltlichen Aspekte des Materials im Folgenden durch eine breite Auswahl unterschiedlicher Aspekte der Hauptkategorie *Kindheitserinnerungen an NS-Themen und an den Holocaust: »Die Juden gingen weg von Deutschland, dass erinner ich noch!«* dargestellt ist:

P30: KK_30.rtf – 40:39 [Äh. Der Grundgedanke]
»Äh, der Grundgedanke *(weshalb er an der Studie teilnimmt)*, dass ich also kein Kind war, das besonders gelitten hat (mh) unter dem Krieg (mh) und auch nicht unter der NS-Zeit (mh), sondern sozusagen ein normales, weit weg von der Stadt aufgewachsenes (mh) Kind (mh). Und ich hab gemeint, des wär vielleicht auch

interessant für die, die Untersuchung machen, diese normale Seite auch kennen zu lernen. Ich erinnere mich an einen Umzug, 1. Mai, es müsste 1939 gewesen sein (mh) oder 38, also als ich vier oder fünf Jahre alt war, wo ich mächtig beeindruckt war und der Nachbaropa mich dann in die Versammlung mitnahm mit großer Hakenkreuzfahne. Man hat geträumt, wenn man ein Soldat wäre, wie tapfer man wäre (mh), als Kind zum Beispiel (mh). Man hat äh, jede Uniform hat, ja also des konnt ich nachvollziehen, wie s beabsichtigt war von der andren Seite (lacht), (mh), das hat gewirkt (mh), nicht!«

P40: KK_40.rtf – 40:39 [Eine Erinnerung für mich speziell war]
»Eine Erinnerung für mich speziell war, dass ich, ich war ungefähr fünf Jahre alt und äh, schlief im Schlafzimmer von meinen Eltern, mein Vater war im Krieg und ich war im Bett meines Vaters. Ich hab glaub ich schon immer Vaters Stelle vertreten, also und äh, ich wurde nachts wach, weil die Tür aufging und da war mein Großvater war da und zwei Herren in grauen Mänteln mit Hut und die redeten mit meim Großvater. Und dann bin ich wieder eingeschlafen. Und als ich wach wurde, saß meine Mutter am Bett und hat bitter geweint, der Vati is gefallen (im Hintergrund Flugzeuggeräusche). Dann hab ich später, bevor wir fliehen mussten, hab ich, äh, gehört, wie mein Großvater am Fenster stand und zu meiner Mutter sagte, des is Morgenrot, das bedeutet nichts Gutes. Und es bedeutet dann später nichts Gutes, wenn wir nach Bayern müssen. Persönliche Erinnerungen sind, ähm, ganz eigenartig, erst immer dieses Lied »Ich hatt einen Kameraden«, wenn das kam oder was, dann musst ich immer weinen. Äh, die von meiner Mutter, äh, die Erzählung, dass mein Vater verwundet war und eigentlich nicht mehr in Krieg hätt müssen, aber sich später fürn XXX-Feldzug gemeldet hat und dann noch diese Geschichte, der Führer wirds schon schaffen. Ich hab noch n Brief an seine Mutter zum Geburtstag, der Führer wirds schaffen. Ja, äh, ich erinnere mich zum Beispiel, wie wir in XXX waren noch und ich war bei dieser Jungschar und man ist durch die Stadt marschiert mit den Wimpeln und »SA marschiert«, dieses Lied gesungen und wie dann damals Leute gelacht haben, des weiß ich wirklich noch, so hinter vorgehaltener Hand. Wissen Sie, weil wie ich da dabei war, des war ja bestimmt erst 44, also kurz vor Ende, da ham die Leute doch gelacht! Und ich erinnere mich und warum ham die gelacht?

Ja, weil sie, die wern sich gedacht ham, was was schrei-, singen die noch so Lieder, wo alles verloren ist«

P21: KK_21.rtf

»Eigentlich nicht. Bei uns im Ort gabs keine Juden. Also unser Dorf hat hat keine Juden gehabt, da hat man niemanden gesehen mit Davidstern oder so. Also mh, es war eigentlich kein Thema bei uns. Und bei uns in der Schule eigentlich auch nicht. Ich kann mich bloß erinnern, am ersten Schultag hat die Lehrerin gewollt, dass, dass ein Kind des Hakenkreuz an die Tafel malt und der konnte des nicht. Und da hab ich mir gedacht, der muss ja wirklich voll doof sein. Da hab ich mich gemeldet und hab gesagt: »Ich kanns! Und habs hinausgezeichnet.«

P17: KK_17.rtf [Ich weiß noch, wir hatten,]

»Ich weiß noch, wir hatten, wir hatten ein, ein Bild da hängen und da des, es war so, so n kleines Hitlerbild (mh) und da stand eben tatsächlich drunter, 1.3.33. Des vergess ich nie.«

P19:KK_19.rtf [Na ja aber, mir ham hoid]

»Na ja, aber, mir ham hoid nur unseren Zusammenkunft ghabt. Unseren Appell da oder wie des da gehoaßn hat, net (mh). Und wenn der Hitler hoid nach München kumma is, hama aufmarschieren miasn, net (mh). Die XXXstraße nauf. Und naja, aber sonst eigentlich direkt selber net. Nazisachen kannt i mi net erinnern. (Mh, mh.) Ja, der hat ja a lauter Schmarrn gemacht, net. (Mh, mh.) Hat koa Mensch mehr ändern kenna (mh). Die ganze Welt hats net ändern kenna (mh). Des is des. Und drum hab i auch überhaupt kein Interesse an dem Ganzen.«

P12:KK_17.rtf [Von meiner Mutter weiß]

»Von meiner Mutter weiß ich da eigentlich überhaupt keine Stellungnahme (mh). Also ich bin ja da in die Schule gekommen und meine Mutter hat also, mich ständig, äh, zum Briefeschreiben hergenommen; ich musst dann immer ein bestimmten Abschnitt in ihren Feldpostbriefen füllen, mein Vater hat die alle aufgehoben und wieder mitgebracht. Und dann hab ich halt so reingeschrieben (Knall) was ich jetzt grad gelernt hab und was i sonst noch kann und hab auch

Fragen gestellt (mh). Einmal hab ich zu meiner Mutter gesagt, also wenn ich in Russland wäre, würd ich überall hinschaun. Mein Vater hat nämlich mir zu wenig mitgeteilt. Aber dem is es eben vergangen. (»Wollten mehr erfahren?«) Ja, ich wollt mehr wissen über diese Russlandverhältnisse (mh). Und dann, äh, die Brüder meiner Mutter sind ja auch zu uns auf Besuch gekommen und die warn ja alle in Uniform. Und des muss ma einem Kind ja auch erst erklären, was das los ist.«

P21: K 21.rtf [Wenn die nich bald aufhören]
»Wenn die nich bald aufhören, dann erschieß ich jemanden! Ich, ich kanns nicht mehr hören. Wir, unsere Generation kann ja gar nichts dafür. Und dann wird man, da wird ma immer wieder mit der Nase drauf gestossen und ich, ich, ich mags nicht. Ich kann auch keine Kriegsfilme oder Dokumentationen oder so was, ich kanns nicht sehn.«

P38: KK_38.rtf [Da war, wia des Attentat auf Hitler war.]
»Da war, wia des Attentat auf Hitler war. Des habns auch da druntn, äh, gsagt usw., des hat ma dann mitkriegt und äh, dann warens natürlich sehr vorsichtig, die Leute, äh, also weder große Zustimmung, manche habens bedauert usw. Aber es war, ma war damals, hab ich des Gefühl, nachträglich des Gefühl, ma war so in des Ganze eingebunden, von der ganzen Propaganda. Und wos des damals gheißen hat, dass ma, dass ma bloß no an Sieg, Sieg, an den Endsieg usw. geglaubt hat. Aber, dass des, ob des viele dann gwusst habn, dass des eigentlich gar nix mehr, äh, dass des gar nix mehr bringen kann usw. Was war dann das, mh, Begeisternde? Sie waren jung! Des von der NS-Zeit, ja! Äh, ich könnt mir vorstellen, also, so wie ich s noch im Kopf hab, des war die Marschmusik. Dann des, des Aufmarschieren, des Tamtam und die die Uniformen und des. Wobei, ja, die äh, des von Hitler, des ist ja a nachgmacht gwen. Des habn früher die Pfadfinder schon ghabt. Also des war ja bloß, äh, a nachgmacht. Während mir uns nachher später nachsagen lassen mussten: »Was wuissten du, wennst mit der Pfadfinderuniform rumrennst, was wuissten du Nazi-Bua« usw. habns gsagt, die Leut. (Aber waren Sie auch Pfadfinder?) I war bei den Pfadfindern. Ja i war zerst, dann drei Jahre bei den Ministranten und dann war ich, äh, so die ganze Zeit, also bis i gheirat hab, war i dann bei den Pfadfinder, bis XX, also und *(Einwurfversuch von*

Interviewer). Des hat scho, hat scho begeistert usw., was damals wahrscheinlich gmacht wordn, aber i war net bei der HJ! Also des, Gott sei Dank, dass i des net miterleben musste, wenn man des so mitkriegt, auch, äh, auch in den Filmen, also wie dann no geopfert worden sind, also des is ja schlimm gwesn. Des war scho tragisch. Aber des, kann man scho vorstellen, die Marschmusik und dann von Sieg! Und dann, am, am Anfang warens ja Siege, was begeistert hat! Des hat doch, des hat doch, wir san a mal wer! So ungefähr ist des doch rausgekommen! So wie wir sich sehen. Des war des Schlimme.«

P48: KK_48.rtf – 48:37 [und bei uns ganz in der Nähe] (93:93)
»Und bei uns ganz in der Nähe war so n, so n Hitlerjugendheim, auf der großen Wiese so n Hitlerjugendheim und (Schweigen), also ich g-, mh, ich weiß nicht, ob das nachher war oder jetzt, oder ich war da, äh, ich war da, äh, ich war auch vor 10 Jahren etwa wieder da, als ich da in die Gegend dieses Heimes kam, hab ich wieder Angst gekriegt. Also es war einfach was Aufregendes und diese Aufmärsche und dieses Marschieren und diese Uniformen, also eben, ich hab das nie gemocht. Also ich hab, äh, vielleicht hab ich das auch angenommen von meiner Familie, also ich, ähm, ich hab mich eher zurückgezogen, aber wenn die, wenn die, Kumpel heißt des, glaub ich, wenn die Bergleute marschierten, also das war einfach was andres, obwohl die dunkle Uniformen hatten. Aber äh, des war was andres, wenn sie durch die Stadt gingen. Aber wenn die da marschierten, das war grässlich. Wenn die Fahnen wehten, die musste man dann ja aus m Fenster hängen.«

P9 KK_09.rtf [Also erwachsene Menschen]
»Also erwachsene Menschen, äh, wie die eben ihr Zeug zusammenpackten, weil er Jude war. Also die, die gingen weg von Deutschland, das erinner ich noch! Da hieß es ja, Onkel L. und Tante Soundso, äh, die, die, die, die gehen ins Ausland jetzt. Und da wusste ich ja, die gehen ins Ausland, weil er Jude ist.«

P17 KK_17.rtf [Na. Es ham alle, die wo i so woaß]
»Na, es ham alle, die wo i so woaß, die normalen Leit, ham des net gwusst (mh), *(Nein, es haben alle, die ich so kenne, die normalen Leute, haben das nicht gewusst)* (mh). Aber, ma hat scho mal gehört KZ (mh). Aber es heißt ja Konzentrationslager

(mh). Das die da hi kumma san, um sich zu konzentrieren irgendwie. Aber das die da gleich alle vergast worn san, das hat hat der normale Mensch gar net gwusst.«

P18 KK_18.rtf [Meine Mutter hat dann auch noch erzählt,]
»Meine Mutter hat dann auch noch erzählt, dass einmal diese Frau XXX unterm Krieg zu ihr in Laden gekommen ist und sich offensichtlich verabschieden wollte, weils ich glaub nach XXX noch fliehen konnten und meine Mutter hat aber immer gesagt, sie hat sich gar nicht richtig verabschieden können oder eigentlich gar nicht, denn sie war grad so mit Kundschaften beschäftigt. Ich glaub aber ziemlich sicher, dass sie das gar nicht wollte. Ja. Ja. Ja. Äh, vieles, das mir heute erst auch so zum Bewusstsein kommt, zum Beispiel eine Verwandte meiner Mutter kam zu uns, die hat sehr gestottert und plötzlich hieß es: »Ja, des X muss immer geschockt werden, damit sie nicht so stottert.« Aber wenn sie von diesen Schocks, Elektroschocks natürlich zurückkam, hat sie immer noch mehr gestottert als vorher. Das ist mir als Kind schon aufgefallen. Und plötzlich hieß es, das X musste man sterilisieren, weil sie ja stottert. Ich wusste nicht, was das heißt, aber dass es was Schlimmes ist, hab ich schon als Kind! Später war mir das dann schon klar, aber viel viel später eigentlich, während meines Studiums.«

P12: KK_12.rtf – 12:38 [Was hat sie gesagt?] (87:91)
»(Was hat sie gesagt?) Mein Onkel hat einen politischen Witz gemacht, der in XXX gewohnt hat, und er wurde angezeigt und dann hat ihn die Gestapo abgeholt. Und die Tante hatte so große Angst, dass sie niemand sagen wollten, wo er ist und wo sie hinfährt jetzt. Es war natürlich anders mit dem Fahrrad von XXX nach München (hm) und sie hatte ein kleines Geschäft gehabt und da hat sie, sie, sie in der Umgebung so laut gemacht: »Ich muss äh, die Lebensmittelmarken da, des muss ich abliefern und abrechnen« (unverständliches Wort) fuhr sie zu meinem Vater hin und hat erzählt, dass der Onkel abgeholt ist. Dann ist mein Vater in die Gestapo reingefahren, ist auch nicht mehr gekommen, drei Tage (mh). Aber als er kam und der Onkel warns beide schlohweiß (mh). Schlohweiße Haare (mh). Er hat nicht darüber gesprochen (mh), auch später nicht.«

P3 KK 3.rtf [Ich hab die Zeit]
»Ich hab die Zeit, so wie ich s nach dem Krieg erzählt bekommen hab, verachtet und verurteilt. Und ich wollte nichts damit zu tun haben.«

P13 KK_13.rtf [Ah, also ich weiß]
»Ah, also ich weiß, dass meine Eltern, äh, sich sehr davon distanziert ham.«

P29 KK_29.rtf [Des woaß i nimma.]
»Des woaß i nimma. Aber, aber des nix, nix Gutes. Also (Schweigen) sie warn jedenfalls koane Nazi. (Mh, mh.) Auf keinen Fall (mh) ne. (Kannten Sie Nazis, damals?) Ja, hoid die, die Jungbandführer und des und die hoid, net (mh). Aber direkt. (Schweigen) Dass die Repressalien nach, nach dem Versailler Vertrag, äh, einfach viel zu groß warn für ein Volk, selbst wenn es, mein, schuldig allein ist ja sowieso meist keiner, wie bei einem Streit, sind ja auch meistens zwei schuld (mh). Also das einer allein Schuld an nem Krieg ist, des gibts ja sowieso ned und äh, er hat des natürlich absolut nicht ge-, nicht, äh, akzeptiert oder, oder nicht, äh, als gerechtfertigt gesehen (mh). Und äh, dass man Menschen umbringt, nur weil sie irgendeiner besti-, einer bestimmten Religion angehören, des war also sicher bei beiden Eltern nicht, äh, in Ordnung; ich weiß, dass mein Vater mindesten zwei oder drei Bekannte auch Dachau rausgeholt hat.«

P4 KK_4.rtf [Mein Vater ist politisch im Nichts gestanden]
»Mein Vater ist politisch im Nichts gestanden. Der hat an diese Idee geglaubt. Ja? Und der war auch, mein Vater war auch, da hab ich auch gelernt, was Fanatismus ist. Mein Vater war auch fanatisch. Alle Schuld kam von den Nazis. Wer aber war Nazi? Niemand! Es gab nur so ein paar Dämliche, unter anderem mein Vater, die das auch noch gesagt haben, dass sie das waren.«

P8 KK_08.rtf [Mein Onkel ist dann ermordet]
»Mein Onkel ist dann ermordet worden im KZ. Und dann hieß es plötzlich der Onkel ist tot, mein Onkel war homosexuell.«

P15 KK_15.rtf [Und ähm dieser Verwalter]
»Und ähm, dieser Verwalter, das war ein Herrenmensch (mh). Das war der klassische Herrenmensch. Ja! Bärenstark! Ungeheuer willensstark! Und dieser Sohn, in dessen Familie ich lebte, war das genaue Gegenteil. Der war ein bisschen schwächlich. Ähm, meine Mutter hat den nie geliebt. Ja! (Mh.) Immer ein bisschen verachtet! Ja! Ähm.«

P26 KK_26.rtf [Jedenfalls sind sie frühe Parteimitglieder]
»Jedenfalls sind sie frühe Parteimitglieder gewesen, sind aber nicht aktiv in dem Sinne gewesen, dass die irgendwelche äh Karrieren da anstrebten, sondern er war halt Mitglied und ich weiß, dass er auf dem Ersten Nürnberger Parteitag nach der Machtergreifung war und des weiß ich also von meiner Mutter, ihn hab ich darüber nie befragt und das er mit höchster Begeisterung von diesem neuen *völkischen Gefühl* geschwärmt hat.«

S42KK_S42.rtf [Gesprochen, erzählt hat er nie]
»Gesprochen, erzählt hat er nie etwas darüber. Aber so diese, dieser, äh, furchtbare Spruch von, na ja, wir könnten jetzt nur einen kleinen Hitler, nur einen kleinen Hitler, weil den ich öfter höre. Auch bei Leuten aus m Arbeitermileu, den könnten, es müsste ein kleiner Hitler her. Also in dieses Schema würde er passen. Auch meine Mutter (mh). Hitler war unumstößlich, auch nach dem Krieg, der Größte und der Beste für meinen Vater.«

P18 KK_18.rtf [Bleiben wir nochmal in XXX.]
»(Bleiben wir nochmal in XXX. Äh. Gab es, gibt es irgendwelche persönlichen Erinnerungen, so an diese ganzen politischen Dinge, die da meist abgelaufen sind?) Ja, also ich kann mich erinnern, da war mein Vater scheinbar mal im Urlaub da, oder vielleicht war es auch bevor der Krieg ausgebrochen ist, da ist durch die XXXstraße so eine Militärparade gewesen. Und da seh ich mich noch am Fenster, also ich glaub, meine Eltern waren sehr begeistert und ganz stolz und äh, waren Fahnen draußen, also so Hakenkreuzfahnen, also wir haben selber auch eine gehabt und die ist dort ausgehängt worden. Also des, des weiß ich noch ganz genau. Und unten waren halt, ich kann mich nur an Soldaten

erinnern, wie die da marschiert sind (mh). Das war durch dies, von der XXX-straße her durch die XXXstraße. (Mh. Ja. Mh.)«

P52: KK_52.rtf [Ih ja das hat ich nur eben äh]
»Ih ja, das hat ich nur eben, äh und dann über meine Mutter dann auch, wenn sie mal was, erzählte ja nich viel, aber wenn das Gespräch darauf kam, dass sie eben zur Olympiade ge-, äh, fahren warn, nach Berlin und das dann irgendwo da, äh, auf der, dem Weg auch der Hitler, äh, da vorbeikam, nich! Und da ham sie sich also wohl so gebärdet (lacht), wie heute die, die Jugendlichen vor den Stars.«

P52: KK_52.rtf [Ja ganz euphorisch]
»Ja ganz euphorisch und es war eben ganz toll, dass sie den Führer mal sehen konnten, so dicht eben wie er vorbeigefahren is und so ja. Tja. (Lacht. Mh.) Also es is, is, äh, gut aus der Zeit heraus dann zu verstehn, vielleicht hätten wir ja genauso gehandelt.«

P22: KK_22.rtf [Weil mein Vater kannte]
»Weil mein Vater kannte den Mann, der glaub ich sogar, der is als junger Bursche mal ausgewandert. Und da, in dem Moment, aber der Kriegsende war ja auch Tage vorher, hab ich ja die KZ-Häftlinge erlebt (Schweigen). Des war furchtbar (weinerliche Stimme, Schweigen). Ich bin mit meinem Vater aus XXX gekommen, wir sind nach Hause gefahren, auf einmal treffen wir auf eine KZ-Häftlingskolonne, das ham die ja damals überall gemacht. Die wussten nich wohin. Die Amerikaner standen vor der Tür und dann da sind die mit den Leuten, äh, aus den Lagern einfach raus. Und des war ja Buchenwald, des war ja nich weit von, och was heißt nich weit. Als wir die getroffen ham, da sind ja schon ich glaub 20 Kilometer zu Fuß gelaufen. Also es war eine grauenvolle Begegnung und, und mein Vater hat gesagt »Schau nur gradaus, nich rechts, nich links, Mund halten! Das du ja nix redst.« Na ja, als wir vorbei waren, also wir ham gesehen, wie sie die nicht mehr richtig konnten, wie sie sie niedergeschlagen haben, wie wir vorbei waren, ham wir Schüsse gehört und dann sind wir nach Hause gefahren und wie wir zurückkamen, kamen die uns wieder entgegen; dann ham die, die irgendwo hingetrieben, dann wieder zurück (Schweigen). Des vergißt des vergißt man nicht

(mh), (Schweigen). Und die haben dann die diese erschlagen oder erschossen ham, irgendwo im Straßengraben da in dem Feld, oder im, irgendwo bloß eingebuddelt. Und ham wir dann hinterher eben erfahren, die, als die Amerikaner dann da waren, paar Tage später, dass die, die Männer, die noch da warn, äh, eben aus den Häusern geholt ham; die mussten dann da rauf und mussten die, die Toten ausgraben und wurden dann weg und ordentlich beerdigt und da weiß ich noch hat mal mein Vater gesacht: »Ich hab keinen umgebracht, ich buddel auch keinen aus.« Na hatte der sich versteckt (Schweigen). Und die wohnten in XXX und die ham und die ja die, die Freundin kannt se aus XXX, die is auch dann irgendwie mit diesem Mann, äh, den hab i au kenngelernt noch, äh nach XXX gekommen. Ham in XXX gewohnt und denen gings recht gut (Schweigen). Und die hat eines Tages erzählt, die war, die is zsammgebrochen, ja die hat n Ner-, Nervenzusammenbruch gekriegt. Und dann hat die erzählt, dass sie, ähm, vor dem, von irgendwelchen Nazis aufs Gesundheitsamt beordert wurde und der ham se die Gebärmutter rausgeholt und die Eierstöcke, dass sie keinen Nachwuchs kriegt, weil sie doch mit m Juden gschlafen hat. Und des war natürlich der Anlass, dass, äh, ja, dass die Symphatie in der Familie pro-jüdisch war, ja! Also dass, wie gesagt dass, so, des war so n lieber Kerle und des hätt se nich verdient und wieso, wie kann ma so was machen, ne? Und des wurde in der XXX-Klinik um die Ecke noch gemacht und der Chef von der XXX-Klinik hat ja glaub ich bis, bis XX noch, äh, praktiziert, das hat keinen keinen gejuckt. Des sind auch Sachen, wo ich vor allem, was, was ma jetzt hört, dass nach 60 Jahren überall so Stimmen auftauchen, der war da, der war da und der hat des gmacht, das ma des nich schon, äh, in der Zeit vorher mal aufgearbeitet hatte, ne andere Sache. Also in, so, ja aber des gehört auch dazu, darüber hat mein, mein Vater und meine Mutter auch *(unverständliches Wort)*, die solle jetzt, wenn, wenn immer so was in der Zeitung stand, dann ham sie, äh, gsagt, also dann solln sie jetzt die die Klappe halten, jetzt ja! Weil die sind jetzt alle 80 und 90, so alt wie oder älter als mein Vater, der hat ja auch kaum mehr Freunde, ne. Die, die leben und äh, da solln sie doch die alten Männer jetzt äh nicht mehr vorn Kadi zerren, die des, die wissen doch des auch gar nimma und außerdem fehln die Zeugen. Ja, also, des hätte man früher machen müssen, so, solang se noch rüstig waren und vernehmungsfähig. Und äh, *(unverständliches Wort)* des und da kann ich mich eigentlich der Meinung anschließen, weil da muss ma jetzt nimma rumst *(unverständliches*

Wort), aber das ma die, die, die 50 Jahre davor nicht gemacht hat, da geb ich unserer Gesellschaft eine riesen Schuld und da gings hauptsächlich um die Ju-, Juristen und die Mediziner. Die überall in KZs ihre, ihre, ihre, ihre Sauereien gemacht haben und die und die, äh und die Juristen, die des Recht verdreht und verfolgt haben, wie s brauchten, ne und die dann alle in, in, äh, in, in Rang und Namen noch befördert wurden und in, in, ihrem Job blieben und Politiker wurden und oder Kliniken geleitet haben, das is grausam, das is echt schlimm! Insofern brauch ma auch nich mehr nach, nach drüben gucken, was die SED *(unverständliches Wort)* Seilschaften so machen, oder heute noch machen, die, die, des geht doch genauso weiter, wie wir s nicht geschafft haben im Westen mit unserer Vergangenheit aufzuräumen!«

P24: KK_24.rtf – 24:47 [Was wurde über den Holocaust] (113:115)
»(Was wurde über den Holocaust gesprochen?) Mei, des Wort! Er hat gesagt: »Ah, ja, mer hat scho gewusst, dass es KZs gab, aber dass die dort die Juden vergast ham oder dass da Juden umgebracht worden sind!« Ah, ja die XXX meine Freundin, mit der hab ich mich erst getroffen, die sagte, in XXX wär kein einziger Jude abtransportiert worden. Das weiß ich nicht mehr. Also sie sagt, ihr Vater, der *(unverständlich)* XXXmeister, der war auch sehr sozial, der, der hätte des verhindert (tiefer Seufzer). Da kann ich nur wieder diese Begegnung, als die Amerikaner so fies waren, hieß es ja, was, was die mit uns jetzt anstellen, lassen uns da an den toten Juden vorbeigehen. Dass die Juden für deutsche Einstellungen getötet worden sind, oder so was, so was war überhaupt nie! Ich hab einen Juden mal gesehen, wir waren da eben evakuiert und des war ein Bauernhof, eine Mühle und da gabs ein kleines Fenster, das man neben der Haustüre aufgemacht hat und da hab ich einen Juden gesehen und das vergess ich aber auch nie, der hatte ne Sträflingskleidung an, also so was Gestreiftes, grau und schwarz, und ein gaaaanz ein furchtbares Gesicht und und hat gebettelt. Also schon auch aus diesem Ding heraus. Aber dieses Lager XXX, des so nahe bei XXX ist, wirklich drei Kilo-, Kilometer Entfernung, ich hatte da ne dann da draußen später, also ich ich kannte diese Gegend ganz gut und diese Leute vom Lager haben auch schon gearbeitet. Aber da hieß es immer nur, das ist ein Arbeitslager. Aber des stimmt alles nicht und ich hab s aber erst viel später, da hat meine Mutti glaub ich gar nimmer gelebt, dass das, das mit

XXX. Ein Gymnasiallehrer in XXX hat erst vor ein paar Jahren des wirklich aufgearbeitet, dass diese Leute aus dem Lager XXX, das hab ich heuer in XXX. Ich wohne ja jetzt in XXX draußen, da hatte eine Frau am Bahnhof in XXX eine Gedenkstunde gemacht und da bin ich hin, weil mir des alles immer sehr wichtig ist und ich geh da ja schon hin, ich will des schon wissen, öh, wegen diesem Zug, der, äh, Sträflinge, die auf diesem Todesmarsch waren und da fiel das Wort »aus dem Lager XXX«. Ich hab gedacht, mich trifft der Schlag. Ich hab immer gedacht, ja Arbeitslager bis jetzt! Stellen Sie sich das vor, wobei ich schon ne bewusste Frau bin und mir die Zeit wichtig war. Dass das Leute auch aus XXX waren, die hat man da in den Zug in XXX und dann ham die, die XXX oder die XXX und auch XXX den Zug nicht angenommen, der war ver- rammelt, dann ist dieser, war dieser Todesmarsch erst schon nach XXX und dann wurde dieser Zug hin- und hergeschoben, äh und in, da war die XXX auf dem Schloss und die konnte des auch vermeiden irgendwie, aber irgendjemand hatte dann gesagt, dass die Fr-, die Leute doch herausgekommen sind. Das hat mir dann eine alte Bekannte, hat an dieser Veranstaltung gesprochen, des is die XXX, die hat sonst politisch noch nie was gesagt und dann hat sie gesagt – sie war also auch noch sehr jung, die is aber etwas älter als ich – und sie weiß, dass man die Leute aus dem Zug rausgelassen ham und die ham gebrüllt wie wie die Tiere und sie habens unten im Dorf schreien gehört wie Tiere. Dann hat man denen was zu essen gegeben und es wär also lautes Gebrüll gewesen und, und dann ist dieser Zug aber wieder irgendwo weitergefahren und dann kam er bald. Also dieses, dieses Dachau! So lange dauert es und darum ist es so wichtig die Arbeit, die Sie machen, bis es bei mir, obwohl ich mich informie- re, heuer erst angekommen ist, dass des Sträflinge von, also aus, dass es über- haupt heißt, Außenlager Dachau. Weil Dachau war schon gefährlich, das wusste man wohl. Da, da, da ist s schon härter. Aber ist ja nur ein Arbeitslager und des san halt da arbeitscheue arbeitscheues Gsindel.«

Empirische Regelmäßigkeiten
NS-Themen
➤ Kriegskinder erinnern ihre Größenfantasien als »tapfere Helden« im Zusam- menhang mit einem unbeschwerten »normalen Leben«.

133

- Kriegskinder erinnern mit Stolz, wie gut sie das Hakenkreuz in der Schule auf die Tafel zeichnen konnten.

- Kriegskinder berichten von ihrer Begeisterung für das Marschieren und die Aufmärsche sowie für die Militärparaden, denen sie zusammen mit ihren Eltern begeistert beigewohnt hätten. Gleichzeitig berichten sie von ihren Ängsten, unter denen sie in Jugendlagern oder in »Hitlerjugendheimen« gelitten hätten.

- Kriegskinder erzählen, dass ihre Eltern bei der Olympiade 1936 Hitler wie einen heutigen Popstar verehrt hätten.

- Kriegskinder klagen darüber, ständig von ihren Müttern zum Briefeschreiben (Feldpost) »hergenommen« worden zu sein.

- Kriegskinder berichten davon, dass sie unter der Belastung gelitten hätten, ihre Mütter trösten zu müssen, während der Vater im Krieg gewesen sei.

- Kriegskinder erzählen, dass sie erst viel später in ihrem Leben entdeckt hätten, dass ihre Eltern »verkappte Nazis« gewesen seien. Die NS-Zeit sei »tot geschwiegen« worden.

- Im Zusammenhang mit ihrer Flucht oder Vertreibung in der Kriegskindheit sprechen Kriegskinder von einer inneren Unruhe.

- Die jüngeren Kriegskinder (Jahrgänge 1939–1946) sprechen davon, dass sie aufgrund der Erzählungen über den Krieg und die NS-Zeit, die Kriegszeit »verachtet« hätten, sie distanzieren sich von dieser Zeit und »wollen nichts damit zu tun haben«.

- Kriegskinder sprechen offen darüber, dass ihre Eltern eine nationalsozialistische Gesinnung gehabt hätten, teilweise auch noch nach dem Krieg: »Mein Vater ist politisch im Nichts gestanden. Der hat an diese Idee geglaubt. Ja! Und der war auch, mein Vater war auch, da hab ich auch gelernt, was Fanatismus ist. Mein Vater war auch fanatisch.«

- Kriegskinder erzählen davon, dass sie von ihren Eltern mitunter gehört hätten »ein kleiner Hitler müsse wieder her«. Hitler sei für den Vater auch nach dem Krieg unumstößlich der »Größte und Beste« gewesen.

- Kriegskinder idealisieren ihre Eltern, kennzeichnen sie als Gegner der Nationalsozialisten oder aber verleugnen deren Anhängerschaft.

Holocaust

➤ Immer wieder sprechen Kriegskinder davon, dass ihre Eltern über das Thema »Holocaust« geschwiegen hätten.

➤ Sie selbst erinnern sich, dass sie keine Juden gekannt hätten oder aber sie erinnern sich daran, wie die Juden Deutschland verlassen mussten.

➤ Kriegskinder erinnern, dass es für sie ganz normal gewesen sei, zwischen »Herrenmenschen« und »Untermenschen« zu unterscheiden.

➤ »Wenn die nicht bald aufhören, erschieß ich jemanden!« Kriegskinder äußern im Zusammenhang mit der Holocaustthematik auf eine sehr aggressive Weise, dass sie dieses Thema nicht mehr hören könnten.

➤ Oft wird in den Erzählungen der Kriegskinder, die Doppelstruktur von Wissen und Nichtwissen deutlich. Belastende NS-Themen werden häufig bagatellisiert oder verleugnet.

➤ Kriegskinder erinnern das furchtbare Erlebnis, KZ-Häftlinge gesehen zu haben. Die Eltern hätten sie ermahnt, nicht mehr über dieses Erlebnis zu sprechen.

➤ Kriegskinder äußern mit heftigem Unmut ihr Unverständnis darüber, dass ehemalige Nationalsozialisten in der Bundesrepublik Deutschland weiterhin wichtige öffentliche Positionen bekleideten.

Vergleichsdimension »Kriegserfahrungen/Kriegserinnerungen«:
»Die brennenden Häuser, die sterbenden Menschen!
Ein Kind nimmt des ganz genau wahr, is' bloß wehrlos!«

Durch die themenspezifische Querschnittsanalyse wurden in der Vergleichsdimension 5 folgende Subkategorien herausgearbeitet:

➤ *Kindheitserinnerungen an Bombardierungen und Verwicklungen der Zivilbevölkerung in militärische Handlungen der Alliierten*

➤ *Kindheitserinnerungen an Vergewaltigungen*

➤ *Sinneseindrücke aus der Kindheit im Krieg*

➤ *Kindheitserinnerungen an den Anblick toter Menschen*

Kindheitserinnerungen an Bombardierungen und Verwicklungen der Zivilbevölkerung in militärische Handlungen der Alliierten

P42: KK_42.rtf – 42:98 [Was hat denn Ihr persönliches] (190:192)

»(Was hat denn Ihr persönliches Leben an diesem Kriegs- äh aus dieser Kriegs-, NS-Zeit am meisten geprägt?) (Schweigen.) Ich denke, das war die Geschichte mitten unter die Brandbomben gekommen zu sein und so hilflos, ohne Schutz, Todesangst auszustehen (weinerliche Stimme). Ich zittre immer noch (Schweigen). Es is ein ständiges Zittern und es ist eine chronische Angst zwei Jahre am Stück beginnend mit der Schwangerschaft der Mutter bis hin und XX da war ich dann 23 Monate alt ununterbrochen, das hat mein System kaputt gemacht. Darunter leide ich das ganze Leben lang. Serotoninmangel, ewige Angst, ewiges Zittern und mangelndes Vertrauen in Autoritäten, absolut mangelndes Vertrauen.«

P37: KK_37.rtf – 37:2 [Die brennenden Häuser,]

»Die brennenden Häuser, gä, i bin in München, also in XXX, also aufgewachsen, XXX und äh, die brennenden Häuser, die sterbenden Menschen, die aus den Fenstern springenden Menschen, die Plünderer, die ihnen des Zeug dann noch wegtragen, die, die Glut, äh, die Verzweiflung, dann die, äh 45, die Trümmerwüste und eigenartigerweise ma darf a Kind auch heutzutage nich unterschätzen, a Kind nimmt des gaanz genau wahr, is, is bloß wehrlos, also sie können ja nichts machen, sie sind in keiner Verfassung, wo sie irgendetwas machen könnten, aber es nimmt wahr.«

P56: KK_56.rtf – 56:68 [Ähm, Sie ham jetzt viel erzählt] (284:286)

»(Ähm, Sie ham jetzt viel erzählt aus Ihrer frühen Kindheit, äh, jetzt wollt ich Sie doch noch mal fragen, welche eigenen Erinnerungen Sie an die Zeit im Krieg haben. Also vieles kriegt man ja auch erzählt (mh) und wirklich Erinnerungen, die Sie selbst noch haben, also alles, was noch die Kriegszeit, Kriegszeit anbelangt.) Also ich, ich kann mich halt an die Kriegszeit, da war ich sehr klein (mh). Ich weiß nur, dass immer die Flieger über uns drüber gflogen sind Richtung München (mh) und dass die Mutti dann immer gweint hat (mh), des weiß ich. Und des sind so Erinnerungen, diese Ängstlichkeit, diese Angst und, und dieses behütet werden. Dann vor allem später auch (mh), des is da scho grundgelegt worden (mh) und äh, drum wars so wichtig, dass i noch bei meiner Tante bleiben durfte.«

P61: KK_61.rtf – 61:53 [Und dann halt die was ich no] (58:58)

»Und dann halt, die was ich no in a ra eigenartigen Erinnerung hab und was ich heut noch nicht richtig vertrage is, wenn a Sirene heult, weil diese Sirene in meiner Kinderzeit hieß Aufstehen, raus aus m Bett, runter in Keller. Und wenn ich jetzt aus irgendam Grund ne Sirene hör, jetzt gibts es ja nimmer, aber die hatten doch vor Jahren no immer so Proben abgehalten, Samstagmittag. Also so Herzklopfen gekriegt, dass ich, ich wusst erst gar ned wieso, wega so am Probealarm da. Und dann gabs mal im Fern-, an Film im Fernsehn über diese Zeit und da heulte a die Sirene! Und da gings mir genauso und da konnt ich s zuordnen, was (mh), was des in mir ausgelöst hat. Aber sonst, muaß i sogn, hab ich koa traumatische (mh), ich fühl mich nicht traumatisiert.«

P61: KK_61.rtf – 61:55 [Persönliche Erinnerungen? Ja] (62:62)

»(Persönliche Erinnerungen? Ja.) Dieser, zum Beispiel, entsetzlich weite Weg von der Bahnstation in dieses Dorf, die ma ja laufen musste, da bin ich mit meiner Mutter sicher oanahoib *(eineinhalb)* Stund gelaufen und sie hatte ja an Koffer. Und ich wahrscheinlich, aber dass ich da, dass mich nicht hinzieht, war ne ganz, äh, furchtbares Erlebnis für mich. Da sin a moi auf die, äh, Frauen, die bei der Ernte waren und ich war da mit meiner Mutter dabei, ich, die wollt mich ned immer alleine lassen und ich durfte halt a da so Gaben binden, dass mer a Kind beschäftigt. Und da san Tiefflieger gekommen und ham die erntenden Frauen da beschossen, die sind dann in die Heuhaufen, ham se sich versteckt und mei Mutter hat mich in an, so an Straßengraben geschmissen und hat sich selber über mich gelegt. Und da hat ma des so ghört von dem Gewehr (klopf auf den Tisch) tak-tak-tak-tak-tak-tak-taks. Und des, des is, also ich, ich erzähls eigentlich a selten, dess eigenartig, dass ichs Ihnen jetzt sag, aber deswegen bin ich ja a da. Und die hat sich, äh, von meiner Mutter auf mich übertragen, weil ich als Kind hab nich realisiert, was is des, wenn da drei Flugzeuge so, so furchtbar tief übers Feld fliegen. Also des, des, da hab ich koa Bedrohung gsehn, weil a Flugzeug war für mich keine Bedrohung (mh). Weil ich wusste, dass, mein Vater kann so was fliegen und des war nichts Bedrohliches, aber, äh, dieses Geräusch, dieses tak-tak-tak und dass meine Mutter mich in den Graben geschmissen hat, in ihrer Angst natürlich wieder, also d, d, des, des hat sie mir, ja richtig, des hat sich mitgeteilt zwischen Mutter und Kind (mh)! Und die ham dann abgedreht und san weg und (Schweigen) es war auch niemand getroffen an dem Tag, aber mei Mutter hat mir später erzählt, dass die, dass da sehr wohl schon Treffer gegeben hat in solchen Aktionen, solchen sinnlosen.«

P71: S_08.rtf – 71:54 [Ja, das äh jedes Mal wenn die] (115:115)
»Ja, das äh, jedes Mal wenn die Sirenen dann heulten, dass ich als Baby als Kind furchtbar geschrien hab (mh). Und wie gesagt hier war unser Haus und der Stadtwald, der war nicht weit und das alle immer in den Stadtwald geflüchtet sind (mh). Wir sind nachher nich mehr in Kellern gegangen, sondern sind in den Stadtwald geflüchtet und da lebte meine Mutter ja auch noch, also alle Frauen warn, es warn ja immer nur die Fraun da. Und von meiner Großtante, äh, äh, die Eltern warn noch da. Und sonst warn des eben immer nur Frauen und ich hab als Kind eben furchtbar geschrien und äh, die Frauen hatten eben auch immer große Angst vor den *(unverständliches Wort)* vor der Bombardierung, ja und nachher eben vor den Russen.«

P71: S_08.rtf – 71:111 [Dann äh das Aufhängen der Soldaten] (195:195)
»Dann äh, das Aufhängen der Soldaten, die hier an den Chausseebäumen hingen.«

P72: S_09.rtf – 72:12 [War der Angriff auf] (45:47)
»(War der Angriff auf XXX, wissen Sie, ob da in Ihrem Umfeld etwas geschehen ist?) Ja, es hat schon überall gebrannt. Und die Mutter ist eigentlich immer mit uns in den Keller gegangen, aber es waren dann so viele Alarme, dass sie dann gar nicht mehr in den Keller gegangen ist, weil man hätte nur auf der Treppe sitzen können, hin- und herrennen können, und dann ist sie gar nicht mehr gegangen. Aber es hat überall gebrannt (mh). Ja, ja und dass meine Schw-, meine große Schwester, die fragte ich dann so mal: »Wie war denn das, wenn wir im Luftschutzkeller unten waren?« »Na ja, du warst in deinem Kinderwagen.« »Und habt ihr mich beim Alarm denn nicht auf den Arm genommen?« »Ne, du hast ja gar nix, dich nicht, dich nicht gemeldet.« Der Bruder, der ein Jahr älter ist, der hat halt geschrien und den hat man auf den Arm genommen und mich als Säugling hat man dann im Wagen gelassen. Mich hat man nicht auf den Arm genommen, sodass ich eigentlich schutzloser war. Ich denk, ich hab schon nichts mehr gesagt im. Also die Mutter erzählte auch, dass bei m Geburt ständig Angriffe

waren und wir dann auf diesen großen Pritschen, die ich weiß nicht, wie das heute ist. Aber zu DDR-Zeiten lagen da ja zehn solche Babys und das war wohl damals auch so. Zehn solche Babys. Und dann sind wir immer da mit dem Fahrstuhl in den Keller gefahren, dabei waren wir schutzlos. Also dass, ich spür auch viel Schwärze, wenn ich daran denke.«

P47: KK_47.rtf – 47:24 [Und wo waren Sie? Wir waren] (93:95)
»(Und wo waren Sie?) Wir waren gewesen im Luftschutzkeller, wie sich s ghört. Und dann war Entwarnung und dann ham mer gschaugt, wo rauchts und des war von uns ned weit weg, also da müss mer hi, das muss ma sehen, ne. Und, und ein anderer, ein anderes Mal ham mir im Freien gespielt, in der Nähe von unserm Haus gings XXX und des warn a paar Sträucher und Bäume, und des war am Vormittag vielleicht so zehn, halb elf, kein Fliegeralarm, keine Warnung, nix. Und mir spieln da und da kommen Jagdflugzeuge von den Alliierten und ham mit Bordwaffen auf uns geschossen. Mir ham uns hingeworfen und da is allen nix passiert (mh). Stellen S Eahna *(Ihnen)* des vor. (Wie gings Ihnen danach?) Eigentlich, na ja, gut. Schlimmer is, mas *(mir es)*, is mir gegangen, wia ein Freund im Nachbarhaus, der paar, paar älter i, paar Jahre und der hat so Munition gefunden. Und hat die irgendwie aufgemacht und hat des Pulver auf seim Balkon so n Häufchen gemacht und ich war nebendran aufm Balkon. Sag i: »Was willst n jetzt du machen?«, »Ja, des gibt jetzt a schönes Feuer«, sag i: »Du, lass doch den Schmarrn«, und der Balkon war, also bissl überstehend und sonst wars geschützt, die Mauer und i hab mi da geschützt. Und da hat doch der echt des angezunden, hat si abern Arm weggerissen. Und also, der is dann sicher ins Krankenhaus gekommen. Aber dass der dann, na ja! Eim Kind gibt ma ja noch keine Prothese, oder? Aber was dann aus ihm geworden is, keine Ahnung. Ja wenn, da müsst ma ja die alle fünf Minuten ändern, ne, es wächst doch der Körper. A, also da hab ich noch Erinnerungen und dann hab ich noch a Kriegserinnerung. Da is offensichtlich etliche Zeit danach oder vorher, des kann i also so zeitlich nicht orientieren, is so ein Tieflieger abgschossen worn von der deutschen, von deutschen Fliegern. Mir ham gsehn, (macht ein Schuss-Geräusch wie »piuuuuuu«), der is abgestürzt und mir ham den Fallschirm gsehn und dann sind mir eben von unsrem Fähnleinführer ja gedrillt worn, also gleich melden. Na san mer grennt und grennt und warn also ganz nah und da is der in einem Baum gehangen und was macht

der? Der schießt mit der Pistole nach uns, was solln des bringen? Na weil i ja jetzt, bin ja auch Reserveoffizier, was soll denn des, wenn i am Baum häng und schieß dann auf Bubn mit der Pistole, des sind doch Minuspunkte für mich oder? (Mh) na ja, sind wir also da irgendwo hi und des gmeldet und sind dann also ausgezeichnet gworden, ne, also, mündlich gelobt.«

P 7: KK_07.rtf – 7:19 [Davor, wenn da die Lampe wackelte]
»Davor, wenn da die Lampe wackelte und also der Boden zitterte und man wusste, es hat irgendwo einen Einschlag gegeben. Ich glaube mein Schrecken ging eher über den Schrecken der Erwachsenen. Das hat mich beunruhigt. So erinnere ich ungefähr (mh). Wir hatten alle zu dritt, da war also.«

Empirische Regelmäßigkeiten
- Über die Erinnerungen an den Krieg sprechen die Kriegskinder meist im Zusammenhang mit einer Gefühlsüberschwemmung, die sie gemäß der Fürsorge der Erwachsenen mehr oder weniger gut handhaben konnten.
- Oft blieben lebenslange physische und psychische Folgen dieser belastenden Erlebnisse bestehen. Die Kriegskinder sprechen von einem Gefühl der »Wehrlosigkeit« dem sie ausgesetzt gewesen seien.
- Sie sprechen von lebensbegleitenden Ängsten, die sich bei äußeren Gewalteinwirkungen von den Eltern oder Bezugspersonen auf die Kinder übertragen hätten.
- Beim Anblick brennender Häuser oder toter Soldaten, die in den Chausseebäumen gehangen seien und bei Aufenthalten im Luftschutzkeller und einer Unzahl weiterer belastender Kriegserlebnisse, seien sie oftmals sich selbst überlassen und damit heillos überfordert gewesen.

Kindheitserinnerungen an Vergewaltigungen
P36: KK_36.rtf – 36:49 [Ich habs nur gehört.] (265:265)
»Ich habs nur gehört (gehört, mh) dass da halt was Schreckliches passiert ist. Und im Nachhinein oder wie ich dann älter wurde, dann, äh, is mir das eigentlich irgendwie ganz logisch vorgekommen, dass des Mädchen vergewaltigt worden is. Und wir hatten ein (Räuspern) Lager in der unmittelbarer Nähe mit, äh, Tschechen und Polen, die sich halt dann auch irgendwo gerächt ham. Des war kein

Gefangenenlager, aber die warn da irgendwie abgeschlossen. Weiß nicht warum oder wieso.«

P60: KK_60.rtf – 60:55 [Und ich hab da, ach ja, sie] (131:135)

»Und ich hab da, ach ja, sie hat immer ganz viel Hass auf die Russen ghabt, ganz furchtbar für mich auch, dieser Hass auf die Russen. Und da war ich dann schon, weiß ned, da war ich vielleicht schon 50 oder wann, dass ich, dass mir irgendwann ma n Licht aufging und ich gsagt hab: »Sag mal, bist du vergewaltigt worden?« Na sagt se: »Ja.« Und dann verstand ich diesen Hass (mh). Weil, also ich kann kein Hass gegen die Russen spüren, die warn so arm dran, wie wir auch (mh). Aber meine Mutter hat so n m, m, massiven Hass ghabt, dass des also dann da raus kam. Und darum müssen wir aus Erzählung, ah sehn Sie, jetzt kommt doch a bissl was, aus Erzählungen, ähm, da muss ich ganz der Nähe gwesen sein, wie der Russe mei Mutter zampackt hat. Und da, also des halt ich für möglich, dass ich da was mitgekriegt hab, aber nur aus Erzählungen halt ich des für möglich. Und sie hat dann längere Zeit keine Regelblutung kriegt und war völlig, äh, durch n Wind, sagt ma heut. (Hat Sie Ihnen erzählt?) Des is e, ol, alles aus Erzählungen, ja, also damals, äh, wie ich gsagt hab: »Sag mal, bist du vergewaltigt worden?« Da hat sie des dann erzählt (hat sie erzählt). Und dann hat der Arzt aber sie beruhigt, hat gsagt jetz, äh, des bleibt eben öfter aus und so, des is der Schock und des hat sich dann auch wieder eingspielt, aber sie war so, ähm, sie wollt auch nimmer leben, hat sie erzählt. Nur, dass, äh, die, wir Kinder ham sie sozusagen am Leben ghalten. Sie hätte nimmer leben wollen, also der, der Tod des Mannes, des hat sie einfach ned vertra-, ned verwinden können. Und ähm, sie konnte auch ned Steine klopfen, also die Straßenobmännin hat sie dann heim gschickt, weil se gsehn hat, es geht einfach ned mit der Frau (mh). Und ich hab innerlich lange Jahre so n Vorwurf gegen sie ghabt, das sie (lacht) so untüchtig war und uns einfach auch des Leben noch schwerer gmacht hat, meim XXX und mir (mh). Wobei mei XXX hat da, m, m, is da völlig un-, unberührt davon, von dem Ganzen (mh). Aber ich hab ihr eigentlich immer, immer jahrelang Vorwürfe gmacht, wei ich mir gedacht hab »Herrschaft, die hätt ja a mh, ja hätt uns ja a n bisschen.« Also sie hat, ja sie war einfach zu nix zu gebrauchen, mein Gott ja, Kunststück. Aber so, mh, des hab ich halt lange auch ned, ned so sehn können (mh).«

P48: KK_48.rtf – 48:74 [Erinnern Sie sich an das Krieg] (164:170)

»(Erinnern Sie sich an das Kriegsende?) Ja! (Woran erinnern Sie sich?) Bitte? (Woran erinnern Sie sich?) (Schweigen.) Würd sagen Angst. Ich weiß das jetzt noch ganz genau, wie das war! Da warn wir in der Nachbarstadt, in dem Nachbard-, in einem Dorf in der Nachbarsch-, äh, wo wir zu Fuß, in der Nachbarschaft, wo wir zu Fuß hingegangen sind, zu einem Geburtstag. Und da wurd immer gesagt: »Die Russen kommen!« Oder da wurden immer so Schauergeschichten erzählt, da sind Sch-, Fallschirmspringer abgesprungen und auf Fenstersims gelandet und lauter so schreckliche Sachen und dann hieß es: »Die, die Russen sind da!« Und da sind wir in der Nacht heimgegangen, das war vielleicht n Weg! Mir kam der endlos vor, mir kam der vor wie ne Stunde, also in der Nacht heimgegangen. Der Mond schien und es war einfach Angst in der Luft, also »Was passiert jetzt?« Äh, ich denk, alle hatten Todesangst. »Was passiert?« Und, und solche Nachrichten, die gingen immer in Windeseile rum. Und es hatte gleichzeitig immer zur Folge, dass die Menschen zusammen kamen und zusammen rückten. Und äh, dann gleichzeitig wurde das Verstecken organisiert, das Verstecken der Frauen (mh). Das Schwärzen der Gesichter und (Schweigen), (mh). Und ich hab in der Zeit gelernt, das is vielleicht, nich so konkret, wie Sie s vielleicht erfragen, aber ich hab gelernt, wenn du freundlich mit einem Soldaten bist, dann bringt er dich nicht um. Es is, äh, also gleichzeitig die Todesangst (Schweigen), (mh).«

P62: KK_62.rtf – 62:14 [Ja, dann kriegten wir ne Wohnung] (31:31)

»Ja, dann kriegten wir ne Wohnung in XXX, die eigentlich für damalige Verhältnisse gar nicht so schlecht war, drei Zimmer, Küche, Bad. Aber wir kriegten einen ehemaligen Wehrmachtssoldaten einquartiert. Mit dem fing meine Mutter ein Verhältnis an. Der Mann war morphiumsüchtig und öh hatte ein Auge auf mich. Ich war ja ein nettes hübsches kleines blondes angepasstes Mädchen, inzwischen fünf Jahre alt, da konnte man ja was mit anfangen. Und das hat er auch gemacht! Verprügelt hat er mich auch!«

P66: S_03.rtf – 66:32 [Und dann ging das aber auch,] (156:156)

»Und dann ging das aber auch, kam Wehrmacht, die russische, die Russen waren hinterher, war die Straße schwarz, zogen durch, aber dann, äh, kamen auch schon manche ins Haus (mh) und nahmen sich schon dies und das, was sie so für sich *(unverständliche Wörter)*, (mh). Und ähm, dann zur Nacht ham sich die Familien *(unverständliches Wort)*: »Wir gehen alle in ein Haus, dann können die uns vielleicht!« *(Unverständliche Wörter)* alle in ein Haus einquartiert und äh, da kamen dann aber auch die Russen, die ham sich auch einquartiert und äh, dann ging das los, dass sie sich die Frauen rausholten und verge-, vergewaltigt haben aus unsrer Mitte, eine nach der andern.«

P 2: KK_02.rtf – 2:124 [Sie ist da von Russen aufgegabelt] (55:55)
»Sie ist da von Russen aufgegabelt worden. Die sind ja immer, die sind ja immer, meine Mutter war wahrscheinlich sogar ne sehr hübsche Frau, es existieren ja leider Gottes nur wenig Bilder und da wollte der – ja wie heißen denn die oberen Leute von den Russen? Der da diese ganzen Sachen so unter sich hatte und dies Lager betreut hat und so, der wollte unbedingt, dass meine Mutter (Schweigen) ja, zu seinen Diensten steht (mh). Und das hat sie ablenken können (Husten). Sie hat, sie hat geweint und sie hat gesagt, also sie hat ein Kind und sie wartet auf meinen Vater und merkwürdigerweise war der Mann bereit zu sagen, gut, dann gegen ihren Willen will ers auch nicht machen.«

P16: KK_16.rtf – 16:27 [Ja, äh. Gibt es auch Erinnerungen] (49:51)
»(Ja, äh. Gibt es auch Erinnerungen, die irgendwie direkt mit Kriegshandlungen zu tun haben?) Unterwegs, ich hab die ersten, wie ich die ersten Russen sah (mh). Die sah ich äh, ich, ich kanns Ihnen gar nicht äh, ich hab wirklich die ersten waren wirklich Mongolen mit Peitschen und Pelzmützen und Pferdchen. Wilde Kerle (mh). Und diese ja und halt diese Szenen dann in der Nacht im Flüchtlingslager. Also die Frauen, um sich vor der Gewaltigung zu schützen, haben uns Kinder tagsüber, äh, trainiert, nah dicht bei dicht auf der Erde zu liegen und zu weinen an der Tür (mh). Und das ging dann nachts immer, dass dann alles voller Kinder war und bisweilen brauchte man, glaube ich, nicht sehr üben, wenn dann die plötzlichen Geräusche kamen und die Männerstimmen, dies da *(einige unverständliche Wörter)* und so weiter, ähm und die Türen aufgerissen wurden, äh, das war ziemlich schlimm. Und da hab, das war auch das Erste, was ich meinem Mann gesagt hab, dass ich merke, dass ich meinen Kindern gegenüber, wenn sie sich zanken und weinen ungerecht gegenüber bin, weil ich mit dem Weinen nicht gut zurechtkomme (mh). Und da hat er

mir sehr geholfen. Äh, diese, ich hab auch eine Erschießung gesehen und ähm, ich hab einfach diese Atmosphäre von Angst und äh, auch von Raff-, Raffgier unter den Leuten in diesem Lager, äh, gesehen, obwohl ich es nich so reflektieren konnte, natürlich (mh). Aber (räuspert sich) ähm, diese Dinge haben in mir eigentlich die Selbstverantwortung gestärkt (mh). Ich hab mir gesagt, das, das kann s nicht sein, wozu ich hier bin (mh). Ich muss, ich muss suchen, dass ich etwas tun kann über meine Ernährung hinaus, um mich an dem, an dem gut werden (Wort wird etwas lachend gesprochen) der Welt zu beteiligen (mh). Und wir hatten dann die Verwandten im, im Norden, äh, von Deutschland wieder gefunden, aber direkte Kriegsereignisse, wei, sie hat ja, meine Mutter auch nicht miterlebt so gesehen. Das sind alles nur Erzählungen, die von, von andren Familien kommen, was da eben alles, äh, passiert ist, dass die Frauen vergewaltigt werden und dass die, ach ja, äh, dass die Russen eben Barbaren sind. Und die tun also die Kartoffeln in der Toilette waschen, weil sie, weil sie s gar nicht kannten und so weiter. Was heute wahrscheinlich ist, weil inzwischen weiß man ja, man hat ja in diese Truppen, ähm, ostasiatische Soldaten rein getan, bewusst, die also wirklich von, vom Bauernhof kamen oder was weiß ich und die also wirklich keine Kultur kannten. Also das wurde sehr sehr häufig diskutiert, weil man da eben in der Richtung sehr viel erlebt hat und eben auch das Thema Vergewaltigung, das wär sehr stark.«

P80: S_17.rtf – 80:5 [Ähm, können Sie mir denn,] (17:27)
»Ähm, können Sie mir denn, XXX. Äh, 44, ja 44! Und äh, da fingen die Polen dann schon an, uns da zu, äh, drangsalieren! Und dann wurden Flüchtlingstrecks zusammengestellt, die dann aus diesen, äh, äh, Einzugsgebieten von der Roten Armee ausgewiesen wurden. Und wir kamen zum Beispiel mit Oma, meiner Mutter und ich nach XXX rüber. So und da haben wir dann nur zwei Monate, äh, äh, dort gelebt und dann mussten wir wieder zurück, weil es keine, äh, für die Flüchtlinge dort keine Lebensmittelkarten mehr gab. Und aufgrund des, äh, ist ja logisch, es ist nichts zu Essen und zu Trinken da gewesen und da hat man uns dann wieder, äh, auf so nen Flüchtlingstreck, warn Schlepper *(unverständlich)*. Das waren Schnapsschiffe, die haben die Russen dann alle da behalten in XXX und dabei sind wir dann auf der Rückfahrt auch auf ne Mine gelaufen. Und da hat es mehrere hundert Tote gegeben und äh, dann sind wir irgendwo an Land,

wo weiß ich auch nicht mehr. Mutter weiß das auch nicht mehr, also dann an Land. Aber dann, von dort wieder nach XXX gekommen, also irgendwo in nen Ostseehafen rein, um erstmal in Sicherheit zu kommen und äh, das ganze festzustellen, wer lebt noch, wer ist mit untergegangen und so weiter. Und dann sind wir wieder nach XXX. Und da wurden wir denn nachher, äh, ich glaube am XXX regelrecht rausgejagt und dann sind wir meine Groß-, also mein Großvater väterlicherseits, der war schon, der war bei der Reichsbahn und ist schon nach München gekommen. Und dadurch hat sich die ganze Familie hier in München, dann also äh, wiedergefunden nach einer Weile.«

P13: KK_13.rtf – 13:4 [Können ja, ich hab ja jetzt] (21:139)
»[…] Die Russen waren schon vor der Stadt und wir sind eigentlich so als Letzte rausgekommen (mh). (Und wie ging dann der Weg weiter?) (Räuspern.) Der Weg war so, das ah, also erstmal sehr, sehr lange unterwegs waren und dann tagelang ahm, ich glaub in XXX am Bahnhof gestanden sind. Und mein XXX hatte n Gipsarm und, und, und hatte die Hosn nass. Und ich weiß noch und meine Mutter war ganz verzweifelt, weil uns kein Zug mitgenommen hat und es Soldaten dann immer dann gesagt haben: »Was Kinder?« Und, und so weiter und ah, meine Mutter war ganz verzweifelt und wollte dann wieder zurück und, und ich hab dann geweint und hab gesagt: »Mutti, das ist unser sicherer Tod.« (Mh.) »Das dürf ma nicht machen.« Und, und ich war und ähm, dann kam ma doch irgendwie weiter und dann glaub ich wars XXX oder XXX, das weiß ich nimma, äh, wo s ein unglaubliches Bombardement gab auch. Und, und ich weiß auch noch so diese Schreie von, von Müttern, deren Kindern gestorben sind unterwegs auf der Flucht und andere die dann aus dem Fenster geworfen ham und das is es wirklich zum wahnsinnig werden, also des war, pfuh (mh). Und dann sind wir nach XXX, da hatte mein Vater einen Kriegskameraden und ähm, als er in XXX war, hat er den wohl kennengelernt. Und die Adresse war ausgemacht, damit wir uns nachm Krieg irgendwo treffen können und dann sima *(sind wir)* irgendwie, irgendwann da angekommen, ich weiß gar nicht mehr genau wann, wirklich nicht (mh), Wochen. (Schweigen.) Und dann war es so, dass dann irgendwann die Amerikaner kamen (mh) und wir ganz erleichtert waren, dass es nicht die Russen waren (mh). Und ich erinnere mich auch noch so an die mit meinen ersten Brocken Englisch vom Gymnasium, dann noch so ne Schoko-

lade erbettelt ham (lacht) oder ob ich se bekommen habe weiß ich nicht. Aber auf jeden Fall und das Eigentliche wie ne Befreiung; also des sind so unsere Beschützer, so hab ich des erlebt! Warn Schwarze und, und ähm, und dann kam nachher ja wieder die Russen. Es wurde ja dann getauscht und dann ging die Bedrohung wieder los und da warn die ganzen Männer aus dem Dorf, wir waren alle auf'm kleinen Dorf, wurden zusammengetrieben und wurden dann erschossen. Und, und wir warn ham uns versteckt und ich weiß noch diese Bäuerin, bei der wir waren, die hat dann die ganzen Fenster vernagelt und, und wir mussten Bubenkleider anziehen und ja nich als Mädchen und also es und durften also ganz mussten ganz ruhig sein, die ham uns zum Teil dann unter Bettzeug und so versteckt.«

Empirische Regelmäßigkeiten
- ➤ Meist haben die Kriegskinder nur die Vorstellung entwickelt, dass etwas Schreckliches passierte, während sie Szenen sexualisierter Gewalt miterleben oder selbst erleben mussten.
- ➤ Erst im Nachhinein – oftmals Jahrzehnte später – können sie aufgrund von Erzählungen diese Gewaltszenen, als Vergewaltigung verstehen und das dauerhaft belastete innerpsychische Erleben ihrer Mütter besser verstehen.
- ➤ Die Kinder hörten den Begriff »Vergewaltigung« in den letzten Jahren des Zweiten Weltkrieges immer wieder; sie kannten diesen für sie dubiosen Begriff sehr genau, meist ohne ihn mit einer konkreten Bedeutungszuschreibung versehen zu können. Nur die Atmosphäre von Angst, die in der Erwachsenenwelt vor diesem Geschehen vorherrschte, konnten Sie erinnernd beschreiben.

Sinneseindrücke aus der Kindheit im Krieg
P46: KK_46.rtf – 46:45 [An die Kriegszeit eigentlich] (99:99)
»An die Kriegszeit eigentlich relativ wenig, weil 44 war i 6 oder 7 Jahr, und was weiß man da schon noch! Also, ich weiß noch, weil i mi an dieses Schweigenzeichen erinnern konnt, dass mei Vater im Keller BBC da unten ghört hat, was ja bei Todesstrafe verboten war. An dieses, die Eingangstakte von der Fünften Beethoven san da immer gekommen, und an die kann i mi no erinnern, na. Ma, ma erinnert sich ja entweder über Geruch oder Gehör, es is a amoi *(einmal)* a

Flugzeig in, in unmittelbarer Nähe von der FLAK-Siedlung abgeschossen worden. Und am andern Tag san ma natürlich higanga *(hingegangen)* die Buam alle, vui war ma ja ned in der Siedlung. Und diesen Geruch von verbrannten Metall, verbrannten Leder und Kunststoff, den hab i heit no in in der Nase und a im Gehirn, da kummt sofort dieses Bild wieder von diesem Flugzeugwrack, des hat no geraucht, des is in der Nacht abgschossn worn; der Pilot is abgsprunga, aber der war nimmer do. Und es is mir amoi vor Jahren passiert, da hat auf der Autobahn da bei am Verkehrsunfall hat auch, ham zwei Fahrzeuge gebrannt und na war des der selbe Geruch. Na war sofort dieses Bild wieder da von dem abgestürzten Flugzeig. Des is mit diesem Geruch untrennbar verbunden, na. Genauso wia des, die Fünfte Beethoven mit diesem BBC London äh, was die da gsagt ham, des weiß i nimmer, des hab i a ned verstanden mit X Jahr, ned; aber mei Vater wollt hoid oiwai *(halt immer)* wissen, wia die Kriegslage is, des war koa Nazi, ne! Der, der hat si da rausghoidn sozusagen, ne. Und äh, jetzt wollt er oiwai *(immer)* wissen, wias wirklich is, ne. Ich kann mich auch noch an, an Radio auf die offiziellen Fanfaren, wo ja die Siegesmeldungen kumma san, oder die angeblichen, vom Liszt »Le Prelude«, erinnern. Des, wenn ich hör, denk i a oiwai die Zeit, wei des hat ma ja pro forma immer eigschoit *(eingeschalten)*, damits d Nachbarn hern, dass ma des a hört und so, und möglichst d Küchenfenster aufgmacht, damit koaner Verdacht schöpft, na. Und äh, des, des hat sich eingeprägt, oder hoit, dass ma a nix gscheits z Essen ghabt ham, aber des is ma eigentlich gar nicht (lacht), muaß i jetzt ehrlich sagn, gar ned so aufgfoin *(aufgefallen)*. Weil i bin koa großer Esser, auch heute nicht und war s gwohnt, dass eigentlich, seit ich auf der Welt war, hat s oiwai weniger gebn, des war die Normalität. Und an Schoklad hab i sowieso ned kennt, da hat auch niemand davon gred, ne. Jetzt war mir des alles oder a Banane, des und was ma ned kennt, geht oam ned ab, bekanntlich. Und nur oamoi äh, da, des war glei nachm Kriag, da is mir des nacha zu Bewusstsein kumma, da hat mei Muada an Apfischdrudl *(Apfelstrudel)* gmacht und in dem Mehl, des war oiso mit Sand versetzt.«

P24: KK_24.rtf – 24:98 [Mh, haben Sie] (275:277)
»(Mh, haben Sie Kriegserinnerungen, die sich aufdrängen?) Immer wieder die gleichen (mh), immer wieder der Geruch (mh). Und immer wieder dies, diese Angst und (lautes Husten) und ja.«

P48: KK_48.rtf – 48:38 [Ähm und während des Krieges] (94:94)

»Ähm und während des Krieges an die Luftangriffe, erstaunlicherweise ist XXX des ja, das is ja eine große Industriestadt (mh), äh is, äh XXX wenig zerbombt gewesen. Also ich hab bewusst nur einmal erlebt, dass es Haus so schwankte. Oder wir sind da vielleicht auch nich mehr hingegangen, wo s war, aber bei unsrer Straße war wenig, das war auch eher so am Rande der Stadt. Und ähm, an die Fliegerangriffe hab ich mich schon gewöhnt. Wir mussten dann immer ins Nachbarhaus in n Keller und ich fand das immer so unangehm, da saß immer so ne Frau mit so m dicken Hintern auf ihrem Bein, also (lacht). Warn immer so äh, Betten aufgestellt und die Kinder wurden da rein gepackt und dann saßen alles zusammen und es war ein muffliger Geruch im Keller (atmet laut durch). Und daran hatt ich mich als Kind einfach gewöhnt. Also immer wenns, ich, ich hörte immer das Radio, a, also auch wenn ich geschlafen hab oder halb im Schlaf war, ich hörte immer, mh, wie Radio gehört wurde. Und ähm, ja und dann die Sirene und dann wurd ich gepackt, eingewickelt und äh, in n Keller verfrachtet. Und mich hat eigentlich meine Mutter immer getragen, jemand, ich denk mein Bruder warn bisschen älter, den hat immer die Haushälterin genommen (Schweigen); ja, des ähm, ich, ich kann nicht sagen, dass ich Angst hatte. Also ich, mir is nicht bewusst, dass ich Angst hatte. Also viel mehr Angst hatt ich bei der Flucht. Und des kam später nach 45 (mh), da war das extrem.«

P24: KK_24.rtf – 24:29 [Ich kann mich aber an eine] (75:75)

»Ich kann mich aber an eine Situation erinnern. Wir hatten selber durch diese Brauerei gabs, gabs an relativ guten Keller. Und da saßen wir dann auf so, so Holzbänken, die extra dafür gemacht worden sind, vor den Fenstern waren so große Betonklötze wegen *(unverständlich)* oder irgendso hieß des. Und da hat meine Mut- und ich saßen so alleine, das weiß ich noch. Und meine Mutter hatte nämlich XXX gestillt, war erst noch nicht ein Jahr, die konnte ja so lange stillen. Und aus meiner Familie ist niemand da! Da kam aber ein größeres Mädchen, das im Haus wohnte, zu der konnte ich dann auf den Schoß, das weiß ich, also noch genau erinnern. Und der Nachbar nebendran, der hat also so gezittert und dann hieß es: »Ja, weil der XXX war des, der XXX war mal verschüttet. Und dann hab ich schon gewusst, wenn man, vom Verschütten zittert man dann so.«

P24: KK_24.rtf – 24:31 [Dann müsste es ja 45 äh,] (77:83)
»(Dann müsste es ja 45, äh, 45, 45, 44 ist die XXX geboren. 45! Ja! Und, und da war dann dieser ganz, ganz große Angriff noch mal, so spät noch. (Und an den erinnern Sie sich noch?) Ja. Ja, und an, an diese verbombte Stadt und ich bin 20, 30 Jahre später in München am XXX vorbeigegangen, das ist so ein altes Gemäuer, also Beton macht mir nix aus, aber alte Ziegel und es wurde der XXX abgerissen und ich wollte zum XXX und ich hatte gut Zeit, und auf einmal hab ich zum Laufen angefangen. Dann war ich total außer Atem. Hab ich gedacht, spinn ich eigentlich, was renn ich denn so, i hab doch noch gut Zeit! Und was war denn, warum hab ich so zu Laufen angefangen? Und auf einmal wusst ich, des war der Geruch von diesem Mörtel und Mauern, von diesen Ziegeln, der da auch der, des hat gerochen wie, wie nach m Bombenangriff (ja). Und nach diesem Abend, genau! Und dann kam am Abend eine Verwandte aus XXX, das ist ziemlich weit weg, aber man kanns schon mit dem Rad fahrn, kam zu uns, ob wir alle noch leben und dann hat sie zu mir gesagt: »Magst du mitfahrn?« Und dann hab ich sofort ja gesagt und ich wär mit jedem mitgefahrn. Bloß weg! Und dann bin ich ganz alleine in der Nacht, ich weiß noch die XXX, die hatte so eine gelbe Strickjacke und dann einen Gürtel, da konnte ich mich einhalten in der Nacht diese paar Stunden, ich weiß nicht wie lang wir gebraucht haben, da rausgefahren nach, nach XXX um weg zu sein. Meine Mutter kam dann nach. Evakuierung hieß es mit meiner Schwester.«

Empirische Regelmäßigkeiten

> ➤ Kriegskinder berichten von schwankenden, brennenden Häusern, die sie gesehen haben. Die überaus große Hitze und der hohe Luftdruck hätten sie in massive Angstzustände versetzt. Sie berichten zudem von einer Atmosphäre der Angst (auf das Hören des Feindsenders habe die Todesstrafe gestanden) und Freude, die sie beim Hören Klassischer Musik auf dem Feindsender empfunden hätten.

> ➤ Gleichzeitig werden der »mufflige« Geruch und das Zittern einiger Menschen im Keller beschrieben. Der Geruch von alten Gemäuern und Ziegeln

bestimmte impulse lösen Reaktionen aus

löse bis heute den Impuls aus, schnell davon laufen zu müssen. Die Erinnerung an den Aufenthalt im Keller ist aber häufig auch mit der Vorstellung von Geborgenheit assoziiert, da viele Kinder erinnern, dass sie immer von Erwachsenen getragen worden seien oder auf deren Schoss gesessen hätten.

➤ Auch wird die karge Nahrung, so beispielsweise der Apfelstrudel, in dessen Teig viel Sand gewesen sei, erinnert.

Kindheitserinnerungen an den Anblick toter Menschen
P12: KK_12.rtf – 12:19 [Da sind Sie auch in XXX] (48:49)
»(Da sind Sie auch in XXX noch gewesen?) Da war ich auch noch in XXX. Und dann wurde ja diese Fabrik aufgemacht. Und diese eingesperrten Leute die halbverhungerten und die Frauen und die Kinder, die sind dann, die warn halt dann frei. Und dann ham die und da überfallen wie die Heuschrecken. Uns konnten s nichts nehmen. Wir hatten von der Oma so ein Häuschen mit Garten, aber die ham die Bahn total ausgeplündert. Ich weiß nicht, ob ich das verstehen kann, aber ich weiß nicht, wie ich hätte reagiert. Und des, da war Mord- und Todschlag ich sags Ihnen. Und wir ham das sehen müssen. Wir ham das gesehen. Wie diese Russen oder Polen und was das halt immer waren. Das waren ja Zwangs- äh, äh, verschütte Leute hier zum Arbeiten. Die haben da ihre Bewacher halt dort geschlagen, manchen auch totgeschlagen (mh). Vor allem und aufgehängt an Bäumen (mh). Und äh, des wenn ma des so sehen muss, des is schon grauenvoll.«

P17: KK_17.rtf – 17:55 [Nun haben Sie ja, vor allem, äh] (356:366) (Thomas)
»(Nun haben Sie ja, vor allem, äh, als Sie noch in München waren, also ziemlich viele schlimme Eindrücke und schlimme Erlebnisse gehabt. Na, das haben Sie ja erzählt, ähm, also im Zusammenhang mit den Luftangriffen.) Ja, ja des war des Schlimmste. (Ne, genau. Wie sind Sie damit denn innerlich zurechtgekommen, also wenn man Menschen sterben sieht, wenn man die Leichen sieht, wenn man die Häuser brennen sieht und so? Wie sind Sie damit zurechtgekommen? Was hat Ihnen geholfen dabei, damit zurechtzukommen?) Ja mei, Mutta hoid, net (mh) in erster Linie. (Können Sie sagen wie? In welcher Weise hat Sie Ihnen dabei geholfen.) Na, die hat hoid dann a, gschaut, dass i hoid net

zfui *(zu viel)* davon seh net *(unverständliches Wort)*. Verwundete (mh). I habs zwar gsehn, weil i a drin war, aber sie hats hoid versucht zu verhindern, net (mh). Weil des is natürlich scho dann des nachhoidig *(nachhaltig)*, net, wenn man sowas sieht. (Aha, eben.) War ja net direkt die, die wahre Wonne, net (mh). Aber ma hat dann hinterher, wie ma nacha da am Land warn evakuiert, hat ma genauso Tode gsehn. Weil da san ja die ganzen Truppen, san ja zuruck und unsere in die Berge nei, die Berge rei und da san a die Lightnings, die Jabo-, die Jagdbomber, die, die Truppen rumfliegen, die Lightnings, die san imma die Straßn abgflogn. Und die ham was sich drunt grührt hat, ham die neigpfeffert. Und ob das a Bauer war mit die Kühe, *(unverständliches Wort)* ganze Herde ham die reigschossn, net (mh). Da hams natürlich die Trecks beschossen dann. Und dann hams mal, wie da mal irgendwie, wo a gefundn im, auf der Seitn drin im Busch, im Gebüsch. Toten, net, den hams dann wieder raus, net. (Das haben Sie auch alles miterlebt so?) Ja, freilich man hat da, weil wir ham ja dann a, die hat, die hama dann, des waren so große mit Pferden, net. Die ham da net soviel Dings ghabt. Die ham die, äh, zsamgschossn, da san die Pferdl da auf der Seitn glegn, da san die Leit alle glafa *(gelaufen)*, mit m Messer, net! Die ham wahrscheinlich Pferdefleisch rausgschnittn (mh, tja). Der Hunger macht alles (mh). Na ja, da hats natürlich *(mehrere unverständliche Wörter)* die Toten a dawischt. Da hams es hoid raus und in Sarg nei und weg (mh). Also bei oam hob i scho gsehn, wie sie n raus ham ausm Gebüsch, net. Aber das war hoid so beim Rückzug. Net. Ja und die SS hat imma wieder versucht da Widerstand zu leisten, net. Aber des natürlich net geglückt. Weil die warn ja mit die Panzer hinten dro und mit die Geschütze und mit ihrem Zeig, net. Die ham ja da von XXX aus bis übern See nübergschossn (mh). Weil da drüben war so a Gruppe *(unverständliches Wort)* mit so *(unverständliches Wort)*, die ham, die wolltn des verteidigen oder was woaß i. Gsponna hams hoid, net. Und die san hoid a bissl zurück, ham abgebru-, *(unverständliches Wort)* und ham die Kanona aufgestellt, a mords Trum und ham darüberpfiffn, net (mh). Und des is dann solang ganga, bis die Verwundeten alle raus san und ham sich vor die *(unverständliches Wort)* hingestellt. Da hättens s daschießn miasn *(unverständliches Wort)*. Des is a Sanitätsstadt gewesen, die war extra *(mehrere unverständliche Wörter)* Schießerei, dann hams aufghört, net (mh). Solche Sachn san vorkumma, net. Hats a paar Gspinnerte gebn (mh). Weil war, es war ja komisch, weil da hat ma ja net gwusst, was man besser raushoidn sollte, weiße Fahne oder die andere, weil da san hoid die Ami kumma und die weiße raus und dann die Unseren wieder kumma, also es war jedenfalls grauenhaft (mh). Na ja, weil die warn glei, die ham sie glei zsampackt a, gä *(unverständliches Wort)*, die *(unverständliches Wort)* war. Des war scho net ungefährlich.«

P66: S_03.rtf – 66:34 [Da ham die dann junge Bengel] (168:180)
»Da ham die dann, junge Bengel, so 15-, 14-jährige, mitgenommen, die mussten das Vieh treiben (mh). Da sind auch leider wenig wieder gekommen (mh). (Aus reiner Willkür?) Ja, eben einfach mit und die ham auch einfach welche mitgenommen. Da fuhr ein Auto vor, die mussten aussteigen, es hieß immer »zum Arbeiten« die waren verschollen (mh), die kamen nich wieder (mh). Und wir waren ja auch in dieser Zeit vogelfrei. Kein Arzt, kein nichts, äh, wer da eben krank is. (Das heißt, das hat ja was sehr Lebensbedrohliches (ja) in dieser Zeit ?) Man musste ständig entweder mit Tod (ständig), äh, (ja) Gefahr (und) mit Vergewaltigung (ja) und Verschleppen (ja), also mit rechnen (mit allem rechnen). Ja, ja. Und das, natürlich hat das geprägt (mh). Mein Mann, ich hab mein Leben lang nachher nich, keine Angst mehr gehabt. Die war weg. (Das warn diese Monate von März?) Das war von März bis Mai, bis der Krieg zu Ende war, erst mal.«

P66: S_03.rtf – 66:36 [Und wir dachten immer, das,] (184:185)
»Und wir dachten immer, dass, das dachten wohl auch die Frauen, das kann ja gar nich sein, dass die Deutschen nich wieder zurückkommen (mh), das wird nur vorübergehend sein (mh). Alle haben so, so gedacht, na gut. Und dann im Mai, dann warn se wirklich alle betrunken, dann war auch noch ein schlimmer Tag, *(unverständliches Wort)* kaputt (mh). Und dann, ähm, ham se getrunken, und das war immer schlimm, wenn sie getrunken ham (mh). Das war immer schlimm. (Das heißt sie wurden dann richtig?). Ent-, äh, ham dann richtig jede Kontrolle über sich verloren. Und dann ham sie eben schon mal geschossen, es war ja auch nicht verboten für sie (mh) zu der Zeit (mh).«

Empirische Regelmäßigkeiten
➤ Gleichsam affektlos, wie aus dem »normalen« Alltagsgeschehen berichtend, beschreiben Kriegskinder fürchterliche Gewaltszenen mit Todesfolge. Sie

benennen zwar ihr damaliges Gefühlserleben als »grauenvoll«, doch ist der zugehörige Affekt in der Erzählsituation nicht wahrzunehmen. In einer erschreckenden Normalität verliefen diese affektlosen Gesprächssequenzen. Ebenso gab es jedoch Gesprächssequenzen, in denen die heftigen Gefühlsinhalte mit unvermittelter Wucht diese schrecklichen Erzählungen begleiteten. Hier zeigen sich innerseelische affektive Erlebnisdimensionen, die über den gesamten Lebensverlauf nicht verarbeitet werden konnten.

➤ Als hilfreich im Umgang mit all diesen ungeheuerlichen Erlebnissen, so auch im Zusammenhang mit dem Anblick toter Menschen, beschreiben die Kriegskinder die Anwesenheit und Fürsorge ihrer Mütter oder anderer bedeutender Bezugspersonen. In den Erzählungen gewinnt man den Eindruck, als sei durch das sichere Bindungserleben und die adäquate Bezogenheit zu relevanten Bezugspersonen bei den Kindern die Gewissheit entstanden, dass diese fürsorgliche Zuwendung jederzeit verfügbar sei, gleich einem »intermediären psychischen Zwischenraum«, der diese schrecklichen Erlebnisse »entgiftete«. Somit blieb eine innerpsychische Bedrohung bzw. Destabilisierung aus, oder aber drang zumindest nicht als allzu bedrohliche Erlebnisdimension in die Psyche der Kinder vor.

Vergleichsdimensionen »Nachkriegszeit/weitere Entwicklung«: »Die Nachkriegszeit war die schlimmste Zeit!«

Durch die themenspezifische Querschnittsanalyse wurden in der Vergleichsdimension 6 »Nachkriegszeit/Weitere Entwicklung« folgende Subkategorien ausgearbeitet:

➤ *Wandel der gesellschaftlichen und familiären Strukturen und ihre Auswirkungen für die Kriegskinder – Kindheitserleben unter den Besatzungsmächten*

➤ *Spuren der Kriegskindheit in der weiteren Entwicklung der Nachkriegszeit bis hin zum Ruhestand 60 bis ca. 75 Jahre später – belastende Erinnerungen der Kriegskinder zu Vorkriegszeit, Kriegszeit und Nachkriegszeit*

Im Folgenden werden prototypische Textauszüge zu beiden Subkategorien wiedergegeben.

P32: KK_32.rtf – 32:4 [Und dann das dritte, das ist] (17:17)

»Ähm, diese Zeit, ähm, der ersten Jahre nach dem Krieg, das, das langsam jugendlicher werden, ähm, das Aufwachsen in einer zerbombten Stadt, äh, mit amerikanischer Besatzung, die ersten Kontakte mit Amerikanern, der Umgang mit der
Nachkriegszeit und das Erleben in der Familie (mh) dieser Nachkriegszeit. Also
es war so, dass wir uns immer irgendwie beschäftigt fühlten mit unsern Eltern
(mh) und unsre Eltern ham vieles gemeinsam gemacht. Aber wir ham, sie ham
auch vieles getrennt gemacht, also des, ähm, meine Mutter dann mit der Tochter,
und, und mein Vater mit den beiden Buben. Also des hat uns, es gab nie einen
Zweifel für uns Kinder an unsern Eltern oder nie irgendetwas Beklagenswerteswertes an unsern Eltern, ich hab meine Eltern auch nie über die Situation klagen
hören (mh) oder über die wirtschaftlichen Verhältnisse klagen hören, äh, des hats
sicher gegeben, des blieb für uns Kinder verborgen, die ham (mh) des von uns
ferngehalten (mh). Während dann, wenn so n Care-Paket eingetroffen ist, oder
ein Fresspaket von den Verwandten, äh, das als großes Familienfest, des dann
begangen wurde (mh). Also es war mehr so des Herausstellen (mh). Heute weiß
ich, dass (mh), aber (lacht) ja, Herausstellen von freudigen, äh, Anlässen, als das
Beklagen. Das hat unglaublich geholfen und die Familie sehr eng zusammengehalten.«

P10: KK_10.rtf – 10:42 [Kann materiell im Moment bin] (77:81)

»Kann materiell, im Moment bin ich in einer schrecklichen Situation. Kann nicht
überlegen sozusagen, durch meine Arbeit, meine Fertigkeiten, auch gesellschaftlich
natürlich in dieser Situation nicht möglich. Und äh, wenn Sie so wollen, war äh
57 Jahre lang ein, ja, ein funktionierendes Wesen ohne Eigenleben. So würde
ich mich heute sehen. Und das ist begründet in dieser strikten strengen Erziehung,
in dieser Übergriffigkeit, äh, der Mutter, äh, auch körperlicher Übergriffigkeit,
äh, und? (Was meinen Sie damit?) Äh ja, eine Art von Missbrauch (mh). In einer
dieser Entspannungsstunden, äh, war plötzlich, äh, waren Bilder da, äh, die
Mutter nackt im Bett, ich als Kleinkind nackt auf ihr liegend und von ihr, äh,
bearbeitet worden (mh), s hat mir damals keiner erklärt. Es wurde von dem Arzt
zur Kenntnis genommen, es war ein, äh, Hausarzt, ein normaler Arzt, äh, und
äh, ja (mh). Na, damit hab ich dann weitergelebt halt. Und heute weiß ich natürlich schon, äh, dass das nicht unbedingt dazu beigetragen hat äh, ähm, mich, äh,

in einer Ehe zu binden und, und, und, äh, eine Familie zu gründen, obwohls mein Kinderwunsch war (mh). Aber die Ablehnung, äh, auch, äh, der Widerstand äh, äh, mich nochmal so einschränken zu lassen, sind so groß, äh, dass, äh, äh mir das verschlossen bleiben wird (mh) und verschlossen war auch. Bloß ich habs im Laufe des Lebens nie so verstanden, die Ursachen nicht. Ich habs dann auch mit Arbeit zugedeckt.«

P10: KK_10.rtf – 10:47 [Sie haben schon erwähnt, dass] (87:93)
»(Sie haben schon erwähnt, dass (Räuspern) ihre Mutter, äh, also sehr zurückhaltend war, wenn überhaupt über die Kriegszeit zu sprechen (ja). Äh, wenn sie nun doch mal drüber gesprochen hat, worüber wurde gesprochen?) Äh, sie hat, äh, eigentlich nur dann, äh, über den Verlust des Mannes gesprochen, das war dann auch ihr Motiv nicht mehr zu arbeiten. Der Staat hat mir den Mann genommen, jetzt soll er für mich zahlen nach dem Motto. Sie ist dann auch nie wieder berufstätig gewesen in dem Sinne. (Also sie hat dann von der Rente gelebt?) Sie hat von der Rente gelebt bzw. in der Nachkriegszeit von, von kleinen Arbeiten für eine Familie im Haus, äh, hat sie so Hauswerk gemacht. Sie konnte sehr geschickt nähen und hat auch sehr viel selber genäht für sich und auch für mich in der ersten Zeit und hat das dann auch für andere gemacht und da ein bisschen Geld, äh, mitbekommen. Ähm, ja es war der Vater aus der Zeit und ansonsten, wenn ich, äh, nach anderen Dingen gefragt habe, dann wars: »Ich will darüber nicht reden« oder aber: »Die Klappe ist zu, ich weiß nichts mehr.« (Mh.) Ähm, Olympiade hat sie erwähnt, noch äh, 36; sie war auch sportlich, sie hat auch, äh, äh mit dem Vater sehr viel, äh, gemeinsam Sport gemacht (ja). Äh, sind auch äh, viel im Wintersport gewesen, auch in der Kriegszeit »Kraft durch Freude.« Das hat sie erzählt als positiv, ähm! Äh, das Thema »Juden, Judenverfolgung« ähm, eigentlich nicht, äh.«

P10: KK_10.rtf – 10:57 [Was würden Sie denn sagen, was] (119:121)
»(Was würden Sie denn sagen, was war in Bezug auf die Entwicklung Ihrer Familie das zentrale Erlebnis so im Zusammenhang mit Krieg, Nachkrieg?) Na, das ist, äh, für mich einmal, äh, die Vaterlosigkeit, das Fehlen eines männlichen Modells. Äh die Mutter hat dann auch später, äh, darüber auch, äh, dann wenn sie mal gesprochen hat, hat sie auch geklagt. Ich musste ja beides

sein oder ich mich bemühen, auch den Vater zu ersetzen sozusagen, was sie dann wahrscheinlich durch die brachiale Gewalt, äh, ausgedrückt hat (mh). Ähm körperlichen Kontakt, äh, also einen liebevollen Kontakt kann ich nicht erinnern. Ich weiß noch, bis tief in die 90er Jahre, waren mir ihre Berührungen unangenehm; ich bin dann sogar zusammengezuckt (mh) und weggezuckt. Äh und äh, kenne nur, wie gesagt, dieses Bild da, der Kinderzeit, Kleinkinderzeit dieses Nacktbild da, ähm. Ja, es ist der Verlust des Vaters! Hinzukam natürlich der Verlust der Tochter, den die Mutter bis zum Schluss nicht überwunden hat (ja). Äh, sie hat dann die Geburtstage immer wieder erwähnt, angesprochen. Sie hatte noch bis zum Schluss ein Kinderfoto von dem Mädchen, äh, von meiner Schwester, äh, versteckt im, zwischen Wäsche fiel mir das entgegen. Es hat n furchtbaren Schock dann beim Auflösen der Wohnung ausgelöst, äh, bei mir und äh, ja immer dieses Gerede über dieses tote Kind auch. Das hat mich dann auch dazu letztendlich bringen lassen. Äh, ich war nicht, äh, im Fokus sozusagen. Ich war da, aber nicht im Fokus.«

P10: KK_10.rtf – 10:59 [Äh, (Räuspern.) vorhin hab ich] (123:129)
»(Äh (Räuspern), vorhin hab ich Sie gefragt, ob es Unterstützung gab und da haben Sie, äh, Ihre Tanten erwähnt (ja). Aber dann hatte ich den Eindruck, irgendwie als Unterstützung konnte man das ja dann doch nicht, haben Sie s wohl doch nicht so erlebt, oder?) Also es war so ein Gegenbild, äh, zum häuslichen, (ja), wo ich etwas freier sein (ja) konnte auch, äh, wo, ähm, ich nicht so eingezwängt war, sag ich mal. Nur es war nicht direkt befreiend, denn der Mann, ja, war ein Alkoholiker, äh, aber äh, Unterstützung, männliche Unterstützung in dem Sinne, bzw. ein Männerbild oder Unterstützung hab ich da nicht bekommen. (Es gab auch niemand anders?) Auch der Mann, der dann auch wie gesagt, äh, dann auch einzog bei uns und, und uns begleitet hat, ähm, hat sich eigentlich für mich nicht interessiert bzw. ich hab ihn innerlich auch abgelehnt, denn ich wusste nichts mit ihm anzufangen. Äh, er war dann auch sehr häufig länger abwesend Anfang der 50er Jahre, äh, durch, äh, Montageaufträge von der Firma XXX. Damals, äh, kam dann, äh, nach einem Arbeitsunfall kommt dann, äh, zurück aus XXX; ja und war dann invalid eigentlich, äh, also nicht mehr arbeitsfähig (ja). Aber der hat sich auch nicht gekümmert groß und

n Vaterbild hat er auch nicht abgegeben, hatte auch selber keine eigene Kinder *(unverständliches Wort)* aus der Verbindung.«

P10: KK_10.rtf – 10:62 [Äh gab es denn etwas in Ihnen] (131:137)
»(Äh, gab es denn etwas in Ihnen was Ihnen geholfen hat, äh irgendwelche Fähigkeiten, Eigenschaften irgendwelche Merkmale Ihrer Persönlichkeit, gab es da etwas, was Ihnen geholfen hat, einigermaßen zu bewältigen, sag ich mal?) Also aus heutiger Sicht würde ich sagen können, meine, meine Energie meine Kraft, meine innere Kraft, das hab ich damals nicht so verstanden. Wie gesagt, für mich gab es Rückzug in Träume, in, in Visionen, das Einzige was die Mutter sehr, äh, unterstützt hat, ähm, das war Lektüre (mh). Ich hab früh Bücher bekommen, hab früh gelesen, sehr früh angefangen zu lesen, sehr viel gelesen, äh. Und äh, Bücher waren meine Freunde, wenn Sie so wollen. Das fällt mir heute, in dieser materiellen Situation, wo ich mich wahrscheinlich einschränken muss, äh, äh, demnächst auch wohnungsmäßig, ungeheuer schwer, meine Bibliothek aufzulö-, -geben (mh). Nein ähm, ja die Fantasie auch, wenn Sie so wollen, neben den Träumen, ich hab dann mich einfach beschäftigt. Äh, wir hatten ja nichts zu spielen an Spielzeugen, hab mir aus Zigarrenkisten, ich mochte Altes, ich habe Altes gesucht und hab mit dem gespielt, ähm, die Dinge zueinander gebracht, äh irgendwie Fanta-, mit der Fantasie. Das ist wohl auch das, was mich in meinem jetzigen Beruf, äh, sehr trägt, äh, das XXX. Das mich auch mein Leben lang, wenn Sie wollen, auch schon in der Grundschulzeit, äh, beschäftigt hat, äh.«

P12: KK_12.rtf – 12:62 [Ich muss mein Tonband wechseln] (142:145)
»(Ich muss mein Tonband wechseln.) Es sind verschiedene Dinge. Aber eigentlich hat mich schon geprägt dieser Wiederaufbau, das hat mich ganz stark animiert. Und vor allen Dingen, das war ja dann später, wie die Verfassung, wie wir die Verfassung bekommen haben. Und ich hab sie, ich kanns nimma auswendig, aber für mich war des so wichtig, des zu lesen. Alle Staatsgewalt geht vom Volke aus und die Würde des Menschen ist unantastbar. Des kann ich Ihnen gar nicht sagen, wie des reinging in mich, weil ich hab des verstanden, was des ist, die Würde. Wir hatten keine Würde mehr und, und das Volk oder wir, wir waren ja niemand wie Ameisen oder Stimmführer oder wie man das heute noch zu bezeichnen nennt. Aber des war so wichtig und man kann, man kann ja selber auch

jetzt was tun. Wir waren ja alle behindert! Ich war ja auch noch ein Kind muss ich dazu sagen, aber die Eltern und die Erwachsenen waren ja auch behindert und die können jetzt was machen und jetzt bauen wir wieder auf; jetzt bauen des Land auf und jetzt dumma ohne Murren die Steine weg und den Dreck wegfahren und so weiter. Sie und da haben wir gesungen, des, des war doch was. Vielleicht kann man des gar ned so verstehn, Phönix aus der Asche so ungefähr (hm).«

P12: KK_12.rtf – 12:65 [Was sind die wichtigsten Stationen] (152:155)
»(Was sind die wichtigsten Stationen?) Ich hab geheiratet XX und mein Mann war Spätheimkehrer (mh) in Russland und da muss ich dazu sagen, ich hab natürlich alle Problematiken noch mitgetragen und unsere Ehe hat leider nur XX Jahre gehalten. Ich bin nicht fertig geworden, weil er ist ein Trinker geworden, er hat seine, sein Leben nicht, also er hat nicht aussprechen können. Vielleicht hat er nicht in Worte fassen können, sein Erleben? Das ist ja auch durchaus möglich. Er hat stumm und er hat getrunken und er hat immer mehr getrunken und da ist unsere Ehe total zerbrochen.«

P12: KK_12.rtf – 12:86 [Haben Sie denn, äh, auch also?] (201:204)
»(Haben sie denn, äh, auch also?) Das ist diese Enge. Viele Leute, viele Leute hach, is scho aus, hau ich ab. Des kann ich ned ertragen oder Nähe. Ganz äh, des, des is ned gut. Ich weiß es, aber wenn Menschen mich vereinnahmen wollen, des ist nicht nur äußerlich, sondern auch wo man sagt, Menschen klammern, die wollen mich vereinnahmen, ich, ich will mich nicht vereinnahmen lassen. Ob des damit, damit zu tun hat, das weiß ich nicht, aber ich wollte immer etwas separat sein, ich wollte nicht da in dem Haufen aufgehen. Vielleicht hats damit zu tun, vielleicht nicht. (Sie haben ja auch so U-Bahn-Ängste genannt.) Ja, ja, ja. Das hat ja damals der XXX 100 Prozent rausgefunden, das ist die Kellerangst. (Und was hat diese damalige Psychotherapie Ihnen was so Symptome betrifft, gebracht?) Dass ich selber mit mir rede (mh). Ich geh da runter und es ist immer noch dieses beklemmende Gefühl, aber nicht das Gefühl des Weglaufens (mh). Also ich geh da runter: » Mach dir nix vor, die U-Bahn kommt gleich, des ist alles schnell vorbei und hier passiert nix!« Bloß, es ist was passiert, was, äh, vielleicht für andere lächerlich ist, die U-Bahn bleibt. Es ist vor eineinhalb Jahren gewesen, zwischen zwei Stationen stehen, eine Durchsage, in zehn Minuten, es ist eine

Störung, fahren wir weiter. Nach zehn Minuten noch mal zehn Minuten. Ich fang schon an zu schwitzen, ich krieg schon keine Luft mehr, da hab ich des deutlich gemerkt! Die anderen Leute reden und unterhalten sich, für sie, ja mei, dann wart ma halt. Aber für mich is des was anderes und da muss ich mit mir, das hab ich bei diesem XXX gelernt, mit mir selber reden: »Es ist kein Krieg, es fallen keine Bomben und das ist nur ganz was Simples und dann fahrn ma schon wieder weiter!« Aber wenn das nicht wäre, würde ich wesentlich schwerer leben. Und diese absolute Dunkelheit, also die, de, i mag imma alles sehen, also die Geschlossenheit.«

P16: KK_16.rtf – 16:36 [Also, ähm, ich hab ja doch es] (67:67)
»Also, ähm, ich hab ja doch, es gab, ich hab eigentlich von politischen Dingen, ich hab überhaupt erst kapiert was die Deutschen mit den Juden gemacht haben, als ich 15, 16 war (mh). Es war erschütternd (mh). Ich hab ja, äh, meine Generation hat ja den Geschichtsunterricht nur bis Bismarck gehabt, weil das Kultusministerium sich noch nicht klar war, wie man das den Kindern vermittelt, was hier geschehen war (mh). Und wenn das plötzlich sieht, als Jugendlicher, äh (stockt), das ist, wie wenn man implodiert oder explodiert (mh)! Es ist? Jeder ältere Mensch auf der Straße erscheint einem plötzlich als Verbrecher. Es ist ganz entsetzlich! Und das hat natürlich, das hat sehr meine, meine Verantwortlichkeit auch geformt!«

P16: KK_16.rtf – 16:75 [Ja. Hat irgend es, irgendetwas] (183:198)
»(Ja. Hat irgend es, irgendetwas es Ihnen besonders schwer gemacht, also gab es Barrieren sozusagen oder Dinge, die Sie, ja, Ihnen im Wege standen?) In dieser Zeit dort? (Mh) ja, ich hab sogar einmal gedacht, ich müsste mir das Leben nehmen. Da war ich 14 und dachte ich kann diese Eltern nicht mehr ertragen. Weil ich mit 15 bin ich das letzte Mal mit der Peitsche, musste ich mich nackt ausziehen, hinlegen und wurde mit der Reitpeitsche geschlagen. Das ist missuse, mißbraucht von meinem Vater (ja). Aber ich war zu blöd in dem, in der Generation haben wir noch nicht über Sexualität nachgedacht. Ich hab da nicht drüber nachgedacht, dass das Mißbrauch ist, verstehen Sie? Sonst hätte ich mich gegen die Autorität viel schlimmer gewehrt. Ich hab mich dann später so geschämt (mh), dass ich mich nicht gewehrt habe. Aber ich kam nicht drauf (mh). Ich

dachte, er ist halt verrückt und wild und böse. (Aber wie erklären Sie sich diese Veränderung Ihres Vaters?) Also später hab ich mit meiner Stiefmutter darüber gesprochen (mh) und wir haben seltsamerweise rausgefunden, dass die Male, wo ich so geschlagen wurde und wo ich mich ausziehen musste, sie nie zu Hause war. Das war mir damals gar nicht klar (mh). Oder äh, nicht reflektiert.«

P16: KK_16.rtf – 16:86 [Die Beziehung zu Ihren Kindern] (301:315)
»(Die Beziehung zu Ihren Kindern, ist die auch geprägt von Ihrem Hintergrund von dem Kriegskindheits?) Ich glaube schon, weil meine Kinder mir zum Vorwurf gemacht haben, dass ich sie nicht konfliktstark gemacht habe. Ich hab immer gesagt, lieb sein Kinder, lieb sein, bitte nicht zanken.«

P17: KK_17.rtf – 17:51 [Und, und wurde später nochmal] (326:344)
»(Und, und wurde später nochmal über die Nazis gesprochen? In der Familie?) Na. So interessant war des a wieda net (mh). Ma hat ja hoid dann no ghört oder im Radio ghört, wie hoid die Verurteilung war *(mehrere unverständliche Wörter)*. Aber so direkt, hams net gsprocha. (Und als dann so bekannt wurde, mit den Juden die Geschichten, ähm, haben Sie darüber gesprochen zuhause?) Ähm, man hat hoid nur gsagt, dass hoid a Schweinerei war, net (mh), dass er soviel Menschen umbringt (mh). Aber da ist net so sehr viel gredt worn (mh, ja). Ja, es is ja net so tragisch, wenn es einen net selbst betrifft. Es sei denn, man is? (Sie meinen, wenns einen nicht selbst betrifft, dann ist es nicht so?) Ja, dann is des a net so interessant *(mehrere unverständliche Wörter)*. Obwohl es natürlich genauso schlimm ist net (mh ja, ja, ja, mh). (Was hat denn diese ganze Geschichte mit Krieg, NS-Zeit und so, mh, was hat die denn in Ihrer Familie bewirkt? Hat die irgendwie, haben Sie den Eindruck, es hat irgendwie was geprägt oder bewirkt oder so?) Da war die Zeit nicht dazu, weil äh, da hat man schaun müssen, dass man was verdient und das man hoid, weil wir in einer Art Be-, Währungsreform warn. Auf einmal ham mir was zu essen kriagt net, da warn die Läden voll (mh). Aber da hama natürlich Geld gebraucht dazu net. Und da hat hoid der Vater gschaut, dass das er hoid auch XXX macht (mh). Und da is es dann schon wieda besser, besser aufwärts ganga.«

P22: KK_22.rtf – 22:43 [Könnten Sie das gradn bisschen] (195:197)

»(Könnten Sie das gradn bisschen?) Ja, dass, dass meine Mutter (Eingießen eines Getränks) und ihre Mutter, dass die beiden, ich glaube die beiden ham sich genügt. Äh, und, ja wie gesacht, ich war da. Die beiden hatten sich, Mutter und Tochter. Wie gesacht, die warn nie böse oder nie laut, oder auch mein Vater und meine Mutter, da gabs nie, nie hab ich da einen Streit erlebt, nie. Aber, ja, ich war irgendwie außen vor. Ich war dann, ich bin dann selbst in das Gymnasium gegangen, null Kommentar. Ich bin einfach weg vom Gymnasium, null Kommentar, ich bin n Jahr später wieder in ein anderes Gymnasium, null Kommentar, na hab ich dort aufgehört (lacht), da hab ich *(unverständliches Wort)* gemacht, was ich, was ich wollte, was mir grade passte, was ich gemeint hab, das mach ich jetzt.«

P22: KK_22.rtf – 22:49 [Ja, äh, was meinen Sie damit?] (231:233)

»(Ja, äh, was meinen Sie damit? Also wie ham Sie?) Erst warens die Nazis und dann warns die Russen und dann hieß es doch FDJ und so weiter (mh), da musste man ja auch in der Schule, wenn denn, musste da mit rein. Und ich, na ja, bin ich drin gewesen, aber ich bin auch immer in meiner evangelischen Jugend gewesen (mh). Ich war sogar beides, also, wie ich das, weiß auch nicht, wie das hingekriecht habe. Später durfte das ja nich mehr sein, aber am Anfang waren die schon viel, viel, äh, toleranter als später in der DDR (Schweigen). Ich bin auch, in die, regelmäßig in die Kirche gegangen und äh, hab mich eher gedrückt vor diesen anderen Sachen.«

P22: KK_22.rtf – 22:50 [Wieso das nix für Sie war, mit] (235:237)

»(Wieso das nix für Sie war, mit der, mit der?) Ich weiß es nicht. Ähm, immer schon, wenn mich jemand zu irgendetwas gezwungen hat, wenn ich etwas machen musste, dass, da hat sich alles gesträubt, ich weiß es nich. Es, es wurde ja dann immer schlimmer in, in, der DDR mit den, mit der Jugend. Das musste man und das musste man und das musste man, und das war für mich eine Zwangsjacke, dass ich also immer schon gedacht hab ich, ich, ich, ich kann da nicht bleiben. Ich bin ja schon mit, als ich 21, damals musste man 21 sein, um volljährich zu sein, ich war 21 im XX bin ich weg. Ich hab, ich kann da nicht leben (mh), (Schweigen). Ich war des auch irgendwie nicht gewöhnt

(Räuspern) Wie jesacht, ich hatte viel Freiheit in meiner Kindheit und Jugend. Ich hab meine Hausaufgaben gemacht, mehr oder weniger und dann war ich ausm Haus (Schweigen). Und die Berufswahl und die Schulwechsel und des alles hab ich (Schweigen).«

P22: KK_22.rtf – 22:91 [Was war er beruflich? Und dann.] (447:449)

»(Was war er beruflich?) Und dann hat er noch (Räuspern), äh, von der Verwundung her immer wieder Splitter gehabt, die immer wieder gewandert sind und also s es war auch eben n Kriegsversehrter wie man so schön sagt. (Ich würde jetzt gern mit Ihnen darauf darüber sprechen, welchen Einfluss die Kriegszeiten und die Nazizeit, äh, auf verschiedene Bereiche Ihres Lebens, äh, gehabt haben. Und äh, zunächst mal, würd ich Sie gern fragen, welchen Einfluss oder welche Wirkung hatte den diese Zeit auf Ihre Partnerschaften?) (Schweigen.) Auf meine Partnerschaften, also Sie meinen jetzt die Ehe (mh), äh? Also wie gesagt, das warn? (Ja, auf die Ehe und auf diese spätere wichtige?) Das warn XX und das, das war, da konnt ich auch mit meim Mann oder mit meim Schwieger- nicht diskutieren! Weil mein Schwiegervater, äh, war anfangs auch, mein Schwiegervater war Nazi. Und ich meine wie der, wie der Vater so der Sohn. Mein Mann hatte da keine andere Meinung, mein Mann war ein Leben lang von seinem Vater abhängig, in dieser Weise (mh). Und ich hab, ich, ich bin nie, ich habe nie dagegen gesprochen, weil ich einfach nicht, ich kann nicht diskutieren. Ich werd immer dann, werd ich niedergebrüllt oder ich hab dann auch gedacht, mit meim Schwiegervater war des sowieso unmöglich ne (mh). Der hat natürlich, äh, nur immer erzählt von dem was die XXX alles getan haben und so weiter. Ich meine, heute weiß mans, heut steht man ja auch dazu. Es wird, es is ja auch schon öffentlich mal, ähm, kommentiert worden, aber des warn anderes Thema, war da nicht und äh mein Schwiegervater hat, hat alles gutgeheißen, bis zum Schluss, wie ich das so mitgekriegt habe. Also des, tja, aber ich war nicht in der Lage, es hätte, äh, es hätte ja die beiden hätten mich verbal niedergemacht. (Welchen Einfluss hat die, äh, Kriegszeit also auf Ihr Schicksal als Kriegskind auf Ihre Beziehung zu Ihren Kindern, zu Ihren Söhnen?) (Schweigen.) Möchte ich sagen, nein hats nicht. Ich weiß, dass jeder immer gesacht hat nach dem Krieg, meine Kinder sollns besser ham, meine Kinder sollns besser ham. Die ham ihre Kinder verwöhnt bis zum Geht-nicht-mehr! Bei mir war das schon a mal gar nicht möglich, weil ich alleine war, für alles alleine aufkommen musste. Ich habe weder, äh, irgendwas groß geerbt, noch sonst was. Und ich hab immer gesacht, äh, meine Kinder habens gut, ich brauch mich da gar nicht extra anstrengen. Meine Kinder leben in Freiheit, meine Kinder erleben keinen Krieg, keine Bomben, äh, es erleben meine Kinder alles nich, also gehts ihnen gut (mh). Was soll ich da noch viel zu tun? Dazu tun, das is nicht mein Verdienst, Gott sei Dank! Und meine Kinder werden satt und haben Frieden, keinen Krieg. Es geht ihnen doch gut. Was soll ich sonst noch (Schweigen). Das hab ich immer gesagt, dass es meinen Kind-, das hab ich auch meinen Kindern oft mal gesagt, dass es ihnen so gut geht, dass sie ohne Krieg aufwachsen.«

P24: KK_24.rtf – 24:48 [Von den verschiedenen (tiefer Seufzer)] (118:120)
»Von den verschiedenen (tiefer Seufzer und Schweigen) hach, ich kanns, ich kann da keine politischen Kommentare geben oder sagen. (Nö, ich mein auch nicht.) Dass mein Vater nicht da war zum Beispiel. Ja? Das war ein reines Frauenhaus und es? Einmal wirklich, meine Kriegskindheit und dann, äh, meine Ehe. Ich bin noch verheiratet, lebe aber getrennt von meinem Mann und träume mindestens zweimal die Woche nicht angenehme Sachen aus dieser Zeit, wobei wir gute Großeltern geworden sind. Wir waren am Montag mit den Kindern auf einer Ausstellung, des geht ganz gut. Aber alles andere war für mich sehr schwierig in dieser Ehe. Und ich habe auch dann, wenn Sie sagen, Menschen, die mir geholfen haben, eine Therapie gemacht, zweimal 40 Stunden so tiefenpsychologisch orientiert.«

P25: KK_25.rtf – 25:114 [Äh, ich würd jetzt gern noch] (271:273)
»Äh, ich würd jetzt gern noch (mh). Also zunächst einmal war es so, dass es, äh, unsere meine Herkunftsfamilie geprägt hat, dass es geheißen hat: »Was in der Familie geredet wird, wird draußen nicht gesagt, so leicht! Das musste ich natürlich mit der Zeit überwinden. Öh, weil ich ja andere Leute dann auch, öh, sehr mit einbezogen hab. Öh, meine Partnerschaft! Dass ich auch eine, ein sehr eigenständiges Leben, dass ich einfach so entschieden hab, gelebt habe, obwohl ich in der Jugendarbeit tätig war.«

P25: KK_25.rtf – 25:121 [Gibt es denn, haben Sie] (319:321)

»Könnt ich mich jetzt nicht erinnern (mh). Also so eine, was so in unserer Familie war, öh, eher auf psychischem Gebiet würd ich sagen. Dass man entschieden lebt, eine Meinung hat, entschieden lebt und öh, dass man sich unabhängig macht von der Meinung von außen (ja). Das ist so ein bisschen durchgegangen (ja) durch unsere Familie.«

P26: KK_26.rtf – 26:55 [) Also, äh, des is wieder die] (339:339)

»Also, äh, des is wieder die Wiederholung, also diese, äh, neue Lebensweise als Außenseiter auf dem Dorf (Schweigen), was mich sehr, sehr, sehr stark, äh, (mh, diese sechs Jahre, ne), die sechs Jahre, äh, belastet hat (mh). Dann die, die Suche nach einer Identität, ähm, während der Schulzeit in XXX eben, äh Suche nach einer neuen Bürgerlichkeit mit meiner Familie und ähm Suche nach, äh, der persönlichen Identität (Schweigen). Und dann kann ich eigentlich nur noch sagen, dass das, das nächste einschneidende Erlebnis, der Beginn des Studiums war, wo ich ähm, mich zum ersten Mal also wirklich ganz und gar zu Hause gefühlt habe. Ähm, in dem Sinne, dass ich eben nun mit Literatur und Kunst und Sprachen mich beschäftigen konnte, äh, auch in einer Ausschließlichkeit, wie ich des vorher nicht, äh, gewusst habe, dass ich es brauche. Und ähm, dass des eben zu einem Lebensglück führen könnte, wo das ich auch nie für möglich *(Interviewer äußert mehrere unverständliche Wörter)* ge-, gehalten würde. Ja, bis heute. *(Interviewer äußert mehrere unverständliche Wörter)* Ja, ja.«

P31: KK_31.rtf – 31:48 [(Schweigen) ich muss] (253:253)

»(Schweigen). Ich muss immer wieder sagen, dass so wenig gesprochen wurde. Ich hab dann noch, als der Krieg schon lang aus war, Oberschule, da wollten meine Eltern von XXX nach XXX (mh). Und die Lehrpläne waren ja damals sehr verschieden (mh) und dann haben sie mich zwei Jahre nach XXX ins Internat (mh) und wir hatten die Hälfte der Klassen Kriegswaisen (mh). Und ich hab heut noch Kontakt mit ein, vielen davon. Und grad diese Kriegswaisen sagen, sie mussten ja immer so brav sein, damit sie ihr Stipendium an dieser Schule ned verliern (mh). Und ich hab des nie mitgekriegt. Und da denk ich mir, dass über all des nicht gsprochen wurde. Die sind da neben mir in der Schule und haben

Angst, aber ratschen ned im Unterricht, weil se denken, dann werden sie von der Schule gefeuert.«

P31: KK_31.rtf – 31:81 [ch glaub sicher, dass von meinem] (487:487)
»Ich glaub sicher, dass von meinem Mann her dieses immer nur arbeiten müssen (mh), wahnsinnig ehrgeizig sein (mh), dass des kriegsbedingt war (mh). Und des jüdische Erbe (mh), was da, äh, dazu mitgespielt hat, was ich ja vorher schon sagte und dass er dadurch eigentlich auch die Kinder so wenig erlebt hat (mh). Denn ich war, wenn was los war, kamen die zu mir. Und mir hats oft leid getan, weil ich dachte, der verpasst eigentlich alles.«

P32: KK_32.rtf – 32:78 [Mh. Ähm, jetzt kommen wir] (385:391)
»(Mh. Ähm, jetzt kommen wir noch mal auf die, Ihre Kriegskindheit, äh, im Kontext von Beziehungen, die Sie hatten (mh). Ich les die Frage einfach vor: »Welchen Einfluss oder welche Wirkung hatte diese Zeit, also die Kriegszeit, Ihre Kindheit auf Ihre Partnerschaften, also insbesondere auf Ihre (ja) Ehefrau?«) Waren ja ähnlich, wie ich, äh, in gewisser Weise auch Kriegskinder gewesen (mh). Also wir sind, äh, vielleicht ist das auch ein Aspekt, über den wir noch gar nicht gesprochen haben, natürlich auch so ein bisschen hinein-, bisschen sehr sogar hineingewachsen in diese Wohlstandswelle (mh), in diese Genuss- und Vergnügungsphase (mh), dieses Bedürfnis nachzuholen. Also wir ham da nicht bewusst drüber nachgedacht, aber des (war so). War wohl schon so, zumindest bei meinen Eltern auch. Also s hat schon auch ne große Rolle gespielt. Also wir hatten auch da sehr durch amerikanische Musik und, und durch diese amerikanische Kultur, dieser Way of Life, den wir sehr gerne mochten, auch das mit, mit vollem Herzen und vollen Armen angenommen. Und äh, ja so war auch der Umgang, also alle Freundinnen, die ich hatte, die mochten Rock 'n' Roll und die mochten die Filme mit James Dean und diese ganzen amerikanischen Filme, die dann zu uns herüberschwappten, ähm, wir waren teilweise auch in amerikanischen Bars gewesen, in der, in der Jugend dann (mh) zu Tanzabenden unterwegs gewesen. Also des spielte dabei schon eine Rolle und hat eine, wenn auch haudünne Beziehung, auch zu dieser Kriegs- und Nachkriegszeit (mh). Ähm, mit den jungen Damen oder mit den Freundinnen ist über Kriegszeit und diese politischen Schwierigkeiten nach dem Krieg nie ernsthaft gesprochen worden. Also des war eigentlich

kein Thema, des spielte keine Rolle. Erst später dann, ähm, ja mit meiner Frau hab ich darüber sehr häufig gesprochen, äh, aber in der Regel im Kontext mit, äh, dem, was meine Kinder in der Schule (mh) grade darüber gehört haben oder gemacht haben (mh). Also da ist dann schon intensiv darüber gesprochen worden (mh). Und meine Kinder ham dann auch versucht, an ihre Großeltern, also einen meinen Schwiegervater und meinen Vater heranzugehen: »Hör mal zu, wie war das?«

P34: KK_34.rtf – 34:67 [Der Einfluss Ihrer Kindheit.] (607:625)

»(Der Einfluss Ihrer Kindheit. Was glauben Sie, welchen Einfluss oder welche Wirkung möglicherweise, sag ich jetzt immer dazu, diese Zeit auf Ihre Partnerschaften, auf Ihre (mh) damalige Frau, also erste Frau, und jetzige Frau möglicherweise gehabt haben könnte (mh), also Ihrer Einschätzung nach natürlich, oder hat?) Also ich hab immer noch eine sehr ambivalente Beziehung zu Frauen, was sicher dran liegt, dass ich auch in der damaligen Zeit so, so, was man heute sagt, Partnerersatz ist. Aber n Wort, des, aber ich nenn s mal, weil mir nichts anderes einfällt (mh), für meine Mutter gewesen bin (mh) und eigentlich (mh) Frauen sehr schnell als übermächtig erlebe, die, wo man eigentlich, äh, mh, kein Platz hat. Ne! Und dann hilft einem nur wegzugehen (mh), ne. Das is jetzt so vereinfacht, das, wodurch ich feststelle, oder wie ich mir n bisschen erklär, dass ich keine, dass ich diese Ambivalenz (mh) auch hab. (Wenn Sie sagen, so für sich, äh, des so beschreiben, wie ham Sie das dann erlebt, diese übermächtige, also ich wills jetzt nicht überstrapazieren (mh), diesen Begriff, aber in Ihrem Erleben Ihre Mutter? Partner *(unverständliches Wort)*? Ja, dass ich immer dafür gesorgt hab, dass es meiner Mutter gut geht, ne (mh). Also natürlich mit Wutausbrüchen und allem möglichen, ich sag es nicht, dass es saldiert (mh), was Gutes war (mh), ne, aber, aber ich hab da so fast, fast so Art unmännliche Pflegeinstinkte entwickelt (mh), äh, die mir dann auch einen besonderen Platz bei meiner Mutter sicherten (mh). Und davon hab ich in meiner ersten Ehe und selbstgegründeten Familie sicher ein Stück auf die Kinder und das ist ja in Ordnung, auch (mh) über, äh, gerettet oder auch, äh, aber nicht auf meine erste Frau ne (mh). Und bei meiner jetzigen Frau ist das auch noch genau son Punkt. (Was meinen Sie jetzt konkret, dass ich mir des besser vorstellen kann?) Ja, dass ich, ähm, dass ich diese Pflegeinstinkte, die ich hab (mh). Ich sags mal so, ne, ähm, die ich, die ich eigentlich auch kenne (mh) und, und, und auch (mh), auch, die auch was Verführerisches für mich haben (mh) ne, dass ich das gerne tue, ne! Das die mich aber jetzt sofort, äh, en- entgegen (mh), äh, ne Gegenmacht in mir aufkommt, die mir sagt: »Nee, nee, nee, das lass, mal schön bleiben«, ne (mh), ähm, das is *(unverständliches Wort)*, habs jetzt n bisschen ungut unpräzis gesagt. (Ist das, was Sie meinen mit Partnerersatz so n bisschen?) Ja. Ja, ja, das meinte ich damit. (In der Funktion zu Ihrer, funktionalisiert von Ihrer Mutter?) Ja, wenn meine Mutter Migräneanfälle hatte, dann war ich zur Stelle, ähm und wenn, äh, so andere, auch Hilfen immer, ne, so (mh), die auch mit (mh) ja, des war denn doch auch oft denk ich mal, etwas zu eng.«

P35: KK_35.rtf – 35:76 [Sie sind gereist? Irgendwie] (313:315)
»(Sie sind gereist?) Irgendwie hatte ich so nen Freiheitsdrang, einfach.«

P36: KK_36.rtf – 36:30 [Äh, inwiefern, ähm, ist denn der] (201:203)
»(Äh, inwiefern, ähm, ist denn der, diese ganze Zeit, so wie Sie das sehn heute, inwiefern ist denn diese ganze Zeit für Ihre Familie prägend gewesen?) Gar nicht (mh), es war weder negativ noch positiv da. Ich glaub, dass des auch scho während m Krieg totgeschwiegen wordn is. Und mein Bruder, der eben auf m Land war, da im schwäbischen, der hat da sowieso nix mitgkriegt (mh). Der könnte dann vom Alter her schon eher was sagn.«

P36: KK_36.rtf – 36:31 [Und die Kriegserlebnisse Ihres] (205:211)
»(Und die Kriegserlebnisse Ihres Vaters? Immerhin war der ja an der Front.) Der war an der Front, aber nicht eben mit m Schießgwehr in der Hand; ja vielleicht hat er auch eins ghabt, des weiß i net, aber da, da nix, da kam gar nix. (Und was meinen Sie, inwiefern hat ihn das geprägt?) Mein Vater? Ja, weil er eben hinterher nicht mehr zurückkam auf sein n alten Posten oder in seine alte Firma und des war schon einschneidend, aber aus heutiger Sicht natürlich verständlich.«

P36: KK_36.rtf – 36:40 [Wie ging es denn nach dem, äh] (249:255)
»(Wie ging es denn nach dem, äh, Kriege weiter, also nach 1945 weiter? Ähm, wenn zunächst mal, wenn Sie zurückschaun von heute aus auf Ihr Leben, was hat denn Ihr Leben insgesamt besonders geprächt oder beeinflusst?) Also mit Si-

cherheit nicht die schw-, relativ schwere Nachkriegszeit, die hat mich nicht sehr beeindruckt. Wir ham alle kein Geld gehabt, mir ham alle immer Hunger ghabt, aber des war halt üblich, also wenn einer was zu essen ghabt hat, des, des war warn schon Ausnahmen. Wir ham immer irgend a Obst aus m Garten ghabt oder Äpfel oder und a Stück Brot hats auch immer gebn.«

P37: KK_37.rtf – 37:38 [Hm, große Frage. Weiß ich nicht.] (149:149)
»Hm, große Frage. Weiß ich nicht. Warum spricht man nicht drüber? Warum spricht man nicht darüber? Ma spr-, man lebt den Alltag. Und, und A-, A-, Arbeit und Verantwortung, also wir ham eigentlich gar nicht die Muse ghabt. Aber es is gut, dass Sie fragen, aber man hat gar net die Muse ghabt da jetzt lang, äh. Und wenn, dann hama über des, des was dran is, gesprochen, verstehn Sie? Sowohl bei den, bei den Eltern, wie bei, bei der Tochter oder beim Sohn. Also des im Studium oder mit Freunden oder mit, ja mit Reisen, mit (Schweigen) was des Leben is. Über des hama geredet, aber nicht eigentlich über die Vergangenheit. Und nie so, jetzt eigentlich bei Ihnen, mit Ihnen.«

P43: KK_43.rtf – 43:53 [Ja vom XX bis zum sie] (224:224)
»Ja vom XX war ja die Flucht (mh). Dann war meine Krankheit, dann kam 46 mein Vater. Und wir ham dann sehr primitiv gewohnt. Und ham dann, glaub ich, Ende 46 aber so ne kleine Wohnung gekriegt mit gemieteten Möbeln, bei eim XXX, also wo vorher ein XXX war. Der brauchte nur ein Zimmer, da hatte mein Vater XXX. Und wir hatten oben ein Doppelzimmer, da ham die Eltern geschlafen, ne Küche und hinten war so n Anbauzimmer, da ham wir zu, äh, dritt hat unser Kindermädchen, ich, mein Bruder und dann noch mein kleiner Bruder, also zu viert, äh, geschlafen. Also es war sehr wie Ölsardinen-Zeit, haben des meine Kinder genannt, wie ich ihnen mal erzählt hab.«

P45: KK_45.rtf – 45:24 [Welches Geschehnis aus der] (143:145)
»(Welches Geschehnis aus der Zeit is für Ihre Familie besonderes prägend gewesen?) Da kann ich nur sagen die Vertreibung (mh). Beziehungsweise das freiwillige Weggehen, aber freiwillig in Anführungsstrichen. Mein Vater hat einfach zu viel erfahrn, was passiert is auf seinem Weg nach Hause zu uns und meine Schwester war ja schon vergewaltigt, war kurz zu Hause und hatte schon wieder

den nächsten Befehl, dass sie zum nächsten Arbeitsdienst gehen musste. Deswegen hat mein Vater einfach sich schleunigst diese Genehmigung besorgt, hat sie glücklicherweise bekommen und wir sind gegangen. Wären wir nich gegangen, dann wärn wir gegangen worden, dann hätte mein Vater im Bergwerk landen können, meine Schwester beim nächsten Arbeitsdienst und meine Mutter weiß Gott wo, vielleicht mit mir, ich weiß es nicht. Im Lager, also meine ganzen anderen Verwandten sind im Lager gelandet. Ich weiß auch noch, als wir durch XXX durchliefen, winkte uns meine Tante aus m Lager zu und die hat des meinem Vater bis, bis zu ihrem Tod übel genommen. Das hat sie mir kurz vorher, ich war, hab sie besucht in XXX, noch übel genommen, dass er sie nicht mitgenommen hat. Aber das hat er gar nich können, aber das hat sie nicht einsehn können, dass er ihr nich geholfen hat (mh), aber das war einfach, es war eine harte Zeit (mh).«

P45: KK_45.rtf – 45:25 [Welches Ereignis, welches Geschehnis] (147:149)
»(Welches Ereignis, welches Geschehnis, hat Ihr ganz, Ihr ganz persönliches Leben, äh, am meisten, äh, aus dieser Zeit, am meisten geprägt?) Das is, ich weiß nur, dass ich immer Angst hatte (mh). Ich erinnere mich auch, ich hab immer geträumt, ich möcht ein Haus haben, wo ich einen Hebel hab und dann ist alles dicht und zu. Und da kann nichts durchkommen, keine Fremden, nichts (mh)! Also, das kam wohl von der Absperrerei in XXX, wir sind auch immer in den Keller schlafen gegangen, weil ja, ma wusst ja nie, wann so ne Bombe kommt (mh). Und ich hatte auch, ich hatte auch Ängste, weil dann, aber des is scho wieder nach der Flucht gewesen in XXX, da konnte man Ährenstoppeln gehen, so nannte sich das. Das heißt, wenn die Felder abgeerntet (mh) waren, konnte man dann suchen gehen. Kartoffeln konnte man noch graben, ob man noch eine findet. Und äh, meine Mutter hat dann an Straßenrändern, da warn ja die Straßen, überall gabs Obstbäume, das gabs jetzt noch in der DDR, erst jetzt langsam, äh, werden sie gefällt. Und was mich besonders erschüttert hat, dass, früher ham ja auch die, die DDR-ler sich das Obst aus den Straßengräben geholt, weils ja nichts gab. Und als ich s letzte Mal jetzt drüben war, da sind die Kirschen verfault, weil kein Mensch das Zeug mehr aufglaubt (mh). Und dann hat mein Vater einmal, er hat wirklich Fallobst vom Straßenrand eingesammelt und da kam ein Bauer gerannt und hat meinen Vater verprügelt. Und da hab ich so eine Angst gehabt.

Deswegen hatt ich dann immer, ich wollt immer dieses Haus zum Zumachen haben (mh). Des hat mich verfolgt, also, das fällt jetzt auch wieder in das, was ich sozusagen gelesen hab über, über solche Kriegskinder und Flüchtlinge.«

P48: KK_48.rtf – 48:89 [Was von den ganzen Geschehnissen] (203:209)
»(Was von den ganzen Geschehnissen, über die wir jetzt gesprochen haben, hat denn Ihre Familie als Ganze am meisten geprägt?) Also wenn ich jetzt, äh, nur mein Vater und meine Mutter anguck, also ich, m, meine Mutter hat (mh), war eine nette, freundliche Frau, aber verschlossen. U-, und mein Vater war, sagen wir mal, ziemlich weich und hat gelitten und hat nichts raus gelassen. Und ich denk, er is auch so gestorben. Also s war auch sein Tod.«

P49: KK_49.rtf – 49:63 [Mei, ich wollt ja immer, ich] (502:502)
»Mei, ich wollt ja immer, ich wollt immer sauber sein, aber was will ich n machen? Geh! Ich bin 1945, auf 46 wars so eiskalt (mh), dass wir den ganzen Winter nicht gewaschen haben (mh). Da bin ich, wie s dann im März, Mitte März wars ungefähr, so wie jetzt, hats des Tauen angfangen, da war die, de, XXX heißt der Bach da; da war des Eis noch drauf gschwommen, da hab i mi nackt ausgezogen, bin in des Eis da, hab den Sand unten raus und hab mi gwaschen, weil ich sauber sein wollte (mh). Ich hatte das Verlangen danach, endlich a mal baden. Das Wasser war eiskalt, aber die Sonne war warm (mh). Ja, da bin i dann und dann, was meinen Sie, wie stolz ich zur Schule gegangen bin (mh). Kinder, die früher n großen Bogen um mi gmacht ham, die ham gsagt, die ham mi gar ned gekannt (mh). Ge, die ham ned gekannt, die ham gsagt: »Ja gibts des?«, ja!«

Empirische Regelmäßigkeiten
> ➤ Die Nachkriegszeit wird im Erleben der Kriegskinder als die schwierigste Zeit beschrieben. Die Kinder lebten nach dem Krieg in »Rumpf-Familien« weiter, da die Väter schwer belastet aus dem Krieg zurückkehrten und unzugänglich blieben. Auch litten die Kriegskinder häufig unter den Folgen des beruflichen Abstiegs des Vaters. Die intensive Beziehung der Kinder zu ihren Müttern blieb meist bestehen, was wiederum zu innerfamiliären Spannungen führte.

➤ Der Ablösungsprozess der Kriegskinder von den Eltern war häufig von massiven Schuldgefühlen begleitet. Die Vorstellung, sich um die Eltern kümmern zu müssen, blieb unverändert bestehen. Gleichzeitig bestand der Wunsch nach Individuation und einem adäquaten Beziehungserleben. Für ihre weitere Entwicklung hilfreich wurden von den Kriegskindern soziale Jugendorganisationen erlebt.

➤ Das Beziehungserleben der Kriegskinder wird meist als hoch belastet beschrieben und war meist von einem grundlegenden ambivalenten Beziehungserleben gekennzeichnet.

➤ Auch das Selbsterleben ist geprägt von diffusen Ängsten und unterschiedlichen belastenden Vorstellungen, so beispielsweise konflikthaften Anforderungen des Lebens durch Flucht begegnen zu wollen. Krankheit und Tod reaktivierten zumeist Verlustängste aus der Kindheit. Häufig begegnet man aber auch einer sehr guten Fähigkeit, den Lebensanforderungen gerecht zu werden. Dies ist insbesondere im beruflichen Bereich festzustellen.

➤ Die Nachkriegszeit wird als eine Zeit beschrieben, in der die Kinder und ihre Eltern keine Würde mehr gehabt hätten; der Wiederaufbau sei klaglos vorangetrieben worden.

➤ Die Kinder hätten die Eltern einerseits in vielen Bereichen »verschlossen« erlebt, andererseits hätten sich die Eltern »distanzlos« verhalten.

➤ Einige Kinder hätten einen Schock im späteren Leben erlitten, als sie erfahren hätten, dass es »tote Geschwister« gegeben habe.

➤ Bis ins hohe Alter seien körperliche Berührungen unangenehm gewesen.

➤ Die Beschreibungen der Lebensrückblicke beinhalten häufig den Aspekt der Funktionalisierung. Kriegskinder beschreiben sich als »ein funktionierendes Wesen ohne Eigenleben«.

➤ Kriegskinder berichten, dass ihnen ein männliches Modell in der Familie gefehlt habe. Es habe wenig bis keinen liebevollen Körperkontakt gegeben. Auch hätten sich die Kinder bemüht, der Mutter den Mann zu ersetzen.

➤ Männliche Unterstützung habe es auch anderweitig nicht gegeben. Auch andere Männer hätten sich der Kriegskinder nicht wirklich angenommen, hätten sich für sie nicht interessiert.

➤ Viele Teilnehmer der Studie berichten, dass sie eine innere Kraft aus dem Lesen von Büchern und dem Rückzug in Träume und Visionen geschöpft hätten. Beim Literaturstudium seien sie von ihren Müttern unterstützt worden.

➤ Viele Studienteilnehmer kommen im Alter erneut mit den Erinnerungen schwer belastender Erlebnisse aus ihrer Kindheit in Berührung. Sie bezeichnen diesen Zustand in der Gegenwart häufig als »schrecklich«.

➤ Die Kriegskinder sprechen zudem davon, dass ihre defizitäre Entwicklung Einfluss auf ihre Kinder genommen habe. Die Fähigkeit zu konstruktiven familiären Auseinandersetzungen beispielsweise, habe sich bei den Kriegskindern und deren Kindern nicht entwickeln können. Kriegskinder ziehen sich oftmals in ihre innerpsychischen konflikthaften Welten zurück, ohne dieses zu kommunizieren. Hier scheint eine Identifizierung mit den Eltern stattgefunden zu haben.

Zusammenfassung

Um die inhaltlichen Schwerpunkte herausarbeiten bzw. die jeweiligen themenspezifischen Regelmäßigkeiten erfassen zu können, wurden im Rahmen der Untersuchungen zur Typenbildung auf der Stufe zwei des Typenbildungsprozesses, sechs themenspezifische Querschnittuntersuchungen (»Vater-, Mutter-, Selbstbild, NS-Themen/Holocaust, Kriegserinnerungen und Nachkriegszeit«), mit einem Materialumfang von insgesamt 1.257 Seiten durchgeführt. Im Folgenden werden die zentralen Aspekte der untersuchten Vergleichsdimensionen und ihrer Subkategorien – im Kontext ihres jeweiligen zeitgeschichtlichen Bezugsrahmens – nochmals zusammengefasst dargestellt.

Welche Erfahrungen haben die Angehörigen der Generation der 1932/1933 bis 1939 geborenen Personen in der Vorkriegszeit gemacht?
Unbeschwerte und belastende frühe Kindheitserinnerungen

➤ Der Lebensalltag wird »unbeschwert« (als »normales Leben«) erinnert.

➤ Kriegskinder erinnern ihr Selbstbild der Kindheit im Zusammenhang mit Größenfantasien (»tapfere Helden«).

➤ Die Erinnerung »Hakenkreuz« ist mit dem Erleben von Stolz assoziiert.

➤ Sie berichten von ihrer Begeisterung über die Aufmärsche, die Militärparaden und das Marschieren, denen sie zusammen mit ihren Eltern begeistert beigewohnt hätten. Gleichzeitig berichten sie von ihren Ängsten, unter denen sie in Jugendlagern oder in »Hitlerjugendheimen« gelitten hätten.

➤ Kriegskinder erzählen, dass sie und ihre Eltern bei der Olympiade 1936 Hitler wie einen heutigen Popstar verehrt hätten.

➤ Es gibt wenige Erlebnissequenzen in der Kindheit, die sich nur auf den Vater beziehen (»einzige Kindheitsüberbleibsel«). Diese Sequenzen sind emotional hoch besetzt und haben einen zentralen Stellenwert in der Kindheit der Kriegskinder.

➤ Kriegskinder tragen die Vorstellung in sich, funktionalisiert worden zu sein: »Ich sollte das Bindeglied zwischen meinem Vater und meiner Mutter werden.«

➤ Das Selbstbild ist häufig von der Vorstellung geprägt, von den Eltern nicht ausreichend libidinös besetzt worden zu sein, sondern als Selbstzweck in Verehrung für den Führer gezeugt worden zu sein.

Insgesamt fällt auf, dass die Erzählungen der Kriegskinder aus der Vorkriegszeit weniger Raum einnehmen als die Erzählungen aus der Zeit des Zweiten Weltkrieges und der Nachkriegszeit.

Welche Erfahrungen haben die Angehörigen der Generation der 1932/1933 bis 1945/1946 geborenen Personen in der Zeit des Zweiten Weltkriegs gemacht?
Das ambivalente Selbstbild der Kriegskinder

➤ Das Selbstbild ist einerseits von der Vorstellung geprägt, eine ganz »normale« Kindheit gehabt zu haben, andererseits waren die Kriegskinder – ihrem eigenen Erleben nach – schwerwiegenden Belastungen ausgesetzt: »Des war schon ne schlimme Zeit!«

Zentrale Repräsentanzen der Mutterbilder

➤ Kriegskinder klagen darüber, ständig von ihren Müttern zum Briefeschreiben (Feldpost) »hergenommen« worden zu sein.

➤ Sie berichten davon, dass sie unter der Belastung gelitten hätten, ihre Mütter trösten zu müssen, als der Vater im Krieg gewesen sei.

173

> Die Kindheitserinnerungen sind in erster Linie von dem Bild geprägt, in einem weiblichen Umfeld groß geworden zu sein, »weiblich« erzogen worden zu sein. Assoziationen der Kriegskinder zu diesem Erinnerungsbild: Überbehütete Erziehung, verdeckte Ängste, Unsicherheiten, Labilität, die väterliche Präsenz habe gefehlt; es sei in ihrem Selbst- und Beziehungserleben die Verunsicherung darüber vorherrschend gewesen, was der Vater im Krieg tue, bzw. wie es ihm ergehe.

Repräsentanzen der Vaterbilder

> Die Vaterrepräsentanzen der Kriegskinder zeigen, dass sie in ihrer Kindheit die Abwesenheit des Vaters meist mit Heldenfantasien über den Vater kompensierten. Die Enttäuschungen über das fehlende Heldentum und über das Verlusterleben nach dem Krieg blieben unverarbeitet bis in hohe Alter bestehen.

> Der Vater im Krieg wird meist im Kontakt mit der Familie erinnert (»Vater schickte Apfelsinen aus Italien«). Reale Begegnungen mit dem Vater werden kaum beschrieben, bzw. bestehen in der Erinnerung nur aus kurzen Sequenzen. Diese Sequenzen sind emotional hoch besetzt und haben einen zentralen Stellenwert in der Kindheit.

> Die Uniform des Vaters kann – wenn überhaupt – nur als Erinnerung auf dem Weihnachtsfoto thematisiert werden.

> Kriegskinder erinnern die leidvolle Erlebnissequenz der Nachricht vom Tod des Vaters.

> Der Tod des Vaters sei nicht konkret mitgeteilt worden, es habe die Möglichkeit Abschied zu nehmen gefehlt. Es habe auch keinen Ort für die Trauer gegeben.

Kindheitserinnerungen an NS-Themen und den Holocaust

> Immer wieder sprechen Kriegskinder davon, dass ihre Eltern über das Thema »Holocaust« geschwiegen hätten.

> Sie selbst erinnern, dass sie keine Juden kannten, oder aber erinnern, dass Juden Deutschland verlassen mussten. *Normalität*

> Kriegskinder erinnern, dass es für sie ganz »normal« gewesen sei, zwischen »Herrenmenschen« und »Untermenschen« zu unterscheiden.

➤ »Wenn die nicht bald aufhören, erschieß ich jemanden!« Kriegskinder sprechen im Zusammenhang mit der Holocaustthematik auf eine sehr aggressive Weise.

➤ Immer wieder zeigt sich in den Erzählungen der Kriegskinder die Doppelstruktur von Wissen und Nichtwissen. Belastende NS-Themen werden häufig bagatellisiert oder verleugnet.

➤ Kriegskinder erinnern das furchtbare Erlebnis, als sie KZ-Häftlinge sahen. Die Eltern hätten sie ermahnt, nicht mehr über dieses Erlebnis zu sprechen.

➤ Kriegskinder äußern mit heftigem Unmut ihr Unverständnis darüber, dass ehemalige Nationalsozialisten in der Bundesrepublik Deutschland weiterhin wichtige öffentliche Positionen bekleideten. *neutige situation LS.P*

Sinneseindrücke aus der Kindheit im Krieg

➤ Kriegskinder erzählen im Duktus eines »normalen Kindheitsalltags« von Bombardierungserlebnissen, von Verbrennungen, von Menschen in ihrem Umfeld, die durch die Bombardierungen zu Tode gekommen seien. Gleichzeitig machen sie eindrücklich deutlich, dass sie im Vorfeld des Interviews wegen dieser Erinnerungen schlaflose Nächte gehabt und sich gleichermaßen gefragt hätten, weshalb sie eine Einladung zum Interview erhalten hätten, das sei doch alles »normal« gewesen.

➤ Sie berichten von schwankenden, brennenden Häusern, die sie gesehen hätten. Die überaus große Hitze und der hohe Luftdruck hätten sie in massive Angstzustände versetzt.

➤ Sie sprechen davon, beim Anblick der brennenden Häuser, beim Anblick toter Soldaten, die in den Chausseebäumen gehangen seien, bei Aufenthalten im Luftschutzkeller und während einer Unzahl weiterer belastender Kriegserlebnisse oftmals sich selbst überlassen und damit heillos überfordert gewesen zu sein.

➤ Sie berichten zudem von einer wiederkehrenden Atmosphäre der Angst (z.B. beim Hören des Feindsenders, worauf die Todesstrafe gestanden habe).

➤ Gleichzeitig werden der »mufflige« Geruch und das Zittern der Menschen im Keller beschrieben. Der Geruch von alten Gemäuern und Ziegeln löse bis heute den Impuls aus, schnell davon zu laufen.

175

➤ Die Erinnerung an den Aufenthalt im Keller ist mit Angst, mitunter aber auch mit der Vorstellung von Geborgenheit assoziiert, da viele Kinder erinnern, dass sie immer von Erwachsenen getragen worden seien oder auf deren Schoss gesessen hätten.

Kindheitserinnerungen an Bombardierungen und Verwicklungen der Zivilbevölkerung in militärische Handlungen der Alliierten

➤ Über die Erinnerungen an den Krieg sprechen die Kriegskinder meist im Zusammenhang mit einer »Gefühlsüberschwemmung«, der sie, in Abhägngigkeit der emotionalen Selbstregulationsfähigkeiten der Erwachsenen und deren Fürsorge für die Kinder, mehr oder weniger ausgesetzt waren. In den Ausführungen wird deutlich, dass bei den Kindern diese überwältigenden Erfahrungen in ihren negativen Auswirkungen weiterhin wirksam waren, wenn sie die psychische Präsenz wichtiger Bezugspersonen nicht als heilsames Regulativ zur Unterstützung hatten. Oft blieben lebenslange physische und psychische Schreckensbilder und bedrohliche Gefühle, die von diesen belastenden Erlebnissen ausgingen, bestehen. Die Kriegskinder sprechen von einem Gefühl der »Wehrlosigkeit«, dem sie ausgesetzt gewesen seien. Sie sprechen von lebensbegleitenden Ängsten, die sich von den Eltern oder Bezugspersonen auf die Kinder bei äußeren Gewalteinwirkungen übertragen habe.

distanziert, normalisiert

Kindheitserinnerungen an Todeserlebnisse

➤ Gleichsam affektlos, wie aus dem »normalen« Alltagsgeschehen berichtend, beschreiben Kriegskinder fürchterliche Gewaltszenen mit Todesfolge. Sie bezeichnen zwar ihr damaliges Gefühlserleben als »grauenvoll«, doch teilt sich der zugehörige Affekt in der Erzählsituation nicht mit oder ist nicht vorhanden. In einer erschreckenden Normalität verlaufen diese »affektlosen« Gesprächssequenzen. Ebenso gibt es jedoch Gesprächssequenzen, in der die heftigen Gefühlsinhalte die Erzählung mit unvermittelter Wucht begleiten. Hier zeigen sich innerseelische affektive Erlebnisdimensionen, die über den gesamten Lebensverlauf nicht verarbeitet werden konnten.

Dissoziation bzw. Trauma

➤ Als hilfreich im Umgang mit all diesen ungeheuerlichen Erlebnissen (so zum Beispiel im Zusammenhang mit dem Anblick von toten Menschen) benennen die Kriegskinder die Anwesenheit und Fürsorge ihrer Mütter oder anderer bedeutender Bezugspersonen. In den Erzählungen gewinnt man den Eindruck, als sei durch das sichere Bindungserleben und die adäquate Bezogenheit zu relevanten Bezugspersonen bei den Kindern die Gewissheit entstanden, dass diese fürsorgliche Zuwendung jederzeit verfügbar sei, gleich einem »intermediären psychischen Zwischenraum«, in dem diese schrecklichen Erlebnisse »entgiftet« werden. Somit bleibt eine innerpsychische Bedrohung bzw. Destabilisierung aus, oder aber die äußeren und inneren Gewalteinwirkungen dringen nicht als zu bedrohliche Erlebnisdimension in die Psyche der Kinder vor.

Kindheitserinnerungen an Vergewaltigungen

➤ Meist haben die Kriegskinder nur die Vorstellung entwickelt, dass etwas Schreckliches passierte, während sie Szenen sexualisierter Gewalt miterlebten oder selbst erleben mussten. Die Kinder hörten den Begriff »Vergewaltigung« in den letzten Jahren des Zweiten Weltkrieges immer wieder; sie kannten diesen für sie dubiosen Begriff sehr genau, ohne ihn mit einer konkreten Bedeutungszuschreibung versehen zu können. Nur die Atmosphäre der Angst, die in der Erwachsenenwelt vor diesem Geschehen vorherrschte, konnten Sie erinnernd beschreiben. Erst im Erwachsenenalter – oftmals Jahrzehnte später – können sie diese Gewaltszenen aufgrund von Erzählungen als Vergewaltigungen erkennen und das dauerhaft belastete innerpsychische Erleben ihrer Mütter besser verstehen.

Welche Erfahrungen haben die Angehörigen der Generation der 1932/1933 bis 1945/1946 geborenen Personen in der Nachkriegszeit und in ihrem weiteren Leben gemacht?
Die Nachkriegszeit wird von vielen Studienteilnehmern als die schwierigste Zeit ihrer Kindheit beschrieben. Im Folgenden werden die Inhalte zusammengefasst, die von den Studienteilnehmern als bedeutsam beschrieben wurden.

Vaterbilder der Nachkriegszeit

➤ Der Vater sei nie mit schlechten Nachrichten über die Kinder belastet worden. Vom Vater sei eine Erwartungshaltung des Funktionierenmüssens und des Leistungen Erbringenmüssens ausgegangen, der die Kinder entsprechen wollten.

➤ Kriegskinder berichten, der Vater habe seine Liebe gegenüber seinen Kindern nicht zeigen können, deshalb habe es keine liebevollen Berührungen gegeben.

➤ Sie erlebten ihre Väter als distanziert und emotional in vielen Bereichen (insbesondere hinsichtlich der NS- und Kriegszeitthemen) nicht erreichbar.

➤ Das Beziehungserleben zum Vater wird häufig als distanziert und streng beschrieben; dieses distanzierte Beziehungserleben wurde jedoch in der Kindheit nicht als Mangel erlebt. In der Regel wird ein eher autoritäres Beziehungserleben geschildert.

➤ Das Verlassenheits- und Einsamkeitserleben der Kriegskinder wurde meist abgewehrt.

➤ Die Kriegskinder beschreiben ihre Väter als traumatisiert und unfähig über ihre Kriegserlebnisse zu sprechen.

➤ »Tiefergehende Gespräche sind nie wirklich gewesen.« Das Schweigen des Vaters wird als »Kriegstrauma« erklärt, das mit unterschiedlichen Vorstellungen seitens der Kriegskinder behaftet ist. Über die Beteiligung der Väter an Erschießungshandlungen beispielsweise werden Vermutungen angestellt.

➤ Häufig entstand eine globale Identifizierung mit dem Abgrenzungs- und Schweigegebot des Vaters bzw. eine Identifikation mit der Abwehr von Trauer und Schuld durch das verinnerlichte väterliche Über-Ich-Introjekt.

➤ Die Beziehung zur Mutter wird zumeist auch wegen der Möglichkeit über die gemeinsame Vergangenheit zu sprechen, als »intensiver« beschrieben.

➤ Nach der Rückkehr des Vaters wird dieser als fremd und verändert erlebt, die Erwartung aller Beteiligten an die Rückkehr des Vaters sei hoch gewesen und habe sich nicht erfüllt. Das Leben ohne Vater sei »eingespielt« gewesen, nach dem Krieg habe es deswegen Konflikte im Familiengeschehen gegeben.

➤ Die Zeit der »Entnazifizierung« wird als ausgesprochen spannungsgeladen im Familiengeschehen erlebt.

➤ Im Zusammenhang mit dem Holocaust werden die Väter überwiegend als diejenigen geschildert, die »weggeschaut« hätten oder nach eigenen Angaben

»nichts damit zu tun« gehabt hätten. Häufig wird Verständnis für dieses Verhalten, das aus Angst vor lebensbedrohlichen Folgen erfolgt sei, geäußert.

➤ Über das, was in den KZs geschehen sei, hätten die Väter nicht sprechen können.

➤ Erzählungen der Väter aus dem Krieg oder der Kriegsgefangenschaft seien kaum erfolgt. Gleichzeitig wird eine lebenslange Distanz zum Vater berichtet.

➤ »Wir ham sehr viele Vater-Sohn-Aktivitäten gehabt, Radtouren, Zeltlager, Bergtouren und so weiter.« Schilderungen, die derartige Erlebnissequenzen mit dem Vater beschreiben, werden selten im Zusammenhang mit der Kriegszeit und Nachkriegszeit erzählt. Wenn überhaupt, werden diese Schilderungen aus der Vorkriegszeit erinnert.

➤ Es werden kaum Erlebnissequenzen beschrieben, die sich nur auf die Kinder und ihre Väter beziehen; Erinnerungssequenzen, die sich auf den Vater beziehen, werden meist im Kontext des Familienerlebens beschrieben.

Mutterbilder der Nachkriegszeit

➤ Lebensbedrohliche Ereignisse des Kindes im Beisein der Mutter (z.B. Tieffliegeranflug), bei denen die Mutter Todesängste gehabt habe, werden als sehr belastend und »einprägsam« beschrieben.

➤ Enorm belastende Erfahrungen, wie beispielsweise Erfrierungen, schwere Krankheiten (z.B. Typhus) oder der Aufenthalt in Flüchtlingslagern, werden als alltägliche Ereignisse beschrieben, welche die Mutter so gut es ging bewältigt habe, jedoch den vielfältigen Anforderungen häufig nicht gewachsen gewesen sei: »Meine Mutter hat immer versucht, alle einschneidenden Belastungen alleine zu bewältigen.«

➤ Wegen des existenziellen Überlebenskampfes und ihrer persönlichen Überforderung konnten die Mütter für ihre Kinder nicht ausreichend psychisch präsent sein bzw. auf deren Bedürfnisse adäquat eingehen, sodass die Kinder ihre Mütter als distanziert und wenig bezogen erlebten.

➤ Mütter werden als in vieler Hinsicht nicht einfühlsam beschrieben. Als eine zentrale Deckerinnerung wird zum Beispiel der Lieblingsteddy erwähnt, der von der Mutter »im Fluss ertränkt« worden sei.

➤ Mütter wurden als »depressiv« erlebt, die Kinder fühlten sich als Ersatzpartner benutzt.

➤ Mütter werden als bis in die Gegenwart der Ideologie des Nationalsozialismus verhaftet beschrieben, ein Gespräch über diese ideologische Bezogenheit sei nicht möglich gewesen.

➤ Mütter werden mit einem Hang zur Grandiosität und als nicht authentisch beschrieben. Das Streben nach Rechtschaffenheit wurde als Doppelmoral erlebt.

➤ Die Mütter hätten Angst vor dem Vater gehabt, hätten sich in chronische Leiden geflüchtet, um Aufmerksamkeit zu erlangen.

➤ Die Kinder wurden von ihren Müttern als »unausstehliche« Last erlebt.

➤ Die Erziehung sei auch in der Nachkriegszeit von Nazielementen geprägt gewesen: »Und, äh, dieses Unduldsame, des Gehorchenmüssen, hundertfünfzigprozentig Gehorchenmüssen, das Bestrafen, das auch brachial war, äh nicht nur Stubenarrest, äh, sondern auch Schläge sehr früh. Und äh, dieses wirklich laute Schimpfen, dieser Kommandoton, ähm, ein dieses übertriebene der preußischen klassischen Tugenden einfach, diese Perversion. Und keine Heimlichkeiten haben dürfen, kein Privatleben haben müssen. Äh, Übergriffigkeit auch, Kontrolle, äh, und, und äh, solche Elemente; also da würde ich heute schon sagen, äh, wenn ich mir mein Leben angucke, es ist wahnsinnig geprägt worden durch diese Erziehungsprinzipien.«

➤ Wut und Enttäuschung über den Verlust des Partners werden auf das Kind projiziert, die Kinder wurden häufig als Ersatzpartner funktionalisiert (Parentifizierung) und litten unter diesem weitgehend funktionalisierten Beziehungserleben.

➤ Aufgrund der äußeren belastenden Erfahrungen stellten die Mütter zu ihren Kindern eine überaus große, intensive Nähe her. Kinder werden als Selbstobjekt für die Mütter verwendet.

➤ Die Kinder wurden von den Müttern adultisiert und übernahmen häufig die Verantwortung wie ein Erwachsener (Aufgaben des Vaters werden an die Kinder delegiert).

➤ Aufgrund der defizitären Selbst- und Affektregulierung der Mütter wurden deren Gefühle der Wut und der Angst auf die Kinder projiziert, wodurch die Kinder einerseits in einen Zustand der emotionalen »Überflutung« gerieten und andererseits adultisiert wurden.

➤ Immer wieder genannt werden Unzulänglichkeitsgefühle, Neidgefühle, Gefühle der Erniedrigung und Demütigung, Ohnmachtsgefühle (psychischer und physischer Missbrauch aufgrund von Vergewaltigungen), die von den Müttern auf die Kinder gerichtet gewesen seien. Enttäuschungen der Mütter hinsichtlich ihrer eigenen Lebenserwartungen und Erwartungen an die Partnerschaft führten dazu, dass die Kinder bewussten und unbewussten Neidgefühlen ausgesetzt waren und dadurch Schuldgefühle entwickelten.

➤ Die Kriegskinder beschreiben ihre Verunsicherung, die durch die national-sozialistisch geprägte Erziehung (Johanna Haarer) ihrer Mütter entstanden sei. Die Mütter seien nach dem Krieg weiterhin den Erziehungsidealen der Ideologie des Nationalsozialismus verhaftet gewesen, gleichzeitig hätten die Kriegskinder ihren Müttern psychischen Halt geben müssen: »Ich kann nur sagen, dass mich das unglaublich, äh, verunsichert und belastet hat. Des sicher, weil des warn ja auch meine Eltern, also ich hab ja meine Mutter praktisch ständig stützen müssen. Ich war in, mit zehn Jahren, in, in, a, in, oder vorher schon, wie mein Vater im Krieg war, immer diejenige, die sie trösten musste; ich denk, des is ja ne komplette Überforderung! Und hab dann so die Sehnsucht auch, auch gehabt, einfach selber mal getröstet zu werden (mh). Und als des dann nach m Tod von meinem Sohn ausblieb, da da is n des so zusammengebrochen (mh). Also ich war eigentlich, muss ich sagen, als Kind schon erwachsen. Ich hab diese unbeschwerte Kindheit nicht erlebt (mh).«

➤ Kinder kamen durch die Mutter oder die Großeltern mit der rassistischen Ideologie des Nationalsozialismus in Berührung: »Äh, die haben, die haben, also so wie meine Mutter mir das gesagt hat: »Was für een kleener Steppke und ganz weizenblond (ach so). So! Und, und nur, die mochten blonde Kinder *(unverständlich)* germanische Rasse ist. Die haben ja selber auch genug Blonde da. Das sind so Geschichten, so kleine Punkte, die hab ich im Gehirn drin und das geht auch nicht wieder raus.«

➤ Lebensborn Kinder beschreiben das Beziehungserleben zu ihren Müttern als sehr bezogen, dennoch erlebten sie sich »anders« als andere Kinder. Die Bezogenheit wird als nicht authentisch erlebt: »Und, und diese, dieses Moralisierende, das hat mich nämlich sehr geprägt. Ähm, das man sich einfach auf Kinder freut. Dieses so man freut sich als Mutter einfach auf ihr Kind und so. Hat sich zu freuen!«

➤ Kriegskinder sprechen offen darüber, dass ihre Eltern eine nationalsozialistische Gesinnung gehabt hätten, teilweise auch noch nach dem Krieg: »Mein Vater ist politisch im Nichts gestanden. Der hat an diese Idee geglaubt. Ja? Und der war auch, mein Vater war auch, da hab ich auch gelernt, was Fanatismus ist. Mein Vater war auch fanatisch.«

➤ Kriegskinder erzählen davon, dass sie von ihren Eltern mitunter gehört hätten: »Ein kleiner Hitler müsse wieder her.« Hitler sei für den Vater auch nach dem Krieg unumstößlich der »Größte und Beste« gewesen.

➤ Kriegskinder idealisieren ihre Eltern, kennzeichnen sie als Gegner der Nationalsozialisten oder aber verleugnen ihre Anhängerschaft.

➤ Neben dem Hinweis, dass diese enormen Belastungen im Außen ganz »normales« Alltagsgeschehen gewesen seien, stellten die Kriegskinder fest, dass die Zeit dennoch »schlimm« gewesen sei. Die belastenden Erlebnisse für ihre Eltern (Verluste von Familienangehörigen) werden berichtet, doch sei darüber nicht gesprochen worden. Das Schweigen wurde so interpretiert, dass die Eltern an diese Erlebnisse »nicht mehr denken« wollten.

➤ Kriegskinder sprechen in unterschiedlichen Zusammenhängen von ihrem ambivalenten Beziehungserleben ihren Eltern gegenüber: »Ich trage eine unfertige Geschichte mit meinen Eltern mit mir herum.« »Es gibt vieles, was mir bis heute zu schaffen macht!«

➤ Kriegskinder konnten sich in ihren individuellen Belangen nicht mitteilen: »Über persönliche Dinge wurde nicht gesprochen.« »Wir wollten unsere Eltern nicht belasten.« »Ich hab mit mir alles alleine ausgemacht, das war einfach so.« »Ich bin sehr früh selbstständig geworden.« »Nicht auffallen!«

➤ Sie litten unter der mangelnden Anerkennung ihrer Eltern.

➤ Die weiblichen Kriegskinder berichten, dass sie in ihrer beruflichen Ausbildung gegenüber den Jungen benachteiligt gewesen seien. Die männlichen Kriegskinder sprachen davon, wie wichtig es für sie gewesen sei, ein »Held« zu sein: »Heldentum war wichtig.« »Berufsausbildung war für Jungen wichtig, nicht für Mädchen.« »Ich wollte es immer zu etwas bringen.«

Überdauernde Gefühlskonnotationen und Einschätzungen der Kriegskinder in Bezug auf ihre Kindheitsgefühle

➤ Kriegskinder sprechen häufig von einem tief sitzenden elementaren Gefühl der Unsicherheit, das sie über ihr ganzes Leben in sich getragen hätten.

➤ Sie berichten, dass sie unter starken emotionalen Gefühlsschwankungen lebensbegleitend gelitten hätten: »Ich habe lebensbegleitende Verlustängste und bin anfällig für Affektansteckungen.«

➤ Gefühle zu zeigen, sei ihnen nicht möglich gewesen. Ihre Erlebnisse im Zusammenhang mit der Kriegskindheit seien »abgekapselt« gewesen. Über viele Gefühle im Zusammenhang mit der Kriegskindheit zu sprechen, sei ihnen erst im hohen Alter möglich gewesen.

➤ Kriegskinder sprechen von ihrem leidvollen Erleben von Schamgefühlen, das mit der Nachkriegszeit begonnen habe.

➤ Sie berichten von Hassgefühlen, die sie gegenüber ihren Müttern hegten, da diese ausgeprägte Dankbarkeitserwartungen wegen ihrer Leistungen und Opfer an ihre Kinder herangetragen hätten.

➤ Im Zusammenhang mit ihrer Flucht oder Vertreibung in der Kriegskindheit sprechen Kriegskinder von einer inneren Unruhe.

➤ Die Kriegskinder litten unter der mangelnden Anerkennung als »Flüchtlingskinder«: »Ich war ein »Flüchtlingskind.« »Ich habe sehr darunter gelitten, nicht anerkannt zu werden.« »Ich habe mich geschämt.« »Die räumliche Enge war sehr belastend.«

➤ Kriegskinder sprechen von vielfältigen Schuldgefühlen: »Ich fühl mich immer schuldig!«

➤ Die Kriegskindheit ist mitunter auch positiv konnotiert: »Aus diesen Erfahrungen ist auch viel Positives erwachsen.«

➤ Das positive Selbstbild der Kriegskinder ist maßgeblich über eine erfolgreiche Arbeit und einen hohen Leistungsanspruch definiert.

➤ Kriegskinder sprechen häufig von unterschiedlichen Ängsten:

    ➤ Von der Angst davor, nahestehende Personen zu verlieren.

    ➤ Von der Angst vor dem Leben: »Kommt so was mal wieder?«

    ➤ Ihrer verinnerlichten Angst vor Unvorhergesehenem: »Ich habe nur ein Kind, ich wollte nicht noch mehr Kinder, weil ich immer Angst

hatte, wie sollst du, wenn s nochmal Krieg gibt, mit den Kindern durchs Leben kommn.«
- ➤ Von ihrer verinnerlichten Lebensangst: »Der kriegsbedingte Einfluss war eine große Verunsicherung und zog eine große Lebensangst nach sich.«
- ➤ Von dem Gefühl einer lebensbegleitenden sozialen Angst.

Kindheitserleben unter den Besatzungsmächten
- ➤ »Heil Hitler« – »Guten Tag« – Vom Dritten Reich zum Nachkriegsdeutschland unter den Besatzungsmächten. Kriegskinder berichten, dass sie den Umbruch der gesellschaftlichen Strukturen als ausgesprochen irritierend erlebt hätten.
- ➤ Kriegskinder erleben die Nachkriegszeit als erneute massive Belastung. »Jetzt ist Frieden!« »Aber da war noch lange nicht Frieden, da gings ja erst los für uns!«
- ➤ Kriegskinder erinnern, dass sie in der Nachkriegszeit das Gefühl der Würde verloren hätten: »Alle Staatsgewalt geht vom Volke aus!« »Wir hatten keine Würde mehr!«
- ➤ Hinsichtlich der Einschätzungen die von Kriegskindern zu Vorkriegszeit, Kriegszeit und Nachkriegszeit vorgenommen wurden, stellen sie zumeist fest, dass sie über ihre Kindheitserfahrungen – wenn überhaupt – erst viel später in ihrem Leben nachgedacht hätten. *Dauer der Verarbeitung*

Protektive Faktoren
- ➤ Die Natur wurde von vielen Kriegskindern als heilsamer Ort beschrieben, an dem sie sich geborgen fühlen: »Die Zerstörungskraft vom Krieg hat mit meiner Sehnsucht nach Schönheit zu tun.« »Ich habe eine starke Bindung an die Natur.«
- ➤ Kriegskinder benennen die Beschäftigung mit Literatur als »stabilisierend«, die Beschäftigung mit Literatur wird zumeist lebenslang beibehalten.«
- ➤ Kriegskinder beschreiben soziale Gruppen, denen sie sich in der Nachkriegszeit angeschlossen hätten als hilfreich für eine gute Kindheits- und Jugendentwicklung.

➤ Kriegskinder sprechen davon, welche positiven Gefühle damit verbunden sein, in ihrem Partner einen »Vertrauten« gefunden zu haben: »Über diese Erlebnisse mit meinem Mann sprechen zu können ist etwas ganz Wertvolles.«

Kontrastierende Typenbildung: Auswahl der Extremtypen
Zum Prozess der Typenbildung gehört neben der inhaltlichen themenspezifischen Querschnittanalyse die Unterteilung der Interviews in möglichst homogene und möglichst heterogene Gruppen, aus denen sich dann wiederum extreme Varianten herausfiltern lassen. Die differenzierte inhaltliche Analyse der einzelnen Interviews hatte die Eingrenzung auf diejenigen Fälle zum Ziel, die das Datenmaterial in seiner Vielfältigkeit möglichst gut abzubilden vermögen. Dazu wurden von der Autorin möglichst kontrastierende Fälle sowohl mit Blick auf die Schilderung spezifischer Erlebensphänomene als auch hinsichtlich der daraus resultierenden prägenden Folgen wiederum nach dem Prinzip des »Theoretical Samplings« (Strauss & Corbin 1996) unterteilt und qualitativ analysiert. Aus den 72 Interviews wurden nach den oben ausgeführten Kriterien diejenigen Referenzinterviews auf der zweiten Stufe der Typenbildung ausgewählt, die möglichst gut gleiche aber auch ganz unterschiedliche Typen repräsentierten (vgl. Müller 2013).

Dritte Stufe:
Untersuchung inhaltlicher Zusammenhänge und Typenbildung

Um die Vielfalt der komplexen Inhalte der vorliegenden Forschungsthematik möglichst gut abbilden zu können, war es notwendig, einen Forschungsansatz zu wählen, mit dem die spezifischen Merkmale möglichst differenziert in ihrer subjektiven Erlebnisqualität erfasst werden konnten. Aus diesem Vorhaben ergab sich die Methodenwahl des qualitativen Vorgehens, das den Erkenntnisprozess eines induktiven bzw. abduktiven Vorgehens beinhaltet. Die qualitative Forschung erhebt den Anspruch, komplexe soziale Sachverhalte zu verstehen. Sie rekonstruiert subjektive Deutungsmuster. Das eigene Vorverständnis wird möglichst weit und lange zurückgestellt. Sie interpretiert Deutungen als subjektive Sichtweisen und gestaltet sich nach dem Prinzip der Offenheit. Der Diskurs ist durch offene Fragen gestaltet, die Antworten sind Texte. Die Stichprobenanzahl ist klein. Bei diesem

Forschungsansatz spielen die Verfahren des Fallvergleichs, der Fallkontrastierung und der Typenbildung eine bedeutsame Rolle. Dabei sind qualitativ entwickelte Konzepte und Typologien sowohl empirisch begründet als auch gleichzeitig in einen theoretischen Bezugsrahmen gestellt. Der Forschungsansatz beinhaltet einen zirkulären Erkenntnisprozess, der sich sowohl aus der Arbeit am empirischen Datenmaterial heraus entwickelt als auch theoretisches Vorwissen und die aus dem Forschungsprozess heraus erfolgende Theorienbildung berücksichtigt. Im Prozess der Datenauswertung werden Schlussfolgerungen gezogen, mit deren Hilfe wiederum im Entdeckungskontext neue Konzepte anhand des Datenmaterials gewonnen werden.

Wie Kelle und Kluge (2010) ausführen, sind diese logischen Schlussfolgerungen, die zur Formulierung neuer Begriffe und zur Entdeckung neuer Einsichten führen, weder induktiv noch deduktiv, sondern repräsentieren eine dritte Form des logischen Schließens, die Abduktion, die aus einer Fülle von empirisch gewonnenen Phänomenen gebildet wird und deren Schlussfolgerung eine empirisch begründete Hypothese darstellt.[4]

Der Kommunikationswissenschaftler Jo Reichertz bemerkt zum Vorgang der Abduktion, die Abduktion habe bei vielen Forschern als »willfähriges Zauberwort« gegolten, das noch immer gelte (2003, S. 12), das immer dann einsetzbar sei, wenn nach der Validität des wissenschaftlichen Deutungsprozesses gefragt würde. Er schlägt vor, den Abduktionsbegriff von seiner validitätssichernden Überfrachtung zu befreien und als einen Begriff zu verwenden, der für jedwede Art wissenschaftlichen Forschens von zentraler Bedeutung sei. Abduktives Schlussfolgern ist im Sinne Reichertz kein logisches Schlussfolgern im strengen Sinne, das auf einem bestimmten Weg zu einer bestimmten Erkenntnis gelangt, sondern das Ergebnis einer Einstellung, einer Haltung gegenüber Daten und

---

4   Diese Form des Schlussfolgerns geht auf den Philosophen Charles Sanders Peirce zurück und wurde als »hypothetisches Schlussfolgern« bezeichnet, bei dem eine erklärende Hypothese gebildet wird. Peirce entwirft dabei eine dreistufige Erkenntnislogik von Abduktion, Deduktion und Induktion. Die erstmals neu gefundenen spezifischen Phänomene des Untersuchungsgegenstandes werden in einen sinnstiftenden Zusammenhang geordnet, der dann auf deduktivem und induktivem Wege überprüft wird (Kelle/Kluge 2010, S. 25).

gegenüber dem eigenen Wissen. Der abduktive Denkprozess sei, wie Reichertz betont, für die Phase der Datenauswertung von maßgeblicher Bedeutung, da er einerseits eine breite, differenzierte, theoretische, zirkuläre Reflexion beinhalte, andererseits eine kontinuierlich offene Haltung einnehme, aus der heraus bestehende Überzeugungen immer wieder hinterfragt werden könnten (ebd.).

In diesem Interpretationskontext kam der Vorgang der Abduktion auch in dieser Arbeit zur Anwendung, als eine offene Forschungshaltung, der die ständige Reflexion theoretischer und empirischer Inhalte zugrundeliegt. Das methodische Vorgehen folgte dabei dem Erkenntnisweg eines hermeneutischen Zirkels, mit dem Ziel, die spezifischen Charakteristika des Forschungsfeldes vor dem Hintergrund einer fortwährend offenen Forschungshaltung möglichst differenziert zu erfassen, zu beschreiben und zu erklären. Im Verlauf des Auswertungsprozesses sollten Strukturen herausgebildet werden, die sukzessiv komplexe Zusammenhänge in immer feineren Strukturen abbilden sollten. Der Forschungsprozess bewegte sich dabei im Wesentlichen auf zwei alternierenden Ebenen der Erkenntnisgewinnung. Zum einen auf der Ebene der Beschreibung der kennzeichnenden innerpsychischen und äußeren Phänomene und zum anderen auf der Ebene der Bewertung und Erklärung dieser innerpsychischen und äußeren Phänomene, der Ebene der Sinnschließung. Auf der Ebene der Beschreibung erfolgt die Charakterisierung innerpsychischer und äußerer sozialer Realität durch Strukturierung und Informationsreduktion. Das »Typische« von Teilbereichen soll erfasst, beschrieben und dann auf der Ebene der Erklärung in Beziehung gesetzt und damit in hypothetische Bedeutungszusammenhänge gestellt werden. Durch die Bildung von Typen und Typologien können komplexe innerpsychische und soziale Realitäten auf wenige Gruppen bzw. Begriffe reduziert werden, wodurch diese, wie Kelle und Kluge (2010, S. 93) ausführen, greifbar und damit begreifbar gemacht werden. Durch die zunächst deskriptive Gruppierung seiner Elemente wird der Untersuchungsgegenstand überschaubarer, komplexe Zusammenhänge werden verständlich und können dargestellt werden. Diese inhaltlichen Zusammenhänge können dann mithilfe von allgemeinen Hypothesen erklärt werden. Typologien dienen dabei als Konstrukte. Indem diese Konstrukte zentrale Ähnlichkeiten und Unterschiede im Datenmaterial deutlich machen, stoßen sie über allgemeine kausale Beziehungen und Sinnzusammenhänge den Prozess der Hypothesenbildung an (siehe Kelle/Kluge 2010, S. 105). Typologien ermöglichen somit einerseits die Strukturierung des Untersuchungsbereiches, andererseits wird dadurch ein Forschungsprozess in Gang gesetzt, der die Generierung von Hypothesen und die Entwicklung von Theorien in vielfältiger Weise ermöglicht.

Der Erklärung des gesamten Forschungsprozesses und insbesondere der Auswertungsphase kommt eine zentrale Bedeutung zu. Es findet eine Offenlegung aller Forschungsschritte statt. Insbesondere die interpretative Datenanalyse soll differenziert dargestellt werden, um nicht der Kritik der Willkürlichkeit und des unreflektierten Subjektivismus ausgesetzt zu sein. Ein weiteres zentrales Gütekriterium der qualitativen Forschung fand mit der Vorgehensweise der »Methoden-triangulierung«, also der Herangehensweise unterschiedlicher methodischer Zugänge Berücksichtigung. Die vorliegende Arbeit orientiert sich an folgenden Gütekriterien der »intersubjektiven Nachvollziehbarkeit« wie sie Steinke 2000 formuliert hat.

Steinke betont, dass es im Gegensatz zur quantitativen Forschung bei der qualitativen Forschung nicht um Überprüfbarkeit im Sinne eines standartisierten Untersuchungsweges gehe, da eine standartisierte Wiederholung aufgrund der begrenzten Standardisierbarkeit nicht möglich sei. Gerechtfertigt sei jedoch der Anspruch auf intersubjektive Nachvollziehbarkeit. Die Dokumentation des Forschungsprozesses sei eine grundlegende Voraussetzung der qualitativen Forschung, damit der Öffentlichkeit die Möglichkeit gegeben werde, den Forschungsprozess nachvollziehen und die entstandenen Ergebnisse (auch nach eigenen Maßstäben) beurteilen zu können.

Dokumentiert werden sollten das Vorverständnis und damit zusammenhängende Erwartungen, da diese die Methoden sowie die Daten beeinflussen könnten und zudem erkennbar werde, ob ›Neues‹ entdeckt oder nur Hypothesen geprüft worden seien. Dokumentiert werden sollten deshalb die Erhebungsmethoden und der Erhebungskontext, zum Beispiel Leitfadeninterview, Kontextinformationen, Einschätzung der Glaubwürdigkeit der Interviewäußerungen etc.; die Transkriptionsregeln; die Daten, auch um die Angemessenheit der Methoden beurteilen zu können; die Auswertungsmethoden, um beurteilen zu können, ob die Richtlinien eingehalten worden seien; die präzise Dokumentation der Informationsquellen (wörtliche bzw. sinngemäße Äußerungen der Interviewpartner; Erhebungskontext; Beobachtungen sowie Hypothesen und Deutungen der Forscher); die Entscheidungen und Probleme (zum Beispiel Fragen zur Untersuchungsgruppe), die im Verlauf der Forschung aufgetreten sind; und schließlich die Kriterien, denen die Arbeit genügen solle. Obigen Kriterien wurde im gesamten Forschungsprozess Rechnung getragen (vgl. Müller 2013).

Die auf der zweiten Stufe herausgearbeiteten Subkategorien bildeten nun die Grundlage für den weiteren Prozess der Typenbildung. Vor dem Hintergrund dieser Grob- bzw. Feinstrukturierung konnten durch die wiederholte Analyse unzähliger Textsequenzen inhaltliche Zusammenhänge zwischen den Elementen der Typologien hergestellt werden, die sodann in der Benennung der unterschiedlichen Prototypen Gestalt erlangten.

Abschließend werden die im Verfahren eines hermeneutischen Zirkels gebildeten Typen anhand der relevanten Vergleichsdimensionen und Merkmalskombinationen sowie der inhaltlichen Sinnzusammenhänge vorgestellt. Hierzu wurde die Darstellung anhand von Prototypen gewählt. Die vier Prototypen sind in einer Tabelle zusammengefasst. Die Analyse und Darstellung der inhaltlichen Zusammenhänge wurde vor dem Hintergrund zentraler Aspekte der Selbst-Entwicklung, des Beziehungserlebens und der Bewältigungsmechanismen belastender Erfahrungen vorgenommen.

Prototyp LF: Lebenslange Folgen

Aspekte der Selbst-Entwicklung
Es besteht zumeist ein Konflikt zwischen persönlicher Identität und gesellschaftlicher Identifikation, da im individuellen Entwicklungsprozess zwischen Selbst und den verschiedenen Gesellschaftsstrukturen unbewältigte Konfliktdimensionen fortdauernde innerpsychische Spannungen erzeugen. Die Identifikation mit den gesellschaftlichen Strukturen des Nationalsozialismus war geprägt durch eine entfremdete Eigenbeziehung, schuf im Über-Ich ein omnipotentes »Wir-Gefühl«, das eine Entindividualisierung beinhaltete und in Form von Anteilen eines rigiden Über-Ichs unbewusst weiterhin wirksam ist. Die Verinnerlichung der nationalsozialistischen Identitätsmatrix stand und steht mehr oder weniger konflikthaft besetzt der gesellschaftlichen Identitätsmatrix des Nachkriegsdeutschlands und seiner weiteren Entwicklung gegenüber und konnte nicht hilfreich reflektiert bzw. in einen konstruktiven Entwicklungsprozess bewältigt werden. Zudem ist

189

eine transgenerationale Weitergabe in Form von der Vorstellung des Aushalten-müssens, des Verschweigens und des Alleineseins im Umgang mit NS-Inhalten zu erkennen. Es resultiert ein ambivalentes Selbstbild. Belastende Erfahrungen in der NS-Zeit, im Krieg oder in der Nachkriegszeit blieben zum Großteil als unverarbeitete Introjekte im weiteren Lebensverlauf bestehen.

Aspekte des Beziehungserlebens

Zumeist besteht ein Nähe-Distanz- bzw. Abhängigkeits-Autonomie-Konflikt. Das Beziehungserleben ist von instabilen Beziehungsrepräsentanzen bzw. Objekt-repräsentanzen gekennzeichnet. Beherrschend ist eine zentrale Verleugnung der Ohnmachts- und Überwältigungserfahrung. Ebenso besteht eine Identifikation mit der unterwürfigen, zurückhaltenden Haltung der Eltern. Zu erkennen ist zudem ein Scham-Schuld-Dilemma in Form einer Anpassungsscham und Tren-nungsschuld. Unbewusst sind familiäre Schuldthemata sowie Verschwiegenheits-Verschwörungs-Introjekte die mit einem strengen Familien-Über-Ich korrespon-dieren.

Formen der Bewältigungsmechanismen/Abwehrprozesse

Lebensbegleitende psychische Probleme bestehen bis ins hohe Alter. Die Personen leiden häufig unter Affektansteckungen. Das Gefühl für das eigene Leid ist nicht ausreichend differenziert, ebenso wenig wie für das subjektive Schicksal im wei-teren Lebensweg. Das Eltern-Über-Ich ist geprägt von einem unbewussten Angst- und Ohnmachtserleben sowie durch die Verleugnung und Verschiebung der begleitenden aggressiven Gefühle. Es herrscht ein unbewusst verinnerlichtes Verbot einer adäquaten Individualisierung vor. Das zentrale Über-Ich-Introjekt beinhaltet NS-Inhalte im Sinne einer Mitwisserschaft bzgl. Verbrechen und Schuld, die zugehörigen Erlebnisinhalte werden vom Passiven ins Aktive gewendet. Statt Beschämung Stolz etc., Verkehrung ins Gegenteil. Zumeist besteht eine globale Identifizierung mit dem Abgrenzungs- und Schweigegebot des Vaters bzw. der Mutter; väterliches (mütterliches) Über-Ich-Introjekt und Verleugnung des Abhängigkeits-Autonomie-Konflikts gegenüber der Mutter bzw. der jeweiligen Bezugsperson.

190

Prototyp VK: Gute Verarbeitung der belastenden Kindheitserlebnisse

Aspekte der Selbst-Entwicklung

Weniger ausgeprägter Konflikt zwischen persönlicher Identität und gesellschaftlicher Identität. Die Identifikation mit der nationalsozialistischen Ideologie ist weniger ausgeprägt bzw. konnte im Rahmen einer adäquaten adoleszenten Entwicklung – im Sinne einer schuldfreien Separation – verarbeitet werden. NS-Introjekte konnten im Rahmen einer adäquaten Identitätsentwicklung bewältigt werden. Geringe, mit dem Kindheitserleben assoziierte, psychische Probleme im Alter. Das Gefühl für das eigene Leid ist ausreichend differenziert, ebenso wie für das subjektive Schicksal.

S.P jetzige situation (u. davor)

Aspekte des Beziehungserlebens

Die Selbst- und Objektrepräsentanzen sind ausreichend getrennt bzw. differenziert. Das Beziehungserleben ist von stabilen Selbst-, Beziehungs- und Objektrepräsentanzen gekennzeichnet; die Bezugspersonen sind in Form hilfreicher Entwicklungsrepräsentanzen verfügbar gewesen, sind als solche verinnerlicht. Ohnmachts- und Überwältigungserfahrung konnten im Rahmen stabiler Selbst- und Objektrepräsentanzen verarbeitet werden. Unbewusste familiäre Schuldthemata sind gering ausgeprägt.

Formen der Bewältigungsmechanismen/Abwehrprozesse

Das Gefühl für das eigene Leid ist ausreichend differenziert, ebenso wie für das subjektive Schicksal. Eltern-Über-Ich adäquat. Trauerprozesse mussten nicht abgewehrt werden.

Prototyp VA: »Der abwesende Vater« bzw. »Vaterverlust« und die lebenslangen Folgen

Aspekte der Selbst-Entwicklung

Es besteht ein massiver Konflikt zwischen persönlicher Identität und Vaterrepräsentanz. Die Identifikation mit Aspekten der Vaterrepräsentanz ist konflikthaft besetzt, der Verlust, bzw. das verinnerlichte ambivalente Introjekt einer defizitären

Vaterrepräsentanz konnte nicht bearbeitet werden. Der Individualisierungsprozess ist dadurch eingeschränkt, die Vaterrepräsentanzen sind in Form eines versagenden und strafenden »Über-Ichs« unbewusst weiterhin wirksam, die Enttäuschungswut bleibt unverarbeitet. Häufig besteht eine transgenerationale Weitergabe in Form der Vorstellung des Aushaltenmüssens, des Verschweigens und des Alleineseins. Es resultiert ein ambivalentes Selbstbild. Belastende Erfahrungen in der NS-Zeit, im Krieg oder der Nachkriegszeit bleiben als unverarbeitete Introjekte im weiteren Lebensverlauf bestehen.

Aspekte des Beziehungserlebens
Zumeist besteht ein Nähe-Distanz- bzw. Abhängigkeits-Autonomie-Konflikt. Das Beziehungserleben ist von instabilen Beziehungsrepräsentanzen gekennzeichnet.

Vaterrepräsentanzen: Ambivalentes Vater-Introjekt: Idealisierung des Vaters bei gleichzeitiger Verleugnung der aggressiven Beziehungskomponenten. Mutterrepräsentanzen: Abhängigkeit-Autonomie-Konflikt: Schuldbesetzte, aggressive Separationswünsche. Unbewusste Identifikation mit der Nichtanerkennung von Schuldgefühlen der Mutter. Identifikation mit der unterwürfigen, zurückhaltenden Haltung der Eltern. Scham-Schuld-Dilemma: Anpassungsscham, Trennungsschuld. Unbewusstes familiäres Schuldthema, Verschwiegenheits-Verschwörungs-Introjekt, Familien-Über-Ich, zentrale Verleugnung der Ohnmachts- und Überwältigungserfahrung.

Formen der Bewältigungsmechanismen/Abwehrprozesse
Es bestehen lebensbegleitende psychische Probleme bis ins hohe Alter. Die Personen berichten über Zustände der Affektansteckung. Das Gefühl für das eigene Leid ist nicht ausreichend differenziert, ebenso wenig wie für das subjektive Schicksal. Das Eltern-Über-Ich ist geprägt von Angsterleben, Ohnmachtserleben sowie dem unbewussten verinnerlichten Verbot der Individualisierung. Formen der Abwehrprozesse: Verkehrung ins Gegenteil (statt Beschämung Stolz etc.) sowie eine globale Identifizierung mit dem Abgrenzungsverbot und Schweigegebot des imaginären Vaters, väterliches imaginäres bzw. reales Über-Ich-Introjekt und Verleugnung des Abhängigkeits-Autonomie-Konflikts gegenüber der Mutter, mütterliches Über-Ich-Introjekt.

Prototyp VK/TH: Verarbeitung der belastenden Kindheitserlebnisse durch therapeutische Unterstützung im Erwachsenenalter

Aspekte der Selbst-Entwicklung

Es bestand ein Konflikt zwischen persönlicher Identität, gesellschaftlicher Identität und Delegationen der Eltern; die blockierte Individuationsentwicklung ist im weiteren Lebensverlauf wieder in Gang gekommen. Transgenerationale Weitergabe in Form der Vorstellung des Aushaltenmüssens, des Verschweigens und des Alleineseins im Umgang mit den NS-Inhalten konnte reflektiert und mit subjektiven Bedeutungszuschreibungen versehen werden. Modifikation des ambivalenten Selbstbildes und Bearbeitung des narzisstischen Stolzes und der zugrunde liegenden Minderwertigkeitsgefühle. Belastende Gewalterfahrungen in der NS-Zeit, im Krieg oder in der Nachkriegszeit in Form unverarbeiteter Introjekte konnten bearbeitet werden.

Aspekte des Beziehungserlebens

Modifikation des vorbestehenden Nähe-Distanz- bzw. Abhängigkeits-Autonomie-Konflikts. Bearbeitung der instabilen Beziehungsrepräsentanzen bzw. Objektrepräsentanzen und Bearbeitung der Verleugnung der Ohnmachts- und Überwältigungserfahrungen.

Formen der Bewältigungsmechanismen/Abwehrprozesse

Lebensbegleitende psychische Probleme konnten in einem therapeutischen Prozess weitgehend bearbeitet werden. Das Gefühl für das eigene Leid wurde dadurch differenziert, ebenso wie für das subjektive Schicksal. Konflikthafte Introjekte wie ein rigides Eltern-Über-Ich und das damit verbundene Angst- und Ohnmachtserleben wurden bearbeitet. Die Identifikation mit der unterwürfigen, zurückhaltenden Haltung der Eltern konnte weitgehend aufgehoben werden. Bearbeitung der Scham-Schuld-Dilemmata: Anpassungsscham, Trennungsschuld, unbewusstes familiäres Schuldthema sowie der Verschwiegenheits-Verschwörungs-Introjekte und des Familien-Über-Ichs. Das verinnerlichte Verbot der Individualisierung konnte im therapeutischen Prozess transparent gemacht, bearbeitet und betrauert werden.

Zusammenfassung der Prototypen

Prototyp LF: Lebenslange Folgen
»Ich hab' nichts Spektakuläres zu erzählen!« – eine Kindheit mit lebenslangen Folgen!
»Und dann ging die Angst wieder los.« Verunsichernde Erfahrungen und schwere Kindheitsbelastungen bei unzureichender Möglichkeit der Verarbeitung dieser Erfahrungen führen zu mehr oder weniger ausgeprägten lebenslangen psychischen Folgen.

Prototyp VK: Gute Verarbeitung der belastenden Kindheitserlebnisse
»Ich hatte hilfreiche Beziehungen in der NS-Zeit, im Krieg und in der Nachkriegszeit!«
»Nach dem Krieg wusste ich das erste Mal, dass es Häuser gibt, die ganz ruhig waren.«
Verunsichernde Erfahrungen in der Kindheit
➤ *Prototyp VK 1: Vorliegen schwerer Kindheitsbelastungen bei ausreichender Möglichkeit der Verarbeitung dieser Erlebnisse in der Kindheit und Jugend.*
➤ *Prototyp VK 2: Keine maßgeblichen äußeren oder innerpsychischen Belastungen in der Kindheit im Krieg oder in der NS-Zeit.*

Prototyp VA: »Der abwesende Vater« bzw. »Vaterverlust« und die lebenslangen Folgen!
»Vaterlosigkeit« oder »Wir mussten funktionieren, die Väter schwiegen!«
Ausgeprägte lebenslange Folgen durch die Vaterlosigkeit bzw. durch die mangelnde psychische Präsenz des Vaters.

Prototyp VK/TH: Verarbeitung der belastenden Kindheitserlebnisse durch therapeutische Unterstützung im Erwachsenenalter.
»Wir mussten schlagartig erwachsen werden, durch die Therapie habe ich mich stabilisiert.« Verunsichernde Erfahrungen in der Kindheit mit ausgeprägten psychischen Folgen bei weitgehender Verarbeitung dieser Erfahrungen im Erwachsenenalter durch psychotherapeutische Behandlung.

Vierte Stufe:
Typendarstellung durch psychoanalytische Einzelfalluntersuchungen

In Anlehnung an die ausgearbeitete Typologisierung wurden aus allen 72 Interviews sechs Interviews ausgewählt, die man nach obigem Schema als Prototypen bezeichnen konnte. Die sechs ausgewählten prototypischen Interviews wurden von der Autorin nach dem Kriterium größtmöglicher Verschiedenheit ausgewählt, das heißt, die ausgewählten Interviews stellen einerseits Realtypen, andererseits Extremtypen dar. Mit einer psychoanalytischen Auswertung wurden die Interviews der sechs Kriegskinder sodann analysiert und anhand von aussagekräftigen Textauszügen charakterisiert. Bei der Auswertung wurden diejenigen Textpassagen ausgewählt, durch die zwei zeitlich unterschiedliche Erlebnisdimensionen der Untersuchungsteilnehmer gesondert betrachtet werden konnten. Diese sind:

➤ Die psychische Erlebnisdimension aus der Kindheits- bzw. Familienperspektive (ED-KI)
➤ Die psychische Erlebnisdimension aus der Erwachsenenperspektive (ED-ER)

Für die Darstellung dieser beiden Dimensionen wurden die Schilderung zentraler »Familienszenen« aus den Interviews herausgefiltert, um den Erlebensbereich »Familie« aus der Perspektive des Kindes chronologisch darstellen zu können. Ebenso wurden zentrale Schilderungen extrahiert, die aus der bewertenden Perspektive des Erwachsenen berichtet wurden.

Szenen aus der Kindheitsperspektive: Kindheitsszene (ED-KI)
➤ Die Zeit des Nationalsozialismus (Vorkriegserinnerungen, belastende und protektive Faktoren)
➤ Die Zeit der Kriegshandlungen in Deutschland (belastende und protektive Erinnerungen, Tod von Familienangehörigen etc.)
➤ Nachkriegszeit (Belastende und protektive Faktoren)

Szenen aus der Erwachsenenperspektive (ED-ER)
➤ Weitere Lebenszeit
➤ Auswirkungen der Kriegskindheit
➤ Selbstpräsentation als Überkategorie

Erläuterung der Verwendung des Begriffes »Szene«

➤ Szene (Sz) beschreibt in diesem Kontext eine inhaltlich zusammenhängende innerpsychische Repräsentanz einer Familiensituation, die sich auf unterschiedliche Altersstufen in der Kindheit bezieht und aus der gegenwärtigen Sicht im Kontext eines halbstrukturierten Interviews in einem Gesprächsdialog mit dem Interviewer/der Interviewerin dargestellt wird.

➤ Die Kennzeichnung einer Szene bedeutet im psychoanalytischen Kontext ebenso, dass relevante Inhalte, die eigentlich zum Interview gehören, nicht adäquat verbalisiert werden können, sondern ausagiert und in Szene gebracht werden. Die Darstellung folgt dabei der Linie des individuellen biografischen Kindheits-, Familien- oder Erwachsenenerlebens in den jeweiligen Zeitabschnitten. Dabei findet der gesellschaftliche Kontext, in den die Szene eingebettet ist Berücksichtigung.

Tabellarische Auswertung der Szenen

Aussagekräftige Szenen (Textpassagen) der Interviews wurden tabellarisch zusammengefasst und unter verschiedenen Aspekten einer differenzierten psychoanalytischen Auswertung unterzogen; dabei fand der Gesamteindruck des Interviews Berücksichtigung. Um die Anonymität der Untersuchungsteilnehmer zu gewährleisten, wurden für die folgenden zusammenfassenden Beschreibungen der Interviewanalysen Pseudonyme gewählt und die persönlichen Daten der untersuchten Personen anonymisiert. Bei der Auswahl der Interviews fand zudem der Aspekt Berücksichtigung, dass beide Interviewer dargestellt werden sollen, um so die Möglichkeit zu schaffen, den Aspekt möglicher Unterschiede, die sich auf die Interviewer beziehen, bei der Reflexion der Auswertung einbeziehen zu können. Die Interviews KK 06, KK 07 und KK S11 wurden von Prof. Dr. med. Michael Ermann geführt, die Interviews KK 33, KK 35 und KK S14 von Dr. phil. Dipl.-Psych. Christa Müller.

Prototyp »Lebenslange Folgen« weniger stark ausgeprägt: Herr Hannsen

Herr Hannsen wurde im Jahr 1933 geboren. Er war in der folgenden NS-Zeit bis Kriegsbeginn in der frühen Kindheitsphase von null bis sechs Jahren. In den Jahren

196

1939 bis 1942 war er im Latenzalter im Alter von sechs bis neun Jahren. In der Zeit des Krieges in Deutschland und in der folgenden Nachkriegszeit war er im Entwicklungszeitraum der Adoleszenz (zehn Jahre und älter). Zum Zeitpunkt des Interviews im Jahr 2005 war er 72 Jahre alt.
Interview KK 06
Interviewer: Prof. Dr. med. Michael Ermann

Eingangsszene
Herr Hannsen eröffnet das Interview indem er darauf verweist, dass seine Frau »keine Deutsche« sei. Gleichzeitig betont er, dass er auf Umwegen von der Studie Kenntnis erhalten habe, dass ihn letztlich seine Frau auf die Studie aufmerksam gemacht habe. Es scheint, als wolle Herr Hannsen damit zum Ausdruck bringen, dass er selbst sich nicht aktiv um die Teilnahme an der Studie bemüht habe, sondern seine Frau ihn ermuntert habe, an der Studie teilzunehmen. Herr Hannsen brachte dadurch – wie ein Großteil der untersuchten Kriegskinder – direkt bzw. indirekt zu Beginn des Interviews zum Ausdruck, dass das eigene Schicksal »nichts Besonderes« sei.

Wie stellt sich die Kindheitsentwicklung Herrn Hannsens im Kontext seines Familienlebens vor dem jeweiligen soziokulturellen Hintergrund dar?
Die frühe und weitere Kindheitsentwicklung Herrn Hannsens ist durch den Einfluss des »strengen Katholizismus« seiner Eltern geprägt. Gleichzeitig hatten die gesellschaftlichen Strukturen des Nationalsozialismus großen Einfluss auf seine Entwicklung. Diese beiden ideologischen Welten prägten seine innerpsychischen Selbst- und Beziehungsrepräsentanzen auf eine sehr konflikthaft besetzte Weise. Einerseits identifizierte er sich mit der kollektiven Nazibegeisterung, die »unglaublich« gewesen sei. Andererseits ist Herr Hannsen in seiner Kindheit an die familiäre Wertorientierung eines strengen Katholizismus gebunden. Die kritische Beschreibung seines innerpsychisch konflikthaften Erlebens hinsichtlich dieser zwei zentralen und diametral entgegengesetzten kindlichen Erlebniswelten bringt er nur ganz verhalten zur Sprache, so, als projiziere er auf den Interviewer seine Angst davor, eine kritische Haltung einzunehmen. Deutlich wird in der Charakterisierung seines kindlichen Selbst- und Beziehungserlebens (»ängstlich«, »überängstlich« und »bequem«), wie sehr dieses unterschiedliche Beziehungserleben

in der Familie und im außerfamiliären Bereich Einfluss auf sein Selbsterleben genommen hat. Insbesondere im familiären Bereich deuten die Beschreibungen Herrn Hannsens auf unsichere Bindungserfahrungen. Die ambivalente Haltung gegenüber dem Vater zeigt sich in vielen Erzählsequenzen, die auf der affektiven Übertragungsebene von Ängsten, Gefühlen der Leere oder von Aggression gekennzeichnet sind. Gegen Ende des Interviews erzählt Herr Hannsen beispielsweise, dass er sich erinnere, wie sein Vater am Abend an seinem Bett gesessen und Geschichten erzählt habe. Dieses Bild erweckt beim Leser die Vorstellung eines kindgemäßen, adäquat bezogenen Beziehungserlebens zwischen Vater und Kind. Herr Hannsen berichtet weiter, dass ihn sein Vater, an seinem Bett sitzend, immer wieder darauf hingewiesen habe, dass Kinder sich »unter der Bettdecke« nicht anfassen dürften. Bereits an einer anderen Stelle des Interviews hat er erwähnt, dass der Bereich der Sexualität negativ in seiner Familie behaftet gewesen sei. Die sexualfeindlichen, schuldhaft besetzten Beziehungsdimensionen zwischen dem Jungen und seinem Vater werden offenkundig, ebenso wie das brüchige Beziehungserleben in der geschilderten Erinnerungssequenz. Ebenso indifferent ist die Schilderung der Beziehung zur Mutter, die seinem Erleben nach prägend gewesen sei. Gleichwohl werden aber auch stabile gute Beziehungserfahrungen mit den Eltern erinnert. Einzig die Beziehung mit einem Geistlichen, der dem Nationalsozialismus nahegestanden habe, beschreibt er als »liebevoll«. Die äußere und innerpsychische Konflikthaftigkeit dieser beiden Erlebnisdimensionen scheint im Kontakt mit dem Geistlichen aufgehoben gewesen zu sein. Er sei ein »ganz lieber Mensch« gewesen. An hohen Festtagen habe er die Hakenkreuzfahne im Altarraum aufgestellt: »Am Ende nach dem Schlusslied [...] hat man dann anschließend noch das Deutschlandlied gesungen, mit ausgestrecktem Arm!« Auffallend ist, dass Herr Hannsen während dieser Erzählungen über seine Kindheit nicht explizit auf sein inneres emotionales und äußeres Beziehungserleben Bezug nimmt. Die Beschreibung der innerpsychischen Repräsentanzenwelt seines emotionalen Beziehungs- und Selbsterlebens ist in den Ausführungen über seine Kindheit zunächst weitgehend ausgenommen bzw. nur angedeutet. Es wird deutlich, dass Herr Hannsen die nationalsozialistischen Erziehungsnormen, die ihn den Krieg zunächst als faszinierendes Abenteuer hatten erleben lassen, als maßgebliche Ideale verinnerlichte. Eindrücklich beschreibt er, wie er als fünfjähriger Junge begeistert an den Militärparaden teilgenommen habe und von diesen

Paraden zutiefst beeindruckt gewesen sei. Die Beschreibungen seiner Kriegserlebnisse erwecken den Eindruck, als habe der achtjährige Junge innerpsychisch keine negativen Einflüsse durch den Krieg davon getragen, sei psychisch stabil gewesen, habe Freude an dem »romantischen, aufregenden und faszinierenden« Geschehen gehabt. Herr Hannsen scheint sich mit der heldenhaften Haltung der Soldaten als Zeichen männlicher Stärke identifiziert zu haben und dabei einen »männlichen Schulterschluss« mit den älteren Brüdern, die »viel mehr gesehen« hätten – wie Herr Hannsen betont – vorgenommen zu haben. Den Schulterschluss scheint er unbewusst auch mit dem männlichen Interviewer vornehmen zu wollen, in der Hoffnung, auf diese Weise dessen Interesse und Anerkennung zu erlangen. So beschreibt er mit großer Detailfreude seine Erlebnisse im Krieg und mit dem Militär. Seine innerpsychische Fiktion »Krieg« – im Sinne innerpsychischer Konfliktwelten – scheint für ihn in der äußeren Lebensrealität eine Entsprechung gefunden zu haben. Gleichzeitig wird vermutlich an dieser Stelle die kindliche innerpsychische Konfliktwelt in ihrer bedrohlichen Dimension verleugnet. Die Schilderung der Kriegsszenarien gleicht dem Vortrag eines Zeitungsberichts, subjektive innerpsychische Erlebniswelten kommen darin kaum vor. Gleichwohl bringt er immer wieder seine jungenhafte Begeisterung für das Kriegsgeschehen zum Ausdruck:

> »Und da hab ich gesehen, wie die Stadt gebrannt hat. Es war also sehr beeindruckend (mh), nicht! Dann haben die Bomben abgeworfen und das war jetzt, äh toll, äh. Die Bomben haben geglitzert in der Sonne, ich habe Schallwellen gesehen und dann kamen die an die Fenster und dann hat das gerattert bei uns. Also des waren so ganz direkte Erlebnisse vom Kriegserlebnisse, aber mehr wie im Theater (mh), ich war selbst nicht gefährdet (mh).«

Er spricht von seiner Begeisterung über den Anblick brennender Häuser oder Städte. Es scheint, als sei diese Begeisterung mit der Verarbeitung unbewusster Fantasien assoziiert, die sich auf innerpsychische konflikthafte Dimensionen beziehen. Die euphorischen Erzählungen scheinen unbewusst gleichsam als »vitalisierende« Abwehr hinsichtlich der spannungsvoll aufgeladenen Beziehungsrepräsentanzen verwendet zu werden. Im Gegensatz zur lustbesetzten Beschreibung seiner Kriegserlebnisse berichtet er von einem späteren, angstvoll erlebten

Kriegsgeschehen, als er erstmals in Kriegshandlungen eingebunden worden sei. Erstmals habe er damals schwer verletzte Menschen gesehen, der Krieg sei grausame Realität geworden. Sein innerpsychisches Erleben habe sich danach grundlegend verändert:

> »Da habe ich zum ersten Mal eigentlich das Brutale dieses Krieges erlebt. Und da habe ich gesehen, wie Dutzende von Menschen blutend, stöhnend herausgetragen worden sind. Ich weiß noch, ein Soldat der hatte so nen Knobelbecher an und dieser Becher, Knobelbecher, wurde von einem halben, weil da war das Bein praktisch durchschossen. Dann war da ein Pfarrer, habe ich gesehen; der war schwer verwundet, der wurde an uns vorbei getragen und ähm, da habe ich zum ersten Mal so richtig Tote erlebt und Verwundete vor allem, nicht!«

Man kann davon ausgehen, dass Herr Hannsen als acht- bis zehnjähriger Junge beim Anblick der verwundeten Menschen einer extremen innerpsychischen Belastung ausgesetzt war. Dennoch spricht er im Soldatenjargon, verwendet Bezeichnungen wie »Knobelbecher«. Es scheint, als würden die erschütternden innerpsychischen Erfahrungen durch die Identifikation mit der nationalsozialistisch geprägten, soldatischen Haltung abgewehrt. Das Erinnerungsbild eines schwer verwundeten Pfarrers hingegen ist emotional hoch besetzt. Im gesamten Text scheint immer wieder durch, welche Bedrohung in der innerpsychischen Entwicklung des Kindes von dem als streng erlebten Katholizismus der Eltern ausging, insbesondere vom Vater. Möglicherweise kommen in dem Erinnerungsbild »verletzter Pfarrer« neben den – durch die grausame Kriegswirklichkeit – ausgelösten Gefühle, heftige unbewusste Gefühlsdimensionen, wie Ängste, Schuldgefühle und Aggressionen zum Ausdruck, die mit dem aggressiv aufgeladenen unbewussten familiären Beziehungserleben assoziiert sind und angstbesetzte, bewusste und unbewusste subjektive Bedeutungszuschreibungen beinhalten.

Herr Hannsen spricht außerdem davon, dass er »tote Menschen« gesehen habe. Die Toten werden in seiner Erzählung auf eine weitgehend abstrahierende Ebene gehoben. Das emotionale Erleben seiner Schilderung des Anblicks der toten Menschen erhält wenig Raum. Der Anblick von Toten wird von den Studienteilnehmern immer wieder als Faktum erwähnt, jedoch in seiner psychischen Erlebensdimension nicht beschrieben. Beim Leser stellt sich der Eindruck ein, als gehöre der Anblick von Toten in den Alltag dieser Kinder, sei etwas »Normales«. Es scheint, als entstehe im Beziehungsdialog zwischen Erzähler und Leser eine große Distanz, da die Gefühle und Gedanken, die sich auf diese Erlebnisse beziehen, nicht kommuniziert werden.

Ganz anders verläuft der Dialog über die Nachkriegszeit. Bei der Beschreibung der Nachkriegszeit kann er seine erinnerte psychische Erlebniswelt viel lebendiger darstellen. Er verwendet darin die Formulierung »Ich hatte ein persönliches Erlebnis«. Die Formulierung mutet eigenartig an, weil sie den Schluss nahelegt, dass Herr Hannsen zwischen persönlichen und unpersönlichen Erlebnissen unterscheidet. Es stellt sich die Frage, warum er hier erstmals von einem »persönlichen Erlebnis« spricht. Aufgrund seiner bisherigen Beschreibungen der NS-Zeit liegt die Vermutung nahe, dass Herr Hannsen die Schilderung seiner Kriegserfahrungen aus einer kollektiven, nationalsozialistisch geprägten Perspektive vornimmt, mit der er bei seiner Erzählung aus der Kindheitsperspektive identifiziert ist. Im Gegensatz dazu wird er in den Schilderungen der Nachkriegszeit in seinem Erleben als 14-jähriger Junge, in der Zeit »ohne Ordnung«, mit all seiner Begeisterung lebendig und spürbar. Kriegsspiele und die Identifikationen mit soldatischem Heldentum und Abenteuerlust werden erneut aktiv handelnd umgesetzt, nunmehr jenseits des Zugriffs der Erwachsenen. Die Erlebnisse der Nachkriegszeit, die er als »markanten Einschnitt« in seiner Entwicklung beschreibt, kennzeichnet Herr Hannsen nun als »persönliches Erleben«. Er spricht von einer »gefährlichen, mordsinteressanten Sache«, die er auf dem »Abenteuerspielplatz Trümmerhaufen« erlebt habe. Es scheint, als habe Herr Hannsen in dieser Entwicklungsphase triebhafte Fantasien und unbewusste Konflikte im aktiven Nachkriegsspiel handelnd in Szene gesetzt. Wahrscheinlich erlebte der 14-jährige Junge in seiner innerpsychischen adoleszenten Entwicklung die Spielaktionen auf dem »Abenteuerspielplatz Trümmerhaufen« altersentsprechend als heilsamen intermediären Raum. Als fünf- bis elfjähriger Junge hatte sich Herr Hannsen mit der aggressiven Männlichkeit der uniformierten Soldaten identifiziert. Er beschreibt das Trommeln auf dem Pferd, das ihm den »Rhythmus« gegeben habe. Durch die Hingezogenheit zur Marschmusik, zum Gleichschritt und zur Uniformierung, erlebte sich der Junge als Teil eines Ganzen, das Macht, Männlichkeit und Erotik verkörperte. Im präadoleszenten Alter der Nachkriegszeit musste sich Herr Hannsen mit der »Zerstörung« seiner, in der NS-Zeit verinnerlichten Größenfantasien auseinandersetzen und im Laufe seines Lebens, die mit dieser Ideologie verbundene verbrecherische Dimension nachträglich als Bestandteil seiner innerpsychischen Entwicklung anerkennen. Er spricht davon, dass der Anblick der »zerlumpten, verdreckten Armee« einer der erschütterndsten Anblicke für ihn gewesen sei. Als das »einschneidendste Erlebnis seiner Kindheit und Jugend« führt Herr Hannsen an, als Jugendlicher dazu verpflichtet worden zu sein, Filme aus den Konzentrationslagern anzusehen: »Das war für mich persönlich ein unglaublicher Schock.« Diese Erlebnisdimension sei für sein ganzes Leben prägend gewesen. Seine Geschwister hätten die KZ-Berichte als propagandistische Lüge bezeichnet.

Gleichzeitig schien ihm das Leben unter den amerikanischen Besatzern und die »amerikanische Welt« einen triangulierenden Raum eröffnet zu haben. Das Familienleben in der Nachkriegszeit beschreibt er als schwierig, ebenso wie die Zeit der Entnazifizierung, in der das Sprechen über die NS-Zeit tabuisiert gewesen sei. Er sei von den Amerikanern wie ein Erwachsener behandelt worden. Seinen Beschreibungen über die Veränderungen zwischen NS-Zeit und Nachkriegszeit unter der amerikanischen Besatzung lässt sich entnehmen, dass seinem Erleben nach, das kollektive nationalsozialistische »Wir« – als Ausdruck der Teilhabe des Einzelnen an einem »Volkskörper« – jedenfalls nach Außen hin abgelegt wurde und eine distanzierte Haltung des Einzelnen gegenüber der NS-Zeit eingenommen wurde, die beispielsweise in folgender Äußerung seitens der Erwachsenen zum Ausdruck gekommen sei: »Wie hat es Hitler fertiggebracht, in zwölf Jahren zu zerstören, was man in über 1000 Jahren christlicher Ethik aufgebaut hatte?« Hier komme die vermeintliche Nichtzugehörigkeit, die viele Menschen in der Nachkriegszeit gegenüber der NS-Ideologie vertreten hätten, zum Ausdruck.

Welche Inhalte aus der NS-Kindheit und Kriegskindheit zeigen sich im späteren Leben?
Herr Hannsen spricht darüber, dass er die »Reichskristallnacht« als kleiner Junge bewusst erlebt habe, sich der Dimension dieses Kindheitserlebens aber ehemals natürlich nicht bewusst gewesen sei. Er erinnere sich an die zerbrochenen Fensterscheiben. Über sein ganzes Leben hinweg habe ihn die Frage beschäftigt: »Wie konnte das möglich sein?« Die persönliche Auseinandersetzung mit der Holocaustthematik sei wesentlicher Bestandteil seines Lebens gewesen. In den Erzählungen über seine frühe Kindheit macht Herr Hannsen deutlich, dass seine

Identifikation mit den nationalsozialistischen Denk- und Handlungsweisen, so insbesondere die Verinnerlichung des Führer-Idols »Adolf Hitler«, sehr ausgeprägt gewesen sei. Er betont dabei, dass er für die verbrecherischen Handlungen der Nationalsozialisten keinerlei Schuld trage. Dennoch scheinen diese Kindheitserfahrungen in seinem weiteren Lebensverlauf auf der unbewussten Ebene schuldhafte Dimensionen angenommen zu haben. Dies wird dadurch deutlich, dass es Herrn Hannsen nicht möglich ist, auf sein persönliches Kindheitsschicksal Bezug zu nehmen, ohne gleichzeitig seine Kindheitsentwicklung mit den nationalsozialistischen Verbrechen in Verbindung zu bringen. Auf der unbewussten Ebene wird hier die schuldhafte Erlebensdimension deutlich, die er mit seiner nationalsozialistischen Kindheit verinnerlicht hat und die sich gleichermaßen auf sein persönliches wie auf sein nationales Identitätsgefühl bezieht. Herr Hannsen beschreibt in diesem Zusammenhang die Sprachlosigkeit, die den Umgang mit der NS-Zeit sowohl im familiären als auch im außerfamiliären Geschehen geprägt habe. Es habe lange gedauert, bis er selbst und die übrigen Angehörigen seiner Generation sowie deren Eltern »sprachfähig« geworden seien. Dazu habe es Distanz gebraucht. Herr Hannsen spricht vom Leid der zweiten Generation der Überlebenden, das mit der Sprachlosigkeit der Eltern einhergegangen und ganz »furchtbar« gewesen sei. Den Eltern sei es unmöglich gewesen über die nationalsozialistische Zeit zu sprechen. Die Dimension der Sprachlosigkeit über die NS-Zeit habe ihm deutlich gemacht, wie wichtig eine adäquate Kommunikation in persönlichen und gesellschaftlichen Bereichen sei. Herr Hannsen verweist in diesem Zusammenhang auf sein verinnerlichtes defizitäres Beziehungserleben, das Folge dieser Leerstellen in der Kommunikation gewesen sei.

Zusammenfassend lässt sich festhalten, dass für das defizitäre Selbst- und Beziehungserleben in der Kindheitsentwicklung Herrn Hannsens, als maßgebliche innere und äußere Faktoren, verschiedene Einflüsse heranzuziehen sind. So sein »streng katholisch« geprägtes Elternhaus, ferner die Identifikation mit den totalitären Beziehungsstrukturen der NS-Zeit und nicht zuletzt die Tabuisierung der NS-Zeit nach dem Krieg und die damit verbundene mangelnde Möglichkeit, seine defizitäre Kindheitsentwicklung auch hinsichtlich seiner belastenden Kriegserfahrungen und Erfahrungen mit dem Holocaust zu verarbeiten. Die Folgen dieser mangelnden innerpsychischen Verarbeitung zeigten sich lebenslang in einem defizitären, konflikthaften Beziehungs- und Selbsterleben, das mit massiven unbewussten Schuldgefühlen einherging. Auf einer konkreten, bewussten Ebene spricht Herr Hannsen davon, als Folge dieser Kindheitserfahrungen ein tiefes Gerechtigkeitsgefühl entwickelt zu haben. Eine weitere Folge sei, dass ihn gesellschaftliche Titel nie mehr beeindruckt hätten, da man nicht davon ausgehen könne, dass Bildung und Titel Verbrechen verhindern könnten.

Prototyp »Lebenslange Folgen« stark ausgeprägt: Herr Winter

Herr Winter war 71 Jahre alt als das Interview im Jahr 2005 in Mecklenburg-Vorpommern geführt wurde. Er wurde im Jahr 1934 der NS-Zeit geboren. In der Zeit bis zum Kriegsbeginn war er im Alter von null bis fünf Jahren, also in der Phase der frühen Kindheit. Zu Beginn des Kriegsgeschehens in Deutschland war Herr Winter im Alter von acht Jahren, also im Latenzalter. Die Nachkriegszeit erlebte Herr Winter in der Entwicklungsphase der Adoleszenz im Osten Deutschlands, danach lebte er in der ehemaligen DDR.
Interview KK S11
Interviewer: Prof. Dr. med. Michael Ermann

Eingangsszene
Herr Winter spricht in der Eingangsszene von »einem neuen Gesichtspunkt«. Er habe vor einigen Jahren mit seiner Familie das Kriegsgefangenenlager aufgesucht, in dem sein Vater »geblieben«, also zu Tode gekommen sei. Die Formulierung »neuer Gesichtspunkt« im Zusammenhang mit dem Tod seines Vaters zeigt anschaulich die immense Kluft, die zwischen seinem Bericht dieses Geschehnisses und der Vermittlung der zugehörigen innerpsychischen emotionalen Erlebensbereiche liegt. Herr Winter nimmt weiter Bezug auf »diesen neuen Aspekt«, der

> »ein, ein sehr dringendes, ein sehr notwendiges Thema is, denn ich meine, es is schlussfolgernd. Die sich daraus ergeben, sind meiner Meinung nach von allgemeiner Bedeutung, nicht nur für den Bereich, den Sie vertreten, dass solche Ereignisse die Menschen schon irgendwie ein Leben lang prägen, in irgendeiner Art und Weise!«

Der emotionale Bezug zum Tod des Vaters im Kriegsgefangenenlager wird »schlussfolgernd« abgewehrt und auf eine allgemeine Ebene gehoben, wodurch verdeckt zum Ausdruck kommt, dass Herr Winter glaubt, nur dann Persönliches einbringen zu dürfen, wenn es auch von »allgemeiner Bedeutung« sei. Ebenso latent nimmt er in der Formulierung »irgendwie ein Leben lang prägen« auf sein innerpsychisches Erleben Bezug. Die Formulierung wird sehr vorsichtig gewählt, so, als laufe er Gefahr, einerseits eine unerwünschte anklagende Haltung einzunehmen und andererseits zu viel Raum für sich zu beanspruchen. Auf die Frage nach seinem ersten Einfall zum Begriff »Kriegskindheit« antwortet Herr Winter, dass er sich mit dem Begriff »Kriegskindheit« nicht identifizieren könne. Für ihn bedeute »Kriegskindheit«:

> »Kriegskind ist für mich jemand, der unmittelbar mit den Ereignissen, äh, einer bewaffneten Auseinandersetzung eben konfrontiert wird. Und so fass ich das auf, den Begriff.«

Herr Winter distanziert sich von der Zuschreibung »Kriegskind«, die vermutlich innerpsychisch mit unbewussten konflikthaften Inhalten assoziiert ist.

Wie stellt sich die Kindheitsentwicklung Herrn Winters im Kontext seines Familienlebens vor dem jeweiligen soziokulturellen Hintergrund dar?
Herr Winter bringt zunächst nur wenige Erinnerungen an seine frühe Kindheit im Nationalsozialismus in das Gespräch ein. Seine Kindheitserinnerungen beziehen sich in erster Linie auf die Zeit der Kriegshandlungen in Deutschland und die Nachkriegszeit. Seine frühe Kindheit beschreibt Herr Winter in einer sehr abstrakten Weise auf der Grundlage von wenigen Fakten, so berichtet er beispielsweise, dass er in einfachen Verhältnissen in einem Mietshaus gewohnt habe. Er beschreibt sehr genau den Hinterhof des Hauses, in dem er gewohnt habe und hebt beispielsweise die »drei bis vier Aschentonnen«, in mitten derer er mit anderen Kindern gespielt habe, als zentrale Elemente seines frühkindlichen Erlebens hervor. Die Wortwahl verweist möglicherweise auf einer unbewussten Ebene auf die Thematik des Holocaust. Er schließt seine Schilderung mit der wiederum abstrakten Formulierung: »Ja, so hat sich das vollzogen!« Herr Winter schildert einerseits positiv konnotierte Kindheitserinnerungen sehr detailliert, andererseits

erzählt er nur wenige Erinnerungen, die sich auf ihn selbst beziehen und negativ konnotiert sind. Erzählungen, die sich auf ihn beziehen, sind auf Daten und Fakten beschränkt und werden in einer abstrakt anmutenden Darstellungsweise mitgeteilt. Eine Ausgestaltung der Erzählung findet weder durch erklärende Bilder noch durch die Beschreibung psychischer Erlebnisdimensionen oder sinnlicher Erlebnisqualitäten statt, was deutlich macht, wie problembehaftet die Kommunikation dieser Erlebnisdimensionen in ihrer vielschichtigen Vielfalt ist, bzw. wie konflikthaft der innerpsychische Dialog hinsichtlich seines frühen Kindheitserlebens in der NS-Zeit besetzt ist.

Beim Lesen des Textmaterials der frühen Kindheitserinnerungen Herrn Winters klingt ein bekanntes Kinderlied in der inneren Erlebenswelt der Auswerterin an: *Maikäfer flieg! Der Vater ist im Krieg. Die Mutter ist im Pommernland, Pommerland ist abgebrannt. Maikäfer flieg!* (Melodie: *Schlaf, Kindlein, schlaf!*). Die unbewusste Reaktion der Leserin auf das Material bringt vermutlich Inhalte zum Ausdruck, die sich einerseits auf innerpsychische Erlebnisdimensionen der Auswerterin, andererseits auf innerpsychische Erlebnisdimensionen des Interviewten beziehen. Sie zeigt auf, wie sich unterschwellig die komplexen Kindheitserfahrungen der Kriegskinder im Gesprächs- oder Lesedialog mitteilen. Häufig schweifen die Interviewten – so auch Herr Winter – von den gestellten Fragen und ihrem persönlichen Bezug ab und richten den Fokus auf eine allgemeine, gesellschaftspolitische Ebene. Das löst beim Lesen der Textstellen – wie oben dargestellt – einerseits in einer konkordanten Weise eine Wunschvorstellung aus, die Bezug auf die Bedürftigkeit nach adäquater Bezogenheit nimmt, andererseits stellen sich auf einer komplementären Ebene gleichzeitig Gefühle des Unmuts ein, da die Antworten häufig oberflächlich gehalten scheinen. Diese »oberflächlichen« Äußerungen lösen im Auswertungsprozess zumeist eine projektiv stark belastende, bedrückende und Unruhe erzeugende Wirkung aus. Die abstrakte Kindheitsdarstellung Herrn Winters bringt auf vielfältige Weise unvollständige und inkohärente Verarbeitungsprozesse seiner Kindheitserfahrungen zum Ausdruck. Auch werden persönliche Erlebnisse zumeist als möglicherweise uninteressant von den Interviewten gekennzeichnet, gehen also in deren Vorstellung mit der Befürchtung einher, auf Desinteresse oder Ablehnung zu stoßen. Herr Winter leitet zum Beispiel eine seiner Erzählungen mit folgenden Worten ein:

206

»Na ja, die persönlichen Erinnerungen, die beziehen sich in erster Linie an und für sich auf die sehr nachhaltigen Ereignisse. Ich weiß nicht, ob Sie so Details interessieren?«

Die Formulierung »sehr nachhaltige Ereignisse« zieht sich gleich einem »Kristallisationspunkt« seines innerpsychischen Erlebens durch seine Schilderungen. In dieser Formulierung kommt vermutlich eine innerpsychische Erlebensdimension zum Ausdruck, die in ihrer abstrakten, reduktionistischen Form den Charakter des »Unverbundenen« in sich trägt. Diese Unsicherheit zeigt sich auch in der zögernden Haltung, die der Frage Herrn Winters zugrunde liegt: »Ich weiß gar nicht, ob Sie so Details interessieren?« Der Interviewte spricht oft von konkreten Inhalten und Ereignissen außerhalb seines persönlichen Lebens und nimmt dabei indirekt Bezug auf sich selbst, so, als könne er über sich nur auf eine unpersönliche Weise sprechen. Die persönliche Bedeutung ist abgespalten und doch möchte er verstanden und entlastet werden. Die zögernde Haltung verweist auf eine zentrale unbewusste, oder aber auch partiell bewusste, Beziehungserfahrung Herrn Winters: »Ich weiß gar nicht, ob das, was ich von mir erzähle, für andere wichtig ist, bzw. ob ich damit auf Widerstand stoße.« Die »Details« erweisen sich als extreme äußere Belastungen, die Herr Winter im Latenzalter erlebte:

- Die Familie wird evakuiert, der Vater ist im Krieg.
- Ein Teil der Familie Herrn Winters muss in der Heimatstadt verbleiben. Herrn Winter wird mit weiteren Familienangehörigen evakuiert, kehrt immer wieder zu den zurückgebliebenen Familienangehörigen in die unter Bombardierung stehende Heimatstadt zurück, erlebt Bombardierungen in Todesangst um sich und seine Familie.
- Herr Winter erlebt, wie Schulkameraden zu Tode kommen.
- Im Grundschulalter muss er miterleben, wie Frauen mit der Todesnachricht vom Ehemann oder von den Söhnen zurechtkommen müssen.
- Wichtige Bezugspersonen sterben.
- Der Vater kehrt nicht mehr aus dem Krieg zurück, kommt im Kriegsgefangenenlager zu Tode.

Es scheint, dass Herr Winter durch die Formulierung »diese Nachhaltigkeit« unbewusst versucht, eine adäquate verbale Ausdrucksweise für seine leidvollen

Kindheitserfahrungen finden zu wollen und bündelt damit sein erfahrenes Leid in diesem emotionalen Kristallisationspunkt. Gleich zu Beginn des Krieges sei der Vater zum Militär eingezogen worden. Herr Winter sei in dieser Zeit im Vorschulalter gewesen. Zwei Jahre später sei er eingeschult und im gleichen Jahr mit seiner Familie evakuiert worden. In den Kriegswirren habe er ein Geschwister bekommen. Zur Geburt sei der Vater zum letzten Mal auf Heimaturlaub gekommen. Im Mai 1945 sei die Familie zurückgekehrt in die eigene Wohnung. Die eigene Wohnung sei besetzt gewesen, sodass sich die Familie eine andere, leer stehende Wohnung habe suchen müssen. Der Vater sei nicht aus dem Krieg zurückgekommen, sei »in Gefangenschaft »geblieben«. Herr Winter berichtet außerdem aus seinem Kinderalltagserleben:

> »Man lief teilweise durch die Straßen, mal links und rechts eben, es brannte und so weiter. Man musste ja wieder her, preußische Pflichterfüllung und äh, na ja und diese, diese Nachhaltigkeit. Ich hatte och n Schulkameraden, der auch mit uns zusammen war, der wurde, wohnte in einem Haus, was durch den Bombentreffer, durch Bomben jetroffen wurde. Der Junge war tot! Das war das erste Mal, dass ma das erlebte und dann erlebte man, dass äääääh Fraun, die bei uns im Haus wohnten, man hatte ja Jemeinschaftskeller, Luftschutzkeller, da war eben der eine Mann oder der Sohn und so weiter, die blieben im Krieg. Dadurch hat man das eben unmittelbar aus der Erziehung erlebt, diese Dinge und dann sind wir ja auch äh, äh im Allgemeinen nur unter Fraun groß geworden. Denn da war meine meine Großmutter, da war meine, meine, äh Mutter, da waren, äh, die Verwandten vom, vom Freund und so weiter. Also wir sind also nur unter Fraun groß jeworden. Die zwei, drei Männer, die uns, bei uns im Dorf warn, das warn ältere Männer, ja also nicht mehr, äh, kriegstauglich, sodass wir eben meistens eben unter, unter Fraun lebten, nich! Und ich hatte nach dem Krieg, aber da werdn Sie sicherlich noch fragen danach, aber nach dem Krieg hatte ich n neuen Lehrer. Dieser neue Lehrer war an und für sich sehr, sehr angenehmer junger Mensch. Er war ein ehemaliger Soldat, er hatte (Schweigen) hatte, mh, einen verwundeten Arm, nich, also, also dann hatten wir auch als Kinder Tieffliegerangriffe erlebt, nich war, wo wir also [...].«

Herr Winter verwendet in seiner Erzählung kaum das Wort »ich«, sondern das unpersönliche »man«. Darin kommt einerseits eine rationalisierende Distanzierung zum Ausdruck, andererseits der Aspekt des kollektiven Erlebens und des gesellschaftlich geprägten Verschweigens von Gefühlen, die das Erleben von Schwäche zum Ausdruck brächten. Todeserfahrungen mit nahestehenden Personen werden als eine Erfahrung geschildert, die neu war, aber zum Alltag gehörte und an die man sich gewöhnen musste: »Der Junge war tot! Es war das erste Mal, das man das erlebte.« Herr Winter erlebt als Junge im Grundschulalter zum ersten Mal, wie ein Klassenkamerad zu Tode kommt. Er sieht Leichen, läuft mit seiner Familie durch brennende Straßen und nimmt im Luftschutzkeller Anteil daran, wie Frauen ihre gefallenen Ehemänner oder Söhne betrauern. Als Bezugspersonen stehen nur Frauen zur Verfügung, er kann sich also nicht daran orientieren, wie er sich in seiner männlichen Identitätsentwicklung in diesem Geschehen innerpsychisch verorten kann. Die Gefährlichkeit der Bombenangriffe kommt im Erleben des Kindes deutlich zum Ausdruck und ist gegenüber der Mutter latent kritisch konnotiert. Deutlicher fällt die Kritik über die mangelnde Möglichkeit aus, gute Schulleistungen zu erbringen. Er wäre ein guter Schüler gewesen, wenn er nur regelmäßiger in die Schule hätte gehen können. Das Tun der Eltern sei jedoch nicht zu hinterfragen oder gar zu kritisieren gewesen. Versteckt geht es um Unverständnis und wohl auch um eine Anklage der Eltern, ihn so einer Situation ausgesetzt zu haben. Herr Winter berichtet von einem Lazarettzug, den er gesehen habe. Er deutet damit nur an, dass er viele Verletzungen und »massiertes« Elend gesehen habe. Spürbar wird die Bedrohung bei der Schilderung eines Beschusses durch Tiefflieger aus 50 Metern Höhe:

> »[U]nd dann kam denn, die äh, war ja eben die Begleitjäger hier von den Flugzeugen, die kam eben runter und, und schossen, nich. Man konnt sie also sehr gut sehn. Das war also, die flogen da so in 50 Meter Höhe, so flogen die also über die Leute weg, nich [...].«

Jedes Ereignis für sich genommen hat ein schreckliches Ausmaß im Erleben des Kindes, geht jedoch in der Aneinanderreihung unter und kann in seiner spezifischen Erlebnisqualität nicht beschrieben werden, was auf eine mangelnde Verarbeitung dieser Erlebnisse deutet. Die summarische Beschreibung Herrn Winter lautet:

»[U]nd das warn also diese, diese Kriegserlebnisse, nich! Und dann natürlich auch die Zeit des Nachkriegs, nich war.«

Übergangslos setzt er die Beschreibung seines Kindheitserlebens in der Nachkriegszeit fort:

»Wir sind ja zurückgegangen. Dann ham wir 45 erlebt wie dann eben die Kriegsgefangenen gesammelt wurden, die Kriegsgefangenen dann in Gefangenschaft geführt wurden, nich. Wie man äh, na ja der eine oder andere, der wahrscheinlich nich so mitlaufen konnte, der hat dann tot im Chausseegraben gelegen, nich (Schweigen). Dann hat man die vielen, vielen leeren Häuser gesehn, nich, die, die Familien, die eben nich weiterkonnten und dann dieses massierte Elend eben in, in (Schweigen) selbst, nich. Na ja, nu einmal, dass das Furchtbarste war ja, das Hung-, der Hunger, nich. Der Hunger, dass war das Furchtbarste, nich. Dann eben, das man eben, eben. Äääh, wir hatten ja kaum, wir kriechten zwar Lebensmittelkarten, aber diese Lebensmittelkarten, die wurden ja aufgerufen und da war also eben, eben, wenn was da war, gab es eben Kleiebrot oder, oder, oder eben, eben kaum etwas zu essen. Wir holten von den umliegenden Dörfern, holten wir uns dann Kartoffeln, so weit es möglich war.«

Herr Winter hat als Kind mitangesehen, wie Kriegsgefangene »gesammelt« wurden und einige davon »tot im Chausseegraben lagen«. Es ist naheliegend, dass er in solchen Situationen an seinen Vater dachte. Er berichtet von diesen enorm belastenden Geschehnissen faktisch, ohne seine eigenen Empfindungen zu erwähnen. Die Schilderungen sind äußerlich extrem versachlicht und entemotionalisiert gehalten. Die Gefühle werden an den Interviewer bzw. Leser delegiert. Beim Lesen dieser Textpassagen stellt sich ein Erleben von Ohnmacht, Schauder, Verwirrung und Angst ein. Gleichzeitig vermittelt sich im gesamten Text eine ambivalente Haltung der Mutter gegenüber. Die Fahrten in die Heimatstadt erlebt Herr Winter als existenzielle Bedrohung, als ein »in Gefahr gebracht werden«. Im unbewussten Beziehungserleben scheint das Erleben von Schutzlosigkeit stattgefunden zu haben. Herr Winter beginnt an vielen Stellen zu stottern und sehr abgehackt zu sprechen, es scheint, als beginne er gegen einen inneren Widerstand anzukämpfen. Dieser resultiert vermutlich aus dem Versuch, die eigenen

Emotionen nieder zu halten. Wie muss sich der Junge damals gefühlt haben? Das immense Elend, die existenzielle Bedrohung sowie der überaus große Hunger müssen starken Einfluss auf das innerpsychische Erleben des Jungen gehabt haben. Das Erleben von Hunger wird auf Nachfrage sehr plastisch dargestellt, die mit dem Hunger verbundenen Schmerzen und die gefahrvolle und aufwendige Essensbeschaffung auf dem Land werden in ihrer leidvollen Dimension geschildert. Ein begleitender, beschützender Mensch wird von ihm nicht genannt. Den neuen Lehrer nach dem Krieg beschreibt er als »angenehm«. Dieser kann jedoch nur bedingt hilfreiche männliche Identifikationsmöglichkeiten bieten, da er »versehrt« ist. Die innerpsychische Erlebnisdimension kommt im Dialog zwischen dem Jungen und dem Lehrer nicht zur Sprache, weder die des Lehrers noch die des Kindes. Im unbewussten Beziehungsdialog zwischen Interviewer und Herrn Winter zeigt sich eine Abwehrbewegung gegenüber diesen schrecklichen Gefühlsdimensionen. Der Interviewer bleibt ebenfalls auf der faktischen Ebene, greift strukturierend ein. Herr Winter kennzeichnet die Nachkriegszeit in den Monaten: »März, April, Mai, Juni, Juli, August, September, Oktober, das war November« als seine schwerste Zeit. Es fällt auf, dass er jeden Monat gesondert aufzählt. Vermutlich kommt damit die Schwere des psychischen und physischen existenziellen Leids seiner damaligen Belastungen zum Ausdruck. In den Ausführungen über seine Mutter wird deutlich, dass ihm diese aufgrund ihrer eigenen innerpsychischen und äußeren Belastungen nicht hinreichend bei der Verarbeitung seiner einschneidenden Kindheitserlebnisse zur Verfügung stehen konnte:

»Durchaus, durchaus, ähm, meine Mutter zum Beispiel hat ne sehr feste Freundschaft mit einigen Frauen unterhalten, die auch, äh, eben auch in ner ähnlichen Situation waren wie wir. Jungs waren gleich alt (Schweigen). Die äh, meine Mutter war da, mehr so, äh, von den Ereignissen des Krieg-, Krieges geprägt. Die war da mehr so zurückhaltend. Sie hat sich auf Dienst und Zuhause beschränkt und sie war immer so, die sachte: »Mensch Herrgott nochmal, das Leben geht weiter, ihr müsst gucken, müsst machen!« Und das war an und für sich die Verwandten, die so, so, die so ne Rolle spielten, dass man also, obwohl dieses, dieses düstere Ereignis im Hintergrund war, der ewige Krieg, nich wahr, doch, dass die so mehr der Begriff war, dass man sachte, das Leben geht in jeder Situation weiter, egal wie und es besteht nich nur aus, aus furchtbaren Erlebnissen, nich wahr, sondern dass es eben weitergeht.«

Die Schilderung ist stellenweise wirr, Beteiligte werden voneinander unabgegrenzt geschildert. Deutlich wird, dass die Mutter nach dem Krieg, in der Wahrnehmung Herrn Winters, in einer eher gedrückten Stimmung gewesen zu sein scheint und für ihn als Junge psychisch nur bedingt erreichbar war, sich jedoch von anderen Frauen zu Aktivitäten mit den Kindern aktivieren ließ: »Das Leben geht weiter.« Einerseits klingt in dieser Passage etwas Zufriedenheit an, dass man »trotzdem« etwas Erfreuliches gemacht habe, andererseits wird deutlich, wie sehr Herr Winter bei der Verarbeitung seiner belastenden Kindheitserfahrungen in der Kriegs- und Nachkriegszeit auf sich selbst zurückgeworfen war. Der Interviewer wechselt an dieser Stelle das Thema und richtet den Fokus auf den Vater. Auf die Zeit vor dem Kriegsende zurückgehend spricht er die letzte Begegnung mit dem Vater an:

> »(Ihren Vater ham Sie im Oktober 44 es letzte Mal gesehn?) (Schweigen.) Während der Zeit seines Urlaubs, ääääh, is er mit mir nach (Schweigen) gefahren, weil er frachte, ward ihr schon mal auf XXX? Und er wollte es unbedingt mal sehn in seim Leben. Und da bin ich denn mit ihm nach XXX gefahren – er war ungefähr zehn oder 14 Tage hier – und da ham wir ein, hab ich einen halben Tag erlebt, wo ich eben äääh, praktisch einen halben Tag mit meim Vater unterwegs war, was sonst nie der Fall war, ja!«

Herr Winter bleibt auf der faktischen Ebene, verweist auf einen 14-tägigen Besuch, bei dem er den Vater einen halben Tag für sich alleine gehabt habe. Unklar bleibt, wie er diese 14 Tage und diesen halben Tag mit dem Vater erlebte. Es klingt zwar durch, dass der halbe Tag mit dem Vater etwas Besonderes für ihn gewesen sei, aber ausgesprochen wird dies von Herrn Winter nicht. Das Fühlen wird wieder an den Zuhörer bzw. Leser delegiert. Beim Lesen der Passage steigt ein Gefühl der Rührung darüber auf, dass der Junge so wenig Zeit zusammen mit seinem Vater erleben konnte. Herr Winter berichtet dann, dass sein Vater in den Krieg eingezogen worden sei.

> »Und mein Vater wurde gleich zu Beginn des Krieges, also wurde mein Vater sofort eingezogen. Und war dadurch eben, das gehörte zu dem Bereich, also bis zu seinem Ende, war er dort, dort Soldat. Also des, er war kein, kein Zivilmann; er war richtig

ein Soldat! Und war dann eingesetzt in Deutschland, bei der sogenannten XXX-Einheit. Und erst mit der Verkleinerung des deutschen Raums wurde er, wurde er unmittelbar Frontsoldat (mh, ja), wie das funktioniert hat, kann ich Ihnen nich sagen.«

Über die Kriegsteilnahme seines Vaters weiß Herr Winter genau Bescheid, was darauf hindeutet, dass er sich sehr dafür interessiert zu haben scheint, welche Kriegshandlungen sein Vater ausübte. Auch fällt auf, dass er betont, dass sein Vater ein richtiger Soldat gewesen sei, kein Zivilist. Assoziativ tauchen beim Leser Fragen auf: »Weiß er alles so genau, weil er sich als »deutscher Junge« dafür interessierte, welche Kriegshandlungen zu leisten sind, »Kriegsspiele« selbst durchgeführte und sich dadurch bei seinen Kameraden Respekt verschaffen wollte?« Klingt in der Schilderung Herrn Winters auch Stolz auf den Vater durch, der möglicherweise nicht benannt werden darf? Die Formulierung »Verkleinerung des deutschen Raums«, die Herr Winter verwendet, mutet wie eine nationalsozialistisch geprägte, euphemistische Formulierung an, die einen unzureichend reflektierten Gebrauch der nationalsozialistischen Sprache offenbart. Auf die Frage, wie nach dem Krieg in seiner Familie über den Nationalsozialismus gesprochen worden sei, antwortet Herr Winter:

»Hä, äh, wie soll ich Ihnen das jetzt erklären? Äh wie, wie, wie, welche besseren Worte find ich. Also ich halte heute nach wie vor den Nationalsozialismus für etwas Furchtbares. Und so bewerte ich ihn auch. Ich meine, dass ich nun, äääh, auch in der heutigen Gegenwart diese ganzen, der, die, ein nationalistisches Problem, ein faschistisches Problem, immer für ein Problem halte, egal wo er auf auftritt, in welcher Schattierung, ja. Ich halte den Nationalismus, der meinetwegen, äh, in anderen Ländern passiert, für genauso gefährlich, genauso gefährlich. Ich sehe darin auch eine häufige Ursache des Krieges, weil dahinter Kräfte stehen, weil dahinter Kräfte stehn, nich war, die eben, eben, äh, die eigentlichen, äh, Entfacher eines Krieges sind, nich. Ich meine, ich identifiziere mich auch nicht mit der amerikanischen Politik, die gegenwärtig in Irak passiert. Also verstehn Sie mich richtig, ich habe gegen den Nationalismus, ganz gleich welcher Schattierung er ist, gegen Faschismus, ganz gleich welcher Schattierung er ist, habe ich etwas. Ich meine, die Deutschen sind natürlich in dieser Frage, äh, besonders belastet, nich, äh, aber ich halte den

Nationalismus in anderen Ländern für genauso kreuzgefährlich. (Was ham Sie, äh, also ham Sie mit Ihrer Mutter dieses Thema aufgegriffen?) Ja, ja. (Was ham Sie miteinander gesprochen?) Darüber ham wir gesprochen, nich war. Ich meine, äh, an und für sich, nu nich so, dass das nu tagesfüllende Gespräche warn und das wir da nun auf den Tisch gesprungen sind, also so ist das nicht. Sondern, äääh, sehen Sie mal, meine Mutter war bis, äh, zu ihrem Tod Mitglied der SED. Ich war Mitglied der SED. Wo jetzt nu, äh, dass, äh, wissen Sie, ich bemühe mich ein sachliches Verhältnis zu dieser Sache zu finden oder ich bilde mir auch ein sachlich gewesen zu sein, also ohne stalinistische Überhöhungen und alles was da drin ist, nich war. (Was war? Was ham Sie sich für Fragen gestellt?) Na ja, wissen Sie, äh, ich halte an und für sich, äh, das sogenannte kapitalistische System für fragwürdig. Äh, damit will ich nich sagen, dass wir ein Sozialismus in Schattierung à la DDR gebrauchen können. Wir brauchen einen anderen, nach meiner Auffassung. Und ich hab an und für sich Antwort auf die Frage gesucht, wo, warum so ein Riesenreich, das ja ein politisches Pendant war zu bestehn, denn, dass das so den Bach runtergegangen ist. Wissen Sie und, dass (sie meinen jetzt die Sowjetunion?), ja (mh). Und alles, und, und meinetwegen die Anhängerstaaten dazu, nicht! Denn ich meine, es gab ja überall Hurra-Patrioten, die dieses System gestützt haben. Ob in Bulgarien, ob in Island, ob in Litauen, Lettland, ob in Polen, nich! Ich meine, äh, es gab ja dafür und dagegen, nich war. Und die Wende in der DDR hätte ja auch nicht stattgefunden, wenn es, es hat ja nicht nur *(unverständliches Wort)* die Wende herbeigeführt, sondern es warn ja mehr Leute auf der Straße, von *(unverständliches Wort)* unzählige SED-Mitglieder dabei. Also das äh, ich weiß nicht, ob Sie ein Ost-Mann sind oder ein West-Mann, aber es, es bröckelte ja auch in den den Parteigruppen, in den Betrieben, also ähm, es war ja ein Aufbruch, der äh, äh, den Charakter der breiten Volksbewegung hatte. Das einige Wortführer warn, darüber brauch ma nicht zu sprechen. Aber wie gesacht, äh, es bröckelte ja allenthalben und die Bewegung war ja auch erst, dass man einen anderen Sozialismus haben wollte […].«

Die Frage nach der NS-Zeit verunsichert Herrn Winter. Beim Lesen der Passage bleibt die Frage »Worüber hat er mit seiner Mutter gesprochen?« unbeantwortet. Die Antwort bleibt unklar, als wisse er nicht, wie er im Kontext dieser Interviewsituation auf diese Thematik Bezug nehmen solle. Herr Winter wechselt von der persönlichen auf die abstrakte politische Ebene; es scheint, als sei die Antwort auch unter dem Aspekt einer möglichen sozialen Erwünschtheit gestaltet und stelle das Abbild seiner innerseelischen Zerrissenheit in Bezug auf sein Kindheitserleben in der NS-Zeit dar, die er nicht adäquat zum Ausdruck bringen kann. Unbewusste Angstgefühle, narzisstische Einbrüche und unbewusste Schulddimensionen scheinen hier auf einer rationalen, abstrahierenden Ebene abgewehrt zu werden. Unverarbeitete innerseelische Belastungen in der Selbstentwicklung zeigen sich ebenso bei den Ausführungen zur Thematik »Judenverfolgung und Holocaust« durch eine vielschichtige unbewusste Abwehr:

»(Was wurde, äh, zwischen Ihnen und Ihrer Mutter oder in Ihrer Familie im weitesten Sinne, äh, über die Judenverfolgung und den Holocaust gesprochen?) Nichts, nichts, aus dem einfachen Grunde, weil: a) kein Anlass bestand und doch warten Sie mal? (Was meinen Sie damit?) Na ja, wissen Sie, wir ham da so drüber gesprochen wie alljemein über die Konzentrationslager. Also wir ham nich so sehr unterschieden, denn in Konzentrationslager ham ja, äh, andere Leute auch gesessen, nicht nur die Juden. Ich meine, das wir gegenwärtig, äääh, stilisiert, äh, der Holocaust wird teilweise nur auf die Juden, ääääh, orientiert, also, also konzentriert. Ich meine darüber kann man politisch unterschiedlicher Meinung sein, also das nun, äh, dieses Problem der Judenverfolgung, also die ethnische Vernichtung eines ganzen, einer Volksgruppe in Deutschland is sicherlich ein, ein, ein sehr bedenkliches Leben! Aber der Jud-, die Juden waren an und für sich nur ein Bruchteil der Leute, die in diesen Konzentrationslagern vernichtet wurden. Wir ham im Allgemeinen über Konzentrationslager gesprochen. Ich mein, ich war auch, äh, in XXX, also in verschiedenen Konzentrationslagern, meiner Mutter davon erzählt, wenn ich davongekommen bin, habe davon erzählt (Schweigen). Aber, dass das so ein besonderes Problem war, äh, neben dem Problem des Nationalsozialismus allgemein, das kann ich nicht sagen. Das war also kein besonderes Problem, sondern das Konzentrationslagerproblem allgemein, aber eben auch, es warn ja auch politisch Andersdenkende auch, ne; Sozialdemokraten oder Kommunisten oder frei religiöse Gemeindemitglieder oder, oder was weiß ich. So seh ich das jedenfalls, wissen Sie! Dieses Holocaust-Problem ist, äh, ist stilisiert worden. Wissen Sie, da ist auch teilweise – meine ich – ein amerikanischer Staat-Touch da reingetragen worden in diese ganze Diskussion. Weil, äh, diese Vernichtung politisch Andersdenkender, nich war, is, is meiner Meinung nach weitaus, äh, die Funktion der, der Konzentrationslager viel allumfassender, viel gefährlicher, äh, als nur diese, diese Fragen der Judenfrage zu lösen, ja. Vielleicht irr ich mich, aber ich seh das so, wissen Sie [...]!«

Herr Winter geht weg von persönlichen Erinnerungen, die sich auf Unterhaltungen zwischen ihm und seiner Mutter beziehen und die Thematik Holocaust und Juden beinhalteten, greift weitere politische Aspekte auf. Die persönliche konflikthafte Komponente ist ihm dabei unbewusst. Sie enthält seine eingekapselten Affekte des Verlusts, der Trauer und der aggressiven Auflehnung. Er stellt dadurch zu seinem subjektiven Erleben eine Distanz her. Diese Passage zeigt auch, durch den Wechsel auf die »allgemeine« Ebene der Konzentrationslager, wie Herr Winter in seiner eigenen Entwicklung mit den verbrecherischen Handlungen der nationalsozialistischen Zeit psychisch konflikthaft verstrickt ist.

An einer anderen Stelle im Interview spricht er über seinen Vater:

»(Was bedeutet es für Sie, dass Ihr Vater in XXX ums Leben kam?) Tja (Schweigen), wissen Sie, ich äh, ähm, bemühe mich genauso wie ich erwarte, von jemand, den ich in, in, in treffe, dass er mich nich als Faschist oder als Hitlerist oder als als Nazi einstuft, genauso is das umgekehrt auch, nich! Genauso wenig, wie es die Deutschen gibt, gibt es immer nur den Einzelmenschen und so seh ich das. Wissen Sie (Husten, Schluck Wasser trinken), ich hab manchmal son Reizhusten (trinkt, Glas hingestellt). Ja, wissen Sie und so seh ich das. Also äh, das erwarte ich, das erwarte ich, der souveräne Umgang mit dem Einzelnen, das Hinterfragen des Einzelnen, wie denkst du?«

Deutlich spürbar wird in der Passage, wie schwer es Herrn Winter fällt, diese Frage zu beantworten und die damit verbundenen Gefühle zu unterdrücken, also den Abwehrmechanismus der Rationalisierung aufrechtzuerhalten. Das »Ungeheure« kann er nicht kommunizieren, nämlich die Gewalttat gegenüber dem Vater und die Gewalttaten, die vom Vater ausgingen. Die damit verbundene Verzweiflung und Aggression bzw. die eigene unbewusste Schulddimension, die mit diesem Geschehen assoziativ auftaucht und die sich auf die Verbrechen der deutschen Bevölkerung in der NS-Zeit bezieht, kann er ebensowenig kommunizieren, wie die damit verbunden unbewussten und bewussten Verstrickungen in seiner Kindheitsentwicklung. Es liegt nahe die rationale, immer

216

wieder verallgemeinernde Schilderung, als Bild für seine notwendigen psychischen Abwehrprozesse zu verstehen, die eine Kompromissbildung im Umgang mit den immensen unverarbeiteten Belastungen im Kindheitsverlauf von Herrn Winter darstellen.

Herr Winter spricht davon, als Kind in der Kriegszeit Albträume gehabt zu haben. In diesem Zusammenhang erwähnt er sein persönliches Erleben des Kriegsendes: »Für mich war 1946, äh 1947 der Krieg vorbei.« Auf einer rationalisierenden Ebene spricht er vom historischen Ende des Krieges, setzt das Kriegsende aber ein Jahr später an, um sich dann noch einmal zu korrigieren. Unbewusst zeigt sich die innerpsychische Widersprüchlichkeit in dieser Aussage. Die mit dem historischen Ereignis verbundenen Gefühle sind auf einer subjektiven Ebene wohl sehr heftig und müssen massiv abgewehrt werden. Immer wieder zeigt sich, dass Herr Winter aufwendige psychische Abwehrbewegungen gegenüber seinem innerpsychischen Spannungserleben, so den innerseelischen Konfliktwelten und seinem Erleben von Hilflosigkeit, erbringen muss. Gefühle der Überforderung dürfen nicht benannt werden, was auf eine ausgesprochen defizitäre Verarbeitung dieser Kindheitserlebnisse schließen lässt. Herr Winter macht im Zusammenhang mit dem Kriegsende eine seiner emotionalsten Aussagen im gesamten Interview: »Wir warn echt froh, als der Krieg vorbei war!« Im Folgenden die Gesprächssequenz:

> »Eine ganz grade Linie, seh ich dort. Wir warn echt froh, als der Krieg vorbei war (mh), echt froh, als der Krieg war bei, vorbei war! Und wir warn uns darüber einich! Und das war bei uns in der Familie der Fall (mh) nich! Und ich meine, meine Mutter, ich war ja im Wesentlichen doch der Einzige, mit dem sie sich austauschen konnte, nich! Und, und, und also für uns stand eines fest, dass diese Überwindung des Krieges das Wichtigste war! Und meine Mutter hat bis zu ihrem Tod in der Vorstellung gelebt – und ich sag das immer so n bisschen in Zeitungsdeutsch (lacht) –, dass die Deutsche Demokratische Republik wohl nicht der Garant ist, äh, für ein stabiles politisches Gleichgewicht.«

Hier zeigt sich die enge innerpsychische Verbundenheit zur Mutter und somit der Aspekt der Parentifizierung. Er sei der Einzige gewesen, mit dem sich seine Mutter habe austauschen können. Herr Winter betont – ebenso wie viele andere

Kriegskinder aus der ehemaligen DDR – wie viel ihm nach der Teilung Deutschlands an einem einheitlichen Deutschland gelegen habe.

Welche Inhalte aus der NS-Kindheit und Kriegskindheit zeigen sich im späteren Leben? Trotz der Schwere seiner unverarbeiteten innerseelischen Belastungen konnte Herr Winter keine Kriegskind-Identität ausbilden, die adäquat Bezug nimmt auf seinen spezifischen Entwicklungshintergrund. Viele belastende Bereiche seines Kindheitserlebens bleiben gleichsam abgespalten. Immer wieder wird er von Verlustängsten und depressiven Verstimmungen heimgesucht, für die er kein passendes Problembewusstsein findet. Es bestehen ein breit gefächertes Ressentiment und ein Stau abgekapselter Affekte, die den Mitteilungen dieses Studienteilnehmers etwas Getriebenes und Drängendes geben. Herr Winter wirkt trotz seines beruflichen Erfolges und all seiner vielfältigen Beschäftigungen in unterschiedlichen Lebensbereichen isoliert und brüchig in seiner innerseelischen Struktur. Die als ausgesprochen belastend erfahrenen Erlebnisse konnte er in erster Linie deshalb über sein ganzes Leben nicht verarbeiten, da ein Großteil seiner verinnerlichten Selbstrepräsentanzen und der Repräsentanzen zentraler Bezugspersonen konflikthaft besetzt blieben. Nicht zuletzt deswegen, weil eine Umkehrung der Eltern-Kind-Position stattgefunden hat, weil er aufgrund der psychischen Überlastung der Eltern, als Kind Elternfunktionen übernehmen musste; es fand also eine Parentifizierung, eine Identifizierung mit der stützenden Funktion gegenüber den Eltern statt. Die Mutter, der er in weiten Bereichen als emotionale Stütze diente, war die einzige wichtige Bezugsperson. Der Vater war im Krieg und kam im Kriegsgefangenenlager zu Tode, was für die Mutter – gemäß den Schilderungen Herrn Winters – eine psychisch nicht zu bewältigende Dauerbelastung darstellte. Für Herrn Winter und seine Gefühle war kein ausreichender Platz. Einzig die weiblichen Verwandten der Mutter werden im Erleben des Kindes als psychisch stabil erinnert. Auf die Frage: »Haben Ihnen auch andere Menschen bei der Verarbeitung Ihres Kindheitsschicksals geholfen?« antwortete Herr Winter:

> »Äh, wissen Sie, die Frage würde ich (Schweigen) zumindest nicht mit, äh, äh, zumindest nicht bewusst beantworten, dass ich sagen würde, ja. Das würd ich eher so mit, mh, unbewusst, wenn denn unbewusst. (Können Sie mir oder (Husten), wenn

Sie, äh, von heute aus Ihr Gesamtleben betrachten, äh, was hat denn dieses Leben am meisten geprächt?) Och, das is ja ne Frage! (Lacht.) Also, so, so ein? Das is ne Frage? Da hab ich aber gar nich dran gedacht, Mensch! Ja was hat am meisten mein Leben geprägt? Poah (Schweigen)! (Es braucht keine Antwort für die Ewigkeit zu sein.) (Räuspern.) Nein, nein, aber am meisten geprägt? (Schweigen, holt tief Luft.) In der Zwischenzeit in zwei Gesellschaftsordnungen gelebt: In Ost-Deutschland, in West-Deutschland! Hab viele Jahre in West-Deutschland gelebt, den Rest in der DDR (Schweigen.) Und wenn Sie fragen, was mich am meisten geprägt hat? (Schweigen, holt tief Luft.) Denn ich selbst bin aus den einfachsten Verhältnissen gekommen, damit will ich nicht sagen, dass es in West-Deutschland nicht möglich war, das ist Quatsch. Aus dem einfachen Grunde, weil ich Biografien einzelner Leute kenne, die also auch. Nehmen Sie nur Herrn Schröder, unseren Bundeskanzler, ehemaligen Bundeskanzler, nich, der is auch aus einfachsten Verhältnissen eben bis zur Spitzen aufgewachsen sind, nich! Oder nehmen Sie Frau Merkel, die ja eine Pastorentöchterlein war, auch aus einfachsten Verhältnissen aufjewachsen is bis zum Forschungsstudentenamt und muss ich sagen, an und für sich diese Möglichkeit, ähm (Schweigen), sich systematisch eben, eben doch, äh, weiterzubilden, dass das also von entscheidender, prägender Bedeutung war!«

Herrn Winter fällt es schwer darüber zu reflektieren, was ihn am meisten geprägt hat. Wie die meisten Kriegskinder berichtet auch Herr Winter hier und an anderer Stelle eindrücklich, dass er die Beschäftigung mit Literatur bzw. mit den Inhalten seiner Ausbildung als sehr hilfreich und stabilisierend erlebt habe. Die berufliche Tätigkeit wird meist als innerpsychisch Halt gebende Struktur im Umgang mit belastenden Kindheitserfahrungen beschrieben. Herr Winter spricht – ebenfalls wie die meisten Kriegskinder – davon, dass er seine partnerschaftlichen Beziehungen – trotz vieler Schwierigkeiten – als hilfreich und heilend im Umgang mit seinen belastenden Erfahrungen erlebt habe. Die psychischen Entwicklungsdefizte der Kindheit zeigen sich an vielen Stellen im Text. Er spricht davon, im Krieg Albträume gehabt zu haben. Er habe nie richtig tief geschlafen, es sei »immer Alarm« gewesen. Seine Schilderungen der Nächte im Bombenkeller machen seine massiven Bedrohungsängste deutlich. Psychosomatische Beschwerden im Jugendalter interpretiert er als eine Folgeerkrankung des Krieges (im Sinne einer körperlichen Überbelastung). Den Zusammenhang mit einer psychischen Belastungsreaktion kann er trotz eindeutiger Hinweise nicht herstellen, was wiederum deutlich macht, wie wenig Zugang er zu seinen defizitären kindlichen Erlebniswelten hat. Gleichwohl stellt er einen Zusammenhang zwischen seiner innerpsychischen Labilität und seinem »instabilen Zuhause« her. Das bedeutet, dass er durchaus die psychischen Fähigkeiten hat(te), die Kriegszeiterlebnisse zu verarbeiten, dass es aber in ihm ein massives inneres Verbot gab, sich gegenüber der Mutter abzugrenzen, oder diese gar zu kritisieren. Die Abwehr seiner unverarbeiteten innerseelischen Erfahrungen und der entsprechenden aggressiven Gefühle kommt in vielen Textstellen ebenso zum Ausdruck wie sein defizitäres Selbsterleben, das mit latenten Schuld-, Angst- und Schamgefühlen einhergeht, die latent selbstkritische Einschübe im Text offenbaren:

> »Vom Erlebnis her ja und die durchgehende Linie hatt ich Ihnen ja erklärt, aber dass ich nun, nun in der Vorstellung bin, ein Kriegskind zu sein, das da müsst da würden mehr Schattierungen zu gehören. Nich, da würden Schattierungen zugehören, dass ich n bestimmtes Feindbild hätte für meine Begriffe! Da würde zugehören, äh, dass ich, ich nach wie vor, äh, äh, irgendwie die, die Aktivitäten der Staaten im, im Krieg unterschiedlich bewerte. Und so, das ist nicht der Fall! Sondern für mich is es eigentlich abgeschlossenes Kapitel mit bestimmten Schlussfolgerungen! Die Schlussfolgen sind die, die ich sagte (ja). Zumindest für Deutschland, zumindestens für Deutschland. Ich bin nicht dazu da, über irgendwelche anderen, anderen Staaten irgendwie da äh, äh zu richten!«

Herr Winter beschreibt auf der bewussten Ebene, dass er sich deshalb nicht als Kriegskind sehe, weil er anderen Staaten gegenüber keine feindliche Haltung mehr einnehme, über diese nicht richten wolle. Er hebt damit unbewusst seine innerpsychische Konfliktwelt auf eine abstrakte Ebene und spaltet damit seine innerpsychischen unbewussten Konfliktwelten (Scham und Schuld) ab. Gleichzeitig führt Herr Winter als weitere maßgebliche Folge der Kriegskindheit – seinem Erleben nach – seine »soziale Angst« an. Er habe Angst vor grundlegenden Veränderungen gesellschaftlicher Strukturen. Herr Winter ist »politisch unzufrieden« ohne ein ausreichendes, befriedigendes Forum zu haben. Zwischen seinen Erinnerungen über sein Kindheitserleben hinsichtlich der Abwesenheit und des späteren Todes des Vaters und der Thematik »Kriegskind« stellt er keine Verbindung her. Seine Formulierung »der Vater ist in Gefangenschaft geblieben« ist ein Euphemismus für den Tod des Vaters. Die emotionslose Erzählung vom »relativ grausamen Schicksal« des Vaters zeigt die mangelnde Verarbeitung dieses belastenden Kindheitserlebens. Insgesamt stellt sich jedoch bei der Auswertung des Interviews der Eindruck ein, dass die Vaterrepräsentanzen aus der erzählten Kindheitsperspektive Herrn Winters viel präsenter sind als die der Mutter. Die Ausgestaltung seiner inneren Beziehungswelt zum Vater ist konflikthaft besetzt und maßgeblich durch negative unbewusste Fantasien beeinflusst. Zwischen seiner erzählten kindlich realen Welt »Heimat« und der mit Fantasien ausgestalteten fremden Welt des »Vaters im Krieg« besteht eine große Kluft. Diese beiden Welten in seiner innerpsychischen Vorstellungswelt zusammenzufügen, scheint ihm nicht möglich gewesen zu sein. Der Impuls für die Reise in das Kriegsgefangenenlager seines Vaters erfolgte vermutlich aus der Ungewissheit der ehemaligen kindlichen Fantasiewelt heraus. Die reale Zuwendung zum Vater nimmt Herr Winter in der Gegenwart, 60 Jahre später, durch seine Beschäftigung mit dessen Todesumständen vor. Hier zeigt sich, wie sehr Herr Winter nach Maßgabe seiner Möglichkeiten bemüht ist, eine gute innere Beziehung zum Vater herzustellen. Die Fahrt in die Welt des Vaters kann auch als Versuch einer späten psychischen Reparationsleistung verstanden werden, die ihm erst nach 60 Jahren möglich war, als er aufgrund des öffentlichen Interesses am Schicksal der Kriegskinder die »Legitimation« für die Beschäftigung mit seinen frühkindlichen innerseelischen Wunden in der Beziehungswelt zum Vater erhielt. Diese innerpsychische Fragilität steht in direktem Bezug zur fehlenden innerpsychischen Präsenz hilfreicher wichtiger Bezugspersonen und kommt in dem eingangs erwähnten Kinderlied zum Ausdruck: *Maikäfer flieg! Der Vater ist im Krieg. Die Mutter ist im Pommernland, Pommerland ist abgebrannt. Maikäfer flieg!* Herr Winter stieß – wie es scheint – in seinen belasteten innerseelischen Erinnerungswelten auf wenig Resonanz. Abschließend stellt Herr Winter fest, auf die Beziehung zu seinen Kindern hätten die Folgen seiner belasteten Kindheit keinen Einfluss genommen. In dieser unreflektierten Haltung der Abwehr von belastenden Erinnerungen und deren Unvermögen diese zu kommunizieren, zeigt sich die unbewusste transgenerationale Weitergabe unbewältigter Kriegskindheitserfahrungen.

Prototyp »Lebenslange Folgen« stark ausgeprägt: Herr Sanders

Herr Sanders wurde im Jahr 1936 geboren. In der Vorkriegszeit bis 1938 war Herr Sanders im Säuglings- und Kleinkindalter von null bis zwei Jahren. In den Jahren 1939 bis 1942 war er im Alter von drei bis sechs Jahren, also ein Kleinkind. In der Zeit des Krieges in Deutschland und in der folgenden Nachkriegszeit war er im Alter von sieben bis zehn Jahren und älter, also im Entwicklungszeitraum der Latenz und Adoleszenz.
Interview KK S14
Interviewerin: Dr. phil. Christa Müller

Wie stellt sich der Entwicklungsverlauf im Kontext des Familienlebens und des jeweiligen soziokulturellen Hintergrundes dar?
Herr Sanders stellt zu Beginn des Gesprächs eine humorvolle Nähe mit der Interviewerin her. Auch er gibt zu erkennen, dass er nicht aus eigenem Antrieb, sondern auf die Bitte seiner Hausärztin komme. Bei der Auswertung der Eingangsszene stellte sich ein Gefühl der Anspannung in einer »Unvermitteltheit« ein, so als läge eine plötzliche bleierne Schwere über der Gesprächssituation. Herr Sanders spricht zunächst davon, dass er die Kindheitserinnerungen an den Krieg verdrängt habe. Diese Erinnerungen würden nun aufgrund des Interviews urplötzlich wieder »auftauchen«. In der Eingangsszene findet folgender Dialog zwischen Herrn Sanders und der Interviewerin statt:

> »(Keucht) die äh, intensivsten Erlebnisse waren (Schweigen) bei (Schweigen) XXX, das ist in XXX. (Ich wollt grad sagen, das ist in XXX.) Ja, da, öh, wenn man da so unmittelbar am intensivsten, und später dann kurz vor, öh, kurz vor der Kapitulation mehrmals unmittelbar n Beschuss durch, durch Tiefflieger, die ich da als Schulkind erlebt habe, wo ich mehr oder minder tatsächlich äh, tja *(unverständlich)* erschossen worden wäre, wenn ich nicht *(unverständlich)* hätte. Ne? (Sie sind welcher Jahrgang?) 36.«

Die Interviewerin geht nicht gleich auf die Schilderung des lebensbedrohlichen Erlebnisses Herrn Sanders ein, sondern geht auf die Sachebene, fragt ihn, in welchem Jahr er geboren sei, stellt somit unmittelbar eine Distanz zu dieser emotional aufgeladenenen Erzählung her. Bereits zu Beginn des Interviews macht Herr Sanders deutlich, dass er unter massiven existenziellen Ängsten in seiner Kindheit gelitten habe. Weiter berichtet Herr Sanders im Zuge der Schilderungen, der für ihn bedeutenden Erlebnisse aus der Vorkriegszeit, von einer zentralen Kindheitserinnerung, die sich auf das Alter von ca. drei Jahren beziehe. Er habe deutlich das Bild vor Augen, als ihm seine Mutter den neu geborenen Bruder gezeigt habe. Herr Sanders beschreibt diese Erinnerung auf eine fragmentierte Weise, er verwendet eine kurze, scheinbar vielsagende Formulierung: Es sei der »erste Blick« auf seinen Bruder gewesen. Diese kurze Erinnerungssequenz scheint eine Deckerinnerung für ein konflikthaftes innerpsychisches Erleben darzustellen, das vermutlich auf eine latent feindselige Haltung gegenüber seinem »Konkurrenten«, dem kleinen Bruder schließen lässt. In diesen ersten Szenen zu Beginn des Interviews sind kommunikative Leerstellen entstanden, in denen offenbar auf dem Wege eines unbewussten Übertragungsgeschehens (einer der Übertragung vorausgehenden Gegenübertragung bei der Interviewerin) die Reinszenierung frühkindlicher distanzierter Beziehungserfahrungen stattgefunden hat. Die Konflikthaftigkeit im bewussten familiären Beziehungserleben zeigt sich im weiteren Gesprächsverlauf. Es folgt eine Beschreibung darüber, wie er mit der Abwesenheit des Vaters zurechtgekommen ist. Hier rückt Herr Sanders ein Erlebnis in den Vordergrund seiner Beschreibung, das ebenfalls die inneren Nöte in seinem Kindheitserleben zum Ausdruck bringt. Mit schwerem Atem berichtet er von einem Besuch bei seinem Vater bei der Reichswehr, als er im Alter von vier oder fünf Jahren gewesen sei. Der Vater sei »mittendrin unter vielen Soldaten« gewesen, diese ganze Situation habe ihn »irgendwie unangenehm berührt.« Auf Geheiß des Vaters sei die Mutter mit den Kindern am Kriegsanfang zu ihrer Mutter aufs Land gegangen, weil der Vater zum Militärdienst eingezogen worden sei. Das Wissen über Erlebnisse und Handlungen des Vaters im Krieg sei gering. Im weiteren Gesprächsverlauf zeigt sich jedoch, dass Herr Sanders doch relativ gut über dessen verschiedene Aufenthaltsorte im Krieg Bescheid weiß. Er habe damals großes Interesse daran gehabt, wo der Vater sich jeweils aufhielt. Der Vater sei nicht direkt an der Front gewesen und habe regelmäßigen Kontakt zur Familie gehabt. Dadurch, dass der Vater immer wieder zu Hause gewesen sei, habe Herr Sanders die Trennung als »relativ unbelastet« erlebt. Herr Sanders scheint hier mit der Haltung der Mutter identifiziert, die den Vater nicht wirklich vermisst habe. Die Sorge um den Vater und die als belastend erlebte Abwesenheit des Vaters, die Herr Sanders nicht zum Ausdruck bringen kann, vermittelt sich latent in seiner Beschreibung der Zeit des Kriegsanfangs in Deutschland:

>»Immer wie die Ereignisse meiner Mutter da so es eingaben, wo s vielleicht am sichersten sein könnte. Mein Vater spielte überhaupt keine Rolle (mh) wann er, der war eben eingezogen und war, ich glaube nach diesem Urlaub, kam auch nicht wieder vor Kriegsende zu Hause. Mein Vater hat da überhaupt keinen Einfluss nehmen können auf die Entscheidung meiner Mutter. Ja, Ja? Na ja, dann zog sich das hin bis die Front immer näher kam und Mutter recht schnell, ja!«

Latent bringt er an dieser Stelle und im weiteren Interviewverlauf zum Ausdruck, dass ihn seine Mutter immer wieder in bedrohliche Situationen gebracht habe, indem sie voller Angst vor der drohenden Bombardierung von einem vermeintlich sicheren Ort zum nächsten geeilt sei. Der Vater habe auf das Verhalten der Mutter keinen Einfluss nehmen können, da er im Krieg gewesen sei und Herrn Sanders deshalb auch nicht habe beschützen können. Der Gesprächsverlauf ist durchgängig durch eine offensichtliche Anstrengung gekennzeichnet, die Herr Sanders für das Interview aufbringen muss und die deutlich macht, wieviel Überwindung es Herrn Sanders kostet, über seine Kindheit zu sprechen. Gleichzeitig kommentiert Herr Sanders seine Erzählungen immer wieder im Duktus einer Doppelstruktur von Erinnern und Nichterinnern. Einerseits gibt Herr Sanders zu erkennen, dass er über viele Geschehnisse keinerlei Kenntnis habe, andererseits zeigt sich an anderer Stelle im Interview, dass er gleichwohl sehr detaillierte Kenntnisse über die jeweiligen Inhalte hat. Einerseits sagt er, könne er sich an die frühe Zeit eigentlich nicht mehr erinnern, andererseits erinnert er sich sehr genau, so beispielsweise an den Umstand die meiste Zeit bei Verwandten, also nicht mehr zu Hause verbracht zu haben. In seinen Schilderungen wird nicht deutlich, auf welche Wohn- oder Aufenthaltsorte er sich jeweils bezieht, es ist alles vermischt. Die Schilderungen wirken zunächst versachlicht und entemotionalisiert. Die Gefühle der Eltern, insbesondere die der Mutter, können von Herrn Sanders jedoch immer wieder sehr einfühlsam beschrieben werden, wohingegen die Schilderung oder Bezugnahme auf die eigenen Gefühle zumeist ausbleibt. So hebt Herr Sanders im Zusammenhang mit den Bombardierungserlebnissen und den permanenten Ortswechseln immer wieder die Angst der Mutter hervor. Seine eigene Gefühlswelt erhält in seinen Erzählungen nahezu keinen Raum, die emotionale Interpretation der Schilderungen wird an die Interviewerin bzw. an den Leser delegiert. Es entsteht ein Gefühl, auf Distanz gehalten zu werden, das mit einer latenten inneren Anspannung konnotiert ist. Überraschend sei ein Bombenangriff auf seinen Wohnort erfolgt, mit dem niemand gerechnet habe. Der Vater sei zu diesem Zeitpunkt zu Hause auf Urlaub gewesen und habe bei den Rettungsarbeiten »eine Rolle gespielt«. Als er vom Vater spricht, werden die Erinnerungen wieder differenzierter:

> »Aber (Keuchen), ich hab da eigentlich recht, äh, genaue Details in Erinnerung. Ich erinnere mich, dass wir ausm Fenster gekuckt haben, dass wir ein Bombergeschwader über uns sahen, dass wir äh, na, die Weihnachtsbäume, die Kerzenständer wieder abgeräumt wurden. Das hab ich noch genau in Erinnerung, dass ich die fallenden Bomben sehe und die Einschläge ringsum, anschließend die brennenden Häuser und nich, ja? Na ja und wie man sich dann in dem Falle verhält, fürchterliche Angst, alles schnell runter in den Keller und alles, was greifbar war, mit in den Keller. Äh, die Reaktion, Vater musste ja wieder weg (mh); die Reaktion meiner Mutter war: »Jetzt ist es hier gefährlich. Wir müssen woanders hin, wo es nich so gefährlich ist.«

Diese Stelle im Interview, ist eine der wenigen, an der Herr Sanders anhand der Schilderung eines konkreten Erlebnisses auf sein Gefühlserleben als Kind direkt Bezug nimmt. Er spricht von seiner Angst, unter der er während der Bombardierungen gelitten habe, führt diese aber nicht weiter aus. Die Auswertung der Gesprächsszenen zeigen immer wieder, dass Herr Sanders einen starken Konflikt in sich trägt, sich in seinem zwiespältigen emotionalen Beziehungserleben gegenüber seiner Mutter oder seinem Vater mitzuteilen, so sich in seinem Unverständnis darüber mitzuteilen, dass sie ihn in seiner Not nicht wahrgenommen, geschweige denn hilfreich unterstützt haben. Insgesamt (so auch bei diesem Kriegskind) fällt bei der psychoanalytischen Auswertung des gesamten Textmaterials auf, dass sich die Kriegskinder dieser Untersuchungsgruppe in ihrem belasteten innerseelischen Erleben sehr reduktionistisch, aber in zentralen Erinnerungsbildern emotional hoch besetzt mitteilen. Ein solches weiteres persönliches Erinnerungsbild, gleich einem Lichtkegel, taucht bei der Schilderung seiner Bombardierungserlebnisse auf. Im Vordergrund der Schilderungen dieses Bildes steht die Angst vor einem einstürzenden Hochhaus. Er spricht auf eine sehr emotionale Weise von seiner Angst und der Angst der Erwachsenen vor diesem einstürzenden Hochhaus. Es scheint, als »dürfe« er Gefühle nur spüren und benennen, wenn andere Personen ihre Gefühle äußerten. Das »einstürzende Hochhaus« ist möglicherweise ein innerpsychisches Bild, in dem seine labilen Selbst- und Objektrepräsentanzen zum Ausdruck kommen. Auch könnte ein psychosexueller Aspekt Bestandteil dieses Bildes sein.

So wie Herr Sanders beschreiben auch die übrigen Studienteilnehmer aus Ostdeutschland ein außerordentlich großes Angsterleben vor und während dem Einbruch der roten Armee. Die Furcht der Erwachsenen habe sich auf die Kinder übertragen. Die Schilderungen waren hoch emotional und hörten sich an, als sei der Einbruch der roten Armee erst vor wenigen Tagen erfolgt (nach eigenen Angaben hätten sie erstmals im Interview nach ca. 60 Jahren über diese Geschehnisse gesprochen). Sie berichten von Vergewaltigungen und gewalttätigen Übergriffen gegenüber der Zivilbevölkerung, an denen sie gezwungen waren teilzuhaben. Die Erzählungen von Herrn Sanders wirken so, als kämpfte er immer wieder gegen einen inneren Widerstand an, über diese Erlebnisse zu sprechen. Dieser innere Widerstand, der sich bei vielen Studienteilnehmern zeigt, resultiert vermutlich aus dem Bemühen, die emotional hoch belasteten Erinnerungswelten zu unterdrücken. Die Schilderungen Herrn Sanders bleiben fragmentarisch, lückenhaft, entemotionalisiert und wirken in der persönlichen Ausgestaltung blass. Einzig die Angst vor »den Russen« vermittelt sich in einer intensiven Weise, wie das folgende Beispiel illustrieren soll:

> »(Wie sah die aus, die Propaganda?) Na ja, pff, man erinnert sich da an, an Plakate, mit blutbeschmierten Dolchen im Mund und es waren die fürchterlichsten Verbrecher, die, die man sich vorstellen konnte! (Die Russen?) Ja, die Russen. Also als Kinder hatte man fürchterliche Angst davor, nicht! Als Kind! (Was hat man den Kindern erzählt?) Pff, na ja, dass das nun ganz schlimme Kerle sind und, und öh, alles umbringen und hach Frauen vergewaltigen (Schweigen), (mh). Also man hatte nur Horrorvorstellungen vor der (Schweigen) russischen Besatzung. Das ist vielleicht mal interessant in dem Zusammenhang. Ich erinnere mich an die Tage, wo die

Entscheidung fallen musste wer kommt, der Amerikaner oder der Russe (mh). Nicht! Das hat in der Bevölkerung da, so in dem Grenzbereich, äh, fürchterliche Aufregung bedeutet. Der Amerikaner stand drüben jenseits der Elbe und der Russe kam von Osten. Wer ist nun zuerst da? Und alles wollte, dass der Amerikaner kommt, bloß der Russe nicht. Man hatte immer Angst davor, die Türen wurden, soweit es geht, ging, verrammelt, abgeschlossen grundsätzlich (mh); aber, öh, irgendwelche schrecklichen Ereignisse mit Russen haben wir nicht erlebt.«

Alle zwölf Interviewteilnehmer, die in der ehemaligen DDR gelebt hatten, berichteten einhellig, dass es in der DDR undenkbar gewesen sei, öffentlich über die NS-Zeit zu sprechen. Neben den realen bewussten Ängsten, die sich dem Erleben Herrn Sanders nach in diesen Schreckenszeiten von den Erwachsenen auf die Kinder übertragen hätten, dürften noch zusätzlich unbewusste, negative Gefühlsszenarien hinzukommen, die sich ebenfalls auf die Eltern von Herrn Sanders beziehen. So zeigten sich bei der Auswertung des Interviews immer wieder negative Aspekte des emotionalen Beziehungserlebens zwischen ihm und seinen Eltern, die konflikthaft besetzte Inhalte enthalten. Aufgrund der Konflikthaftigkeit und des bedrohlichen Charakters dieser Inhalte, ist es Herrn Sanders offenbar nicht möglich, bewusst darauf Bezug zu nehmen. Auch Nachfragen der Interviewerin werden von Herrn Sanders oftmals als unangenehm empfunden und mit einem »abweisenden« »habe ich doch schon erzählt« kommentiert. Dennoch ist es ihm in diesen latent aggressiv getönten dialogischen Szenen möglich, auf die Nachfragen der Interviewerin einzugehen und differenzierter über sein Kindheitserleben zu sprechen. Er nimmt in diesen Sequenzen die Kindheitsperspektive ein und beschreibt detailliert, was die Erwachsenen damals den Kindern über die »Russen« mitgeteilt hätten. Die »Angst vor den Russen«, die später wieder relativiert wird, steht vermutlich auch für das unbewusste Selbsterleben und berührt maßgebliche Repräsentanzen seines Vater- und Mutterbildes. Die Rückkehr des Vaters wird zunächst – wie vieles andere auch im Zusammenhang mit den Erlebnissen des Vaters – nur »vage« erinnert; er erwähnt die Rückkehr des Vaters zunächst eher beiläufig. Der Erfahrung des Hungerns hingegen misst er zentrale Bedeutung bei, die Zeit nach der Kapitulation sei mit »überaus schlimmen Hungererinnerungen« verbunden gewesen:

»Pff (Schweigen) Hunger! Ich kann mich an fürchterliche Hungersituationen er-innern. Nischt zu essen. Gar nischt (mh)! Wie wir uns da eigentlich über die Runden gerettet haben? Das, was es gab, war sehr, sehr spärlich! Wie man sich dann selber geholfen hat? Als Vater dann kam aus der Gefangenschaft, sind wir über Land gezogen von Bauernhof zu Bauernhof und haben um Kartoffeln und andere Nahrungsmittel gebettelt (mh). Also, äh, die erste Zeit nach der Kapitula-tion war eigentlich, hach, hach, mit Hungererinnerungen verbunden (mh). Wir sind, ich bin nie satt gewesen. Immer die Vorstellung, ich möchte mich einmal wieder satt essen können.«

Neben den sicherlich furchtbaren realen Hungererfahrungen in der Nachkriegszeit kommt auch der Aspekt der unzureichenden emotionalen Versorgung seitens seiner Eltern zum Ausdruck. Dieser Eindruck wird durch ein wiederkehrendes Lachen verstärkt, das seine Verbitterung darüber zum Ausdruck bringt, oftmals in seinem Leben keine adäquate Hilfe bekommen zu haben. In diesem gleichsam zynischen Lachen werden offensichtlich nicht aushaltbare Gefühle der Verzweif-lung, der Scham, der Ohnmacht und nicht zuletzt der Aggression abgewehrt. Vordergründig zeigt sich hier vermutlich auch seine verinnerlichte Überzeugung, dass elementare Mängel in der psychischen Grundversorgung im Leben hinge-nommen werden müssen, so zum Beispiel die Gewissheit über die mangelnde Verfügbarkeit väterlicher Fürsorge. Gemäß dem ambivalenten Beziehungserleben gegenüber seinem Vater beschreibt Herr Sanders die Rückkehr des Vaters aus dem Krieg an einer späteren Stelle im Interviewverlauf differenzierter; dabei idealisiert er ihn einerseits, andererseits kommt die latente aggressive Entwertung in seinen Erinnerungsbildern des Vaters immer wieder zum Vorschein. Mit der Freude über die Rückkehr des Vaters scheint die Hoffnung im damaligen Kind aufgekeimt zu sein, nun einen Verbündeten im verstrickten Beziehungserleben zur Mutter zur Verfügung zu haben, vielleicht doch noch hoffen zu können, dass der Vater an ihm Interesse zeigen und für ihn da sein könnte. Diese Hoffnung scheint massiv enttäuscht worden zu sein. Herr Sanders verwendet ein weiteres emotional dichtes bildhaftes Erinnerisfragment, um seine konflikthaft besetzten psychischen Erlebnisräume unbewusst zum Ausdruck zu bringen. Er nimmt immer wieder Bezug auf die Kapitulation Deutschlands. Mit der »Kapitulation« Deutschlands scheint im Erleben Herrn Sanders auch die »Kapitulation« seines

Vaters und dessen Verantwortung ihm – seinem Sohn – gegenüber einherzugehen. Hierzu folgender Interview-Auszug:

»(Tiefes Atemholen) er hat ja unmittelbare Kriegsereignisse offenbar kaum oder ganz wenig erwähnt. Die Front hat er nie gesehen, glaub ich. Und (Schnaufer) ich kann mich nicht erinnern, dass er groß darüber was gespr-, erzählt hat (mh). Er war (Schnaufer) na, ich will nicht sagen nationalistisch eingestellt, aber der Zeit entsprechend war Adolf war sein Idol und alles, was damit zusammenhing! Äh, das war richtig (mh)! Um Gotteswillen die bösen Feinde haben uns besiegt! Irgend ne Einsicht, wie das alles gekommen ist und dass Deutschland Schuld hatte an den ganzen Ereignissen, hatte mein Vater nie begriffen. Das hätte er nie? (Also Hitler war sein Vorbild?) Hitler war, äh, ja, Hitler war unumstößlich der Größte und der Beste.«

Hier zeigt sich der Spaltungsprozess, den der Vater vornimmt, dadurch, dass er die Opferposition einnimmt. Gleichzeitig wird der Vater als »Schweiger« erlebt, der nach dem Tod des »Führers« aus Schmerz und Trauer um das verlorene Führer-Idol »versteinert« sei, sich innerlich zurückgezogen habe und für den Sohn emotional nicht mehr erreichbar gewesen sei. Mit diesem Erleben, den Vater nicht für sich gewinnen zu können, gingen vermutlich unbewusste Scham- und transgenerational vermittelte unbewusste Schuldgefühle sowie ein defizitäres Selbstwerterleben einher. Zudem hat das defizitäre Beziehungserleben vermutlich bei Herrn Sanders zur Vorstellung geführt, dass er sich dem Einfluss der Mutter nur schwer entziehen kann. Sein Selbstbezug ist daher von einer großen Verunsicherung gekennzeichnet, die ein mangelndes Selbstwerterleben zur Folge hatte. Herr Sanders berichtet in diesem Zusammenhang, dass es ihm nicht möglich gewesen sei, beruflich leitende Positionen einzunehmen und damit Verantwortung zu tragen. Er wehrt diese innerpsychische Konfliktwelt unbewusst bis in die Gegenwart meist durch Idealisierung oder Verleugnung ab, spricht von einem harmonischen Familienleben nach dem Krieg, in dem sein Vater keine bedeutende Rolle gespielt habe:

»Ja, ja, das freilich. Öh, hach, na ja, dann muss ich dazu sagen, dass mein Vater eigentlich (mh) ein sehr unscheinbarer Mensch war. Also nicht irgendwie! Mutter war das Alphatier in der Familie allemal, Vater spielte nicht die entscheidende, öh, Rolle (mh). Er war sehr zurückhaltend, sehr ruhig (mh) nicht! Und also auf mich, glaub ich sagen zu können, nicht irgendwie prägend (mh). Das war Muttern!«

Die konflikthaften Beziehungserfahrungen mit dem Vater müssen in ihrem Einfluss auf seine psychische Entwicklung (ebenso wie die konflikthaften Beziehungserfahrungen mit der grenzüberschreitenden, einengenden Mutter) und die Wünsche nach adäquater Nähe zu beiden Elternteilen verleugnet werden. Das »harmonische Familienleben«, von dem Herr Sanders spricht, scheint sein defizitäres innerpsychisches Erleben zu kompensieren, insbesondere werden die negativen Aspekte der Dominanz der Mutter abgewehrt. Auch die problematische Paarbeziehung der Eltern muss verleugnet werden. Nur an wenigen Stellen zeigt sich die lustvolle, stolze Besetzung in der Identifikation mit dem Vater:

»Nich? Oder öh, beim Ähren sammeln (mh), nicht? Da hat Vater ne *(unverständlich)* Rolle gespielt, denn das konnte Mutter ja nicht. Und da musste der Junge immer mit. Der war ja nun schon groß genug und konnte ja nun helfen. Also das sind (Schnaufer), das ist komisch, jetzt, wenn Sie mich so was fragen. Das sind Sachen, an die man nicht mehr gedacht hat in seinem Leben. Und jetzt muss ich die plötzlich ausgraben (mh). Und wundere mich selber, dass ich da keene anderen Erinnerungen mehr habe, als bloß so was. (Dass Ihnen das ein bißchen nahe geht?) Ja, ah.«

Das brüchige Selbst- und Beziehungserleben Herrn Sanders zeigt sich immer wieder in der Beschreibung der Erlebnissequenzen mit seinen Eltern. Herr Sanders zeichnet ein vielschichtiges Bild seines Vaters; einerseits kommt die Sorge um den Vater im Krieg zum Ausdruck und wohl auch der wiederholte latente Vorwurf, alleine gelassen und den spontanen Entscheidungen der ängstlichen Mutter überlassen worden zu sein. Andererseits stellt er in seinen Beschreibungen des Vaters dezidiert Distanz her und betont, dass dieser ihn nicht beeinflusst habe. Schamgefühle über den Vater sind durch »humorvolle« Äußerungen verdeckt. Der Vater wird aus der Erinnerungsperspektive des siebenjährigen Jungen als »weich« beschrieben, die Mutter habe das Sagen gehabt. Die Kritik am Verhalten der Mutter und das daraus resultierende eigene innerpsychische Leiden kommt verdeckt und sehr zögerlich in Äußerungen wie

»die Mutter hat eher mal hinlangt« zum Ausdruck. Herr Sanders kann auf sein mangelndes Selbstbewusstsein Bezug nehmen und einen Bezug zu seinen defizitären Kindheitserfahrungen herstellen. Es scheint, als könne er mitunter den Widerstand hinsichtlich der Abwehr seines leidvollen frühkindlichen Beziehungserlebens nicht mehr aufrechterhalten. Herr Sanders schildert seine frühkindliche Not an einigen Stellen emotional spürbar und führt weiter aus, dass er maßgeblich geprägt sei von den Erfahrungen mit seiner Mutter, die keinen Widerspruch geduldet habe und mit dem unscheinbaren Vater, der nach dem Krieg psychisch für ihn nicht mehr präsent gewesen, kein »Vorbild« für ihn gewesen sei. Aufgrund dieser subjektiven Bedeutungszuschreibung kann man die Vermutung anstellen, dass auch Herr Sanders durchaus die Vorstellung in sich trug, die Kriegserlebnisse verarbeiten zu wollen, dass es aber in seinem Unbewussten ein massives Verbot gab, sich gegenüber der Mutter abzugrenzen, oder diese gar zu kritisieren bzw. das Schamerleben in der Beziehung zu seinem Vater oder die Aggression in der Beziehung zu den Eltern zu thematisieren. Die Verleugnung bzw. Unterdrückung seiner innerseelischen Bedürfnisse zeigt sich in der Beteuerung, dass nach dem Krieg ein harmonisches Familienerleben stattgefunden habe, was den Schluss nahelegt, dass die damit verbundenen Gefühle sehr heftig sind und immer wieder abgewehrt werden müssen. Folgende Textstelle macht wiederum die Verleugnung des ambivalenten Selbst- und Beziehungserlebens deutlich:

»(Sehnen Sie sich öfters oder hätten Sie sich einen Vater gewünscht, auf den man hätte stolz sein können?) Eigentlich nicht (mh) weil Mutter da war! Mutter war, öh, ständig. Gefehlt hat er mir eigentlich nicht. Ist ja unmöglich (Lachen und Schniefen). Wenn es anders gewesen wäre, wenn ein anderer Vater da gewesen wäre, hätte man da och selber ne ganz andere Entwicklung gemacht. Dass das so war, öh, hat bestimmt meine Zukunft irgendwie beeinflusst (mh). Ich will jetzt nicht sagen, unbedingt negativ, aber (Schweigen) gestaltet. Gestaltet, ja! Das (Atemholen) das Selbstbewusstsein, bedingt durch eine stärkere Vaterfigur, wahrscheinlich, öh besser entwickelt (mh). Ich habe bis heute keen richtiges Selbstbewusstsein (mh). Ich war nie, trotz aller Erfolge und, und, und nen guten Erfolg im Berufsleben, aber immer keen Selbstbewusstsein immer. Das liegt vielleicht daran, dass so eine Vorbildfigur unmittelbar gefehlt hat (mh). Könnte das so sein (mh)? (Könnte ich mir vorstellen.) Ja, ja.«

Im weiteren Verlauf des Gesprächs konstelliert sich wiederholt eine Szene, die dadurch bestimmt ist, dass Herr Sanders sich in manchen Gesprächsszenen von der Interviewerin nicht adäquat wahrgenommen fühlt. Es entsteht der Eindruck, als teile er dadurch seine implizite Fantasie mit, dass ihm die Interviewerin (die Mutter, der Vater) nicht durchgängig ihre volle Aufmerksamkeit schenke, bzw. zu detailliert nachfrage.

> »(Mh, ähm, die nächste Frage betrifft Ihre Eltern noch mal. Was wissen Sie über die Einstellung Ihrer Eltern zum Nationalsozialismus?) (Entrüstet) na, das hab ich ja eben schon gesagt! Da kommen einem jetzt Gedanken, Erinnerungen hoch. Äh, (Schweigen) ich erinnere mich plötzlich, an das Attentat uff Hitler, meine Mutter ganz entsetzt! Ich war noch n kleener Junge. »Junge, die wollten den Führer umbringen!« Ach, die hat geheult, die war außer sich, dass es so böse Menschen gibt, die den größten hach Menschen aller Zeiten ans Leben wollten. Oder, oder wenn Adolf sprach, »Kinder seid ruhig! Junge sei ruhig! Der Führer spricht!« Nicht und das (mh), er war das Idol (Schweigen) von Mutter und Vater.«

In diesem Kontext wird erstmals zwischen Kind und Eltern ein lebendiges und bezogenes Beziehungserleben spürbar, das stark an das Führer-Idol Adolf Hitler geknüpft ist. Beide Elternteile blieben mit dem Führer identifiziert und waren bemüht, Herrn Sanders in diese Identifikation einzubinden, wie dies die folgende Textsequenz deutlich macht:

> »(Was wurde in Ihrer Familie über Judenverfolgung und Holocaust gesprochen?) (Tiefer Schnaufer.) Wenn ich sage gar nischt, dann ist das vielleicht ein bisschen untertrieben. Es wurde nicht geglaubt. Ja? Es wurde wahrscheinlich (Schweigen) von (Schweigen) uff gar keenen Fall geglaubt. Es ist alles schön hier, es war nichts. Die hat öh, das eingesehen, dass das so war. Es war ja nicht von der Hand zu weisen, es war ja nicht wegzuwischen (Schweigen) die Argumente. Die konnten ja nicht sagen, nischt? Die hats ja als entsetzlich empfunden und äh, ist ganz bestimmt auch

dann (Schweigen) von ihrer positiven Haltung zum Nationalsozialismus beeinflusst worden und davon abgekommen in irgend ner Form (mh)!«

Herr Sanders verweist auf die Distanz zwischen ihm und seinen Eltern, die durch die Nachkriegsrealität entstanden sei. Gespräche mit dem Vater über die Zeit des Nationalsozialismus seien nicht möglich gewesen. Der Holocaust sei von seinen Eltern als Tatsache »nicht anerkannt« worden.

Welche Inhalte aus der NS-Kindheit und Kriegskindheit zeigen sich im späteren Leben? Über den gesamten Interviewverlauf betont Herr Sanders immer wieder, dass seine Eltern keinen Einfluss auf seine Berufswahl gehabt hätten. Es scheint, als wolle er damit zum Ausdruck bringen, dass es ihm gelungen sei, sich von seinen Eltern innerpsychisch abzugrenzen, sich einen eigenen persönlichen inneren und äußeren Raum zu schaffen. Gleichzeitig spricht er davon, dass er in der Beziehung zu seiner Mutter keine eigenen Freiräume gehabt habe und dass der Vater keine Rolle in seiner Entwicklung gespielt, ihn nicht beeinflusst habe. Es zeigt sich immer wieder, wie begrenzt die Möglichkeiten Herrn Sanders gewesen sind, einen seiner Individuation förderlichen Entwicklungsweg zu gehen. Bei der Beschreibung des weiteren Lebensverlaufs zeigt sich, dass Herr Sanders auch in seinen partnerschaftlichen Beziehungen via Projektion oder aber auch durch unbewusste Reinszenierungen frühkindliche defizitäre Beziehungserfahrungen wiederholte. Nach seinem beruflichen Werdegang befragt, sagt Herr Sanders, er habe Konstellationen gesucht, in denen er »an die Hand genommen worden sei«. Diese immerwährende Suche nach hilfreichen Beziehungen kommt auch bei der Ausgestaltung anderer thematischer Schwerpunkte zum Ausdruck. Zum Mauerfall zwischen DDR und BRD sagt Herr Sanders schwer atmend:

> »(Starkes Atmen, Keuchen.) Die Mauer (Keuchen) war vielleicht nicht so, politisch für uns nicht so entscheidend. Wir haben, glaub ich, auch eingesehen, dass die notwendig war für die Existenz, für den Erhalt der DDR (mh), obwohl wir sie abgelehnt haben. Aber wär die damals nicht gebaut worden, wär die DDR schon viele Jahre vorher kaputt gegangen, dadurch, dass alle Menschen wegliefen. Nich? Also, die Verantwortlichen mussten (Keuchen) da ne Grenze schaffen, um das zu verhindern. Also war für mich der Grund da. Aber wir haben natürlich darunter gelitten,

233

dass es unsere Freizügigkeit (mh) sehr beeinträchtigte. Und als das nun zu Ende ging, war mein erster Gedanke: »Jetzt (Schweigen) kannst du nach (Schweigen). Alles andere hat mich eigentlich weniger interessiert. Da war ich vielleicht ein bisschen egoistisch. Klar, wir haben uns, wir haben uns alle gefreut, dass, öh, das passierte. Öh, man hat ja irgendwie vorher gewusst, dass das mit der DDR so nicht weiterging wirtschaftlich immer mehr. Nun waren nicht alle so verblendet, dass wir da nicht dran gedacht haben ne Ewigkeit, das musste ja zugrunde gehen (mh). Als es dann soweit war, waren wir doch alle irgendwie (Schweigen) entlastet. Ja? Aber, wir haben doch schon geahnt, was äh, da, *(unverständlich)* äh, politisch und wirtschaftlich alles passieren könnte. Ne? Und wenn wir heute vieles erleben, dann sagen sagen wir uns: »Ah, das haben wir ja damals schon gewusst!« Der Karl Marx hat das ja schon vor 150 Jahren gesagt, nicht, also! (Lacht.) Hat alles zwei Seiten. Nich, also klar, ich würd sagen, eigentlich hats auf mich und meine weitere Entwicklung und beruflich innerhalb des, innerhalb des (Schweigen), hat sich die Wende letztendlich sehr positiv ausgewirkt.«

Die Verleugnung seiner konflikthaften innerpsychischen Erlebniswelt kommt auch bei der Frage nach seiner Kriegskindheit-Identität zum Ausdruck. Herr Sanders betrachtet sich nicht als Kriegskind, beantwortet die Frage mit: »Teils, teils!«. Er habe sich nie Gedanken darüber gemacht. Er räumt dann ein, dass er teilweise in der NS-Zeit und teilweise im Krieg groß geworden sei, was sich auf seine Kindheit ausgewirkt habe. Dennoch will er seine Kindheit nicht als »Kriegskindheit« kennzeichnen. Er kennzeichnet seinen Kindheitsverlauf als: »Am Anfang meines Lebens im Krieg aufgewachsen«. Im Hinblick auf seine instabile innerpsychische Repräsentanzenwelt ist es nicht verwunderlich, dass er keine Kriegskindheit-Identität entwickeln konnte. Er hat zu seinem defizitären Elternbeziehungserleben nur eingeschränkten Zugang, weil er die fehlende emotionale und kognitive Präsenz seiner Eltern nicht kommunizieren konnte und diese somit als bedrohliche innerpsychische Dimension besetzt hält. Hinzu kommt die familiäre und gesellschaftliche Tabuisierung der NS-Zeit, die ihm die bewusste Reflexion seines Kindheitserlebens in der NS-Zeit nicht wünschenswert erscheinen ließ. Aus diesem Kindheitserleben heraus hat Herr Sanders ein mangelndes Selbstwertgefühl entwickelt, das ihm bewusst ist. Unbewusst bleiben die damit einhergehenden Gefühle der Aggression und der Scham sowie die Abwehr der subjektiven Bedeutungszuschreibung seines Ohnmachterlebens (»Ich kann keine Verantwortung übernehmen!«). Herr Sanders musste sich zudem auf unterschiedliche gesellschaftliche Strukturen – die nationalsozialistisch geprägte Struktur des Dritten Reiches, die sozialistisch geprägte Struktur der DDR und die demokratisch geprägte Struktur der BRD – einstellen, die auf seine familiäre Umwelt und damit auf seine kindliche und weitere Entwicklung Einfluss nahmen. Die DDR habe er als sein Zuhause erlebt, dennoch habe er »bis zum heutigen Tag« kein für ihn stimmiges nationales Identitätsbewusstsein ausbilden können. Herr Sanders spricht in diesem Zusammenhang davon, dass er »zu extreme politische« Entwicklungszeiten gehabt habe. Seine Kindheit und sein Erwachsenenleben in zwei unterschiedlichen Welten hätten ihn sehr belastet. Eine deutlich spürbar emotional getönte Aussage trifft Herr Sanders mit der Feststellung:

»Das ist eigentlich ganz komisch (mh), (Seufzer) der Begriff »Vaterland« oder so was ist (Schweigen), da sträube ich mich fürchterlich! Ein Vaterland in dem Sinne oder hab ich nicht, oder haben werde ich nicht, oder Heimat? Ja, der Heimatbegriff so umstritten und so *(unverständlich)* wie er ist, aber ne Heimat (Schweigen)? Deutschland ist unsere, ist meine Heimat.«

Hinter der Formulierung: »Das ist eigentlich ganz komisch!« verbirgt sich vermutlich sein fragmentiertes Identitätserleben, ebenso wie in seinen weiteren Ausführungen:

»Wir waren in der DDR vom Staat nicht überzeugt, aber wir waren da zu Hause. Das war, wir waren damit aufgewachsen. Wir hatten damit eigentlich mitgewirkt. Und was dann kam, war was völlig Neues, angeblich Besseres, aber wir, wer die Zeit hinreicht bis heute die Ereignisse der letzten Tage und Wochen (Schweigen), man fühlt sich damit nicht verbunden, nicht zugehörig. Man erlebt das sehr oft, wenn man sich mit anderen Leuten unterhält: »Das ist ja gar nicht unser Deutschland, was wir wollen oder wollten!« Oder? Also ich will damit sagen, eine Identität weder mit dem einen noch mit dem andern, gibts nicht. Das ist ein Rest unserer Entwicklung, der sich da erhalten hat und versucht, nun auf einem anderen auf nem besseren Wege sich wieder Geltung zu verschaffen (mh). Während das, was da drumrum passiert? (Der humanitäre Aspekt?) Der humanitäre Aspekt, ja! Der? (Wie vorher, ne?) Der ist, der ist entscheidend! Aber ich sags noch mal: Es ist Utopie!«

In der bewussten Reflexionsbewegung Herrn Sanders über seine Einbindung in unterschiedliche gesellschaftliche Strukturen kommen implizit innerseelische Konfliktbereiche zum Ausdruck. Die Identifikation seiner Eltern mit dem Führer-Idol »Adolf Hitler«, seine Lebenszeit in der DDR und der folgende Prozess der Wiedervereinigung Deutschlands hätten »extremen« Einfluss auf seine Entwicklung genommen. Der in diesem Zusammenhang angesprochene »humanitäre Aspekt« bezieht sich vermutlich auch auf das Gefühl eines mangelnden hilfreichen familiären Beziehungserlebens, das mit einem fehlenden innerpsychischen Kohärenzerleben einhergeht. Herr Sanders spricht davon, dass er früher noch Vertrauen in gesellschaftliche (familiäre Beziehungs-)Strukturen habe fassen können. Dieses Vertrauen sowie seine Hoffnung auf positive Veränderungen seien mehrfach enttäuscht worden, weswegen er die Hoffnung auf humanitäre gesellschaftliche (familiäre) Beziehungsstrukturen im Laufe seines Lebens verloren habe. Die politischen Kommentare Herrn Sanders stellen gleichzeitig eine Reflexion seines persönlichen Entwicklungsverlaufes im Kontext unterschiedlicher gesellschaftlicher Strukturen dar. Dabei wird seine fortlaufende, angestrengte Bemühung erkennbar, sich an etwas »Richtigem« orientieren zu wollen. Vor dem Hintergrund dieser Ausführungen hört sich seine abschließende Äußerung zum Projekt »Kriegskindheit« nach einer lebenslangen und verzweifelten innerseelischen Suchbewegung an, über die er nun in diesem Projekt sprechen kann: »Da hat man die Hoffnung, die reißt das wieder raus!« Im Rahmen der Befragung des Forschungsprojekts »Kriegskindheit« habe er nun wieder ein wenig Hoffnung geschöpft, dass er mit seiner schwierigen Lebensgeschichte auf Interesse stößt.

Anmerkung: Herr Sanders hat mit dem Übergang in den Ruhestand psychotherapeutische Unterstützung in Anspruch nehmen können.

Prototyp »Verarbeitung durch Therapie«: Frau Jost

Frau Jost wurde zu Kriegsbeginn im Jahr 1939 geboren. In den Jahren 1939 bis 1942 war sie im Säugling- und Kleinkindalter von null bis drei Jahren. In den

236

Kriegsjahren in Deutschland und in der Nachkriegszeit war sie im Alter von vier bis sechs Jahren bzw. sechs Jahren und älter, also in der Entwicklungsphase der frühen Kindheit und der Latenz.
Interview KK 07
Interviewer: Prof. Dr. med. Michael Ermann

Eingangsszene
Frau Jost thematisiert in der Eingangsszene zunächst ihren Vorbehalt gegenüber dem Interview und ihre Sorge darüber, nicht viel zum Thema »Kriegskindheit« sagen zu können. Auf die Motivation zu ihrer Teilnahme befragt, sagt sie: »Es ist die unfertige Geschichte, die ich mit meinen Eltern herumtrage!« Frau Jost zählt zu den wenigen Teilnehmern, die sich über ihr ganzes Leben hinweg, mit ihrer Kindheit im Krieg und in der Nachkriegszeit aktiv reflektierend auseinandergesetzt haben.

Wie stellt sich der Entwicklungsverlauf im Kontext des Familienlebens und des jeweiligen soziokulturellen Hintergrundes dar?
Frau Jost berichtet zunächst, dass ihre Eltern in »dieser Zeit« – wie es sich für den »Führer« gehört habe – Kinder »Schlag auf Schlag« in die Welt gesetzt hätten. Mit der indifferenten Formulierung »in dieser Zeit« zeigt sich die innerliche Distanz, die Frau Jost zur NS-Zeit bzw. zu ihrer Kindheit unbewusst herstellt. Der Vater sei an die Front gekommen und habe als überzeugter Nationalsozialist der SS angehört. Zu einem späteren Zeitpunkt im Interview macht sie deutlich, dass sie von der SS-Zugehörigkeit ihres Vaters erst nach dessen Tod aus den Akten seines Nachlasses Kenntnis erhalten habe; sie habe das »positive Bild« von ihrem Vater, mit dem sie sich bis heute identifiziere, bewahren wollen. Übergangslos teilt sie weitere Fakten mit. Ihr Vater habe eine stark ausgeprägte patriotische Gesinnung gehabt. Auch die Mutter sei nach eigenen Angaben eine überzeugte Parteigenossin gewesen, habe der NS-Frauenschaft angehört. Sie beschreibt sich als ein »vergnügtes Kind«. Der einzige »dramatische Einschnitt« habe in der Kriegszeit stattgefunden, als sie im Krankenhaus gewesen sei. Ihr Vater sei in Gefangenschaft gewesen und erst spät nach Hause entlassen worden, seine Abwesenheit sei problematisch für sie gewesen.

Die Beschreibung ihrer Kindheitserinnerungen ist zunächst auf eine sachliche, entemotionalisierte Mitteilung von Fakten reduziert. Es scheint, als habe sie Angst, bei einem Thema zu bleiben, um nicht Gefahr zu laufen, ihre innerpsychische emotionale Erlebniswelt offenbaren zu müssen. Die Dialoggestaltung wirkt distanziert, innerseelische und äußere Erlebnis- und Beziehungswelten bleiben verborgen, es fehlen die Plastizität und der Charakter der Spontaneität. Lediglich die Erinnerungssequenz »Angst vor den Russen« scheint eine Kindheitserinnerung zu sein, die es ihr ermöglicht, Gefühle über die Beschreibung der Gefühlswelt der Erwachsenen mitteilen zu können. Eine spürbar gefühlsgetönte Beschreibung ihrer kindlichen Beziehungswelt taucht zudem erstmals bei der Beschreibung der Rückkehr des Vaters auf:

> »Und das ist eines der einschneidendsten Kindheitserlebnisse, diese Rückkehr des Vaters (mh). Die also (wie war das?); da kam die Sonne über mich. Und da kam dieser Vater nach Hause, dieses, dieser (Schweigen), es war so der Traum (mh)! Davor hatte ich immer, immer wieder Heimkehrer gesehen. Die haben mich furchtbar schockiert, weil die so abgerissen aussahen, einfach dem Bild des Vaters nicht entsprochen hatten (mh), das ich mir von ihm gemacht hatte. Und da war die Angst, er könnte mich ja gar nicht (Schweigen), ich kenn ihn gar nicht, weil ich wusste ja nicht, ich kannte nur so nen Urlauber-Vater.«

In der Schilderung der Rückkehr wird die enge innerpsychische Bindung an den »Urlauber-Vater« deutlich und es zeigt sich die große Erleichterung über die Rückkehr des Vaters. In der gesamten Beschreibung ihrer Beziehung zum Vater wird die Idealisierung ebenso deutlich wie ihre Angst vor der Entidealisierung des Vaters. Sie sagt, dass sie froh gewesen sei, dass er nicht wie die übrigen Heimkehrer ausgesehen habe, »die [...] so abgerissen aussahen, einfach dem Bild des Vaters nicht entsprochen hatten.« Bis heute habe sie Probleme, zwei unterschiedliche Seiten des Vaters zusammenzudenken. Frau Jost führt diese zwei Seiten folgendermaßen aus:

> »Denn was man von der SS weiß, ist scheußlich und fürchterlich! Er war zärtlich und liebevoll und weich!«

Im Gegensatz dazu sei die Mutter die Bestraferin gewesen, sie sei sehr heftig von ihrer Mutter geschlagen worden, bis zu Prügeln mit der Peitsche:

> »Das Kultbuch oder das Buch war natürlich Johanna Haarer. Ähm, ja, also dieses Gefühl und dann wars natürlich nicht so toll, weil dann gings uns erst richtig dreckig.«

Die familiäre Situation nach dem Krieg beschreibt Frau Jost mit der Formulierung »nicht so toll«, weil es der Familie da »richtig dreckig« gegangen sei. Der Vater sei arbeitslos gewesen, habe »natürlich erst entnazifiziert werden müssen«, die Mutter habe kein Geld mehr bekommen für den »als Krieger Gefangenen«. Auf ihre eigenen Erinnerungen an die NS-Zeit und ihre Kindheit im Krieg befragt, antwortet Frau Jost zunächst abwehrend: »Also ich muss wahrscheinlich Sie sehr enttäuschen! Ich erinnere relativ wenig.«

Sie bezieht sich dann auf ihr Gefühlserleben in der NS-Zeit:

> »Ich erinnere mich schon an Bombenangriffe und da waren schon Bombenangriffe. Ich seh also so den Luftschutzkeller. Das war aber alles relativ mehr, wenn sich das nicht verklärt, mehr Abenteuer; also ich hab nicht wirklich große Angst darin bekommen. Außer dann halt an diesem Weg nach 45 im Herbst, aber davor? Wenn da die Lampe wackelte und also der Boden zitterte und man wusste, es hat irgendwo einen Einschlag gegeben, ich glaube mein Schrecken ging eher über den Schrecken der Erwachsenen. Das hat mich beunruhigt, so erinnere ich ungefähr (mh). Also dass, dass, was ganz Schreckliches war, von Befreiung keine Spur in meinen Erinnerungen. Ich glaub meine Mutter hat bis zuletzt an den Sieg geglaubt.«

Die Schilderungen Frau Josts machen ebenso wie die vielen anderen Schilderungen der übrigen Untersuchungsteilnehmer deutlich, dass deren gelungene oder misslungene Verarbeitung belastender seelischer und physischer Gewalterfahrungen durch die emotionale Stabilität bzw. Instabilität der Erwachsenen maßgeblich beeinflusst wurden. Auch das zentrale Phänomen der Doppelstruktur von Wissen und Nichtwissen im Umgang der Kriegskinder mit ihrer NS-Vergangenheit, zeigt sich in den Erzählungen von Frau Jost. Die Flucht sei mit all ihren dramatischen Ereignissen in die Familiengeschichte eingegangen. Frau Jost bezeichnet die Flucht zunächst als »spektakuläre Reise«, um sich dann zu korrigieren, dass es ja keine Reise gewesen sei. Die Familienatmosphäre sei von einem »Durchhalteklima« geprägt gewesen. An dieser Stelle erwähnt Frau Jost erstmals behinderte Kinder in der Verwandtschaft, für die sich ihre Familie und sie selbst in der NS-Zeit geschämt hätten. Frau Jost beschreibt eine ihrem Erleben nach traumatische Situation als sie krank gewesen sei. Als Kind sei sie, krank von der Familie getrennt, in einem Krankenhaus untergebracht worden, in dem Soldaten neben ihr gestorben seien. Auf dieses Erleben gehen Frau Jost und der Interviewer nicht weiter ein, wohl deshalb nicht, weil sich der schwer belastende Inhalt dieser Erinnerung dem Interviewer szenisch mitteilt. In dieser Szene wird deutlich, dass Frau Jost als damaliges Kind ganz alleine, getrennt von ihrer Familie, dem Geschehen des Sterbens ausgesetzt war. Frau Jost kennzeichnet an einer späteren Stelle im Interview dieses Geschehen als das schlimmste Erlebnis ihrer Kindheit. Auch hier zeigt sich, dass nicht das Ereignis als solches einen schwer belastenden Einfluss auf die Psyche des Kindes genommen hat, sondern die Tatsache, dass keine bedeutsamen Bezugspersonen in dieses Geschehen hilfreich eingebunden sind, auf die sich Frau Jost als damaliges Kind hätte beziehen können. Im weiteren Gesprächsverlauf ist der Interviewer durch vorsichtiges Nachfragen bemüht, die uneindeutigen Erinnerungswelten Frau Josts klärend zu hinterfragen. In ihren Erzählungen zeigt sich immer wieder, dass die als von ihr traumatisierend bezeichneten Erlebnissequenzen keinen affektiven Resonanzboden in der Mutter gefunden haben, das Kind immer wieder, so auch bei der Verarbeitung der Erlebnisse mit dem Tod, ganz alleine auf sich gestellt war. Frau Jost spricht über ihre selbstbezogene innerpsychische Welt gleichsam im Duktus eines alltäglichen »normalen« Erlebens. Diese innerpsychische Selbstbezogenheit wird ebenso bei der Schilderung der Flucht ihrer Familie deutlich.

Frau Jost spricht im Verlauf des Interviews an verschiedenen Stellen davon, dass es ihr schwer falle, zwischen persönlichen Erinnerungen und Erzählungen zu unterscheiden. Diese fehlende Unterscheidungsmöglichkeit spiegelt vermutlich die Vermengung innerpsychischer Erlebnisdimensionen zwischen Frau Jost und ihrer Mutter wieder. Gleichzeitig gehörten persönliche tiefgehende Belastungen zum kindlichen Alltag und mussten – wie auch immer – alleine bewältigt werden. Einzig die Puppe auf dem Schoß wird in den Erinnerungsbildern ihrer Fluchterlebnisse als hilfreich beschrieben. Frau Jost bringt sodann eine erzählte Kindheitserinnerung ihrer Mutter ein. Die erzählte Erinnerung ihrer Mutter sei in deren Erzählung emotional hoch besetzt und hoch bedeutsam gewesen. Immer wieder habe ihre Mutter erzählt, wie sie mit Frau Jost und ihren Geschwistern – als diese kleine Mädchen gewesen seien – im Rahmen der Familienverschickung »Kraft durch Freude« in die Berge gefahren seien. Die Kinder hätten sich auf den Bergwiesen vergnügt, hätten sich miteinander wohlgefühlt, als plötzlich die ersten Kampfflugzeuge über sie hinweg geflogen seien. Die Mutter habe ihr in ihren wiederholten Erzählungen gewissermaßen ein Gefühl des Stolzes über die starke militärische Präsenz Deutschlands und ihre Kriegsbegeisterung vermittelt. Die Erzählung Frau Josts vermittelt beim Lesen dieser Textsequenz ihren impliziten Wunsch, sich nachträglich von der patriotischen Gesinnung der Mutter zu distanzieren. Gleichzeitig nehmen Interviewer und Studienteilnehmerin latent Bezug auf die ambivalente Identifikation Frau Josts mit ihrer Mutter. Der Interviewer wechselt dann den Fokus auf den Vater. Frau Jost betont zunächst ihre überaus große Identifikation mit dem Vater. Dennoch zeigt sich immer wieder das gleichermaßen ambivalente Beziehungserleben dem Vater gegenüber. Sie betont, aufgrund ihrer Beschäftigung mit den vom Vater verfassten Texten sagen zu können, dass er kein Rassist gewesen sei.

> »Das ist mir schon mal zur Beruhigung aufgefallen. Also davon hab ich keine Spur gefunden und davon hab ich auch später nichts erkennen können. Sehr im Gegensatz zu meiner Mutter. Ähm, er war patriotisch, er sah das Deutsche Reich als das, sozusagen die Traumvision. Ähm, warum er in dieser grässlichen SS war entzieht sich meiner Kenntnis.«

Frau Jost »verleugnet« hier die Tatsache, dass ihr Vater bekennender Nationalsozialist gewesen ist. Sie spaltet den SS-Vater in ihrer Erzähldimension unbewusst an dieser Stelle ab und verschiebt ihren Konflikt des ambivalenten Beziehungserlebens auf die abstrakte Ebene des Bezugsrahmens »Pfarrjugend«, spricht davon, dass sie sich schon immer einen Widerstandsvater gewünscht habe. Die Scham über ihren SS-Vater, mit dem sie sich in überaus großem Ausmaß identifiziert, kann sie nicht äußern:

»Also, dass, niemals, als eine Widerstandsleistung, wie ichs ja dann in der Jugend mehr oder weniger gelernt habe. Und für mich war das schon schlimm! Also ich hab mir natürlich so nen Widerstandsvater gewünscht, wie man sich das wünscht. Und das war, also damit konnte ich nicht aufwarten.«

Der Interviewer lenkt dann den Fokus auf die rassistische Einstellung der Mutter. Frau Jost macht kenntlich, wie schwer es ihr falle, über die rassistische Einstellung ihrer Mutter zu sprechen. Die Mutter sei unverbesserlich gewesen, habe beharrlich über die Juden geschimpft. Frau Jost stellt ihre eigene Haltung kontrastierend der antisemitischen Haltung der Mutter gegenüber, berichtet von ihrem Engagement für die jüdische Kultur, gleichsam um eine reparative Leistung hinsichtlich der diskriminierenden Haltung ihrer Mutter zu erbringen. Die Mutter habe jedoch nie von ihrem Engagement erfahren dürfen, weil sie sonst Frau Jost die »Sympathie aufgekündigt hätte«. Es ist anzunehmen, dass die Mutter von Frau Jost ihre Zuneigung und Wertschätzung gegenüber ihrer Tochter von der Bedingung abhängig macht, dass diese eine antisemitische Haltung einnimmt. Es scheint, als stelle Frau Jost immer wieder infrage, ob sie sich über die Mutter eine eigene Meinung bilden dürfe, eine eigene Haltung einnehmen dürfe. Ablehnende Gefühle kann und konnte Frau Jost gegenüber ihrer Mutter nur schwer äußern, da sie die Mutter als die zentrale Bezugsperson in ihrer kindlichen Entwicklung brauchte und deshalb fürchten musste, durch die Äußerung ihrer Hassgefühle die Mutter als hilfreiche Bezugsperson zu verlieren. Frau Jost hat im Umgang mit diesem Loyalitätskonflikt verschiedene, Distanz herstellende, innerpsychische Abwehrmuster verinnerlicht, wie zum Beispiel die der Rationalisierung, die ihr mehr oder weniger bewusst sind. Im weiteren Gesprächsverlauf ist sie bemüht, die Sicht- und Verhaltensweisen der Mutter verständlich zu machen und zu rechtfertigen. Ihre Mutter habe positive Erlebnisse im Verbund der NS-Frauenschaft gehabt, habe dort das Kollektiverleben und das gegenseitige Helfen sehr geschätzt. Sie sei deshalb dem nationalsozialistischen Gedankengut gegenüber sehr aufgeschlossen gewesen. Die Ausführungen kommen einer Bemühung gleich, die antisemitische Haltung ihrer Mutter zu relativieren. Ebenso wie Frau Jost vor dem Hintergrund extremer Idealisierung ein mildes Vaterbild in Bezug auf den Nationalsozialismus zeichnet, erklärt sie die rassistische Gesinnung ihrer Mutter als eine Suche nach

242

der Einbindung in ein »soziales« Milieu. Frau Jost nimmt damit eine subjektive Bedeutungszuschreibung vor, die es ihr ermöglicht, in ihrem bewussten und unbewussten Beziehungserleben die Nähe der Mutter gegenüber beizubehalten, die sie für die Stabilisierung ihres innerpsychischen Gleichgewichts braucht. Sie hat vermutlich keine stabilen Beziehungsrepräsentanzen verinnerlichen können, die es ihr ermöglichen, Bezug auf ihr ambivalentes Selbst- und Beziehungserleben zu nehmen. Vielmehr war der drohende Verlust einer wichtigen Bezugsperson nicht nur Bestandteil ihrer instabilen innerseelischen Fantasiewelt, sondern Bestandteil einer realen äußeren instabilen Erlebniswelt. Daraus resultieren verschiedene innerpsychische Konfliktszenarien, die Frau Jost über ihr ganzes Leben hinweg belastet haben. An einer anderen Stelle im Interview sagt sie, sie fühle sich fortwährend schuldig, habe das Gefühl, etwas abtragen zu müssen.

Welche Inhalte aus der NS-Kindheit und Kriegskindheit zeigen sich im späteren Leben Frau Josts?
Die Nachkriegszeit verbindet Frau Jost mit einem, wie sie sagt, »dramatischen Hunger«, unter dem sie sehr gelitten habe. Die sogenannte »Befreiung« habe Frau Jost nicht als Befreiung wahrgenommen, die habe sie erst später realisiert:

»Also, ähm, so wie, also dieses, mir die Augen geöffnet waren, das ist für mich ganz positiv besetzt, weil dass ne Befreiung von diesem von diesem konservativen 50er-Jahre-Müll war (mh), sehr, sehr, stark.«

Sie selbst habe die gesellschaftlichen Veränderungen in der Nachkriegszeit noch gar nicht wirklich wahrgenommen. Die Beziehung zwischen den Eltern sei nach der NS-Zeit »schwierig« gewesen. Auch die Beziehung zwischen den Kinder und der Mutter beschrieb Frau Jost als distanziert: »Keiner von uns Kindern hatte ein richtig warmes Verhältnis zur Mutter!« Die Mutter habe wenig über die NS-Zeit gesprochen, ausgenommen »Privates«, womit gemeint ist, dass die Eltern Gespräche unter ehemaligen NS-Freunden im privaten Kreis geführt hätten. Die Eltern hätten den Kontakt mit NS-Freunden gepflegt, es habe ein konspiratives Klima geherrscht. In den Kriegsgefangenenerzählungen ihres Vaters sei sie mit einer heldenhaften Opferposition konfrontiert worden, für die sie kein Interesse habe aufbringen können:

> »Hatte immer wieder diese Heldengeschichten erzählt. Also nicht Heldengeschichten, sondern er hat das so gefiltert, dass für ihn Positives übrig blieb (mh). So würde ich das mal verstehen, glaub ich.«

Nach der Entnazifizierung habe der Vater wieder seinen Beruf ausüben können, sei »liebenswürdig und sehr geschätzt« gewesen. Frau Jost setzt sich lebenslang aktiv mit der NS-Zeit auseinander. Auf die Motivation für ihre Aktivitäten befragt, sagt sie:

> »Also, das hört sich so komisch moralisierend an, aber ich glaub schon, dieses, diese, also ich fühl mich immer schuldig! Was meine Kinder überhaupt nicht verstehen, mein Mann auch nicht. Ich hab ein, immerzu ein Gefühl von (Schweigen), also nicht diese Kollektivschuld, aber irgendwie, ich bin nicht frei davon. Ich hab irgendwas abzutragen (mh).«

Immer wieder zeigt sich bei der Bearbeitung des Materials, welcher immens konflikthaften innerpsychischen Dimension die Studienteilnehmer in ihrer nachträglichen Auseinandersetzung mit ihrer Kindheit im Kontext der NS-Zeit ausgesetzt sind. Im Nachhinein treffen die persönliche innerseelische Erinnerungswelt und die reale historische Dimension in einer ungeheuren Spannung aufeinander, wodurch wiederum in der äußeren und inneren Welt der Studienteilnehmer ein völlig neuer Beziehungsraum voller Konstruktionen und Rekonstruktionen über die Eltern entsteht, wie es Frau Jost deutlich zum Ausdruck bringt:

> »Aber es ist auch für mich irgendwie symbolisch (mh). Und dann hab ich da! Was hat mein Vater da gemacht? Was haben die da eigentlich getan? Die SA? Wie, wie, wie, wieso? Warum?«

Die innerpsychischen Verstrickungen Frau Josts mit der nationalsozialistischen Haltung ihrer Eltern zeigen sich ganz deutlich in Erzählungen wie dieser:

»Was hab ich noch? Ja, natürlich hab ich ganz grässliche Erinnerungen an diesen Gasmaskenvater! Furchtbar! Also der Vater, den ich so geliebt habe, der kam und hat dieses Ding aufgehabt. Vielleicht hat er s nur einmal aufgehabt, aber ich seh ihn immer so (mh). Das kann ja gar nicht sein. Was tut er mit der? Also wirklich!«

Wie ein mächtiges Bild des Grauens steht die Erinnerung an den »Gasmaskenvater« im Beziehungserleben zwischen Frau Jost und ihrem Vater. Sie hat das Bild, als sie ihren Vater mit »Gas«-Maske gesehen habe, immer wieder vor Augen. Das Bild beinhaltet gleichsam eine Entzauberung der Beziehung zum Vater, die immer wieder aus ihrem Unbewussten aufsteigt und rückt den Vater assoziativ als aktives Mitglied in die verbrecherische Dimension der Zeit des Dritten Reiches. Der Widerstand, der auf dieses Bild gerichtet ist, ist groß, das damit verbundene innerseelische Erleben bezeichnet Frau Jost als »furchtbar«. Das »Furchtbare«, das in diesem Bild zum Ausdruck kommt, birgt für Frau Jost die Schwierigkeit in sich, diesem Beziehungserleben Worte zu verleihen und damit verbundene Gefühle zum Ausdruck zu bringen. In dem Wort »Gasmaskenvater« assoziiert die Studienteilnehmerin vermutlich ein Erinnerungsbild des verbrecherischen Grauens, das für sie nicht fassbar ist. Gleichzeitig kommt eine tiefgreifende Desillusionierung ihrer Vaterrepräsentanzen zum Ausdruck, die eine Bedrohung der vorhandenen, stabilisierenden Repräsentanzen darstellt und die vermutlich Teil einer unbewussten grundlegenden Auseinandersetzung mit dem Vater ist. Frau Jost beschreibt in ihrem Entwicklungsverlauf die Abwesenheit des Vaters und die strafende Mutter als ausgesprochen belastend. Sie schildert ihr Selbst- und Beziehungserleben aus der Kindheitsperspektive des damaligen Kindes, das sich vom Vater getrennt und auf Distanz gehalten fühlte. Zu einem späteren Zeitpunkt im Interview sagt sie, dass sie die andauernde Abwesenheit ihres Vaters am meisten belastet habe. Er habe in dieser Zeit weder Interesse an ihrer innerpsychischen Erlebniswelt gezeigt, noch habe er sie an seiner Erlebniswelt teilhaben lassen:

»Mh, also zunächst kamen immer diese vom (Schweigen), also von meinem Vater diese Feld-, diese, diese Grußwortkarten, die mich immer furchtbar enttäuscht haben. Dachte immer, das ist er doch nicht! Das kanns doch nicht sein, diese banalen Sätze. Dann ja, dann kam er zurück, ähm, ja. Ich glaube, das ist ziemliches Klischee, was da gewesen ist. Sie hat sich natürlich, sie haben zusammen diese zwölf Jahre – irgendwie mein ich – nicht wirklich als einen Irrtum verarbeitet. So würde ich das jetzt bissel altklug oder weise als, als, als Nachgeborene beurteilen.«

Der »Irrtum«, von dem sie, bezogen auf die mangelnde Reflexion der NS-Zeit ihrer Eltern spricht, dürfte ebenso unbewusst auf sie selbst bezogen sein. Sie bringt damit unbewusst zum Ausdruck, dass die »Irrtümer«, die sich ja auch auf ihre Kindheit beziehen, nicht wirklich als solche von ihren Eltern oder von ihr selbst reflektiert, geschweige denn verarbeitet worden seien. Aus der Perspektive des damaligen Kindes gab es die kindliche Welt »Heimat« als Lebensrealität und im Gegensatz dazu die ferne Lebenswelt des Vaters »die Front«. Dieser Gegensatz war durch die schmerzhafte Wirklichkeit des abwesenden Vaters gekennzeichnet und beinhaltete (nicht zuletzt wegen der oberflächlichen Grußformeln auf den Bildpostkarten) die Vorstellung, der Vater interessiere sich nicht für sie. So bildete Frau Jost als Kind indifferente Vaterrepräsentanzen aus. Aus der Perspektive des Kindes, war der Vater »im Krieg« an einem Ort, der in der Vorstellung des Kindes Unsicherheit erzeugte. Den Ort des Krieges war sie in ihrer kindlichen Erlebnisdimension und in ihren Vorstellungen und Fantasien gezwungen auszugestalten. Er vermischte sich mit ihren subjektiven innerseelischen Konfliktwelten. Auch die Mutter, die das Bild des Vaters in dessen Abwesenheit wohl eher sehr ambivalent besetzt hielt und diese Ambivalenz ebenso nonverbal wie verbal kommunizierte, wurde nur bedingt als hilfreiche Bezugsperson erfahren.

Der Psychoanalytiker Josef Hardt (2003) hebt in seinem Artikel *Kriegskinder in der Analyse – Kriegskinder als Analytiker* das spezifische Entwicklungsproblem der Kriegskinder hervor, eine Konstruktion ihrer nicht erinnerbaren, miterlebten und miterlittenen Lebensgeschichte aus tabuisierten Relikten leisten müssen. Diese Relikte der Kinder hätten rekonstruiert werden müssen. Diese Konstruktionsarbeit im Entwicklungsverlauf der Kinder und der Reflexion im Erwachsenenalter sei zudem durch »normale« Abwehrprozesse gestört gewesen. Es habe nicht einfach eine Rekonstruktion des bewussten und unbewussten Kindheits- bzw. Erwachsenenerlebens stattfinden können, sondern es sei zugleich eine Transformation und Übersetzung von »Höchstpersönlichem« damit verbunden gewesen.

Hardt verwendet den Ausdruck »Höchstpersönliches« und verweist damit vermutlich auf die Notwendigkeit der Verarbeitung der individuellen und kollektiven innerpsychischen Erfahrungen und innerpsychischen bewussten und unbewussten Fantasien der Kriegskinder im nationalsozialistischen Deutschland (ebd.). Die gesamtgesellschaftliche Ausrichtung auf einen Alleinherrscher gehörte damals zum unabdingbaren Grundrepertoire der gesellschaftlichen Strukturen einer Art staatlicher Heilsvorstellung. Die Idealisierung des »Führers« und seiner Vorstellung einer »Herrenrasse« fanden ihren Gegenpol in Diskriminierungen bis hin zur Vernichtung »unwerten Lebens« und einem planmäßig und industriell durchgeführten Massenmord an den Juden und anderen Minderheiten. Spaltungsdynamiken wurden gleichsam gesellschaftlich institutionalisiert, kulturspezifische Restriktionen nahmen Einfluss auf die Über-Ich-Bildung. An die Stelle eines kritischen, subjektiven Bewusstseins trat in der Identifikation mit der nationalsozialistischen Ideologie das Selbstverständnis einer unreflektierten rassistischen Überzeugung. Diese »Leerstellen« in der Kommunikation zwischen Eltern und Kind, bzw. die Abwehr der Schuld ihrer Eltern sind Bestandteil eines unbewussten transgenerationalen Prozesses, der sich bei den Kriegskindern unter anderem als lebenslanges Schulderleben zeigt.

Wie im Interview deutlich wird, fokussiert das bewusste Schulderleben Frau Josts auf behinderte Kinder, die in der NS-Zeit von allen Familienmitgliedern als »nicht vollwertig« behandelt worden seien. Auch das Beziehungsmilieu unter den Geschwistern beschreibt Frau Jost von Kindheit an bis heute als schwierig. Ihre Familie sei keine herzliche Familie, die Familienmitglieder hätten bis heute ein distanziertes Verhältnis zueinander, »eine richtige Wärme« sei »nicht rübergekommen«. Frau Jost erwähnt in diesem Zusammenhang als besonders prägend das Verhältnis zu ihrer Mutter:

> »(Wenn Sie an sich selbst denken, was meinen Sie hat Sie besonders geprägt von diesen ganzen Geschehnissen?) Ja, das Verhältnis zur Mutter. Ich meine diese, diese, diese Erziehung, äh, dieses »Gelobt sei, was hart macht.« Und man muss den Kindern den Willen brechen und diese ganzen, also ich finds, es ist monströs (mh)! Und dann war das aber nicht irgendwie schnell ein Klaps auf den Hintern, sondern eine wirklich üble Peitsche mit so Riemen!«

Frau Jost spricht davon, ihre Kindheitserlebnisse nicht verarbeitet zu haben. Es sei eine Obsession von ihr, sich immer wieder damit zu befassen. Sie reagiere besonders allergisch, wenn in der Öffentlichkeit ein Opferstatus gezeichnet werde, der unwahr sei. Frau Jost berichtet außerdem, dass es ihr geholfen habe, persönliche Kontakte mit Juden herzustellen. Sie vermutet außerdem, dass Menschen, die ihre Heimat zurücklassen mussten, vielleicht damit schon einen Teil ihrer Schuld »abgetragen« hätten. Erschwert habe die Verarbeitung ihrer Kindheitserlebnisse das Verhältnis zur Mutter. Am Ende des Gesprächs geht Frau Jost auf die distanzierte Beziehung zu ihrer Mutter und das Thema »Euthanasie« ein. Selbsterklärend zeigt der Text auf, wie tief Frau Jost aufgrund ihrer Zugehörigkeit zur nationalsozialistischen Gesellschaft und somit an ihrer »Teilhabe« an den realen verbrecherischen Dimensionen des Nationalsozialismus bis in die Gegenwart in Schuldgefühlen verhaftet ist. Kontrastierend zu ihrer belasteten Entwicklungsgeschichte und ihren innerseelischen Verstrickungen sei Frau Josts Anfangskommentar im Interview an das Ende dieser Falluntersuchung gestellt: »Ich hab ja nix Spektakuläres zu erzählen!«

Abschließende Anmerkung: Frau Jost hat im Erwachsenenalter eine psychoanalytische Psychotherapie wegen »vordergründigen« Problemen durchgeführt, in der die Thematik »Kriegskindheit« dann jedoch sehr präsent gewesen sei. Die Therapie habe sie stabilisiert.

Prototyp »Verarbeitung durch Therapie«: Frau Schwind

Frau Schwind wurde 1946, also zu Beginn der Nachkriegszeit geboren und war in dieser Zeit im Säuglings- und Kleinkindalter. Zum Zeitpunkt des Interviews im Jahr 2005 war sie 59 Jahre alt.
Interview KK 35
Interviewerin: Dr. phil. Christa Müller

Eingangsszene
Frau Schwind bringt gleich zu Beginn der Eingangsszene ihre Verunsicherung und Sorge über die zweistündige Dauer des Interviews zum Ausdruck. Auch sie spricht von ihrer Vorstellung, wenig zum Thema »Kriegskindheit« beitragen zu können und fragt, ob sie in ihrem Dialekt sprechen dürfe. Der Wunsch, Dialekt sprechen zu dürfen, offenbart vermutlich eine latente Unsicherheit in der

Selbstdarstellung Frau Schwinds. Sie richtet mit ihren Vorbehalten gegenüber dem Interview und ihrem Wunsch, Dialekt sprechen zu dürfen, die implizite Frage an die Interviewerin: »Darf ich mich in meinem persönlichen Denken und Fühlen ausdrücken und gehen Sie darauf angemessen ein?« Wenn auch verhalten, so nimmt Frau Schwind doch Bezug auf ihr Bedürfnis, in ihrem Schicksal als Kriegskind gesehen zu werden. Die Interviewerin gibt Frau Schwind mit einem Lachen zu verstehen, dass sie ihren bayerischen Dialekt verstehe und teilt ihr mit, dass sie weitere individuelle Anliegen im Interviewverlauf jederzeit ansprechen könne.

Wie stellt sich der kindlilche Entwicklungsverlauf Frau Schwinds im Kontext ihres Familienlebens und des soziokulturellen Hintergrundes dar?
Beim Lesen des Anfangsdialoges gewinnt man den Eindruck, dass Frau Schwind zunächst unter einer hohen Anspannung stand. Die Interviewerin nahm – mehrfach nachfragend – auf die Motivation Frau Schwinds hinsichtlich ihrer Teilnahme am Projekt »Kriegskindheit« Bezug. Zögerlich antwortete Frau Schwind schließlich, dass sie erst in den letzten Jahren, vor dem Tod ihrer Mutter, mehr von deren Erinnerungen über die Zeit des Nationalsozialismus erfahren habe, dass diese ihr plötzlich »mehr erzählt« habe. Sie habe erstmals erfahren, dass ihr Vater – freiwillig – als Bediensteter in Hitlers engerem Umfeld gearbeitet habe, wovon sie nichts gewusst habe. Sie habe mit dem Vater »leider« nie darüber sprechen können. Sie habe aufgrund dieser Gespräche erstmals darüber nachgedacht, wann sie gezeugt worden sei und festgestellt, dass dies unmittelbar vor Kriegsende gewesen sein müsse:

> »(Sie erzählen mir das jetzt so, wie gehts Ihnen damit? Oder wollen Sie sagen, Ihre Mutter hat Ihnen erst ganz spät davon erzählt, wie gehts einem damit?) Mh. Ja, ich, ich denk mal vielleicht, habe ich doch, ähm, vorgeburtlich was abgekriegt, weil ich, weil ich, ähm schon oft ziemlich Ängste gehabt hab, als Kind schon sehr ängstlich war (mh). (Ich überleg mir grad, was Sie jetzt mit »vorgeburtlich« meinen könnten? Also während der Schwangerschaft?) Ja, ja! (Also während Ihre Mutter mit Ihnen schwanger war?) Ja, ja! (Husten.) (Und was meinen Sie jetzt konkret?) Ja, halt des, des hat man doch wissenschaftlich irgendwie (mh) schon festgestellt, dass des, des schon (Schweigen) also, es beeinflusste die Zeit damals. Ja, ja. Alles drumherum. Ja,

ja! (Ich glaube, jetzt beziehen Sie s, jetzt auf Ihren Vater. Sie meinen so das ganze Milieu in der Kriegszeit.) Ja, ja, also, der ja, der Vater war halt dann ein halbes Jahr weg, der war dann ein halbes, äh, in amerikanischer Gefangenschaft (mh) bis Oktober, wie meine Mutter halt von mir schwanger war (mh). Und sie war halt auf sich gestellt (Husten der Interviewerin), es waren mehrere Kinder da. (Mh, sind Sie die jüngste?) Ähm, ich bin in der Mitte (mh), dann kamen noch andere.«

Trotz ihrer anfänglichen Hemmungen über ihre Nachkriegskindheit zu sprechen, ist Frau Schwind im weiteren Verlauf des Interviews viel gesprächsbereiter. So geht sie beispielsweise zunehmend auf das Angsterleben ihrer Kindheit und ihres weiteren Lebens ein, bringt dieses mit ihren vorgeburtlichen Erfahrungen und den Erfahrungen ihrer frühen Kindheit in Zusammenhang. Unklar bleibt in diesem Dialog, worauf sie ihre Vermutung über die vorgeburtlichen Belastungen bezieht. Sie zeigt eine gewisse Unsicherheit im Hinblick auf den Umgang mit den jeweiligen Angstinhalten. Diese Unsicherheit zeigt sich zudem in den unbewussten nonverbalen Reaktionen Frau Schwinds, so in ihrem wiederholten Räuspern (Husten), das über den gesamten Interviewverlauf an brisanten Stellen als Ausdruck ihrer Verunsicherung erfolgt und von der Interviewerin durch ähnliche unwillkürliche Reaktionen (Husten) »beantwortet« wird. Im szenischen Geschehen überträgt sich das angespannte Beziehungserleben, das in Frau Schwind vorgeherrscht zu haben scheint, auf die Interviewerin, die sich schwer tut, die Schilderung der verworrenen Familienstrukturen zu verstehen. Ein zeitweiliges »Vergessen« der bereits mitgeteilten Informationen kennzeichnet den Gesprächsverlauf. Die Interviewerin erfragt bereits erhaltene Informationen, die Zusammenhänge der Inhalte bleiben ebenso wie der Gesprächsdialog verworren, bis dann für die Interviewerin zumindest die äußeren Familienstrukturen erkennbar werden. Zusammenfassend lässt sich das familiäre Gefüge Frau Schwinds in der Nachkriegszeit wie folgt beschreiben: Sie habe mehrere Geschwister, die vor dem Krieg und danach geboren worden seien. Eine Großmutter und andere Verwandte hätten sich meist um die Kinder gekümmert. Die Eltern hätten viel arbeiten müssen, der Vater sei sehr jähzornig gewesen. Er habe als Kind eine Kopfverletzung davongetragen, weshalb er nicht in den Kriegsdienst eingezogen worden sei. Um nicht als »Drückeberger« zu gelten, der sich der aktiven Kriegsteilnahme verweigere, habe er sich im letzten Kriegsjahr freiwillig zum Militärdienst gemeldet und sei kurz vor Kriegsende zum Wachdienst in die Führungsriege Hitlers beordert worden. In dieser Zeit sei die Mutter Frau Schwinds mit ihr schwanger geworden. Der Vater sei zeitgleich in Gefangenschaft gekommen, weswegen die Mutter unterdessen den gemeinsamen Betrieb alleine habe führen müssen. Sie sei durch vielfache schwierige Umstände (die Schwangerschaft, die Versorgung der Kinder sowie die täglichen Arbeitsanforderungen im Handwerksbetrieb und im Familienhaushalt) überfordert gewesen. Während der Gefangenschaft des Vaters sei die Mutter zudem kriegerischen Handlungen ausgesetzt gewesen.

Frau Schwind deutet die Beweggründe ihres Vaters für die Kriegsteilnahme als einen Akt der Loyalität gegenüber den männlichen Verwandten und nicht als einen Akt nationalsozialistischer Gesinnung:

»(Was hat Ihr Vater davor gemacht?) Äh ja, im Betrieb gearbeitet. (Und war vorher nicht in Hitlers Diensten sozusagen?) Nein, nein, äh, es war so: Die männlichen Verwandten, die haben eher sympathisiert mit Hitler (hm). Also, die haben was von Hitler gehalten, hat meine Mutter immer gsagt und die haben meinem Vater vorgeworfen: »Du hast es ja gut, du musstest nicht in den Krieg!« Hm und mein Vater hat die Kopfverletzung gehabt, ach deswegen, des hat er sich nicht nachsagen lassen. Dann hat er sich noch freiwillig gemeldet.«

Frau Schwind hat keinerlei Kenntnisse darüber, wie ihre Eltern das Kriegsende erlebt haben. Sie interessiert sich jedoch sehr für die Zeit des Kriegsendes, äußert sich darüber in einer großen Betroffenheit und emotionalen Berührtheit:

»(Ähm, wissen Sie, wie Ihre Eltern das Kriegsende erlebt haben?) (Schweigen.) Des weiß ich jetzt gar nicht. (Ihr Vater vermutlich?) Kann ich jetzt auf Anhieb net so sagen. (Ja des, dann gehen wir zur nächsten Frage über.) Also, ich muss noch dazu sagen, ich habe heuer oft Vorträge gehört, äh, wie Menschen halt das Kriegsende erlebt haben, halt Zeitzeugen, mh, da gabs ja, mh, viel Angebot. Ja. Hm. Dann, ähm, Menschen die schon über 90 sind und so, und die, ja. (Was hat des für Eindrücke in Ihnen erweckt?) Äh, ja also, des hat mich schon aufgewühlt! (Was glauben Sie, was hat Sie da so aufgewühlt?) Hm. (Schweigen.) Ich bin nicht so spontan. (Lassen Sie sich nur Zeit, also wir haben genügend Zeit.) (Schweigen.) Ja, eigentlich schon, was die, was die Menschen so mitgemacht haben, die ganze Armut und der Aufbau dann! Hm!«

Der Gesprächsdialog ist durch häufiges Nachfragen der Interviewerin gekennzeichnet, auf das Frau Schwind nur verhalten eingehen kann, da sie die Fragen vermutlich als verunsichernd erlebt (»ich bin nicht so spontan«). Die Frage der Interviewerin nach ihrem innerseelischen Erleben wird von Frau Schwind immer wieder abgewehrt.

Es scheint, als ob es ihr schwer falle »auf Anhieb« Fragen zu ihrer Kindheit zu beantworten. In der Formulierung »auf Anhieb« nimmt Frau Schwind vermutlich unbewusst Bezug auf das Beziehungsgeschehen zwischen ihr und der Interviewerin, indem sie zunächst auf Distanz geht, da sie sich noch nicht sicher sein kann, ob sie sich auf dieses Gespräch bzw. auf eigene schmerzhafte innerseelische Inhalte und/oder auf die Interviewerin einlassen kann. Mitunter stellt sich beim Lesen der Textpassagen der Eindruck ein, dass die Interviewerin Frau Schwind wenig Raum für eigene Überlegungen lässt, bzw. strukturierend eingreift. Wie sich im weiteren Interviewverlauf immer deutlicher zeigt, spiegelt sich hier ein grundsätzliches Beziehungserleben wieder, das Frau Schwind verinnerlicht hat und reinszeniert, nämlich die Erfahrung, sich in konflikthaften Situationen innerlich zurückziehen zu müssen. Zudem zeigt sich deutlich ihre zwiespältige Haltung gegenüber der Thematik »Kriegsende«. Im weiteren Gesprächsverlauf kann sich Frau Schwind zunehmend auf den Gesprächsdialog einlassen.

> »Ja, es, es war ähm, es war sehr aufschlussreich oder, oder hab auch bewundert, wie die Menschen des alles so geschafft haben, den ganzen Wiederaufbau und was, was eigentlich in den Städten los war, was man am Land gar nicht mitkriegt hat, mh). Ich bin zum Beispiel, ähm, nach XXX gegangen, das haben mir Zeitzeugen erzählt, Juden.«

Im Zusammenhang mit ihrer ersten frühkindlichen Erinnerung spricht sie von einem Bild, das mit Dunkelheit assoziiert sei, sie wisse jedoch nicht, ob ihr das Bild möglicherweise auch über Erzählungen vermittelt worden sei:

»Hm. Da kann ich eigentlich äh, mh, irgendwie, ich weiß nicht, habe ich so ein Bild vor mir, das? Entweder haben die Erwachsenen drüber gesprochen, wegen der Verdunkelung, des habe ich so in mir gehabt. Eben, ich weiß nicht woher ich das Bild habe, da kann ich mich daran erinnern. (Verdunkelung, was meinen Sie?) Na ja, dass ähm, dass es in, in, in der Stube zum Beispiel dunkel war. Dunkle Räume, dunkle Räume ja.«

Frau Schwind spricht wiederholt von ihrer Vorstellung, vorgeburtlich während des Krieges »etwas abgekriegt zu haben« und ihre frühe Kindheit in dunklen Räumen verbracht zu haben. Zudem erinnere sie sich an unvergessliche Bilder aus der frühen Kindheit:

»Mh, ich kann auch, mich auch, daran erinnern, dass, dass ähm, Menschen zum Betteln kamen, mh, und Musiker zum Beispiel, die etwas gespielt haben und die Mutter dann was gegeben hat, also arme Menschen und so. Des Bild, was einfach nie vergessen hab, also, bettelnde Menschen, mh, die Hunger hatten und die ja und die sicher von der Stadt waren, also und aufs Land kamen und tauschen vermutlich auch wollten Ja. Ja. Hm!«

Frau Schwind betont in ihren weiteren Ausführungen, dass sie keinen Hunger gelitten habe. Es scheint, als wolle sie deutlich machen, dass sie einerseits gut versorgt worden sei, andererseits unter großen Ängsten und Einsamkeitserleben gelitten habe. Hier deutet sich die Brüchigkeit im Beziehungserleben zur Mutter an.

»(Und Sie hatten zu essen?) Mir hatten (Schweigen), also ich kann mich net erinnern, dass mir gehungert haben. Kein Hunger, mh. Am Land durch die (Schweigen)? (Hm, sonst noch Bilder, des Kindes, der Familie, die im Ort lebte?) Was (Schweigen), was, was mich immer auch noch vom vorgeburtlichen, mh, Schaden sage ich mal; mei Mutter hat immer erzählt, ähm, dass die Tiefflieger durch, durch, durch den Ort geflogen sind, halt nach (Schweigen). Des wurde Ende zum Krieg noch bombardiert, hm und, und ich hatte furchtbar panische Angst, also vor, vor Fliegern. Hm, sind halt manchmal gekreist, weil die Gegend schön war oder wurde fotografiert; oder aber ich kann des niemand mitteilen, mh, waren da [...] Jahre, seit ich denken kann, mh und des war, des war echt schlimm für mich! Durch die Angst richtig, richtig Angst! Der (Schweigen), ja! (Und Sie glauben, dass während der Schwangerschaft Sie schon?) Oder eben auch später von Erzählungen, a bisl was nimmt man doch auf. Ja, jedenfalls vom Gefühl her, ja. (Jedenfalls vom Gefühl her, Husten, können Sie gut erinnern, dass des da war, das ängstigende Gefühl!)«

Es wird deutlich, dass die Erzählungen der Mutter über den Tieffliegerbeschuss (vorgeburtlich und im Säuglings- und Kleinkindalter) mit einem ängstigenden Gefühl assoziiert sind, das Frau Schwind bereits in ihrer frühen Kindheit aus dem eigenen Erleben heraus oder über die Erzählungen ihrer Mutter aufgenommen hat. Es scheint, als hätten sich in ihrer Kindheit diffuse Ängste der Mutter auf sie selbst übertragen. Es bleibt jedoch unklar, welche weiteren bewussten und unbewussten Inhalte sich auf das Narrativ »ich hab vorgeburtlich was abgekriegt« beziehen. Auf die Erzählungen ihrer Eltern über ihre Kindheit befragt, reagiert sie zunächst mit einer deutlichen Abwehr. Die Interviewerin fragt vorsichtig weiter, dennoch bleibt Frau Schwind vorerst bei der Erklärung, dass sie keine Erzählungen über ihrer Kindheit im Vorschulalter oder Schulalter kenne. Die einzige Erinnerung sei folgende:

»(Hm, also über Sie. Wir sind gerade bei Ihrer Kindheit.) »Ja.« (Und ich hab Sie jetzt gefragt, was Sie selbst noch erinnern, also in der Nachkriegszeit.) »Ja.« (Und jetzt kommt meine Frage, was man Ihnen über diese Zeit erzählt hat über Sie, also über Ihre Kindheit, Kindheit in der Nachkriegszeit?) Hm, dazu kann ich jetzt eigentlich nix dazu sagen. (Die Mutter?) Bitte? (Die Mutter oder der Vater? Was Sie als kleines Mädchen?) Was zum Beispiel, ich bin manchmal nicht sehr einfallsreich (Lachen)! (»Ne, ne, manchmal hat mans nicht so präsent, kein Problem, da braucht man auch Zeit, dass einem das wieder einfällt.) (Schweigen.) (Es wurde über die Nachkriegszeit dann gar nicht so viel gesprochen?) Wurde nicht viel gesprochen, mh. Na. (Und Ihre Mutter hat Ihnen dann aber auch nix erzählt dann, Schulzeit vielleicht, wenn wir ein bisschen weitergehen?) Hm, in der Schulzeit, da wurde überhaupt nicht gesprochen, des is ja bekannt, mh. Also ich bin bis XX in die Schule gegangen, da wurde nie drüber, mh. Oder nur der Lehrer hat mal einen Aufsatz verlangt, mh, ähm, des Thema: Wer war Hitler? Und wir Kinder, das Thema lautete: Wer war Hitler? Ja. Hm. Und ich kann mi erinnern, alle Kinder hatten ein leeres Blatt, fast alle Kinder. (Mh. Und was schrieben die, die etwas geschrieben haben?) Die haben gschriebn, »Hitler war ein großer Bazi«, (Lachen) kann i mi erinnern. (Ah ja. Mh. Haben Sie etwas geschrieben?) Ich habe nix gschribn, na, ich kann mich net erinnern. (Wann war des dann, in welchem Jahr, also es wär doch erstaunlich?)«

Immer wieder gerät die Interviewerin in einen Gesprächsdialog, in dem Frau Schwind wenig Anstalten macht, auf die Fragen der Interviewerin einzugehen. Der Charakter des dialogischen Beziehungsgeschehens, der sich beim Lesen dieser verdichteten Gesprächsepisoden vermittelt, ist mit einem Gefühl von Macht und Ohnmacht sowie durch inhaltliche Orientierungslosigkeit und eine latente Aggressivität assoziiert. Überraschend ausführlich geht Frau Schwind auf die Einstellung der Eltern zum Nationalsozialismus ein. Hier entsteht ein lebendiger Dialog:

»(Wissen Sie etwas über die Einstellung Ihrer Eltern zum Nationalsozialismus? Ihres Vaters?) Ja, also, ähm. Die haben natürlich, ähm. Meine Mutter hat schon gesagt, sie habe schon viel gehalten von Hitler. Mh. Wie, wie, da wurde auch die Autobahn gebaut, hm. Also durch den Ort da in, da hatten viele Arbeit. (Sie sagen, also, dass die Autobahn gebaut wurde.) Ja. (Und die Leute Arbeit hatten. Und dann sagten Sie, dass ihre Mutter da eingebunden war, dass die dort in so ein Haus gingen und dort sich getroffen haben und gesungen und musiziert, mh. Des klingt so, als gabs da eine Seite, an die sich Ihre Mutter sehr gerne erinnert hat?) Ja, was die Gemeinschaft angeht, ja und der Zusammenhalt mit den anderen. Ja. Ja. Des haben mir viele gesagt, ähm, die damals junge Mädchen warn, es war einfach, des war einfach schön, die Zusammenkünfte, mh. Halt die Zusammenkünfte der Hitlerjugend oder BDM und so. Da hat sich halt was gerührt und mh und wir haben miteinand gesungen und gefeiert und. (Wie wars später?) (Räuspern.) (Wie haben ihr Vater oder Ihre Mutter über den Nationalsozialismus gesprochen, also über Hitler und die Nationalsozialisten, Ihre Einschätzung oder wie des nachgewirkt hat, die Zeit? Oder wissen Sie etwas, wie Ihre Eltern darüber dachten dann?) Ja. (Längeres Schweigen.) Sie haben natürlich a net ähm, viel, ähm, gewusst, ähm, was alles gelaufen ist über KZs und so, mh, was alles Unmenschliches ähm gelaufen ist und so. (Haben sie sich geäußert Ihnen gegenüber oder haben Sie jemals etwas gehört von Ihren Eltern?)

Nein, mh. (Also über die Wende dann sozusagen als der Krieg kam, so. Da haben sie sich Ihnen gegenüber nicht geäußert?) Nein.«

Frau Schwind scheint hier (wie viele Studienteilnehmer) mit dem Schweigegebot der Eltern identifiziert. Es wird in den Interviews immer wieder deutlich, dass die Eltern nach dem Zweiten Weltkrieg keine Gespräche über die NS-Zeit mit ihren Kindern führten. Die unterschiedlichen persönlichen Einstellungen und Erinnerungswelten zur nationalsozialistischen Ideologie und deren furchtbare Folgen werden in der Doppelstruktur von Wissen und Nichtwissen in den Familien verschwiegen. Auch über den Holocaust sei in der Familie nicht gesprochen worden. Nur wenige Inhalte, so zum Beispiel die soziale gesellschaftliche Einbindung der Mutter in der Hitlerjugend, können zwischen Mutter und Tochter kommuniziert werden und sind positiv besetzt. Diese Leerstellen der Kommunikation scheinen das Beziehungserleben Frau Schwinds geprägt zu haben. Die stark eingeschränkte Reflexion der NS-Zeit ist kennzeichnend für die Kommunikation zwischen Eltern und Kindern in der Nachkriegs- und Folgezeit und zeigt sich immer wieder im Verlauf der Interviews. Die Interviewerin nimmt auf die Doppelstruktur von Wissen und Nichtwissen an verschiedenen Stellen des weiteren Gesprächsverlaufs Bezug:

»(So, wie Sie Ihre Familie schildern, die eher weniger gesprochen hat (mh), bin ich jetzt doch überrascht, dass Ihre Mutter dann Ihnen erzählt hat, dass der Vater als Bediensteter im Führungkreis Hitlers gearbeitet hat. Womit hing das zusammen, dass sie Ihnen das erzählt hat dann? Gabs da einen Anlass?) Mh, ich denk, sie wollte einfach nur manches! Ich, ich hab halt nachgefragt, ähm, sicher über den Krieg und so. Und des war alles, war eben (Blätterrascheln), eben wahrscheinlich wollte sie manches eben auch loswerden. Und das war nur einmal dann, wo sie Ihnen das erzählt hat? Oder haben Sie sich öfters mit ihr über den Krieg oder die Kriegszeiten unterhalten?) Wir haben uns eigentlich öfter (Blätterrascheln) so unterhalten.«

Es scheint, als beziehe sich das Bild der »Verdunkelung«, von dem Frau Schwind zu Beginn des Interviews gesprochen hat, auch auf ihre Beunruhigung über die Vergangenheit der Eltern. Sie spricht nun über ihre frühere Sorge, dass der Vater bei der SS gewesen sein könnte und erzählt, dass er psychisch krank und kein guter Vater gewesen sei. Sie habe mehr über die Hintergründe seines Verhaltens erfahren wollen. Die Unterhaltungen mit ihrer Mutter über die NS-Zeit kommentiert sie folgendermaßen:

»(Das klang jetzt grad so, als hätten Sie Sorge gehabt, dass der Vater bei der SS war, was man natürlich nachvollziehen kann. Hat sie des?) Des hat mi irgendwie beunruhigt, ja? Mh. Und mir, mir, mir tuts leid irgendwie im Nachhinein, dass mer do wirklich net darüber gesprochen hat oder nix erfahren hat von ihm. Mh. Vielleicht wärs für ihn auch wichtig gewesen, eine Therapie? Er war nämlich, er war nämlich schon ziemlich psychisch krank.«

Frau Schwind nimmt an dieser Stelle des Interviews gegenüber ihrem Vater eine verständnisvolle Haltung ein, das zuvor erwähnte Angsterleben tritt in den Hintergrund, bestimmt dann aber wieder die weitere Erzählung. Ihre Kindheit sei maßgeblich durch die Gewalt des Vaters und dessen Depressionen geprägt worden. Die Eltern hätten fast nur gestritten. Sie sei zwar nie geschlagen worden umso mehr jedoch ihre Geschwister und ihre Mutter. Sie sei im Alter von sieben Jahren in eine Pflegefamilie weggegeben worden; dies sei in den 50er-Jahren in kinderreichen Familien durchaus üblich gewesen. Ausführlich beschreibt Frau Schwind, wie sie sich bei ihren Pflegeeltern zu einem stillen Kind entwickelt habe, das sehr viel mit sich selber habe ausmachen müssen. Was zunächst eher wie eine passagere Mitteilung anmutet – die Trennung von den Eltern – stellt sich im weiteren Verlauf des Interviews als ein tiefer Einschnitt in der Entwicklung Frau Schwinds dar, dessen Folgen sie nicht verarbeiten konnte und der offensichtlich eine schwere Selbstwertstörung sowie ein dauerhaft gestörtes Beziehungs- und Angsterleben zur Folge hatte, das mit wiederkehrenden schweren depressiven Phasen einhergegangen sei:

»(Ähm, was glauben Sie, welche Geschehnisse, Umstände, Ereignisse der Kriegszeit, der Nachkriegszeit Ihr Leben oder Ihre Entwicklung beeinflusst haben oder geprägt haben? Ja, des, des, mh, des ist Angst haben! (Also, mh, Ängstlichsein oder eine Angst, die in Ihnen ist?) Ja, mh, schon. Des hat sich später, habe ich, habe ich so (Schweigen) massive Angstzustände gehabt, also.«

Frau Schwinds Erzählung ist gefühlvoller gehalten, als sie über die Zeit in der Pflegefamilie spricht. Sie beschreibt eindrücklich ihr »tiefes Heimweh«, das sie über die gesamte Dauer ihres Aufenthaltes in der Pflegefamilie begleitet habe. Ihr Pflegevater sei in Gefangenschaft gewesen, deswegen habe in der Familie eine angespannte Atmosphäre geherrscht.

Welche Inhalte aus der Nachkriegskindheit zeigen sich im späteren Leben Frau Schwinds?
Frau Schwind spricht über wiederkehrende Suizidgedanken, die sie in ihrem weiteren Lebenslauf ohne erkennbaren Grund entwickelt habe, weswegen sie sich dann in psychiatrische und therapeutische Behandlung begeben habe. Ihre depressive Erkrankung bringt sie zunächst mit einer familiären genetischen Disposition in Verbindung. Durch die Behandlung habe sie sich psychisch weitgehend stabilisiert und sei viel gereist, sie habe sich die Welt anschauen wollen:

> »Dann hab ichs ja noch, dann ganz, so die Jahre, ganz gut gepackt.« (Mh. Jetzt sind sie dann so n bisschen herausgekommen aus der schweren Zeit.) Ja. (Auch so mehr Ihres gefunden?) Bitte? (Ich sagte, sie haben auch mehr so Ihres gefunden?) Ja. (Was Sie sich so vorstellen?) Was mir gut tut, weiter hin, ich habe als XXX gearbeitet und hab mir die Welt angeschaut. (Sie sind gereist?) Irgendwie hatte ich so nen Freiheitsdrang einfach. (Welt angeschaut, heißt dann wirklich gereist, ja, viel gereist?) Ja.«

Außerdem sei für ihre psychische Stabilisierung neben der Therapie schon immer der Aufenthalt in der Natur wichtig gewesen. Frau Schwind beschreibt im weiteren Gesprächsverlauf eindrucksvoll, dass sie in ihrer Therapie herausgefunden habe, dass der Hintergrund ihrer psychischen Instabilität in erster Linie mit dem Umstand zusammenhänge, dass sie von ihrer Mutter an eine Pflegefamilie weggegeben worden sei:

> »(Also, es war ja sehr schwer, wie Sie sagen und auch so, äh, die depressiven Züge in Ihrer Familie. Aber dennoch gabs etwas, das Ihnen geholfen hat, damit umzugehen?) Ja, der, der Zusammenhalt unter den Geschwistern schon auch. Also die Verbindung zu den Geschwistern (Schweigen). Wie ich die Gesprächstherapie gemacht hab, ist mir halt bewusst geworden, weil sie mich weggegeben hat, mh, oder

weil sie mich weggeben hat, mh. Und (Schweigen) obwohl, obwohl auf der anderen Seite, drum bin ich ja manchmal so zerrissen, auf der anderen Seite musst ich des nimmer miterleben, die die Tyrannei vom Vater, mh.«

Bei der Frage, was sie besonders belaste, gerät Frau Schwind wieder in eine gehemmte Erzählhaltung, sagt, sie könne manchmal nicht so schnell sprechen. Immer wieder wird deutlich, wie schwer es ihr noch immer fällt, sich mit bestimmten konflikthaften Inhalten zu beschäftigen:

»Mh. Ja. Ähm, kann ich schon sagen. Die, die Wortlosigkeit in der Familie, das viel zu wenig besprochen, ausgesprochen wurde oder das Unvermögen, und, und ähm, dass so alte Sachen auf einen lasten. (Was meinen Sie mit alten Sachen?) Ja, ähm, also des, dass ich nicht die Harmonie in der Kindheit erlebt hab, mh. Und dass es viel Streit gab und ähm. Oder manchmal haben wir auch von außen mehr Hilfe erwartet und. Der Vater hat sich nicht, der hätte eigentlich in psychiatrische Behandlung gehört. Aber er hat sich geweigert und es hat auch niemand etwas unternommen, also ein Arzt oder eine Behörde oder so.«

Frau Schwind macht deutlich, wie hilflos sie all den psychisch belastenden Einwirkungen – insbesondere den vom Vater verursachten Belastungen – ausgesetzt gewesen sei. In ihrer weiteren Erzählung zeigt sich, wie sie sich in ihrem sozialen Umfeld für ihren Vater geschämt hat. Frau Schwind erzählt weiter von ihrer Mutter:

»Mh (Schweigen). Also, ähm, bei uns gabs zum Beispiel auch nie irgendwelche Zärtlichkeiten oder so, mh! Des war in einfach vielen Familien damals so und bei uns wars eben auch so!«

Es wird deutlich, dass in der kindlichen Erlebniswelt Frau Schwinds, die zentrale Bezugsperson der Großvater war. Das Beziehungserleben zu den Eltern wird als brüchig, durch die psychische Instabilität des Vaters und die Tatsache, von der Mutter weggegeben worden zu sein, als enorm belastend erlebt. Frau Schwind erzählte zum Ende des Interviews, dass sie in der Therapie zentrale Erlebnisbereiche bearbeitet hätte und nun therapiemüde sei:

»Also jetzt bin ich, jetzt bin ich schon einige Jahre nicht mehr in Therapie. Bin therapiemüde, ich will das ruhen lassen, mh, und keine Gespräche mehr wieder aufwühlen, das strengt mich an und, und über meine Kindheit rede ich eigentlich kaum mehr, es holt mich immer wieder ein also.«

Das Interview klingt mit einer für Frau Schwind bedeutungsvollen Erlebnisdimension aus, sie spricht über die Natur, als ein für sie ausgesprochen hilfreiches »Beziehungsobjekt«. Im Gespräch wurden die tiefgreifenden und traumatischen Beziehungserfahrungen in ihrer Entwicklungsgeschichte, die auf die Ausbildung ihrer Persönlichkeitsstruktur einen enorm belastenden Einfluss hatten, offenkundig. Lediglich der Großvater, der jedoch schon früh verstorben sei, scheint für Frau Schwind eine hilfreiche und stabile Bezugsperson gewesen zu sein. Später habe sie diese in ihrer Therapie gefunden.

Prototyp »Lebenslange Folgen Vaterverlust«: Herr Taube

Herr Taube wurde 1941 zu Beginn der Kriegshandlungen in Deutschland geboren. Bis zum Kriegsende war er in der Alterspanne von eins bis drei Jahren. Zu Beginn der Nachkriegszeit war er im Alter von vier Jahren. Zum Zeitpunkt des Interviews im Jahr 2005 war Herr Taube 64 Jahre alt.
Interview KK 33
Interviewerin: Dr. phil. Christa Müller

Eingangsszene
Im Zusammenhang mit der Erläuterung der Motivation für seine Teilnahme an dem Projekt »Kriegskindheit« verweist Herr Taube auf das Buch *Die dunklen Schatten unserer Vergangenheit* von Hartmut Radebold. In dem Buch erkenne er sich in Bezug auf seine Kindheit im Krieg und auf die Thematik »Vaterlosigkeit« wieder. Er sagt zu Beginn des Interviews:

»Motiviert hat mich, äh, einmal der Vaterverlust, das heißt, dass der Vater nicht präsent sein konnte, dadurch dass er vermisst ist. Und äh (Schweigen), des andere, was mich, äh. (Ihr Vater, oder?) Mein Vater ja, mein leiblicher Vater. Und das andere kam ja neulich bei einer Fernsehsendung *(unverständliches Wort)*, ein Bild von einer Mutter mit zwei Koffern und mehreren Kindern. Und da war ich im Moment wie geschockt, weil die eigene Geschichte hochkam. Dass ich dann gedacht hab: »Oh Gott, da ist bei dir noch was, was du nicht bearbeitet hast und da musst du jetzt mal schauen, dass du des jetzt in Angriff nimmst.« Des war dieses Weggehen nach Kriegsende mit meiner Mutter, mit meinen kleineren Geschwistern und die Zugfahrt (Schweigen) zu ihren Eltern im (Schweigen), wie wir dort aufgenommen worden sind und was so auch während der Schulzeit dann später passiert ist als Flüchtlingskind. Diese Abwertung, dieses Zurückweisen, keinen eigenen Platz haben (Schweigen), *(unverständliches Wort)*, des kam dann hoch, ja!«

Wie stellt sich die Kindheitsentwicklung Herrn Taubes im Kontext seines Familienlebens vor dem jeweiligen soziokulturellen Hintergrund dar?
Herr Taube wurde im Jahr 1941 in eine kriegsbedingte veränderte Familiensituation geboren. Der Vater sei bereits zu Beginn des Krieges 1940 als Soldat einberufen worden. Die Mutter sei deswegen mit den Kindern zu ihren Eltern, auf deren kleinen Bauernhof gezogen. Herr Taube verbindet den Beginn seines Lebens damit, dass der Vater im Krieg gewesen sei, sich fernab seiner eigenen Lebenswelt aufgehalten habe. Aus seinen Ausführungen zu seinem Vaterbild aus der Kindheit geht hervor, dass seine bewussten und unbewussten Beziehungsfantasien zwei unverbundene Welten abbilden. So einerseits seine eigene Lebenswelt und im Gegensatz dazu, die unbekannte Lebenswelt des Vaters, die des Krieges. Zu seiner Familie hätten die Großeltern, seine Mutter und der fehlende Vater gehört, auch habe er Geschwister. In diesem Erzählkontext fällt auf, dass er seine Geschwister zunächst nur erwähnt, aber nicht weiter über sie spricht. Es zeigte sich im gesamten Interview eine innere Distanz gegenüber seinen Geschwistern, gleichzeitig hat er lebhafte und positive Erinnerungen an die frühe Kindheit bei den Großeltern auf deren Bauernhof, auf dem er bis 1945, bis zum Alter von vier Jahren, mit seiner Familie verbracht habe:

»Also, des weiß ich noch sehr gut, der Großvater, die Großmutter, äh, die Spiele, was da so abgelaufen ist, und äh, die Tiere warn. Der Opa ist wohl doch ganz gut mit mir umgegangen, auch die Oma, also da hab ich ne positive Rückerinnerung. Des, äh (Schweigen), wohl ne schöne Sache. Eins war, was mal so passiert ist! Die

Nachbarskinder haben mich eingeladen, wir sollten spielen gehen (Schweigen) und hab gesagt: »Nein, kommt nicht infrage, ich geh nicht mit!« War wohl auch recht bockig. Und die sind dann gegangen und kurze Zeit später ist ne Handgranate explodiert und hat einem der Kinder das Auge verletzt. Des war noch während des Krieges und äh (Schweigen), ansonsten hab ich keine unmittelbaren Auswirkungen erlebt. Ich weiß noch, dass Offiziere bei uns ins Haus kamen, meine Mutter war ja sehr jung, aber es ist nie zu Übergriffen gekommen!«

Herr Taube verbindet, wie er sagt, seine frühe Kindheit und: »das, was da so abgelaufen ist«, mit einer »positiven Rückerinnerung«. Die Formulierungen sind zunächst abstrakt gehalten:

»(Was machte Ihre Familie damals, also Sie lebten alle in einer?) Ja, die hatten n kleine Landwirtschaft dabei, ein Pferd und äh der Großvater, der, den kann ich noch entsinnen in der Uniform später *(unverständliches Wort)* hat er ne Uniform getragen. (Also irgend ne Nazi-Uniform?) Ja, ja, war ne Nazi-Uniform, an das Bild kann ich mich noch sehr gut erinnern.«

In den weiteren Ausführungen Herrn Taubes wird deutlich, dass er sehr gut über die Meinungsbilder und Handlungen seiner Familie während der Kriegszeit Bescheid weiß, auch habe er sich sehr dafür interessiert, wo die Brüder des Vaters gefallen seien. Die Brüder des Vaters seien im Krieg »erschossen« worden. Trotz der schweren Verlustes für seine Mutter, den der Tod der Brüder für die Mutter Herrn Taubes bedeutet haben muss, vermittelt sich bei dieser Äußerung Herrn Taubes auch das Gefühl von latentem Stolz. Stolz spricht er auch über die berufliche Tätigkeit seiner Eltern vor dem Krieg. Er scheint in den beschriebenen Familienverhältnissen seiner frühen Kindheit einen stabilen Rahmen erlebt zu haben, ebenso wie er in seinen Großeltern und in seiner Mutter stabile und zugewandte Bezugspersonen zur Verfügung gehabt zu haben schien. Er sagt dazu:

»Ich habe jüngere Geschwister, die sind XX und XX geboren und äh, da ich, habe mich (Schweigen) verbrannt (Schweigen). (Mh, gibts noch andere Bilder (Schweigen) in Ihrer Erinnerung, also eigene aus der Zeit? Sie waren ja noch sehr klein, aber nichtsdestotrotz, also Sie waren von eins bis vier Jahre alt bis 45?) Ansonsten hab ich noch ein Bild auch von meinem Vater; ich sitz wohl bei meiner Mutter aufm Schoß und ich sehe, dass seine äh, seine äh, seine Muskeln im Gesicht arbeiten, wohl weil er am Essen war und hab auch das Gefühl, dass ich auf ihn hindeute, spüre aber, dass er (Schweigen) wohl nicht reagiert hat. Aber das ist das einzige Bild, was noch präsent ist, was da ist, aber sonst ist kein Bild da.«

Herr Taube spricht von den Geburtsjahren seiner jüngeren Geschwister, erinnert sich gleichzeitig an den Schmerz einer Verbrennung und spricht gleich darauf von seinem Vater. Die Geschwister und der Vater werden mit dem Erinnerungsbild einer Verbrennung gleichzeitig erwähnt, die vermutlich auch unbewusst als Metapher für innerpsychische Spannungen verwendet wird. Das einzige Erinnerungsbild mit dem Vater mutet ungewöhnlich an, es trägt groteske Züge. Zum einen wegen der detaillierten, beinahe »technischen« Beschreibung der »arbeitenden« Gesichtsmuskulatur, andererseits wegen der Gefühlsarmut und Distanz, die sich in diesem Bild vermittelt. Es scheint, als hebe Herr Taube deswegen die Kaubewegungen des Vaters hervor, weil er über diese Beschreibung eine Verbindung zu seinem Vater herstellen kann. Er »erinnert«, dass die Muskeln des Vaters »im Gesicht gearbeitet hätten«. Die Erzählung mutet wie ein Erinnerungsbild an, das er aufgrund »fehlender« Erinnerungen konstruiert hat und die psychische Abwesenheit des Vaters zum Ausdruck bringt. Dieses Vaterbild repräsentiert vermutlich einen Aspekt seiner verinnerlichten und unbewältigten Erlebnisdimension seiner Vaterbeziehung. Beim Lesen dieser und der angrenzenden Textstellen entsteht ein intensives Gefühl der Leere in Identifikation mit dem Beziehungserleben dieses Untersuchungsteilnehmers.

Viel lebendiger beschreibt er sich in einem frühkindlichen Identifizierungsprozess mit dem Großvater, in dem unbewusste aggressive Gefühle konstruktiv verarbeitet werden können. Der Jähzorn des Großvaters und dessen Schläge werden nicht als beängstigend, sondern als vitalisierend beschrieben. Herr Taube zeichnet zudem ein Kinderbild von sich, in dem er sich in Identifikation mit seinem Großvater in einer starken Beschützerfunktion sieht. Im Zusammenhang mit der Flucht vom Hof der Großeltern spricht Herr Taube von dem für ihn einschneidenden Erlebnis der Flucht. Es scheint, als wehre er die Gefühle, die mit diesem Erlebnis in Verbindung stehen, an dieser Stelle im Gespräch unbewusst ab, als nehme er eine distanzierte, rationalisierende Haltung ein. Er bringt diese frühe Kindheitserfahrung mit seiner lebensbegleitenden Eigenschaft, Problemen aus dem Weg zu gehen, in Verbindung. Latent vermittelt sich die Kritik an der Mutter, sich für die Flucht entschieden zu haben und ihn damit lebenslangen innerpsychischen Belastungen ausgesetzt zu haben. Direkt im Anschluss an diese Sequenz fragt die Interviewerin noch einmal nach eigenen Erinnerungen an den Vater.

> »(Mh. Ähm, können Sie sich noch erinnern an die, an Ihren Vater, also an Bilder oder Ereignisse oder an Gemeinsamkeiten, die Sie da?) Also wie gesagt, ich hab nur dieses eine Bild, wie er am Tisch sitzt und ne Mahlzeit zu sich nimmt mit den Großeltern, seinen Eltern; ich sitze wohl aufm Schoß meiner Mutter und äh, hab ihm beim Essen zugesehen. Des ist des einzigste Bild. (Das heißt, Ihr Vater ist Ihnen als Person nicht gegenwärtig in Ihrer Erinnerung?) Ist nicht gegenwärtig, nein, ist nicht da.«

Deutlich wird in diesem Dialog, dass Herr Taube keinen hilfreichen Zugang zu seiner konflikthaften verinnerlichten Vaterbeziehung herstellen kann, wie im Verlauf der weiteren Interviewauswertung noch besser zu verstehen sein wird. Wieder vermittelt sich beim Lesen dieser Textsequenz die Gefühlsdimension der Leere und tendenziell auch der Scham. Zunehmend wird im weiteren Interviewverlauf deutlich, dass Herr Taube bedrohliche Erinnerungen unbewusst abwehrt, indem er psychische und physische Gewalteinwirkungen tendenziell verharmlost oder idealisiert, wie es folgendes Beispiel veranschaulichen soll:

> »(Also Sie sind wann geflüchtet?) Muss XX gewesen sein, vor 60 Jahren und äh nach 45? [...] (Da war, wär dann, also?) Da waren die Russen da, da waren die Engländer zurückgegangen. (Da gabs keine Probleme mit den Russen?) Aber es gab keine Probleme. Also ich kann mich entsinnen, dass sogar die, die russischen Offiziere Schokolade und Bonbons mitbrachten für uns Kinder. Und ich weiß einmal wollte ein russischer Soldat wohl meine Mutter ein bissl anfassen. Und meine Mutter hatte meinen Bruder aufm Arm und da Bruder hat sofort zugehauen, also (Schweigen), *(unverständliches Wort)* so ist das. (Was glauben Sie, warum es so problemlos (Schweigen) ablief?) Ich weiß es nicht. (Wissen Sie nicht?) Ich hab, ähm, dieses Buch neulich auch wieder in der Hand gehab, äh XXX und des ist erschreckend, was da

abgegangen ist. (Mh, drum frag ich). Ja, und ich wunder mich und ich staune immer noch, dass des so gut abgelaufen ist.«

Die mangelnde äußere und innere Verfügbarkeit stabiler Bezugspersonen bzw. deren Repräsentanzen bleiben über seine weitere Entwicklung dauerhaft bestehen, wie folgende und andere Textpassagen zeigen:

»Des war ganz selbstverständlich, des gehörte irgendwo dazu, wenn, äh, irgendwelche Trichter da waren, dass uns Kindern eingebläut wurde, da läuft man nicht durch, da kann ein Blindgänger drin sein, des war des (Schweigen). Aber so kann ich mich (Schweigen), äh, diese Nacht, in der es dann los ging, meine Geschwister ausm Bett geholt worden sind und die noch geschrien haben, wohl aus Angst, dass sie nicht mitkommen. Äh, des waren ja mehrere Personen, wir sind dann erstmal mit dem Pferdefuhrwerk und dann war Ende; und dann mussten wir zu Fuß (Schweigen). Und wir mussten dann weiter und dann gings weiter bis irgendwann ist meine Mutter, weil sie hatte dann Taschentücher um die Hände gewickelt, weil die Koffer so schwer waren, die Haut denn aufgeplatzt war. Und dann hat sie sich auf n Wech gemacht. Unterwegs, äh, hat sie mir mal erzählt, äh, hätt ich dann gejammert: »Ich hab so Hunger!« Des übliche halt. Und äh wildfremde Personen hätten mir dann Äpfel zugesteckt und des hats gegeben.«

In seine Schilderung fließt immer wieder die sorgende Anteilnahme für die Mutter ein, in der vermutlich auch seine psychischen Anpassungsleistungen und unterschwellig seine kindliche Not zum Ausdruck kommen. Auffällig ist, dass Herr Taube in seinen Schilderungen Bezug auf die Nöte seiner Geschwister und seiner Mutter nimmt, jedoch keine Überlegungen zu seinem eigenen kindlichen Selbsterleben anstellt. Er schildert die Ängste der Geschwister, betont, wie schlimm ihr Schreien und das Weggehen in der Nacht für ihn gewesen seien. Die Kindheitserinnerungen an die Flucht sind vermutlich mit unbewussten defizitären und konflikthaften Inhalten und Gefühlen hinsichtlich der physischen und psychischen Not und Übeforderung assoziiert.

»Selbstverständlich« sei es für ihn gewesen, sich sofort in den nächsten Graben zu werfen, sobald sich Flugzeuge genähert hätten oder Lärm entstanden sei. Die Interviewerin nimmt dann auf dieses defizitäre Selbsterleben Herrn

Taubes indirekt Bezug, indem sie Herrn Taube nach eigenen Erinnerungen bzw. eigenen Bildern fragt:

»(Und kommen jetzt noch mal zu Ihren eigenen Erinnerungen an eigene Kind-heitserinnerungen im Krieg und an der NS-Zeit. Also noch mal ganz konkret fragend, welche Bilder Sie aus eigener Erinnerung noch haben?) Mh, (Schweigen.) (Gibts da noch Erinnerungen oder zusätzlich?) Also an diese Geschichte fällt mir spontan, fällt mir da nichts ein. Also ich weiß, kann mich noch als Kind entsinnen, dass die Leute eben erzählt haben, der ist an Typhus gestorben, der an Typhus. Typhus war irgendwo n Begriff, mit dem ich nichts anfangen konnte und äh (Schweigen). Aber ansonsten (Schweigen) war es ganz ne, ganz normale Geschichte, ne ganz normale Kindheit, bis 45. (Mh, ähm, so vielleicht tauchen ja noch die eine oder andere andere Erinnerung ein, auf, sei es positiver oder negativer Art?) Den Piloten hätten wir äh, meine Geschwister und ich, äh, dann die unreifen Äpfel, weil die Münder ja aufgerissen waren, hätten wir wohl Äpfel reingelegt. (Wie sie da so als Leichen lagen?) Ja, wie die als Leichen dalagen. (Des heißt, in der Ortschaft drinnen oder war des auf der Flucht?) Des war in der Ortschaft. (Sind da, sind Flieger abgestürzt?) Da sind Flieger abgestürzt, ja. Flieger abgestürzt! Und da hätten wir, meine Geschwister und ich, wir hätten das gemacht, aber ich kann mich da nicht dran entsinnen.«

Die Erinnerung an die »toten Piloten« ist mit der Vorstellung einer ganz »norma-len« Kindheit assoziiert. Im Interviewdialog fällt immer wieder auf, wie schwer es Herrn Taube fällt, sich auf seine eigenen Kindheitserinnerungen oder auch nur auf die Erzählungen anderer Personen zu beziehen. Es scheint, als hätten diese Erzählungen seinen Identifikationsprozess in seiner Entwicklung mitbe-stimmt. Die Auseinandersetzung mit eigenen belastenden Gefühlen und Erinne-rungen seiner Kindheit, stellt für Herrn Taube vermutlich eine viel zu bedrohliche innerpsychische Dimension dar, als dass er diese ich-fokussiert in seiner Erzählung ausführen kann. Seine unbewussten zerstörerischen Fantasien, die infolge der Enttäuschungswut oder Scham über mangelnde hilfreiche Beziehungserfahrungen mit großer Wahrscheinlichkeit entstanden sind, sind vermutlich mit zerstöreri-schen Fantasien assoziiert, die in seiner damaligen Lebensrealität eine Entsprechung gefunden haben (toter Pilot) und blieben deshalb als bedrohliche Introjekte abgespalten.

Die Beziehung zur Mutter und die Leerstelle »Vater« nach dem Krieg
In der folgenden Passage wird deutlich, wie sehr seiner Mutter nach dem Krieg der Partner fehlte und wie sehr die innerpsychische Instabilität der Mutter sowie deren Leiden unter dem Verlust ihres Mannes, Einfluss auf die innerseelische Entwicklung Herrn Taubes genommen haben:

»(Ähm. Was glauben Sie, wie Krieg und Nazizeit in Ihrer Mutter nachwirkten?«
(Schweigen.) Ja, ich kann des nur *(unverständliches Wort)* auf ihr persönliches Schicksal beziehen, die, äh, konnte nicht damit umgehen, dass ihr Mann, unser Vater, nicht mehr zurückgekommen ist. Und äh (Schweigen), ich denke, es ist ihr (Schweigen), ja das ist schwierig, ich hab diese (Schweigen). Sie hat mir mal erzählt, der Papa war sehr korrekt, penibel. Es musste alles ganz akurat sein. Und, äh, dann also, dieses Militärische, Preußische und Preußische wohl rauszuhören, bei meiner Mutter ging des nicht so genau. Also wenn irgendwas zu machen war, dann sagte sie: »Mach du des!« So Behördengänge: »Mach du des«, äh, äh »da is was zu unterschreiben wegen der Rente, geh du dahin« und des hat sie mir so auferlegt. Ich hab auch diese Rolle gern übernommen, so als, bissl so als Familienoberhaupt, hab mich da ganz wohlgefühlt. Äh, es war aber auf der andern Seite auch sicherlich n tiefer Schmerz bei ihr da. Ich hab das erlebt, 45 kamen die letzten russischen Kriegsgefangenen zurück (Schweigen) und (Schweigen) wir waren, beide saßen wir am Radio meine Mutter und ich (Schweigen). (Ähm, diese Szene am Radio. Das heißt, Sie haben immer gewartet, dass der Name Ihres Vaters kommt und der kam nicht mehr?) (Schweigen, man hört den Interviewten tief durchatmen.) (Und vielleicht noch ähm, doch noch bei der Frage kurz bleibend, ähm, was hat?) Tschuldigung, aber das, das (Schweigen) das is halt immer noch da, so dieses (weinerliche Stimme. (Der Verlust Ihres Vaters?) Ja, ich hab das (Schweigen) auch schon, denk ich, aufgearbeitet, aber trotzdem! Des war zum ersten Mal auch, dass für uns ganz klar war, dass wir, dass wir miteinander weinen konnten über diesen Schmerz, über diesen, über diesen Verlust (Schweigen). (Wie gings dann weiter mit Ihnen und Ihrer Mutter, vielleicht einfach noch mal nachgefragt, nach dieser Stelle?) Nach dieser Stelle war? (Wo sich einiges löste?) (Räuspert sich.) Ham wir, sind wir miteinander

anders umgegangen. Ich äh (räuspert sich), hat auch auf der andern Seite auch nicht mehr versucht, äh, mich, äh, irgendwie zu schlagen oder äh, was früher mitunter der Fall war, dass sie dann ganz extrem aus der Rolle fiel. Also grad wenn ich meine Schulleistungen nicht so erbrachte, wie Sie das gemeint hat, dann wurde sie dermaßen jähzornig, äh, dass ich das Gefühl hatte, sie wollte mich totschlagen, und des war. (Hat sie so heftig geschlagen?) Ja! Da hat sie fürchterlich *(unverständliches Wort)* geschlagen. Des war, die Schläge warn nicht das Schlimmste, aber des Schlimme war, weil meine Schulfreundin daneben saß, und ich hab mich dann so fürchterlich schämen müssen, des war also des Grausame.«

Herr Taube kann sein innerseelisches Erleben in der Nachkriegszeit plastisch und spürbar beschreiben. Deutlich wird, wie sehr er den Schmerz der Mutter über die Abwesenheit des Vaters aufgenommen hat und wie dieser Schmerz der Mutter sein innerpsychisches Erleben beeinflusste. Die Mutter stand als wichtige zentrale Bezugsperson für den Jungen in seiner weiteren Entwicklung nicht mehr in ausreichender Weise zur Verfügung, vielmehr wirkte sich ihre eigene psychische Instabilität sehr negativ auf die weitere psychische Entwicklung Herrn Taubes aus. Er übernahm Aufgaben von Erwachsenen, wurde als Partnerersatz und als Container für die schmerzhaften Gefühle der Mutter funktionalisiert, wurde somit adultisiert und parentifiziert. Herr Taube war durch die physische und psychische Gewalt, die seine Mutter aufgrund ihres Unvermögens, den Verlust des Vaters zu verarbeiten, ihm gegenüber immer wieder ausübte, immens in seiner Selbstentwicklung beeinträchtigt. Durch das defizitäre Beziehungserleben mit der Mutter trug er narzisstische Wunden davon, die wiederum heftige Gefühlsambivalenzen der Mutter gegenüber zur Folge hatten. Deutlich wird die immense innerpsychische Anspannung, die zwischen dem Jungen und seiner Mutter und bei beiden in deren Selbsterleben vorgeherrscht haben muss. Herr Taube erzählt weiter, dass die Mutter später erneut geheiratet habe und der Vater zuvor für »tot« erklärt werden musste, was für ihn ein großes Problem gewesen sei. Durch die Anforderung, den eigenen Vater für tot erklären zu müssen, dürften erneute konflikthaft besetzte, unbewusste Prozesse angestoßen worden sein, die Schuldgefühle verursachten und die autoaggressiv verarbeitet werden mussten. Aus der Perspektive der Nachkriegszeit berichtet Herr Taube von eigenen Erinnerungen, gleichzeitig spricht er rückerinnernd von seiner und der Neugierde anderer Kinder.

Die Identifikation mit den »heldenhaften« Verhaltensweisen der Erwachsenen zur Zeit des Nationalsozialismus und deren Idealisierung kommt nun deutlich im Kontext der Erzählungen zur Kriegszeit und Nachkriegszeit zum Vorschein:

»Also wir Kinder waren ja unwahrscheinlich neugierig, wenn, äh, da über den Krieg gesprochen worden ist, wo die eingesetzt waren, äh, was die erlebt hatten und ich glaub, mich als Kind zu entsinnen, wenn die grünen Kränze über den Haustüren hängen: »Wir grüßen dich, wir freuen uns über deine Wiederkehr!« und dergleichen. Und der Nachbar kam dann auch zurück, 48 aus Russland. Und äh, wir waren ganz neugierig. Und dann hat er erzählt, äh, was er in Russland erlebt hat, den Marsch *(einige unverständliche Wörter)*, wie sie mit Heringen verpflegt worden sind. Und dann äh, wohl die Tage nichts zu essen bekamen und später mit Wasser und äh, welche Auswirken das gehabt hat und äh, das hat uns, wir waren ganz scharf auf diese Geschichten (Schweigen), wollten unbedingt mitbekommen, wo die eingesetzt waren und äh, ein Onkel kam zurück, der hat dann gar nichts erzählt (Schweigen). Und äh, in der Schule wurde des, des Thema, äh, überhaupt nicht angestoßen oder irgendwie mal, äh. Aber an einmal kann ich mich entsinnen, die Nachbarsfrau, die hat mich gerne gemocht, hin und wieder habe ich so gespürt, dass sie mich so in den Arm genommen hat. Das war sehr gut, hatte gut getan, dass sie mir ihre (Schweigen) und die hab ich mal erlebt, wie sie dann (Schweigen) am, am, am, am Spülbecken oder Wasserbecken stand und ihr die Tränen runtergelaufen sind. Als Kind hab ich das noch nicht so einordnen können. Später hab ich dann erfahren, dass ihr Vater (Schweigen) gefallen war. Des wusste sie aber auch. Sie wusste definitiv der ist tot und der kommt nicht mehr zurück. Für uns war immer noch die Hoffnung da, er kommt, irgendwann kommt er, des war diese *(unverständliches Wort)*, dieses übergroße Bedürfnis von meiner Geschwistern und mir. (Nach Ihrem Vater?) Ja, also! (Was glauben Sie, woher die Sehnsucht kommt, Sie kannten ihn ja gar nicht?) Ich denke, es ist einfach dieses Gefühl, die anderen haben da jemanden, der sie anleitet, der ihnen was zeicht und der da ist, der mit ihnen spricht. Bei uns war so alle halbe Jahr, glaube ich, in der Schule: »Wer ist Waise? »Wer ist Halbwaise? Aufstehen! »Wer ist Flüchtling? Aufstehen!« Das war immer, in, irgendwie so negativ besetzt. Kann mich noch entsinnen, meine Geschwister, wir sind dann in die Kirche gegangen und haben gebetet, noch mal und noch mal und noch mal. (Damit der Papa kommt?)

Ja. Ja. (Des war bei Ihnen allen Kindern so?) (Atmet laut durch.) Mh! Ja des war so! (Weint, räuspert sich.)«

Herr Taube stellt immer wieder Verbindungen zwischen seinem Kriegskindschicksal und seiner Selbstentwicklung dar. Das Fehlen des Vaters hatte in seiner subjekiven Bedeutungszuschreibung und seinem Erleben nach enorme psychische Einbrüche und eine defizitäre innerpsychische Entwicklung zur Folge. Sein Vaterbild verdeutlicht diese defizitäre Entwicklung:

»Ja, ich denk für mich war immer als Kind, wenn irgendwo was schief gegangen ist, wenn irgendwo was gelaufen ist, wenn irgend, wenn ich irgendwo Zurückweisung erlebt habe oder beschuldigt worden bin, äh, dann war innerlich immer dieses Bild da. Das wäre nicht, wenn der Vater da wäre! Das wäre dein großer Beschützer, das wäre der große Betreuer, der dich immer wieder führen würde, der dich, äh, beschützen würde! Der auf dich aufpassen würde. Der dich, äh, an die Hand nehmen würde und. Und des hat sich, des war, äh, das war so diese, diese Fantasie, die ständig da war. Die immer wieder, wenns in der Schule daneben ging, äh, wenn die Großmutter mich beschuldigt, ich hab des geklaut oder des geklaut oder da Blödsinn gemacht oder und die wurde dann auch mitunter, war nicht grade zart besaitet, dann, äh, immer wieder so, das wäre nicht wenn. Das wäre nicht wenn. Des war so! Des, ja des war so, ständig da.«

Die mangelnde Präsenz einer stabilen psychisch verinnerlichten und realen Bezugsperson wird mit der Fantasie kompensiert: »Wenn der Vater da wäre, wäre alles anders«. Es wird deutlich, dass sich die Leerstelle der Repräsentanz »Vater« nicht auf die realen Gegebenheiten sondern vielmehr auf die fehlenden hilfreichen Vaterfantasien. Hilfreiche Fantasien hätten auch über die Vaterbilder und Vatererinnerungen in der Mutter an den Sohn weitergegeben werden können (was aufgrund der Überforderung der Mutter nicht möglich war) und hätten ihm somit psychische Stabilität und Orientierung bieten können. Der Junge hatte auch nicht die Möglichkeit, sich auf eigene, ausreichend gute, zu Lebzeiten des Vaters verinnerlichte Vatererinnerungen zu beziehen. Lediglich die Erinnerungen an den Großvater wirken vitalisierend. Seine Vaterrepräsentanz ist mit dem Wort »Krieg« assoziiert und beinhaltet den Schmerz und die Aggression der Mutter über den Partnerverlust. Die Vaterrepräsentanz der Mutter (»im Stich gelassen worden zu sein«) hat Herr Taube als negatives Erleben (Introjekt) verinnerlicht, Selbst- und Elternrepräsentanzen sind nicht ausreichend getrennt. Das Introjekt »Vaterrepräsentanz« war vermutlich dauerhaft schuldhaft besetzt und führte zu einer Trennungsschuld in der Adoleszenz, die Herrn Taube den inneren Ablösungsprozess von der Mutter bis in die Gegenwart erschwert hat. Konflikte, sagt Herr Taube, habe er meist mit Fluchverhalten beantwortet. Dieses Verhaltensmuster habe er sich in der Kindheit angeeignet.

> »(Und die Flucht, was glauben Sie, inwiefern die Flucht prägend für Ihre Familie war?) Ich denke, für mich wars ganz, äh, sehr prägend. Dieses Weglaufen, das hab ich später im Berufsleben auch so erlebt, wenn irgendwo Schwierigkeiten auftauchten am Arbeitsplatz, dass ich dann sofort weggegangen bin. Also da hab ich gar nicht lang umeinander gefackelt. Das warn ganz natürliches, äh, äh, Verhalten, äh, ohne dass ich des hinterfragt habe. Und des ist mir später erst öh, das ist mir später deutlich geworden!«

Welche Inhalte aus der Kriegskindheit und Nachkriegskindheit zeigen sich im späteren Leben?
Herr Taube hat therapeutische Hilfe in Anspruch genommen und während seiner beruflichen Ausbildung viele Erkenntnisse über sich und die Zusammenhänge zwischen seiner kindlichen Entwicklung und seinem späteren Erwachsenenleben machen können. Zentrale Bedeutung sei in der therapeutischen Arbeit der Wiederbelebung der Beziehung zu seiner Mutter und deren verinnerlichten Beziehung zu seinem Vater zugekommen, durch die er in seiner psychischen Innenwelt ein irreales Vaterbild errichtet habe. Er spricht außerdem davon, dass die als Belastung erlebte Vaterlosigkeit, zudem die mit der Flucht verbundenen innerpsychischen bedrohlichen Erlebnisdimensionen und nicht zuletzt das defizitäre Beziehungserleben zu seiner Mutter in seiner weiteren Entwicklung einerseits zu einer ausgeprägten Bindungsunfähigkeit, andererseits zur Unfähigkeit, zwischenmenschliche Konflikte zu lösen, geführt habe. Deswegen habe er zu seinen eigenen Kindern ein distanziertes Verhältnis aufgebaut. In seinen partnerschaftlichen Beziehungen sei es immer wieder zu Beziehungsabbrüchen gekommen, worunter er sehr gelitten habe.

»Also ich kanns vielleicht nur im Detail, dass ich meine Person auch, öh (Schweigen), meine Geschwister, dass die dadurch vielleicht auch nicht so bindungsfähig sind, dass (Schweigen), dass des auch darauf zurückzuführen ist, dass ich, äh, das nicht erleben durfte, was es heißt n Vater zu haben, wie Eheleute miteinander umgehen, wie die des schaffen, ihre Schwierigkeiten zu bewältigen, ohne auseinanderzulaufen. Und äh, ich denke, des hat so dazu beigetragen, dass ich so geworden bin, wie ich heute bin, mit allen (Schweigen), äh, dass es da schon sehr früh angelegt worden ist, aufgrund dieses Weggehens, dieser Vaterlosigkeit, diese übergroße Kompensierung auf den Vater. Der Vater ist dieser große Riese, der alles richten wird, der alle, äh, öh, auf die Beine bringt und die kleinsten, wenn du Schwierigkeiten hast, ist der Papa immer da und der macht des. Und der macht des und ich bin der Meinung, dass ich dadurch auch so einen wahnsinnigen Realitätsverlust habe, dass ich, äh, selber Verantwortung auch ein Stück abgegeben habe und ich denke, dass des im Grunde genommen, äh, äh, dazu verleitete hat (Schweigen), äh, des auch ein bissl mit umzusetzen, dieses diese Allmachtsfantasien.«

Herr Taube konnte in seinem Entwicklungsverlauf keine stabilen Beziehungserfahrungen mit einer männlichen Bezugsperson machen. Seine Vaterrepräsentanzen bekommen über das gesamte Interview hinweg keine Konturen, bleiben im Vorfeld der reaparativen therapeutischen Erfahrungen diffus. Es ist deshalb anzunehmen, dass der Vater Herrn Taubes im familiären Beziehungsgeschehen durch Erzählungen nicht lebendig gehalten wurde. Die Partner- (bzw. Vater-) Repräsentanzen in der Mutter waren ebenso instabil und boten dem Jungen kein Entwicklungsobjekt in Form von hilfreichen inneren Objekten, die ihm durch die positive Besetzung in den Erzählungen der Mutter als stabiler Halt zur Verfügung hätten stehen können.

Herr Taube erinnert zudem, dass er von der Mutter adultisiert worden sei, bzw. als Partnerersatz und als Container für ihre Aggressionen gedient habe. Er erfuhr durch die Mutter eine geringe libidinöse Besetzung seines Selbst. Dadurch konnte er keine wechselseitig bezogenen, guten Beziehungserfahrungen verinnerlichen, was es ihm im weiteren Lebensverlauf erschwerte, stabile freundschaftliche und partnerschaftliche Beziehungen zu führen. Das verinnerlichte Verbot im Unbewussten, sich von der Mutter bzw. vom toten Vater zu lösen, geht mit einem ausgeprägten Schulderleben und seinem ambivalenten Beziehungserleben einher.

Ein positives Selbstgefühl bezieht er aus dem Erfolg im Berufsleben, für seine innerpsychische Stabilität ist sein beruflicher Ehrgeiz von großer Bedeutung. Die Identifikation mit der hohen beruflichen Erwartungshaltung seiner Mutter habe ihn in seiner beruflichen Laufbahn motiviert. Hier wird deutlich, wie sehr die Anerkennung der Mutter an die Erfüllung ihrer Leistungserwartungen geknüpft war und auf die Selbstwertentwicklung Herrn Taubes Einfluss genommen hat.

> »Ja, ich denke so, dieses, diese Stehauf-Mentalität, dieses Ehrgeizige: »Du musst vorne sein, du musst dich arrangieren, du musst des bewältigen, äh, du musst präsent sein!« Des war sicherlich aus dieser, äh, Ablehnung heraus, die ich als Kind erfahren musste, so »Aus dir wird nix, du kannst nix! (Wer sagte des?) Das hörte ich von den Lehrern, das hörte ich von meiner Mutter, das war so ne gängig Redensart.«

Immer deutlicher zeigt sich im Auswertungsprozess, welche massiven Einbrüche Herr Taube in seinem bewussten und unbewussten Beziehungserleben erlitten hat und wie groß die Auswirkungen dieser Einbrüche auf seine Selbstentwicklung gewesen sind. Herr Taube litt in seinem weiteren Lebensverlauf unter einer allgemeinen Gehemmtheit und Ängstlichkeit. Er beschreibt sich als konfliktscheu. Auch habe er Schwierigkeiten im Beruf, sich durchzusetzen und Beziehungsprobleme in seinen Partnerschaften gehabt. Wegen einer tiefen Angst vor Ablehnung und Trennungsverlust habe er sein partnerschaftliches Beziehungserleben sehr leidvoll erlebt. Hinzu kommt, dass Herr Taube die Entwicklungsstufe der Ödipalität vor dem Hintergrund instabiler Beziehungsrepräsentanzen erlebt hat. Im Alter von vier Jahren verlor Herr Taube seinen Großvater als wichtige Bezugsperson und Identifikationsobjekt. Der eigene Vater war im Krieg, die psychisch hilfreiche Präsenz der Mutter war vermutlich nur rudimentär vorhanden, was zur Folge hatte, dass die altersbedingten Entwicklungsanforderungen der Ödipalität (Anerkennung, dass die Eltern eine dyadische – sexuelle – eigene Beziehung haben) vor dem Hintergrund eines instabilen Bindungserlebens geleistet werden mussten und sehr wahrscheinlich mit vermehrten Schuldgefühlen einhergegangen sind. An einer anderen Stelle im Interview stellt Herr Taube fest, dass ihm in seiner Kindheit jemand gefehlt habe, der ihm einerseits unterstützend zur Seite gestanden und andererseits »Grenzen gesetzt« hätte, an denen er sich hätte orientieren können:

»(Ihnen hat etwas gefehlt, um das noch mal festhalten, also?) Ich hab Grenzen erleben, Grenzen einhalten zu müssen. Und äh, wir hatten ja auf der andern Seite ne Kindheit, die doch sehr unbeschwert war. Also wenn wir Schulaufgaben gemacht hatten und es war keine Feldarbeit zu machen, dann konnten wir machen was wir wollten. Das haben wir auch getan. Wir ham am Schrottplatz alte Öfen gefunden und im Wald, äh, geheizt und äh (Schweigen) und, und das gemacht und jenes gemacht, was heute als Kind undenkbar ist. Und wir wurden aber deswegen nicht abgestraft, oder das jemand gesagt hätte: »Des darfst du nicht« oder irgendwas oder: »Du kannst den Wald in Brand stecken« oder dass wir, also da war wenig, da gabs wieder wenig Grenzen. Also ich denke, das wär wichtig gewesen. Und diese, ganz klar, äh, ganz klare Grenzziehung. Des hab ich nicht, äh, des war auch in der Schule so, dass der (Schweigen), dass, äh, der Lehrer das und das gesagt hat und das mussten wir auch machen. Aber auf der andern Seite, äh, wir ham auch sehr viel Willkür erlebt bei den Lehrern. Also, dass die (Schweigen), äh, bei kleinsten Vergehen auf der andern Seite, äh, uns Kinder exzessiv bestraft haben und äh, das nicht zu wenig.«

Herr Taube bringt hier zum Ausdruck, dass ihm hilfreiche Beziehungen im Sinne einer adäquaten, kindgerechten und respektvoll grenzsetzenden Pädagogik in seiner Kindheitsentwicklung gefehlt hätten. In der Beschreibung klingen zwar Vitalitätsaffekte an, es fehlt jedoch die Bezogenheit auf den hilfreichen »Anderen«. Es zeigen sich unbewusste aggressive Fantasien (Wald in Brand stecken), die vermutlich mit tiefen Ängsten vor und innerpsychischen unbewussten Wünschen nach »Grenzverletzungen« verbunden waren. Zu Gesprächen über den Holocaust sagt er:

»Äh (Schweigen) ich hab mit meiner Mutter später drüber gesprochen. Und die hat häufig bagatellisiert; die hat also verharmlost und äh, hat auch die Schuld, äh, von uns weggewiesen. So, die Engländer sind die Schuldigen, die Bösen gewesen. Äh, des hat sie doch, des wollte sie nicht sehen. Aber wie die Einstellung der Großeltern gewesen ist, des weiß ich nicht.«

Es zeigt sich, dass die Mutter Herrn Taubes keine gemeinsame Reflexion mit ihrem Sohn über ihre persönliche Verbindung bzw. innere Beteiligung zu den Geschehnissen in der NS-Zeit zulassen konnte. Schuldgefühle werden geleugnet und sind von Spaltungsprozessen in Gut und Böse bestimmt. Herr Taube erzählt, dass in seiner Familie in der Nachkriegszeit viel über die Vergangenheit und Gegenwart gesprochen worden sei, aber nicht über die NS-Zeit. Da es kein Fernsehen gegeben habe, hätten die Leute mehr Zeit für- und miteinander gehabt. Die Beschreibung dieser und vieler anderer Familienszenen der Nachkriegszeit macht deutlich, dass in der Gesprächskultur dieser Zeit innerhalb der meisten Familien NS-Themen zwischen Eltern und Kindern tabuisiert waren. Die Atmosphäre der Tabuisierung der NS-Zeit wurde vermutlich als »normaler« Bestandteil des Kindheitserlebens in der Nachkriegszeit verinnerlicht.

Herr Taube zieht abschließend Parallelen zwischen seiner innerpsychischen Kindheits- und weiterer Lebensentwicklung und der gesellschaftlichen Entwicklung Deutschlands in der NS-Zeit, in der Zeit des Zweiten Weltkriegs und in der Nachkriegszeit.

»(Mh. Aufgrund des 60-jährigen Jahrestags des Kriegsende gabs ja in letzter Zeit und (mh) in den letzten Jahren, ähm, sehr viel zu dieser Thematik in den Medien (mh), so auch über das Schicksal der Zivilbevölkerung in der Kriegs- und Nazizeit.) Ja. (Wie beurteilen Sie diese Diskussion?) Ich denke, dass es ganz wichtig ist (mh), dass wir mal genau hinschauen! Wie ist es den Eltern ergangen in den Bombennächten (mh)? Welche Ängste mussten die ausstehen, wie mussten die ihr Leben organisieren? Äh, wie sind die mit Hoffnungslosigkeit, mit Repressalien umgegangen? Mit, äh, der ein oder andere auch mit dem Wissen um KZs und die Angst. Meine Mutter hat uns mal gesagt, dort gehts jetzt rein. Wir wussten nicht, morgens wenns geläutet hat, wer steht vor der Tür, (mh) oder diese Angst, die die Leute ständig erlebt haben. Ich habs dann auch später in XXX, ich war XX das erste Mal in XXX, da waren ja noch riesige Stadtviertel äh, zerbombt. Und äh, auf der anderen Seite, was mich da so fasziniert hat, das war dieses ständige Dröhnen von den Werften, diese, diese Niethämmer (mh) denn das hat dann durch die ganze Stadt gehallt. Und dieser, dieser Aufbauwille, der was dahinter stand, Power, Energie (mh) und: »Wir kommen wieder! Wir sind wieder da!« Trotz dem alles zerbombt worden ist. Also, das war, äh, sehr schön, das zu erleben. Und auf der anderen Seite auch, ähm, was so beeindruckend war als Kind. Ich war so in die erste oder zweiten Schulklasse kam ich, da sollte ich zu meinen Verwandten nach XXX, hat ja auch sehr viel gelitten (mh). Dieser Bahnhof, wo nur noch dieses Skelett stand und sonst gar nichts. Also das war für mich schon als Kind sehr beeindruckend. Das, das (Schweigen), äh, ja, dieses so, auch so Erzählungen gerne mitbekommen habe. Wie haben die das geschafft? Wie haben die das gemacht, also mit dem Markenkleben? Und ich seh meine Mutter noch mit dem Heft und dann, äh, die Marke ausschneiden und dann holte se da, dann kriegste soundsoviel Zucker und so weiter (mh) und das war schon einprägend!

(Mh. Jetzt sind wir am Ende unseres Gespräches angelangt. Jetzt würde ich Sie gerne noch fragen, ob es noch irgendetwas gibt (mh), was Sie zu diesem Thema Kriegskindheit und Nazizeit, Nachkriegzeit gerne sagen möchten (mh), dass es noch nicht angesprochen wurde?) (Schweigen.) Was, was für mich immer so die Frage war, das ist, äh, einmal: Warum wurde unser Land so geteilt? (Mh.) Äh, warum sind die Grenzen so verlaufen, dass in einem Teil unseres Volkes noch länger leiden musste wie der andere Teil? Das hab ich noch nicht auf die Reihe gebracht. Gedanke war schon mal, hat vielleicht mit dem zu tun, dass das der slawische Anteil an unserem Volk ist (mh) und wir diesen germanischen Teil wohl, weiß ich nicht, ist nur ne Fantasie. Auf der anderen Seite ist so die Frage, äh, wir wissen alle, wie s dazu gekommen ist. Aber wir wissen vielleicht noch zu wenig, was tatsächlich im Hintergrund passiert ist. In wie weit haben auch andere Mächte dazu beigetragen, dass solche Entwicklungen äh, so gelaufen sind. Und äh, manchmal mach ich mir das ein bisschen einfach und sag dann, ja, es ist vielleicht daran abzulesen, äh, welches Volk am längsten unter dieser Nachkriegszeit auch leiden musste. Äh (laute Sirene im Hintergrund) ich weiß aber nicht, ob das richtig ist? Da hab ich noch meine Zweifel?«

Abschließend stellt Herr Taube historische Überlegungen über die fanatische Haltung der Deutschen gegenüber der nationalsozialistischen Ideologie an und nimmt auf den Aspekt historischen Gegebenheiten Bezug, denen die deutsche Bevölkerung unterlegen sei (er nimmt damit die Zuschreibung einer Opferpositionierung vor), bis es zur Kapitulation Deutschlands gekommen sei. Es scheint, als komme hier ebenso die Beschreibung einer inneren mächtigen Vaterrepräsentanz (Vater »Staat«) zum Ausdruck, mit der sich Herr Taube identifiziert und gegenüber der er die Position des Opfers einnimmt. Herr Taube konnte eine »Kriegskindheitsidentität« erwerben. Zu seiner Identität als »Kriegskind« sagt er:

»(Betrachten Sie sich in Ihrem Identitätsgefühl als Kriegskind? Wenn ja, in welcher Weise?) Ja, als Kriegskind schon mit diesen negativen also mit dem mit dem vermissten Vater, das äh, das mich sehr geprägt hat auf der einen Seite. Und auf der anderen Seite auch ein Stück dankbar, dass es so gut ausgegangen ist (mh). Und äh (Schweigen), ich heute da stehe und stolz sein kann auf meine Lebensleistung! Und dass es so okay ist mit allen Höhen und Tiefen! (Mh.) Und äh, wenn auch vieles offen geblieben ist, äh, weiß, ich muss noch vieles therapeutisch nachholen und aufarbeiten, aber insgesamt ne positive Bilanz ziehen kann.«

Wie viele Untersuchungsteilnehmer hebt auch Herr Taube die positiven Aspekte seiner Lebensentwicklung hervor, die insbesondere in der Bewältigung der Lebensanforderungen zu sehen seien.

Prototyp »Keine belastenden Kindheitserlebnisse bzw. gute Verarbeitung«

Der »Prototyp VK (Keine belastenden Kindheitserlebnisse bzw. gute Verarbeitung) kam als Real-Typ in dieser Stichprobe nicht vor, wohl aber in Mischformen bzw. in Anteilen bezogen auf bestimmte Repräsentanzen. Der Prototyp VK konnte deshalb als Real-Typ nicht einer Einzelfalluntersuchung unterzogen werden.

Diskussion der Ergebnisse

Die Untersuchung war darauf ausgerichtet, die spezifischen innerpsychischen und äußeren Belastungen im Nationalsozialismus, im Zweiten Weltkrieg und in der Nachkriegszeit sowie ihre zugehörigen Verarbeitungsmuster möglichst differenziert herauszuarbeiten und darzustellen. Dabei sollte das Individuum auf verschiedenen Ebenen in seinen Wünschen, Ängsten, Konflikten und Bewältigungsversuchen vor dem Hintergrund seines soziokulturellen Umfeldes differenziert erfasst werden. Im Folgenden werden die Ergebnisse dieser Forschungsarbeit vor ihrem jeweiligen sozialgeschichtlichen Hintergrund diskutiert. Die Diskussion bewegt sich dabei entlang der im Vorfeld der Untersuchung aufgeworfenen allgemeinen und spezifischen Fragestellungen und nimmt Bezug auf die Ergebnisse anderer Studien.

Kindheitserfahrungen im Nationalsozialismus und ihre Verarbeitung

Kindheit im Dritten Reich:
Bedeutsame Erfahrungen in der Rückerinnerung

Im Folgenden werden zentrale Themenbereiche der NS-Zeit zusammengefasst, die im Zeitraum der Interviews (in den Jahren 2005 und 2006) für die Zeitzeugen in ihrer Rückerinnerung von maßgeblicher Bedeutung waren:

➤ Frühe Prägungen im Selbstverständnis der Kinder: An den Führer gebundene Zeugungsfantasien und Identifikationsprozesse

➤ Das neue völkische Gefühl: Stolz, Tapferkeit, Begeisterung und Bewunderung

➤ Rassismus: »Herrenmenschen«, »Untermenschen«, »Rassenhygiene«

➤ Erinnerungen an Adolf Hitler

➤ Holocaust

➤ Meine Familie im nationalsozialistischen Deutschland: Meine Eltern waren (eigentlich) keine »Nazis«! Meine Eltern waren »Nazis«!

➤ Nationalsozialistisch geprägte Erziehungserfahrungen im privaten und öffentlichen Leben

➤ Beziehungserleben zwischen Kind und Eltern im Nationalsozialismus

Viele Angehörige dieser Generation (in der vorliegenden Studie die Gruppe A der Jahrgänge 1932/33 bis 1939) haben frühkindliche Identifikationsprozesse im nationalsozialistischen Deutschland durchlaufen. Sie machten dabei in ihrer Kindheitsentwicklung die Erfahrung, dass ihre libidinöse Besetzung nicht nur ihnen selbst galt und nur durch ihre Eltern erfolgte, sondern vielmehr sehr eng an die Gesellschaft, an die nationalsozialistische Ideologie bzw. an die Person des »Führers« geknüpft war. Die im Folgenden wiedergegebenen Textsequenzen geben ein anschauliches Bild dieser Identifikationsprozesse.

An die Person »Adolf Hitler« geknüpfte bedeutsame Erinnerungen

Ich bin ein Führerkind – im Jahre des Heils geboren!

»Schaun Sie mit meiner Geburt hängt da auch etwas zusammen, was ich belächle, aber es ist gar ned zum Lachen. Hitler hat Ende Februar 1933 vor dem Reichstag eine Rede gehalten. Unter anderem hat er gesagt, jeder, jede anständige deutsche Frau schenkt dem Führer ein Kind. Und da hab ich meine Eltern aufgezogen später: »Na, und da seid ihr dann gleich unter die Bettdecke geschlüpft?« Waren meine beiden Eltern tödlich beleidigt und ich hatte Spaß machen wollen. Weil ich bin ein Führerkind, habe ich mir auch schon anhören müssen, rechnens zurück (mh)! (Schweigen.) Im Jahre des Heils geboren! Ein »Führerkind«, heute kräht kein Hahn mehr danach. Aber in meiner Jugend war das wichtig, wann geboren! Aha! Als ob ich was dafür könnte! Man machte mich für meine Geburt verantwortlich, sehen Sie wie blöd die Leute waren!«

Meine Mutter hat das »Mutterkreuz« bekommen.

»War dann, auch dann Adolf Hitler da, der hat die Jugend begrüßt! (Haben Sie ihn gesehn?) Ich hab n gsehn, ich hab n paar Mal gsehn! Äh, er war eigentlich a großer Mann! Mit n (Schweigen), mit Kindern hat er ja vi-, äh, gut können (mh). Und die, äh, Familien mussten ja viel Kinder haben (mh); des war bei uns, wars ja so, dass meine Mutter dann, die hat des, äh, Mutterkreuz bekommen gehabt.«

Ich kann ja auch des ganze Zeug noch singen.

»Weil die HJ marschiert! Ich kann ja auch des ganze Zeug noch singen, die HJ marschiert in Reih und festgeschlossen! SA marschiert, heißt des, SA marschiert oder die Hitlerjungen![5] Da gabs schon welche und in der Näh von dem Spielplatz, wo

---

5   Zur Veranschaulichung hier der Liedinhalt:»Die Fahne hoch, die Reihen fest ge-schlossen,/SA marschiert mit ruhigem festem Schritt./Kameraden, die Rot-Front und Reaktion erschossen,/marschiern im Geist in unsern Reihen mit« (Quelle: http://ingeb.org/Lieder/diefahne.html).

ich oft war mit Freundinnen, da war so an Baracken, so ein Behelfsheim, glaub ich, hieß es. Und da ham die BDM-Mädchen, äh, immer geübt. Und ich war gut im Turnen und da hab ich gesehen, dass die so schöne Gymnastik machen. Also, ich hab schon gedacht, wenn ich groß bin, wird ich auch ein BDM-Mädchen. Des, des war schon ganz klar.«

»Und an meine (Schweigen), an die ersten Schultage erinnere ich mich. Wir mussten in der (Schweigen) immer einen Appell im Schulhof machen. Und öh, wenn wir zur Klassenzimmertür reinkamen, sollte man natürlich mit »Heil Hitler« grüßen. Es wurde aber (Schweigen); jeden Tag in der Pause war ein allgemeiner Appell der Klassen und wurde, öh, das Deutschland-, das Hitlerlied gesungen und mussten wir alle »Heil Hitler« grüßen.«

Als »Pimpf« im Kriegsgeschehen

»Ja, was hab ich sonst noch für Erinnerungen vom Krieg? Also ich (Schweigen), wie dann mein Vater, also schon *(unverständliches Wort)* eingezogen worden ist, dann bin ich zu de Pimpfe gekommen und der Onkel, der war von der Partei. Der hat dann, äh, sich ganz entschieden beschwert bei irgendeiner höheren Charge, dass wir mit neun Jahren von der HJ engagiert worden sind und wir mussten (Schweigen) Munition, des heißt so, äh (Schweigen), Minen und so Sachen zu einer Brücke schleppen und da hoch auf der Leiter klettern, damit die Brücke, wenn s streng wird, noch in die Luft gesprengt wird. Des mussten wir mit acht, neun Jahren und da hat der Onkel gsagt, zu diesem HJ-Führer, also wenn er des nicht sofort sein lässt, dann kriegt er ne Beschwerde, die sich gewaschen hat.«

Im »Jungvolk« und in der »Hiterjugend«

»Ja, äh, ich erinnere mich zum Beispiel, wie wir in der Jungschar waren noch. Und ich war bei dieser Jungschar und man ist durch die Stadt marschiert mit den Wimpeln und »SA marschiert«; dieses Lied gesungen und wie dann damals Leute gelacht haben. Des weiß ich wirklich noch, so hinter vorgehaltener Hand. Wissen Sie, weil, wie ich da dabei war, des war ja bestimmt erst 44, also kurz vor Ende, da ham die Leute doch gelacht. Und ich erinnere mich. (Und warum ham die gelacht?) Ja weil sie, die werdn sich gedacht ham, was was schrei-, singen die noch so Lieder, wo alles verloren ist.«

Der Vater ist gefallen

»Eine Erinnerung für mich speziell war, dass ich, ich war ungefähr 5 Jahre alt und äh, schlief im Schlafzimmer von meinen Eltern. Mein Vater war im Krieg und ich war im Bett meines Vaters. Ich hab, glaub ich, schon immer Vaters Stelle vertreten, also. Und äh, ich wurde nachts wach, weil die Tür aufging. Und da war mein Großvater war da und zwei Herren in grauen Mänteln mit Hut und die redeten mit meim Großvater. Und dann bin ich wieder eingeschlafen. Und als ich wach wurde, saß meine Mutter am Bett und hat bitter geweint, der Vati is gefallen (Schweigen). Erst immer dieses Lied: »Ich hatt einen Kameraden«. Wenn das kam oder was, dann musst ich immer weinen.«

Psychische »Leerstellen« der NS-Zeit

Später machten diese Kinder die Erfahrung, dass die an die NS-Zeit gebundenen Kindheitserfahrungen weder in der Familie noch im gesellschaftlichen Kontext kommuniziert werden konnten und als psychische »Leerstellen« unverarbeitet blieben. Es ist davon auszugehen, dass diese Brüche im Selbsterleben, in der Identitätsentwicklung und im Beziehungserleben die weitere Kindheitsentwicklung beeinträchtigten und sich in unterschiedlichen innerpsychischen Abwehrfigurationen zeigten. Gleichzeitig blieben emotionale Interaktionssequenzen der Eltern-Kind-Beziehungen häufig unbewusst an den Beziehungskontext der NS-Zeit gebunden, wodurch wiederum innerpsychische Konflikträume entstanden sind, die mehr oder weniger gut im weiteren Lebensverlauf bearbeitet werden konnten und die sich negativ (in Form diffuser Gefühle im Selbst- und Beziehungserleben) auf das Beziehungserleben zwischen Eltern und Kindern auswirkten. Dieses Schicksal scheint von den Angehörigen dieser Generation klaglos hingenommen worden zu sein. Das Ringen darum, mit dem eigenen Schicksal wahrgenommen zu werden, wurde erst mit Beginn der 90er Jahre in die Öffentlichkeit getragen. Davor äußerten die Kriegskinder ihr persönliches Leid lediglich indirekt in Bezug auf allgemeine kritische Stellungnahmen, wie es der folgende Textauszug exemplarisch veranschaulichen soll:

> »Aber, dass man die, die, die 50 Jahre davor nicht gemacht hat, da geb ich unserer Gesellschaft eine riesen Schuld und da gings hauptsächlich um die Ju-, Juristen und die Mediziner. Die überall in KZs ihre, ihre, ihre, ihre Sauereien gemacht haben. Und die, und die, äh, und die Juristen, die des Recht verdreht und verfolgt haben, wie s brauchten, ne. Und die dann alle in, in, äh, in, in Rang und Namen noch befördert, is grausam, das is echt schlimm! Insofern brauch ma auch nich mehr nach, nach drüben gucken, was die SED *(unverständliches Wort)* Seilschaften so machen oder heute noch machen, die, die, des geht doch genauso weiter, wie wir s nicht geschafft haben im Westen mit unserer Vergangenheit aufzuräumen.«

Auffallend ist die hohe emotionale Beteiligung, mit der derartige Äußerungen gemacht werden: »Da geb ich unserer Gesellschaft eine riesen Schuld!« In der ausgeprägten affektiven Beteiligung kommt vermutlich der Unmut eines Kriegskindes darüber zum Ausdruck, dass es den Angehörigen seiner Generation nicht möglich war, einen hilfreichen Dialog über die gemeinsame Vergangenheit und das eigene Kindheitsschicksal mit der Elterngeneration herzustellen. Es war ihnen verwehrt, die eigene unbewusste und projektiv abgewehrte »schuldhafte« Beteiligung an den Geschehnissen ihrer NS-Kindheit mit den Eltern zu reflektieren. Die dem Text zu entnehmende Verbitterung (über den von den Eltern »verweigerten« Dialog) spitzt sich in der resignativen Feststellung zu, dass es »in Deutschland noch genauso weiter gehe.« Die resignative Beschreibung beinhaltet zudem die implizite Botschaft des Kriegskindes, dass die Bereitschaft der Elterngeneration gefehlt habe, sich über ihre aktive und passive Teilhabe an den menschenverachtenden Geschehnissen in der NS-Zeit Gedanken zu machen; dass »wir's nicht geschafft haben, mit der Vergangenheit aufzuräumen.« In dieser Formulierung könnte auch der Aspekt der unbewussten emotionalen Bindung an das Führeridol Adolf Hitler anklingen, wie es das Textbeispiel eines anderen Studienteilnehmers deutlicher zum Ausdruck bringt:

»Und dann! Des Sportfest war natürlich ganz intressant für mich. Des war, a- a-
einmalig war des (mh), ge- (mh), des war einmalig! Ja, ja und a-, die, des Gemeinsame
wahrscheinlich (Schweigen), wie er da an des Podium getreten is u- und hat dann,
äh, die Jugend begrüßt (mh). Und dann, äh, die jungen Lieder natürlich: »Ein junges
Volk steht auf«[6] (mh). Und dann des Sportfest war natürlich ganz intressant für
mich. Des war, a- a- einmalig war des (mh), ge- (mh). Des war einmalig. Ja, ja und
a-, die, des Gemeinsame wahrscheinlich. Und meine Mutter war natürlich auch
begeistert!«

Die Kinder durchliefen ihre Entwicklung vor dem Hintergrund tabuisierter,
zwiespältiger Erfahrungen. Ehemals hatten sie diese Lieder mit Leidenschaft gesungen, waren mit dem propagandistischen »Gemeinschaftsgefühl« des nationalsozialistischen Deutschlands identifiziert, ebenso wie mit den nationalen Überle-
genheitsgefühlen ihres Volkes und mit den vermeintlich moralischen Ehrbegriffen,
wie zum Beispiel der »Liebe zur Treue und zu den jungen Soldaten«, ein Identifikationsprozess, der sie mit Stolz erfüllt hatte. Die damaligen Kinder waren je
nach Alter identifiziert mit den Größenfantasien ihrer Bezugspersonen und stolz
auf die Leistungen ihrer Vorbilder und Idole. Mit Beginn des Zweiten Weltkrieges,
insbesondere jedoch nach 1945, verkehrten sich viele dieser Gefühle in Hass und
Abscheu dem eigenen Volk gegenüber.

Die Kriegskinder sprechen in der Gegenwart, nach einer langen Zeit des
Schweigens, erstmals darüber, wie sehr sie diese Lieder geliebt hätten. Sie können
so einen persönlichen Bezug zu ihrer Kindheit herstellen und diese angemessen

---

6   Zur Veranschaulichung hier der Liedinhalt: »Ein junges Volk steht auf, zum Sturm
    bereit!/Reißt die Fahnen höher, Kameraden!/Wir fühlen nahen unsere Zeit,/Die
    Zeit der jungen Soldaten./Vor uns marschieren mit sturmzerfetzten Fahnen/Die
    toten Helden der jungen Nation,/Und über uns die Heldenahnen.//Deutschland,
    Vaterland, wir kommen schon!/Wir sind nicht Bürger, Bauer, Arbeitsmann,/Haut
    die Schranken doch zusammen,/Kameraden, uns weht nur eine Fahne voran,/Die
    Fahne der jungen Soldaten/Vor uns [...]/Und welcher Feind auch kommt mit Macht
    und List,/Seid nur ewig treu, ihr Kameraden!//Der Herrgott, der im Himmel
    ist,/Liebt die Treue und die jungen Soldaten./Vor uns [...]« (Quelle:
    http://www.volksliedarchiv.de/text696.html).

reflektieren. Sie sprechen davon, dass das Gemeinschaftserleben höchsten Wert für sie gehabt hätte, dass diese Erlebnisse bis ins hohe Alter präsent seien. Gleichzeitig bestehe eine Ambivalenz zu diesen Inhalten aufgrund der unglaublichen Schreckensszenarien dieser Zeit. Die Auswertungsergebnisse zeigen, dass die Kriegskinder mit ihren Angehörigen nicht über ihre belastenden Erinnerungen sprechen konnten, geschweige denn, dass im öffentlichenAlltagsgeschehen ein differenzierter Dialog darüber möglich gewesen sei, der einerseits auf das Verbrechen an der jüdischen Bevölkerung und anderer Minderheiten Bezug nimmt und andererseits ihre belastete Kindheit fokussiert. Angehörige dieser Generation äußern häufig in einer resignativen Konnotation, dass das Interesse an ihrer Kindheit weniger von einem Interesse an ihrem individuellen Schicksal geleitet gewesen sei, als vielmehr von der Einschätzung der ideologischen Affinität. Folgende Aussage eines Studienteilnehmers macht das subjektive Erleben der Angehörigen dieser Generation deutlich: »Wenn ich über meine Kindheit sprach, ging es dann immer um die Frage: »War irgendjemand in der Partei?« »Gab's da irgendwelche Verstrickungen?« Weniger: »Wie hast du deine Kindheit erlebt?«

Verinnerlichung bedeutsamer Beziehungsstrukturen der NS-Zeit

Nationalsozialistische Erziehungsideale hatten einen prägenden Einfluss auf die Entwicklung der Kinder und ihr Beziehungserleben im weiteren Lebensverlauf. Nicht in allen Familien orientierten sich die Eltern an den gesellschaftlichen Normen der NS-Zeit. Man kann mit hoher Wahrscheinlichkeit davon ausgehen, dass die durch die NS-Zeit geprägte Erziehungskultur weit mehr Einfluss auf die Kinder genommen hat als hinlänglich angenommen. Das Erziehungsbuch Johanna Haarers *Die deutsche Mutter und ihr Kind* erschien in den Jahren 1936 bis 1938 in immer neuen Auflagen und erreichte bis zum Ende des Zweiten Weltkrieges eine Auflagenhöhe von 500.000 Büchern. Drei Millionen Frauen nahmen an Reichsmütterschulungskursen teil. Bis weit in die Nachkriegszeit wurde das Buch unter dem Titel *Die Mutter und ihr erstes Kind* immer wieder aufgelegt und erreichte bis zur letzten Auflage 1987 eine Gesamtauflage von 1,2 Millionen (vgl. Schmid 2010).

Die Erziehungsideale der NS-Zeit haben bis weit in die Nachkriegszeit ihre Wirkung nicht verloren. Dem Konzept Haarers liegt eine totalitäre Pädagogik zugrunde, es beinhaltet die programmatische Forderung, Kindern eine einfühlsame Haltung zu verweigern, keinesfalls auf die Bedürfnisse des Kindes einzugehen und eine individuelle, selbstverantwortliche Entwicklung zu unterbinden, was zur Folge hatte, dass die Kinder zu ihren Bezugspersonen kein stabiles Bindungserleben aufbauen konnten. Die NS-Erziehungsideale hatten die bedingungslose Ablehnung von Schwäche und die Förderung von Stärke zum Ziel. Das deutsche Kind sollte nicht verzärtelt werden. Das Erziehungsideal beinhaltete ein frühes körperliches und seelisches Abhärten des Kindes. Dieses Abhärten bezog sich nicht nur auf die Stärkung der körperlichen Widerstandskraft sondern auch auf das psychische Wachstum. Gefühle galten als Verzärtelung und mussten daher von den Kindern unterdrückt werden. Das deutsche Kind weinte nicht, fürchtete sich nicht, zeigte Mut, Stärke und Unerschrockenheit. Gefühle hätten Mitleid bedeuten können, für das es keinen Platz geben sollte. Die Kinder blieben in ihrer innerpsychischen Konfliktwelt sich selbst überlassen (vgl. Chamberlain 2003).

Adolf Hitler schreibt zur Erziehungs»arbeit« in *Mein Kampf* (1925):

»[…] gerade unser deutsches Volk, das heute zusammengebrochen den Fußtritten der anderen Welt preisgegeben daliegt, braucht jene suggestive Kraft, die im Selbstvertrauen liegt. Dieses Selbstvertrauen aber muß schon von Kindheit auf dem jungen Volksgenossen anerzogen werden. Seine gesamte Erziehung und Ausbildung muß darauf angelegt werden, ihm die Überzeugung zu geben, anderen unbedingt überlegen zu sein« (Hitler 1925, S. 456, »Suggestive Kraft des Selbstvertrauens«).

»In dieser Schule soll der Knabe zum Mann gewandelt werden; und in dieser Schule soll er nicht nur gehorchen lernen, sondern dadurch auch die Voraussetzung zum späteren Befehlen erwerben. Er soll lernen zu schweigen, nicht nur, wenn er mit Recht getadelt wird, sondern soll auch lernen, wenn nötig, Unrecht schweigend zu ertragen« (ebd., S. 459, »Das Heer als letzte und höchste Schule«).

»Die Bindung des Zehnjährigen zu seinem gleich alten Gefährten ist eine natürlichere und größere als die zu dem Erwachsenen. Ein Junge, der seinen Kameraden angibt, übt Verrat und betätigt damit eine Gesinnung, die, schroff ausgedrückt und ins Große übertragen, der des Landesverräters genau entspricht. So ein Knabe kann keineswegs als ›braves, anständiges‹ Kind angesehen werden, sondern als ein Knabe von wenig wertvollen Charaktereigenschaften. Für den Lehrer mag es bequem sein, zur Erhöhung seiner Autorität sich derartiger Untugenden zu bedienen, allein in das jugendliche Herz wird damit der Keim einer Gesinnung gelegt, die sich später verhängnisvoll auswirken kann. Schon mehr als einmal ist aus einem kleinen Angeber ein großer Schuft geworden! Dies soll nur ein Beispiel für viele sein. Heute ist die bewusste Entwicklung guter, edler Charaktereigenschaften in der Schule gleich Null. Dereinst muss darauf ganz anderes Gewicht gelegt werden. Treue, Opferwilligkeit, Verschwiegenheit sind Tugenden, die ein großes Volk nötig braucht, und deren Anerziehung und Ausbildung in der Schule wichtiger ist als manches von dem, was zurzeit unsere Lehrpläne ausfüllt. Auch das Anerziehen von weinerlichem Klagen, von wehleidigem Heulen usw. gehört in dieses Gebiet« (ebd., S. 462 »Ausbildung der Willens- und Entschlusskraft«).

»Wenn eine Erziehung vergißt, schon beim Kinde darauf hinzuwirken, dass auch Leiden und Unbill einmal schweigend ertragen werden müssen, darf sie sich nicht wundern, wenn später in kritischer Stunde, z.B. wenn einst der Mann an der Front steht, der ganze Postverkehr einzig der Beförderung von gegenseitigen Jammer- und Winselbriefen dient. Wenn unserer Jugend in den Volksschulen etwas weniger Wissen eingetrichtert worden wäre und dafür mehr Selbstbeherrschung, so hätte sich dies in den Jahren 1915/18 reich gelohnt.

So hat der völkische Staat in seiner Erziehungsarbeit neben der körperlichen gerade auf die charakterliche Ausbildung höchsten Wert zu legen. Zahlreiche moralische Gebrechen, die unser heutiger Volkskörper in sich trägt, können durch eine so eingestellte Erziehung wenn schon nicht ganz beseitigt, so doch sehr gemildert werden« (ebd., S. 461, »Erziehung zur Verschwiegenheit«).

Die Kinder wurden funktionalisiert, sie dienten zunächst dem Zweck, tapfere Soldaten oder Mütter werden zu müssen bzw. zu »dürfen« und sollten zweckentsprechend behandelt werden. Für die Ausbildung zu dieser zweckentsprechenden Erziehung wurden von der NS-Frauenschaft »Reichsmütterschulungen« organisiert, in denen allen deutschen Müttern Regeln vermittelt wurden, wie sie im

Sinne der Volksgemeinschaft ihre Kinder erziehen sollten. Den Kindern sollte die Teilhabe an einem großen Gemeinschaftsgefühl und die Identifikation mit einer solidarischen Verbundenheit, die dem Führer und den ideologischen Vorstellungen des Nationalsozialismus galt, vermittelt werden. Der Niederschlag dieser Erziehungsmaßnahmen zeigt sich in den identifikatorischen Größenfantasien der Kinder, so beispielsweise in dem Wunsch kleiner Jungen, Soldat werden zu wollen, um an der Größe des Führers zu partizipieren. Ein Kinderreim aus dieser Zeit, den ein Studienteilnehmer im Kindergarten lernte und als für sich bedeutsam erinnerte, bringt diese Haltung zum Ausdruck: »Bin ich erst mal groß und nicht mehr klein, will ich Soldat des Führers sein!«

Begeisterung, Brot und Arbeit –
Stolz, Tapferkeit und Begeisterung

»Pah, (Schweigen) die *(die Mutter der Untersuchungsteilnehmerin)* war begeistert. Da hatten wir was, da hatten wir Brot und Arbeit. Die hat jetzt noch Probleme damit, wenn ich die dazu ansprechen möchte, dann, äh, na ja, zum Schluss bin i wieder geisteskrank, wenn ich a bissl bohren möchte, also die is insgeheim no a total verkappte Nazi.«

»Aber, so diese, dieser, äh, furchtbare Spruch von, na ja, wir könnten jetzt nur einen kleinen Hitler, nur einen kleinen Hitler, weil den, ich öfter höre, auch bei Leuten aus m Arbeitermilieu, den könnten, es müsste ein kleiner Hitler her! Also in dieses Schema würde er passen auch meine Mutter.«

»(Ja, was wissen Sie denn über die Einstellung Ihrer Eltern zum Nationalsozialismus?) Sie waren beide nicht bei der Partei, aber meine Mutter, glaub ich, hat sehr damit sympathisiert. Wahrscheinlich weil sie einfach (Schweigen), tja i woaß a ned. Äh, sie war sehr begeisterungsfähig! Und sie hat sich eben erhofft, dass des alles ganz was Tolles wird und so; und sie hat auch dazu geneigt, dass sie immer gsagt hat: »Der Hitler konn nix dafür, des san alles seine Ratgeber«. (Haben Sie das als Kind auch schon irgendwie so gemerkt, äh, dass Ihre Mutter so diese Begeisterung hatte?) Als Kind eigentlich ned, erst dann später so, mit 13, wenn sie davon gesprochen hat, wenn mer, wenn mer alles von früher erzählt hat (ja), aber als Kind kann i mi ned erinnern.«

»Ich ja, das hat ich nur eben, äh, und dann über meine Mutter, dann auch, wenn sie mal was? Erzählte ja nich viel, aber wenn das Gespräch darauf kam, dass sie eben zur Olympiade ge- (Schweigen), äh, fahren warn, nach Berlin und das dann irgendwo da, äh, auf der, dem Weg auch der Hitler, äh, da vorbeikam, nich. Und da ham sie sich also wohl so gebärdet (lacht), wie heute die die Jugendlichen vor den Stars. Ja ganz euphorisch und es war eben ganz toll, dass sie den Führer mal sehen konnten, so dicht eben wie er vorbeigefahren is und so ja! Tja! (Lachen.) (Mh.) Also es is, is, äh, gut aus der Zeit heraus dann zu verstehn, vielleicht hätten wir ja genauso gehandelt.«

»Ich erinnere mich an einen Umzug, 1. Mai! Es müsste 1939 gewesen sein (mh) oder 38, also als ich vier oder fünf Jahre alt war, wo ich mächtig beeindruckt war und der Nachbaropa mich dann in die Versammlung mitnahm mit großer Hakenkreuzfahne. Man hat geträumt, wenn man ein Soldat wäre, wie tapfer man wäre (mh), als Kind zum Beispiel. (Mh.) Man hat, äh, jede Uniform hat ja (Schweigen), also des konnt ich nachvollziehen, wie s beabsichtigt war, von der andren Seite (lacht). (Mh.) Das hat gewirkt (mh), nicht!«

»Und äh, da hab ich nur Militär gesehen, nur Uniformen. Diese grünen Uniformen. Und da war er Hauptmann, hat er auch (Schweigen), ne, eins weiter. Was kommt dann nach Hauptmann (Schweigen)? Ist wurscht. Ähm, wir hatten ja auch Militär bei uns zu Besuch. Ich weiß Generäle kamen mit, mit den roten Streifen, das fanden wir ja ganz toll! War ja auch schön, die Uniform! Und äh, dann trugen die Monokel, das fanden wir ja faszinierend! Und später dann wurde (Schweigen), Monokel war ja verpönt, nicht? Das war ja irgendwie, das war ja auch irgendwie so, mit dieser knarrigen Stimme und so (Schweigen). Das kam mir da alles so (Schweigen), dieses Mischprogramm dann. Da weiß ich jetzt im Moment überhaupt nicht, da bin ich richtig verwirrt, verwirrt. Ja!«

Der hoch bedeutsame zweckorientierte Bezug zur nationalsozialistischen Volksgemeinschaft war maßgeblich in der nationalsozialistischen Erziehung und wurde an die Stelle einer dem Individuum förderlichen, eigenverantwortlichen Entwicklung gesetzt. Die Kinder waren der totalitären Pädagogik der nationalsozialistischen »Erziehungsideale« (die auf die autoritäre preußische Pädagogik in der Zeit vor dem Nationalsozialismus Bezug nimmt) in unterschiedlichem Maß ausgesetzt. Häufig beschränkten sich die nationalsozialistischen Erziehungseinflüsse auf den außerfamiliären Bereich, wenn die Eltern der Naziideologie nicht verhaftet waren oder aber schlichtweg eigene positive oder negative Kindheitserfahrungen an ihre Kinder weitergaben. Ein Großteil der Kinder war jedoch auch im innerfamiliären Bereich aufgrund der fanatischen Haltung der Eltern den nationalsozialistisch geprägten Erziehungsmaßnahmen unterworfen, wie folgende Äußerung eines Studienteilnehmers exemplarisch aufzeigen soll:

»[…] ihre Erziehung sozusagen, äh, äh, hatte ungeheuer viel Nazielemente (mh). Und äh, dieses Unduldsame, des Gehorchenmüssen, hundertfünfzigprozentig Gehorchenmüssen. Das Bestrafen, das auch brachial war. Äh, nicht nur Stubenarrest, äh, sondern auch Schläge sehr früh. Und, äh, dieses wirklich laute Schimpfen, dieser Kommandoton, ähm, ein dieses übertriebene der preußischen klassischen Tugenden einfach, diese Perversion. Und keine Heimlichkeiten haben dürfen, kein Privatleben haben müssen. Äh, Übergriffigkeit auch, Kontrolle, äh und, und äh, solche Elemente. Also da würde ich heute schon sagen, äh, wenn ich mir mein Leben angucke, es ist wahnsinnig geprägt worden.«

»(Schweigen), meine Mutter war die Straferin, sehr heftig, also wirklich bis zur Prügel mit der Peitsche. Das Kultbuch oder das Buch war natürlich Johanna Haarer (Schweigen), ähm, ja (Schweigen), also dieses Gefühl; und dann wars natürlich nicht so toll, weil dann gings uns erst richtig dreckig!«

Ein Studienteilnehmer bezeichnet sich als »Lebensborn-Kind«, ist mit dieser Kennzeichnung identifiziert. Er beschreibt seine Mutter als »moralisierend«, er habe sich »anders« als andere Kinder gefühlt. Die Bezogenheit zur Mutter habe er nicht authentisch erlebt, sie sei vielmehr das Ergebnis nationalsozialistischer Pflichterfüllung gewesen.

»Dann war i irgendwo, ja, bin halt doch (Schweigen) anders und (mh). Und bin a, geh in a andre Linie oder (mh)? (Schweigen.) (Mh.) (Schweigen.) Und, und diese, dieses Moralisierende, das hat mich nämlich sehr geprägt. Ähm, dieses so (Schweigen), man freut sich als Mutter einfach auf ihr Kind und so, hat sich zu freuen, dass man sich einfach auf Kinder freut!«

Das neue völkische Gefühl

Der kindliche Entwicklungsprozess beinhaltet die Ausgestaltung des individuellen Selbstbezugs und die Ausbildung einer selbstverantwortlichen persönlichen Haltung. Im kindlichen Entwicklungsverlauf unter nationalsozialistisch geprägten Erziehungsmaßnahmen wurde die Ausgestaltung des individuellen Selbstbezugs durch ein kollektives Wir-Gefühl ersetzt und damit war die Verantwortung für das Volk und den Einzelnen dem Führer überantwortet. Die Volksgemeinschaft trat an die Stelle der individuellen Entwicklung. Die Kinder identifizierten sich mit der Vorstellung, Teil eines großen Ganzen zu sein, das seinen sprachlichen Niederschlag in der Bezeichnung »Volkskörper« fand. Kinder wurden gleichgeschaltet, fühlten sich in diesem Prozess der Entindividualisierung als Teil des »Volkskörpers« als etwas Besonderes: »Du bist nichts, Dein Volk ist alles.« Immer wieder zeigt sich die Begeisterung der Studienteilnehmer über das ausgeprägte Gemeinschaftserleben, das sie als Kinder erlebt hätten. Die Erziehung zum Gehorsam gegenüber dem Führer trat an die Stelle der Ausbildung von Eigenverantwortlichkeit. Man sprach vom neuen »völkischen Gefühl«. Das »völkische Gefühl« beschreibt die Haltung der Unterwerfung des Großteils der deutschen Bevölkerung unter den Willen des Führers. Die Verantwortlichkeit des Einzelnen wurde an den Führer delegiert und durch dessen bedingungslose Herrschaft ersetzt. Die Freude ihrer Eltern darüber, an dem neuen »völkischen Gefühl« teilhaben zu können, beschrieben viele Studienteilnehmer:

»Jedenfalls sind sie frühe Parteimitglieder gewesen, sind aber nicht aktiv in dem Sinne gewesen, dass die irgendwelche, äh, Karrieren da anstrebten, sondern er war halt Mitglied. Und ich weiß, dass er auf dem Ersten Nürnberger Parteitag nach der Machtergreifung war. Und des weiß ich also von meiner Mutter, ihn hab ich darüber nie befragt. Und, dass er mit höchster Begeisterung von diesem neuen, völkischen Gefühl geschwärmt hat!«

Das Beziehungserleben zwischen Kindern und Eltern war durch die bedingungslose Unterordnung unter die Herrschaft der Erwachsenen bestimmt und von der Vorrangstellung des »Gemeinwohls« gekennzeichnet. Zudem wurde von den Kindern die absolute Akzeptanz des Führers und der nationalsozialistischen Ideologie gefordert. Im Verständnis der Konzeption Haarers ist die Ohnmacht des Kindes die Macht der Mutter bzw. des Vaters oder des Führers. Die Angehörigen dieser Generation waren als Kinder eingebunden in den soziokulturellen Kontext eines nationalen Überlegenheitsgefühls, das durch einen Rückfall in Biologismus, Rassismus und Antisemitismus gekennzeichnet war. Die Identifikation mit nationalsozialistischen Wertvorstellungen zeigte sich in der libidinösen Besetzung von Uniformen und der Person des Führers als Zeichen von Größe, Macht und Überlegenheit. Unbewusste Allmachtsfantasien und destruktive Wünsche der Kinder fanden ihre Entsprechung in der Realität. Die Identitätsentwicklung der untersuchten Personengruppe war in ihrer Kindheit von einer ausgeprägten emotionalen Bindungskraft an die Gesellschaft und den Führer bestimmt, die das Gefühl erzeugte, an einer großen Gemeinschaft teilzuhaben, welche durch Aufmärsche und andere militärische Machtdemonstrationen sowohl Begeisterung entfachte als auch das Gefühl einer kollektiven Identität stiftete.

»(Schweigen.) Also, so wie ichs noch im Kopf hab, des war die Marschmusik. Dann des, des Aufmarschieren, des Tamtam und die die Uniformen und des (Schweigen) und dann, am, am Anfang waren es ja Siege, was begeistert hat! Des hat doch, des hat doch, wir san a mal wer! So ungefähr ist des doch rausgekommen!«

Zugehörigkeit und Nicht-Zugehörigkeit: »Herrenmenschen« und »Untermenschen«

Welzer (2002) hat in seinen Untersuchungen ebenfalls festgestellt, dass die Unterscheidung von Zugehörigkeit zum nationalsozialistischen deutschen Volk und Nichtzugehörigkeit ein wesentliches Kriterium nationaler und persönlicher

Identität gewesen sei, das durch keinerlei Unrechtsbewusstsein unterhöhlt gewesen sei. Die Unterscheidung zwischen »Herrenmenschen« und »Untermenschen« wird im Alltagskontext der NS-Zeit von den Kindern als völlig »normal« empfunden:

> »Und, ähm, dieser Verwalter, das war ein Herrenmensch (mh)! Das war der klassische Herrenmensch! (Ja?) Bärenstark, ungeheuer willensstark! Und dieser Sohn, in dessen Familie ich lebte, war das genaue Gegenteil. Der war ein bisschen schwächlich, ähm. Meine Mutter hat den nie geliebt. Ja? (Mh.) Immer ein bisschen verachtet. Ja? Ähm, (Schweigen). (Man hört Rascheln.) Oh, da fällt mir was anderes ein. Meine Großmutter, meine (Schweigen) Mutter, mei, ich weiß es nicht, ich wei-, also (Schweigen); sie hatte auf jeden Fall ein Vokabular drauf mit »Untermenschen«, was ich schon sagte. Dann »Der Pollack, da!« »Wie konn die sich mit nem Pollacken eilossen? Das ist ja klar!« Und dass halt in Dachau die Asozialen san und die Kriminellen (tiefes Atmen). Und dann verbreitete sich wie ein Lauffeuer in der ganzen Stadt: »Jetzt hams d Frau Huber *(Name geändert)* ins KZ!« Und dann, weiß ich noch, das weiß ich noch ganz genau, dass alle sagten: »Selber schuld! Hätt bloß ihr Mei holden braucha.«

> »Ja. Ja. Ja. Mh. (Ja, Hintergrund Nationalsozialismus fang mer vielleicht an.) Äh, vieles, das mir heute erst auch so zum Bewusstsein kommt. Zum Beispiel des Reserl *(Name geändert)* kam zu uns, hat sehr gestottert und plötzlich hieß es: »Ja, des Reserl muss immer geschockt werden, damit Reserl nicht so stottert. Aber wenn sie von diesen Schocks, Elektroschocks natürlich, zurückkam, hat Reserl immer noch mehr gestottert als vorher. Das ist mir als Kind schon aufgefallen. Und plötzlich hieß es, das Reserl musste man sterilisieren, weil Reserl ja stottert. Ich wusste nicht, was das heißt, aber das es was Schlimmes ist, hab ich schon als Kind, später war mir das dann schon klar, aber viel viel später eigentlich, während meines Studiums. Also des war (Schweigen)! Auch dieses Wort »Untermensch« im Dritten Reich, das war gang und gebe, des sind ja die Untermenschen. Da fand ich überhaupt nix dabei (mh), weil es gibt Menschen und es gibt Untermenschen.«

Das »Stottern«, der Vorgang der »Sterilisation«, ebenso wie die Tatsache, »selbst schuld zu sein, wenn man ins KZ kommt« stellen narrative Elemente dar, die hoch spannungs- und emotionsgeladene psychische Konfliktfelder der Studienteilnehmer repräsentieren, jedoch in ihrem weiteren Entwicklungsverlauf mit hoher Wahrscheinlichkeit nur unzureichend verarbeitet werden konnten. Das nationalsozialistische Denken beruht auf starren Gegensätzen. Vorherrschend ist die Abwehr von Bedürftigkeit: »Das Schwache muss ausgemerzt werden!« Diesem Postulat begegnet man fortlaufend bei der Beschäftigung mit dem nationalsozialistischen Gedankengut im Textmaterial der Studie. Projektiv wird dadurch das eigene Erleben von »Minderwertigkeit« verarbeitet. Studienteilnehmer erinnern sich:

»(Und über, äh, die Judenverfolgung und der Holocaust, was wurde da gesprochen in der Familie?) Auch ganz wenig, weil des, des war offenbar kein Thema. Weil die hatten und die hat eines Tages erzählt, die war, die is zsammgebrochen, ja die hat n Ner-, (Schweigen) Nervenzusammenbruch gekriegt. Und dann hat die erzählt, dass sie, ähm, vor dem, von irgendwelchen Nazis aufs Gesundheitsamt beordert wurde. Und der ham se die Gebärmutter rausgeholt und die Eierstöcke, dass sie keinen Nachwuchs kriegt, weil sie doch mit m Juden gschlafen hat. Und des war natürlich der Anlass, dass, äh, ja das die Symphatie in der Familie pro-jüdisch war, ja. Also dass, wie gesagt, dass so, des war son lieber Kerle und des hätt se nich verdient und wieso? Wie kann ma sowas machen, ne? Und des wurde in München in einer Klinik um die Ecke noch gemacht und der Chef von der Klinik hat ja, glaub ich, bis, sehr lange noch, äh, praktiziert.«

»Ähm, ja da denk ich, da gabs eine Tante von mir, also eine Schwester von meinem Vater, die in Haar, äh, ermordet wurde. Die hat wohl ne Depression gehabt und is dann da ermordet worden (Schweigen), also des is so (Schweigen). (Wurde darüber später gesprochen?) Ja es is halt, di-, da is so gesprochen worden »die is von Hitler umgebracht worden« ja, oder in der Hitlerzeit umgebracht worden, da wurde schon so drüber gesprochen. Dass die, also des war schon so, son, so ne leidvolle, äh, Erinnerung, dass die wohl da in Haar umgebracht wurde, in der, in der NS-Zeit.«

»Äh, die haben, die haben, also so, wie meine Mutter mir das gesagt hat: »Was für een kleener Steppke und ganz weizenblond.« (Ach so.) So! Und, und nur, die mochten blonde Kinder *(unverständlich)*, (Schweigen) germanische Rasse ist. Die haben ja selber auch genug Blonde da (Schweigen). Das sind so Geschichten, so kleine Punkte, die hab ich im Gehirn drin und das geht auch nicht wieder raus.«

Das verinnerlichte Gebot, keine Gefühle der »Schwäche« zu zeigen

Der Entwicklungsprozess der Kinder in der NS-Zeit war dadurch geprägt, dass bewusste und unbewusste Bestrafungs- oder Zerstörungsfantasien ein reales Äquivalent in der Außenwelt fanden. Die Furcht der Kinder davor, den ideologischen Maßstäben ihrer Eltern nicht zu entsprechen, resultierte aus dem psychischen Druck (Gehorsam und Stärke zeigen zu müssen), der in der nationalsozialistischen Erziehung aufgebaut wurde, und stand im Gegensatz zu einer entwicklungsfördernden Haltung der Eltern, ihre Kinder um ihrer selbst willen zu lieben und wertzuschätzen. Letzterer begegneten die Kriegskinder in nur sehr geringem Ausmaß. Das Beziehungs- und Selbsterleben der Kriegskinder war mehr oder weniger durch den Mangel an Befriedigung primär-narzisstischer Bedürfnisse gekennzeichnet. Von dieser Entbehrung sind vor allem Studienteilnehmer der Gruppe A betroffen, die ihre frühe Kindheit in der nationalsozialistischen Vorkriegszeit erlebten. Sie berichten, sie seien in ihrem kindlichen Kummer auf wenig Anteilnahme gestoßen, sie hätten sich in ihrer innerseelischen Not kaum an die Eltern wenden können. Derartige Versuche seien mit dem Hinweis beantwortet worden, keine »Schwäche« zu zeigen. Die Studienteilnehmer erzählen mitunter von ihren heimlichen Tränen. Das Verbot, Gefühle der »Schwäche« zu zeigen, wird kontrastiert mit dem Gebot, dem Führer Gefühle der bedingungslosen Liebe entgegenzubringen. Die emotionale Bindung an den »Führer« stand im Zentrum ihrer affektiven Bezogenheit, der Führer durfte bzw. musste als väterliches, allmächtiges »Idol« geliebt werden. Das Beziehungserleben zwischen Eltern und Kind in der NS-Vorkriegszeit wurde von der untersuchten Personengruppe in den Interviews wenig thematisiert, was vermutlich auch daran liegt, dass lediglich die Gruppe A (geb. 1933–1939) ihre frühe Kindheit noch in der Vorkriegszeit in Deutschland erlebte.

Insbesondere während des Auswertungsprozesses der Thematik »NS-Themen und Holocaust«, aber auch bei der Auswertung der übrigen Themenbereiche, wurde deutlich, dass den Untersuchungsteilnehmern in weiten Bereichen der emotionale Zugang zu vielen Erlebnisbereichen ihrer Kindheitsentwicklung fehlt oder aber mit einem unbewussten Verbot belegt ist, diese Gefühle zu kommunizieren. Der mangelnde emotionale Zugang zu eigenen Erinnerungs- und Erlebnisbereichen machte den Auswertungsprozess oftmals schwierig. Schwerwiegende Kindheitserlebnisse wurden emotional unbeteiligt, gleichsam psychisch unverbunden, auf einer abstrakten Ebene lediglich als Fakten mitgeteilt. Beim Lesen der Texte stellte sich in Identifikation mit dieser verinnerlichten unbewussten Haltung immer wieder ein Gefühl der »Normalität« im Umgang mit diesen extremen Belastungen ein, gleichsam so, als nehme man an einem komplexen Alltagsgeschehen teil, das gewissermaßen in einen unbelasteten emotionslosen Kontext eingebunden ist. Erlebnisbezogene adäquate Gefühlsdimensionen fanden keinen Resonanzboden in der Außenwelt und vermittelten sich daher auch kaum beim Lesen der Texte. Die Übertragung der Abwehr dieser gefühlten Erlebnisdimensionen auf den Leser war Bestandteil des »Beziehungsgeschehens« zwischen Leser und Text im Auswertungsprozess. Beim Lesen bedurfte es immer wieder eines innerpsychischen Reflexionsprozesses, um sich differenziert mit diesen abgewehrten innerpsychischen Erlebensdimensionen auseinandersetzen zu können. Hier werden die Widerstände sichtbar, denen man bei der Auseinandersetzung mit der Thematik Drittes Reich und Zweiter Weltkrieg immer wieder begegnet.

Kindheitserinnerungen an den Holocaust

»Also erwachsene Menschen, äh, wie die eben ihr Zeug zusammenpackten, weil er Jude war. Also die, die gingen weg von Deutschland, das erinner ich noch. Da hieß es ja, Onkel und Tante Soundso, äh, die, die, die, die gehen ins Ausland, jetzt. Und da wusste ich ja, die gehen ins Ausland weil er Jude ist.«

»Meine Mutter hat dann auch noch erzählt, dass einmal diese Frau unterm Krieg zu ihr in Laden gekommen ist und sich offensichtlich verabschieden wollte, weils ich glaub noch fliehen konnten. Und meine Mutter hat aber immer gesagt, sie hat sich gar nicht richtig verabschieden können oder eigentlich gar nicht, denn sie war grad so mit Kundschaften beschäftigt. Ich glaub aber ziemlich sicher, dass sie das gar nicht wollte.«

»Bei uns im Ort gabs keine Juden. Also unser Dorf hat, hat keine Juden gehabt, da hat man niemanden gesehen mit Davidstern oder so. Also, mh, es war eigentlich kein Thema bei uns.«

»Gestreifter und (Räuspern) die hatten hier auch so n Stern drauf und die müssen von dort gewesen sein, die wurden auch von jemand bewacht. Ja, da hab ich dann hingeguckt und gesehn, ach das sind Juden. Mh, mehr auch dann nich, nich. Und von der Schule, ich bin ja schon dann im Krieg zur Schule gegangen, ich kann mich entsinnen, dass ich dann so Ende (Schweigen), na ja, kurz bevor wir dann da weggezogen, na ja, uns wurde das ja auch sicherlich alles eingetrichtert.«

»Also es is insofern, also gesprochen worden, wie ma also dann rausbekommen hat, dass es also da KZs gab und so; dann hat mein Vater meiner Mutter gsagt, dass es eben der Hitler so zuwege gebracht hat, dass er des im Grunde genommen vor der Mehrheit des Volkes geheim gehalten hat ne. Und selbst die Leute, die in Dachau gewohnt ham, die ham bloß gsagt: »Ja, was wollts n, es is wieder eine größere Partie irgendwo hin verschickt worden zum Oabeiten!« Ned. Und, und, und den Rauch da vom Vergasen, na ja. Ich war jetzt a mal in Indien in Urlaub, da gibts n Ort, da werdn, Tag und Nacht werden dort Leichen verbrannt. Ja, also da möchte ich ned wohnen in der Nähe, dieser süßliche Geruch is a Katastrophe, aber insofern müssen die Dachauer des a gmerkt ham oder bei andern KZs.«

»Wenn die nich bald aufhören, dann erschieß ich jemanden! Ich, ich kanns nicht mehr hören. Wir, unsere Generation, kann ja gar nichts dafür! Und dann wird man, da wird ma immer wieder mit der Nase drauf gestossen und ich, ich, ich mags nicht. Ich kann auch keine Kriegsfilme oder Dokumentationen oder so was, ich kanns nicht sehn.«

»Na, es ham alle, die wo i so woaß, die normalen Leit, ham des net gwusst. *(Nein, es haben alle, die ich so kenne, die normalen Leute, haben das nicht gewusst.)* Aber ma hat scho mal gehört, KZ (mh). Aber es heißt ja Konzentrationslager (mh). Das die da hikumma san, um sich zu konzentrieren irgendwie. Aber das die da gleich alle vergast worn san, das hat, hat der normale Mensch gar net gwusst.«

»Aber das Kriegsende war ja auch, Tage vorher hab ich ja die KZ-Häftlinge erlebt (Schweigen). Des war furchtbar! (Weinerliche Stimme, Schweigen.) Wir sind nach Hause gefahren, auf einmal treffen wir auf eine KZ-Häftlingskolonne, das ham die ja damals überall gemacht. Die wussten nich wohin. Die Amerikaner standen vor der Tür und dann, da sind die mit den Leuten, äh, aus den Lagern einfach raus. Und des war ja Buchenwald, des war ja nich weit von, och was heißt nich weit. Als wir die getroffen ham, da sind ja schon ich glaub 20 Kilometer zu Fuß gelaufen. Also es war eine grauenvolle Begegnung und, und mein Vater hat gesagt: »Schau nur gradaus, nich rechts, nich links. Mund halten. Das d ja nix redst.« Na ja, als wir vorbei waren, also wir ham gesehen, wie sie, die nicht mehr richtig konnten, wie sie, sie niedergeschlagen haben. Wie wir vorbei waren ham wir Schüsse gehört und dann sind wir nach Hause gefahren. Und wie wir zurückkamen, kamen die uns wieder entgegen, dann ham die, die irgendwo hingetrieben, dann wieder zurück (Schweigen). Des vergisst, des vergisst man nicht (mh). (Längeres Schweigen.) Und die haben dann die, diese erschlagen oder erschossen, ham, irgendwo im Straßengraben da in dem Feld oder im, irgendwo bloß eingebuddelt. Und ham wir dann hinterher eben erfahren, die, als die Amerikaner dann da waren, paar Tage später, dass die, die Männer, die noch da warn, äh, eben aus den Häusern geholt ham. Die mussten dann da rauf und mussten die, die Toten ausgraben und wurden dann weg und ordentlich beerdigt. Und da weiß ich noch hat mal mein Vater gesacht: »Ich hab keinen umgebracht, ich buddel auch keinen aus«. Na hatte der sich versteckt.«

Meine Familie gehörte (eigentlich) nicht zu den »Nazis«!

»Ja, es gibt ja, da gings dann wieder, es gibt a bekanntes Buch, des heißt »Opa war kein Nazi«. (Mh.) Und äh, äh, die Thematik ist Ihnen (mh) so gut bekannt wie mir. Äh, ich denke, dass mein Vater zunächst (Schweigen), ich würd ned sagen a Nazi war, aber glaubte, dass durch Hitler es besser wird! Also das war sicher allgemeine Meinung. Es gibt Arbeit, er hat ja die Inflation erlebt, er hatte am Kanalbau mitgearbeitet und konnte sich dann ein Hemd kaufen für den gesamten Lohn (lacht), (mh). Und so was hat er halt erzählt dann (Schweigen), meine Mutter, ja, weils sehr religiös war von der Naziideologie, würd ich sagen, nicht berührt (mh).«

Die Reflexion über die Zugehörigkeit der eigenen Familie zu den »Nazis« ist meist von Abwehrprozessen der Verleugnung und der Idealisierung geprägt. Nur selten hatten die Kriegskinder die Möglichkeit, offen mit den Eltern über ihre Kindheit im Nationalsozialismus zu sprechen.

Meine Familie gehörte zu den »Nazis«!

»(Tiefes Atemholen) er hat ja unmittelbare Kriegsereignisse offenbar kaum oder ganz wenig erwähnt. Die Front hat er nie gesehen, glaub ich. Und (Schweigen), (Schnaufer) ich kann mich nicht erinnern, dass er groß darüber was gespr-(Schweigen), erzählt hat (mh). Er war (Schweigen), (Schnaufer) na, ich will nicht sagen nazistisch eingestellt, aber der Zeit entsprechend war (Schweigen) Adolf war sein Idol und alles, was damit zusammenhing, äh, das war richtig (mh)!«

»Das war sein Kommentar. (Mh, ja.) Und des war ja auch das, wo wo, wo viele dem Hitler *(unverständliches Wort)*, (Papiergeraschel) anfangs zugejubelt ham, es gab keine Arbeitslosen mehr nich. Deswegen (Schweigen) der Widerstand, der war ja seehr, sehr klein am Anfang, der kam ja erst später. Zuerst hatte mal jeder Arbeit, mei Vater auch, bekam Aufträge (mh), (Räuspern), (Schweigen). Und er hat immer wieder wiederholt, er hat nie, die ganzen Kriegsjahre, nie auf einen Menschen geschossen, dass hat er immer wieder gesagt, nie hat er einen erschossen. Er war immer an, an der Front, er war, hat ja die Verwundeten von dessen, das hieß Hauptkampflinie, die hat er dann immer zurücktransportiert. Das war also seine ganze Tätigkeit (mh), (Schweigen). Und da hat er, äh, *(Glas hingestellt)*, es klang manchmal so für mich (Räuspern), ah, als ja, ich will nich sagen, dass er stolz drauf war, aber das es für ihn selbst ne Erleichterung war, dass er sagen konnte, ich hab nie einen erschossen. Das, so kam das immer, äh, hat des auf mich gewirkt, denn das hat er wiederholt gesagt, dass er nie geschossen hat.«

Die Thematik Holocaust
und innerpsychische Abwehrprozesse

In den Schilderungen über die NS-Zeit kommen unterschiedliche Repräsentanzen zum Ausdruck. Im Zusammenhang mit der Nennung des Begriffes »Gestapo« und den Nennungen der Bezeichnung »KZ« wird häufig der Affekt einer tiefgreifenden Angst mitgeteilt, wie das folgende Beispiel sehr anschaulich vor Augen führt:

> »Es hieß: »Wenn die den Krieg gewinnen, dann kommen wir alle durch die Esse!«
> (Das haben die geschrieben?) Ja. Und ich hab ja als Kind, hab ich mir, und das ist
> auch jetzt noch, wenn ich Schornsteine anschaue, ich hab das nicht richtig verstanden
> (mh). Nur dass das etwas mit Grau zu tun hat und Vernichtung. (Vielleicht klären
> wir nur mal: Was heißt den Esse?) Esse heißt Schornstein und »Schornstein« heißt
> Umbringen. Man wird, man leidet im KZ. Wir waren ja keine Juden, aber wir waren,
> also meine Familie, die, das waren Katholiken. Und da weiß ich, also da gabs einen
> Vorfall, dass da ein Pfarrer verschwand. Also in dieser Gemeinde und daher kam
> das wohl auch, also, dass das dann ganz furchtbar würde, wenn die den Krieg gewinnen, dieser Satz.«

Die Studienteilnehmer berichteten, dass sie in ihrer Kindheit mit der Tötung von bekannten Personen in Berührung kamen. Die Auswertung des Textmaterials legt nahe, dass die verbrecherischen Handlungen den Kindern nicht konkret mitgeteilt worden waren. Gleichzeitig ist jedoch davon auszugehen, dass sich diese Schreckensszenarien auf andere Weise mitteilten. Nahezu durchgängig zeigt sich bei der Untersuchung des Textmaterials, dass die Kinder ihre Eltern in der NS-Zeit im Hinblick auf diese Schreckensszenarien »sprachlos« zustimmend oder »sprachlos« ablehnend wahrgenommen haben; die »Sprachlosigkeit« war an das »Schweigegebot« der NS-Übermacht gebunden und wurde von den Kindern als ausgesprochen angstbesetzt verinnerlicht:

> »Des war vor dem Krieg, al, als, bevor wir auf das Land gingen, mein Onkel hat
> einen politischen Witz gemacht, der in (Schweigen) gewohnt hat. Und er wurde
> angezeigt und dann hat ihn die Gestapo abgeholt! Und die Tante hatte so große

Angst, dass sie s niemand sagen wollten, wo er ist, und wo sie hinfährt, jetzt. Es war natürlich anders, sie s mit dem Fahrrad von (Schweigen) unserem Dorf nach München (hm) und sie hatte einen kleinen Bauernhof mit Milchverkauf gehabt, und da hat sie, sie, sie in der Umgebung so laut gemacht: »Ich muss, äh, die Lebensmittelmarken da, des muss ich abliefern und abrechnen.« Dann fuhr sie zu meinem Vater hin und hat erzählt, dass der Onkel abgeholt ist. Dann ist mein Vater in die Gestapo reingefahren, ist auch nicht mehr gekommen, drei Tage (hm). Aber als er kam und der Onkel warns beide schlohweiß, schlohweiße Haare. Er hat nicht darüber gesprochen, auch später nicht.«

»Mein Onkel ist dann ermordet worden im KZ. Und dann hieß es plötzlich der Onkel ist tot, mein Onkel war homosexuell.«

Hier zeigen sich weitere mächtige psychische und kommunikative Leerstellen, im Sinne einer mangelnden Möglichkeit, diese Szenarien im Kind-Eltern-Dialog thematisieren und in ihrem Schreckensausmaß reflektieren zu können. Die Tabuisierung der Thematik »KZ« wird an unzähligen Stellen des Materials offenkundig. Sie zeigt sich im weiteren Lebensverlauf in der psychischen Dimension der Kinder und späteren Erwachsenen wiederum durch verschiedene Abwehroperationen: durch Verdrängung, durch aggressive Wendung gegen das Selbst, durch Projektion oder Idealisierung, zumeist jedoch schlichtweg durch die Verleugnung der Beteiligung der Eltern an diesen schrecklichen Geschehnissen.

»Ich hab die Zeit, so wie ich s nach dem Krieg erzählt bekommen hab, verachtet und verurteilt. Und ich wollte nichts damit zu tun haben!«

»Ah, also ich weiß, dass meine Eltern, äh, sich sehr davon distanziert ham!«

Im Rückblick erschließt sich den befragten Personen die Beteiligung ihrer Eltern am verbrecherischen NS-Geschehen in unterschiedlicher Weise, zumeist jedoch wird vermutet, dass sie verführt worden seien oder aber dem System gegenüber eine distanzierte Haltung eingenommen hätten. Werden Vermutungen über das Ausmaß einer eventuellen aktiven oder passiven Teilhabe am nationalsozialistischen System angestellt, herrscht meist »Unkenntnis« oder die Vorstellung einer eher distanzierten Haltung der Eltern gegenüber dem NS-Regime. Gleichzeitig schwingt die Schuldfrage im dialogischen Geschehen mit. Ebenso werden allgemein gehaltene Erklärungsschemata verwendet. So werden beispielsweise unter historischem Aspekt die Repressalien des Versailler Vertrages als gesellschaftliche Schubkraft für die NS-Zeit angeführt. Diese Erklärungsschemata sollen vermutlich aus einem identifikatorischen Schulderleben heraus sowohl der eigenen als auch der Entlastung der Eltern dienen. Gleichzeitig wird der Vater als Retter fantasiert:

»(Was wissen Sie über die Einstellungen Ihrer Eltern zum Nationalsozialismus?) Also eben, von meiner Mutti weiß ichs eindeutig (mh) und von meinem Vater, also ich mein, gut, äh, ich hab des ja dann später auch in der Schule auch in Geschichte gelernt. Der war natürlich schon der Meinung, dass die Repressalien nach, nach dem Versailler Vertrag (Schweigen), äh, einfach viel zu groß warn für ein Volk, selbst wenn es (Schweigen). Mein, schuldig allein ist ja sowieso meist keiner, wie bei einem Streit, sind ja auch meistens zwei schuld (mh). Also, dass einer allein Schuld an nem Krieg ist, des gibts ja sowieso ned und äh, er hat des natürlich absolut nicht ge- (Schweigen), nicht, äh, akzeptiert oder, oder nicht, äh (Schweigen), als gerechtfertigt gesehen (mh). Und äh, dass man Menschen umbringt, nur weil sie irgendeiner besti- (Schweigen), einer bestimmten Religion angehören, des war also sicher bei beiden Eltern nicht, äh, in Ordnung. Ich weiß, dass mein Vater mindesten zwei oder drei Bekannte auch Dachau rausgeholt hat.«

Insbesondere die Untersuchungsteilnehmer der Gruppe B und C, also die 1939 bis 1946 geborenen Kriegskinder, sprechen davon, »nichts mit den Geschehnissen in dieser Zeit zu tun gehabt zu haben«, »zu klein gewesen zu sein, um »davon« gewusst zu haben«. In derartigen Äußerungen kommt deutlich zum Ausdruck, wie schwer es den Angehörigen dieser Generation bis in die Gegenwart hinein fällt, sich adäquat mit dem Beteiligtsein ihrer Eltern an den Geschehnissen im Nationalsozialismus und der eigenen Kindheits- und Familiengeschichte zu beschäftigen. Das Konflikthafte daran zeigt sich auch in der Begriffsverwendung. Der Begriff »NS-Zeit« wird kaum verwendet. Die Rede ist von »davon« oder »damit«, es findet also eine indifferente innere Bezugnahme statt, die ihr sprachliches Äquivalent findet und in der die innerlich bestehende Distanz und Ambivalenz gegenüber der Thematik »NS-Zeit« zum Ausdruck kommen.

Nur wenige Teilnehmer beziehen sich auf die nationalsozialistische Gesinnung ihrer Eltern, wie folgende Textauszüge exemplarisch illustrieren sollen:

»Äh, schizophren erst, sie warn fasziniert von Hitler. Erst da, wenn, wenn, wenn sie mir erzählt hat, wenn der einen angeschaut hat! Sie war auch, äh, in, in Berlin, oder wo se dann war und ham da, äh, da bei, bei den Aufmärschen oder was dabei, das das war faszinierend! Und ähm, zu dem BDM oder was gehörte sie nich, da war sie dann schon wieder älter. Und dann, äh, war dann schon immer dieser Gedanke, äh, ja alles ham se, ham sie, wer das war, uns kaputt gemacht! Ja also, dieses, diese Betroffenheit, es ham se uns alle kaputt gemacht.«

»Puh (Schweigen), mh (Schweigen), also (Schweigen), ich erleb sie auch sehr oberflächlich. Und ich könnte mir gut vorstellen, dass sie so »Heil Hitler« gut gerufen hat. Könnt ich mir vorstellen (mh). Dass sie da eigentlich begeistert war (Schweigen), weil sie ja von ihrer Kindheit auch so erzählt hat, dass es so schwierig war. Und ich könnte mir gut vorstellen, dass er so ne Leitfigur für sie war (mh), das könnt ich mir gut vorstelln!«

Wie bereits ausgeführt, berichten nur wenige Studienteilnehmer, dass sich ihre Eltern zur aktiven oder passiven Teilhabe am Nationalsozialismus bekannt und sich dazu geäußert hätten. Adolf Hitler wird in diesem Beispiel und in anderen Textpassagen als die zentrale Leitfigur der Mutter dargestellt. Die existenzielle Situation der Eltern habe sich durch ihn grundlegend verändert, es habe »Brot und Arbeit« gegeben. Die Eltern hätten erzählt, dass der Großteil der deutschen Bevölkerung Hitler bis 1939 mit höchster Begeisterung zugejubelt habe, im schwärmenden Bewusstsein an einem »neuen völkischen Gefühl« teilzuhaben.

Die Haltung der Täter-Opfer-Dichotomie

Die Ergebnisse machen deutlich, dass neben weiteren überdauernden Persönlichkeitsaspekten der Eltern, die unterordnende Haltung gegenüber Obrigkeiten verinnerlicht und zumeist unreflektiert im weiteren Leben beibehalten wurde. Gleichzeitig hätten die Eltern bei jedweden Stellungnahmen häufig extreme Positionen, bis hin zum Fanatismus eingenommen. Günter Hole (2004) diskutiert die psychischen Hintergründe der undifferenzierten persönlichen Stellungnahme und des Fanatismus unter dem Aspekt einer »emotionalen Schubkraft«, die in einer fundamentalistischen Einstellung und Dynamik als eine elementare Gegenbewegung gegen die indidviduelle Angst, keine Basis, kein psychisches Fundament mehr zu haben, besonders wirksam werde. Die emotionalen Kräfte einer fanatischen Bewegung setzten sich aus verschiedenen psychodynamischen Quellen zusammen, wie zum Beispiel aus einem Minderwertigkeitserleben heraus, aus Unterlegenheitsgefühlen oder Gefühlen der Inkompetenz etc., deshalb würden Sicherheit und Geborgenheit in einfachen Strukturen vorgezogen (vgl. ebd., S. 72f.). Im Diskurs mit den Interviewteilnehmern fällt immer wieder auf, dass die geschilderten Erinnerungssequenzen von einer klaren Opfer-Täter-Dichotomie geprägt sind, mit der die Gesprächsteilnehmer überwiegend identifiziert sind. In den Erzählungen über ihre Eltern wird meist ein Opfernarrativ verwendet, wodurch ein positiv konnotierter Erinnerungsraum für den »normalen« Deutschen der NS-Zeit geschaffen wird. Welzer (2002, S. 81f.) spricht in Bezug auf die fehlende Kommunikation der vielfältigen Erinnerungen aus der NS-Zeit, von einem »erzählkonventionellen Handlungsrahmen für die Verfertigung von Geschichten aus der Vergangenheit«, durch den die Erzählungen der Angehörigen dieser Kriegskindergeneration und ihrer Eltern geprägt seien. Dabei zeigten sich »themenspezifisch unterschiedliche, wiederkehrende Muster des gemeinsamen Sprechens«, die als »Tradierungstypen« bezeichnet werden könnten. Ein solcher zentraler Tradierungstyp zeigt sich in der vorliegenden Untersuchung in der immer wieder bekundeten eigenen Unkenntnis und der Unkenntnis der Eltern über den Holocaust. Historische Quellen belegen, dass die Deportationen von Juden ab 1941 in aller Öffentlichkeit vollzogen wurden. Vor dem Hintergrund unzähliger Einzelberichte in den Medien und persönlicher Mitteilungen, kann man davon ausgehen, dass sich ab Mitte 1942 ein bestehendes Wissen über die Deportationen von Juden und deren Tötung in den Konzentrationslagern in der deutschen Bevölkerung verbreitet hatte. Die Untersuchungen der vorliegenden Textquellen bestätigen diese Vermutung. Die Beobachtung, dass eine Fülle von Tradierungstypen innerhalb der deutschen Bevölkerung seit der Nachkriegszeit immer wieder erzählt und in den Familien ausgestaltet wurden, lässt sich ebenfalls bei der Untersuchung des Textmaterials in der vorliegenden Studie machen. Die

Kriegskinder sprachen von »typischen Geschichten« aus der NS- und Kriegszeit, die in der Familie immer wieder erzählt worden seien und auf die von den Familienmitgliedern immer wieder Bezug genommen worden sei. Gleichzeitig begegnet man bei der Auswertung der Interviewtexte immer wieder dem Phänomen, dass die Untersuchungsteilnehmer mehrfach bekräftigen, von vielen Geschehnissen nichts gewusst zu haben, an anderer Stelle jedoch sehr detaillierte Schilderungen vornehmen, die deutlich machen, dass das Wissen weit größer ist, als dies die Gesprächsteilnehmer zunächst glauben machen wollten. Mit dieser ambivalenten Haltung des offiziellen Nichtwissens und dem eigentlichen Wissen, über das nicht gesprochen wird, scheinen sich die Kriegskinder ebenfalls identifiziert zu haben.

Wie wurden die Erfahrungen aus der NS-Zeit verarbeitet und wie zeigen sich diese psychischen Repräsentanzen in der Gegenwart? Eine »Krypta im Ich«?

Ich beziehe mich in meinen Ausführungen zunächst auf den publizierten Artikel *Eine Krypta im Ich. Zur Identifikation mit frühverstorbenen Angehörigen* des Psychoanalytikers Joachim Küchenhoff (1991), in dem er entwicklungspsychologische Prozesse im Hinblick auf gelungene bzw. nicht gelungene Identifikationsprozesse und damit Abwehrprozesse in der Kindheit beleuchtet. Küchenhoff beschreibt darin die psychodynamisch relevanten Vorgänge bei der Ich- und Selbstentwicklung. Vor dem Hintergrund der von Piaget (1987) benannten grundlegenden Prinzipien der psychischen Selbst-Differenzierung in der Entwicklung des Kindes, der »Akkommodation« und der »Assimilation« bzw. der wechselseitigen Anpassung von Selbst und Umwelt, zeigt er die psychodynamisch relevanten innerpsychischen Vorgänge bei der Internalisierung von Erfahrungswelten auf, die in einer Stufenfolge zunehmender Differenziertheit und Abstraktion erfolgen. Als zentrale Stufen kennzeichnet Küchenhoff verschiedene Entwicklungsstufen.

Stufen der Internalisierung zwischenmenschlicher Erfahrungswelten
- ➤ Stufe 1: Einverleibung (bzw. Inkorporation)
- ➤ Stufe 2: Introjektion

➤ Stufe 3: Identifikation

Stufenmodelle vermitteln die Vorstellung einer Aufeinanderfolge abgeschlossener Entwicklungsphasen. Im Gegensatz dazu liegt dem theoretischen Bezugsrahmen dieser Arbeit die Vorstellung von psychischer Entwicklung als einer prozessualen Abfolge bestimmter Funktionsniveaus zugrunde, die kontextunabhängig über das ganze Leben hinweg immer wieder durchlaufen werden können. Identität wird somit nicht mit einer bestimmten Entwicklungsstufe oder Entwicklungsphase einmalig für immer erworben, sondern ist ein ständiger Prozess, der sich über die gesamte Lebensspanne erstreckt und Schwankungen unterworfen ist. Somit ist über die ganze Lebensspanne hinweg, je nach psychischem Funktionsniveau oder Integrationsmöglichkeiten, zwischen den Vorgängen der Inkorporation, der Introjektion und der Identifikation zu unterscheiden.

Beim Vorgang der Inkorporation geht man von einer ganzheitlichen Erfahrung der Verinnerlichung aus. Unter den Vorgängen der Introjektion und Identifikation sind partielle Aneignungsvorgänge zu verstehen. Diese beschreiben Abläufe, in denen nur Teilaspekte des bedeutsamen Anderen oder einzelne Eigenschaften übernommen werden. Auf der Stufe der Introjektion werden »Introjekte« erzeugt, die zwar verinnerlicht werden, aber nicht vollständig in den psychischen »Apparat« integriert werden. Auf der Stufe der Identifikation werden »Identifikationen« erzeugt; es werden Inhalte verinnerlicht, die vollständig angeeignet bzw. integriert werden. Die Aneignung von unterschiedlichen Erlebnisdimensionen oder Bedeutungszuschreibungen beziehen sich sowohl auf den familiären als auch auf den gesellschaftlichen Bereich. Küchenhoff zeigt auf, dass sich der Entwicklungsprozess der Identifikation sowohl auf der Ebene der Ausformung der eigenen Identität bewegt als auch im Dienst der Abwehr stehen kann.

Zum Zweck der Abwehr kann der psychische Vorgang der Identifikation an die Stelle der Beziehung zu bedeutsamen Bezugspersonen (Objektbeziehungen) treten. Die Identifikation zum Zwecke der Abwehr wird insbesondere dann eingesetzt, wenn eine aggressive Beziehung zum Objekt vermieden werden soll. Man spricht in diesem Zusammenhang auch von der »Identifikation mit dem Aggressor« als einer bestimmten innerpsychischen Abwehrkonstellation. Die Aggressionen werden zum Zwecke der Abwehr »neutralisiert« und werden in Form eines spezifischen nicht-integrierten Introjekts in die innerpsychische Welt aufgenommen. Für die adäquate Verarbeitung belastender Erfahrungen sind ein stabiles Kohärenzerleben und eine ausgeprägte Ich-Stärke von Bedeutung. Diese werden in einer förderlichen Individuationsentwicklung erworben. Für eine positive Identitätsentwicklung sind folgende Elemente von maßgeblicher Bedeutung (vgl. Küchenhoff 1991):

➤ Die Ausbildung eines beweglichen Ich-Bewusstseins.
➤ Das Wissen um die Bedeutung, die Verfügbarkeit und die Verlässlichkeit sozialer Beziehungen.
➤ Bedeutsame Andere, die nicht nur Einfluss auf das Verhalten des Kindes nehmen, sondern Interpretationsmuster und Wertmaßstäbe vermitteln.
➤ Die Ausbildung der gesellschaftlichen Zugehörigkeit und die Identifizierung mit maßgeblichen Wertvorstellungen.

kein Wechselspiel bei S.P

Identifikationsprozesse finden in einem Wechselspiel zwischen dem Erwerb einer kulturellen Identität und einer persönlichen Identität statt. Der Begriff »Individualität« kennzeichnet die individuellen, zeitlich überdauernden Merkmale einer Person und umfasst alle Eigenschaften, Vorstellungen und Erfahrungen, durch die sie einzigartig und unverwechselbar erscheint. Für eine differenzierte Ausbildung der eigenen Identität sind positive Elemente eines gelungenen Identifikationsprozesses notwendig. Dazu zählt eine gewisse Beständigkeit der Entwicklungsbedingungen, in deren Rahmen das subjektive Gefühl eines zeitlich überdauernden Kohärenzerlebens erworben werden kann. Stabile Bedingungen im Außen bzw. in der Familie ermöglichen ein Handlungsfeld für soziale Erfahrungen und Identifizierungen. Ein weiterer zentraler Faktor in der Selbst- und Identitätsentwicklung ist die Ausbildung der Vorstellung von Wirksamkeit, also der Vorstellung, Veränderungen vornehmen oder »Dinge« beeinflussen zu können. Das wachsende Bewusstsein der eigenen Urheberschaft spielt für die Identitätsentwicklung eine wichtige Rolle. Kinder mit einer emotional sicheren Bindung zeigen mehr Erkundungstrieb und haben bessere Selbstregulationsfähigkeiten.

Dieser Prozess der Identitätsbildung war durch die äußeren und inneren Gewalteinwirkungen der Kriegskindheit deutlich eingeschränkt, zumindest jedoch deutlichen Schwankungen unterworfen. Während des Krieges und in der Nachkriegszeit waren die Kinder mit widersprüchlichen Identifikationsangeboten konfrontiert, die zum Großteil für sie unvereinbar waren und im weiteren Lebens-

Ambivalenz

verlauf als nicht integrierte innerpsychische Introjekte innerpsychische Spannungen evozierten und zu psychischen Erkrankungen beitrugen. Die gesellschaftlichen Strukturen des Dritten Reichs beinhalteten negative Identifikationsprozesse, zu denen die Unterteilung in Herrenmenschen und Untermenschen gehörte, Identifikationsprozesse einer vermeintlichen Überlegenheit also, in denen Schwäche und Unterlegenheit negativ besetzt waren und auf nichtarische oder behinderte Menschen projiziert wurden. Die Inhalte der Identifizierungen waren nicht Bestandteil eines individuellen Entwicklungsprozesses, sondern wurden vom bedeutsamen Anderen gleichsam vorgegeben, ansonsten drohte der Entzug der für das psychische Wachstum so notwendigen Anerkennung bzw. der Entzug der Zuneigung. Im Entwicklungsverlauf vieler Kinder des Zweiten Weltkrieges waren defizitäre emotionale Spiegelungs- und Regulationsprozesse in unsicheren Bindungen und Beziehungen häufig prägend. Hinzu kamen reale Verlusterlebnisse in der Familie sowie äußere soziale Brüche, die das Identitätsgefühl der Studienteilnehmer beeinträchtigten. Bedeutsame innerpsychische Repräsentanzen und Beziehungsstrukturen lösten sich im Laufe des Entwicklungsprozesses vieler Kriegskinder des Zweiten Weltkrieges in der Außenwelt auf und veränderten sich. Diese Veränderungen wurden – wenn überhaupt – nur unzureichend zwischen Kindern und Eltern thematisiert. Sie konnten deshalb von den Kindern aus ihrem Kindheitserleben heraus weder verstanden noch durch einen hilfreichen Reflexionsprozess in ihrem späteren Erwachsenenleben verarbeitet und integriert werden. Meistens fehlen den Betroffenen ausreichend positive Erfahrungen für einen differenzierten Umgang mit sich selbst als sozial bezogene und wirkmächtige Personen. Dieses defizitäre Selbsterleben zu kompensieren, erforderte eine dauerhafte innerpsychische Anstrengung. Ein zumeist in mehrfacher Hinsicht innerpsychisches und äußeres Verlusterleben trug außerdem dazu bei, dass diese Personengruppe zu keinem konsistenten Identitätsgefühl gelangen konnte. Ihr Erleben blieb von widersprüchlichen Identitätsfragmenten beherrscht.

Auf der unbewussten Ebene wurden durch unbewusste transgenerationale psychische Prozesse Introjekte der Eltern – beispielsweise massiv abgewehrte Selbstwert- und Schuldgefühle – auf die Kinder übertragen. Übertragen wurden nicht nur diffuse Schuldgefühle, sondern auch bewusste Schuldgefühle, die sich auf konkrete Erinnerungen der Eltern beziehen, die nicht verarbeitet werden konnten. Unbewusste psychische Abwehrprozesse beziehen sich in diesem Kontext auch auf Schuldgefühle, die im Zusammenhang mit Trennungsvorstellungen entstanden sind. Diese beinhalteten in der Fantasie vieler Kriegskinder einen schwierigen Loslösungsprozess von ihren Eltern, der in der Vorstellung der Kinder unaushaltbare psychische Schmerzen verursachte, die größer als vorangegangene psychische Schmerzen fantasiert wurden. Eine ausreichend positive Selbsterfahrung als Kern einer stabilen Identitätsentwicklung konnte bei der untersuchten Personengruppe meist nicht entwickelt werden, ebenso wenig wie stabile Ich-Funktionen und ebenso wenig wie die bewusste, subjektive Ausdifferenzierung und Bedeutungszuschreibung ihrer belastenden Gefühlswelt. Die nachträgliche subjektive Inhaltszuschreibung dieser diffusen Gefühle konnte nur – wenn überhaupt – in einem professionellen Beziehungsgeschehen eines therapeutischen Prozesses nachgeholt werden.

Kindheit im Zweiten Weltkrieg und ihre Folgen

Welche Erfahrungen haben die Kriegskinder in der Zeit des Zweiten Weltkrieges gemacht?

Der gesellschaftliche Kontext einer faschistischen Diktatur und eines sechs Jahre andauernden Weltkrieges hielt für den Entwicklungsverlauf der Kriegskinder eine Vielzahl potenziell traumatisierender Erfahrungen bereit. Viele der untersuchten Personen waren im Zweiten Weltkrieg Bombenangriffen ausgesetzt, mussten als stille Zeugen Vergewaltigungen miterleben oder waren dem Erleben von Flucht, Vertreibung, Entwurzelung und Hungersnot ausgesetzt. Diese und andere Belastungen bestimmten den Kindheitsalltag der untersuchten Personengruppe. Mit Beginn des Krieges 1939 war ein Großteil der Kinder einer veränderten Familiensituation ausgesetzt, da ihre Väter in den Krieg eingezogen wurden. Drei Jahre später folgte der Einbruch des Kriegsgeschehens in Deutschland. Die folgenden Textauszüge sollen die Kriegskindheitserfahrungen veranschaulichen, die von den 60- bis 75-jährigen Studienteilnehmern, über 60 Jahre später, in den Jahren 2005 und 2006 berichtet wurden.

Das veränderte Familienerleben: Der Vater ist im Krieg

In den Rückerinnerungen der Studienteilnehmer an ihr Erleben als größere und kleinere Jungen, erschien der Krieg bisweilen als spannendes Abenteuer, in dem die Väter als Helden verehrt wurden. Die Mädchen identifizieren sich, nach Maßgabe der ihnen im Nationalsozialismus zugewiesenen Rollen, mit den älteren BDM-Mädchen oder mit dem ehernen Ziel, Mütter vieler Kinder zu werden, um den vom Führer-Idol vorgegebenen Identifikationsmöglichkeiten zu entsprechen. In den Erzählungen wird deutlich, auf welche Weise der nationalsozialistische gesellschaftspolitische Kontext Einfluss auf die unterschiedlichen Phasen der kindlichen Entwicklung genommen hat und diese mehr oder weniger durchwirkte:

>»Und dann haben die Bomben abgeworfen und das war jetzt, äh, toll äh, die Bomben haben geglitzert in der Sonne. Also des waren so ganz direkte Erlebnisse, Kriegserlebnisse, aber mehr wie im Theater.«

>»Ich erinnere mich an einen Umzug, 1. Mai! Es müsste 1939 gewesen sein (mh) oder 38, also als ich vier oder fünf Jahre alt war, wo ich mächtig beeindruckt war und der Nachbaropa mich dann in die Versammlung mitnahm mit großer Hakenkreuzfahne. Man hat geträumt, wenn man ein Soldat wäre, wie tapfer man wäre (mh), als Kind zum Beispiel (mh). Man hat, äh, jede Uniform hat, (Schweigen) ja, also des konnt ich nachvollziehen, wie s beabsichtigt war von der andren Seite (lacht), (mh), das hat gewirkt (mh) nicht.«

Ein anderer Studienteilnehmer berichtet, im Alter von fünf Jahren nachts aufgewacht zu sein und dabei gewesen zu sein, als man seiner Mutter die Nachricht überbrachte, dass der Vater gefallen sei. Dieser Studienteilnehmer befand sich zum Zeitpunkt des Kriegsgeschehens auf der Entwicklungsstufe der Ödipalität (ca. 3.–6. Lebensjahr), in der das Kind anerkennen muss, dass die Eltern auch eine Beziehung untereinander führen, von der es ausgeschlossen ist. Neben dieser neuen Erkenntnis, die für das Kind schwierig zu bewältigen ist, kam eine äußere bedrohliche Lebensrealität hinzu, die vermutlich bei dem Kind die Vorstellung weckte, es habe durch seine zerstörerischen Wünsche und Fantasien dem Vater gegenüber diese bedrohliche Lebensrealität durch seine Gedanken geschaffen. Die Folgen, die daraus resultieren, sind Schuldgefühle des Kindes dem Vater gegenüber, da die Fantasien – den Vater »zerstören« zu wollen – in der Vorstellung des Kindes häufig Wirklichkeit wurden, somit eine unzutreffende Kausalverknüpfung von den Kindern vorgenommen wurde. (»Habe ich den Vater durch meine Rivalität vertrieben?«; »Fühlte er sich dadurch abgelehnt und nicht mehr willkommen?«; »Bin ich Schuld an seinem Tod?«). Eine mangelnde Bewältigungsmöglichkeit des ödipalen Konflikts ist die Folge. Die Untersuchungsergebnisse machen ein zentrales Merkmal in der Kindheitsentwicklung der Kriegskinder immer wieder deutlich, nämlich die Potenzierung des inneren, entwicklungsbedingten psychischen Spannungserlebens durch ihre zusätzlichen Belastungen in der Außenwelt. Wie sehr die Kinder unter diesem inneren und äußeren Spannungserleben litten, wird an vielen Textstellen deutlich. So berichten die Studienteilnehmer zum Beispiel, dass sie von den Müttern oder den Lehrern zum Schreiben der Feldpost verpflichtet worden seien. Dieses »Briefe schreiben müssen« wurde in der Regel als ausgesprochen problematisch geschildert, da viele innerpsychische Belastungen für die Kinder mit dem Briefeschreiben verbunden gewesen seien, so zum Beispiel das Aushaltenmüssen von Spannung, Verlustängsten und Ungewissheit, die sich in Bezug auf die veränderte Situation und die Abwesenheit des Vaters über die Anspannung der übrigen Familienmitglieder vermittelt habe. Für diese Gefühle hat es keinen Resonanzraum gegeben, vielmehr mussten sie Stärke zeigen.

> »Mein Vater hat nämlich mir zu wenig mitgeteilt. Aber dem is es eben vergangen. (Sie wollten mehr erfahren?) Ja, ich wollt mehr wissen über diese Russlandverhältnisse (mh). Und dann äh, die Brüder meiner Mutter sind ja auch zu uns auf Besuch gekommen und die warn ja alle in Uniform. Und des muss ma einem Kind ja auch erst erklären, was das los ist.«

Kinder sehen sich als Bindeglied für die Eltern

Als ausgesprochen belastend werden immer wieder die Ungewissheit über das Schicksal des Vaters und insbesondere der Schmerz der Mutter beschrieben. Die

Kinder erlebten sich dabei als »Bindeglied« zwischen den Eltern, fühlten sich funktionalisiert.

> »Die Ungewissheit meiner Mutter über meinen Vater!« Sie hat halt sehr, sehr stark ihre Gefühle damals an die Kinder übertragen, sie hatte ja auch sonst niemanden, ne. Und äh, (Schweigen) und hinterher die Angst, dass mein Vater irgendwie frühzeitig fällt und sie gar keine Erinnerung mehr an ihn hat, sollte ich wohl so Bindeglied zwischen meinem Vater und meiner Mutter werden.«

Formen verinnerlichter Ängste

Zwischen den Gewalteinwirkungen im Krieg und ihrer innerpsychischen Entwicklung stellen einige Teilnehmer selbst einen engen Zusammenhang her. Dieser bestehe etwa zwischen dem Angsterleben ihrer Mütter in der Schwangerschafts- und Kleinkindphase und ihrem eigenen späteren Angsterleben. Die Folgen der übertragenen Angsterfahrungen der Mütter hätten sich über ihr ganzes Leben erstreckt.

> »(Schweigen, weinerliche Stimme.) Ich denke, das war die Geschichte mitten unter die Brandbomben gekommen zu sein und so hilflos, ohne Schutz, Todesangst auszustehen. Ich zittre immer noch. Es is ein ständiges Zittern und es ist eine chronische Angst zwei Jahre am Stück beginnend mit der Schwangerschaft der Mutter bis später hin und da war ich dann 24 Monate alt! Ununterbrochen, das hat mein System kaputt gemacht! Darunter leide ich das ganze Leben lang, Serotoninmangel, ewige Angst, ewiges Zittern und mangelndes Vertrauen an Autorit-, in Autoritäten, absolut mangelndes Vertrauen.«

> »Also ich, ich kann mich halt an die Kriegszeit, da war ich sehr klein (mh). Ich weiß nur, dass immer die Flieger über uns drüber gflogen sind Richtung München (mh) und dass die Mutti dann immer gweint hat (mh). Des weiß ich. Und des sind so Erinnerung, diese Ängstlichkeit, diese Angst und, und dieses behütet werden, dann vor allem später auch (mh), des is da scho grundgelegt worden (mh) und äh, (Schweigen) drum wars so wichtig, dass i noch bei meiner Tante bleiben durfte.«

Viele Kinder waren in ihrer frühen und späteren Kindheit während der Bombardierung sich selbst überlassen, wie das folgende Beispiel zeigt:

>>Aber es hat überall gebrannt (mh). Ja, ja und dass meine Schw-, meine große Schwester, die fragte ich dann so mal: >>Wie war denn das, wenn wir im Luftschutzkeller unten waren?<< >>Na ja, du warst in deinem Kinderwagen.<< >>Und habt ihr mich beim Alarm denn nicht auf den Arm genommen?<< >>Ne, du hast ja gar nix (Schweigen), dich nicht, dich nicht gemeldet.<< Der Bruder, der ein Jahr älter ist, der hat halt geschrien und den hat man auf den Arm genommen und mich als Säugling hat man dann im Wagen gelassen. Mich hat man nicht auf den Arm genommen, so dass ich eigentlich schutzloser war. Ich denk, ich hab schon nichts mehr gesagt im (Schweigen). Also die Mutter erzählte auch, dass beim Geburt ständig Angriffe waren und wir dann auf diesen großen Pritschen, die (Schweigen). Ich weiß nicht, wie das heute ist, aber zu DDR-Zeiten lagen da ja zehn solche Babys und das war wohl damals auch so, zehn solche Babys. Und dann sind wir immer da mit dem Fahrstuhl in den Keller gefahren, dabei waren wir schutzlos. Also das (Schweigen), ich spür auch viel Schwärze, wenn ich daran denke (Schweigen).<<

In diesem Beispiel wird deutlich, dass das Kleinkind offenbar sich selbst überlassen war, in kein stabilisierendes Beziehungserleben eingebunden war, das ihm geholfen hätte, seine frühkindlichen Ängste zu bewältigen. Im Gegensatz dazu berichten einige wenige Studienteilnehmer, dass sie sich im Luftschutzkeller sicher und geborgen gefühlt hätten, weil sich viele Erwachsene um sie gekümmert hätten. Das Gefühl der Geborgenheit im Luftschutzkeller sei ihnen bis in die Gegenwart erhalten geblieben. Deutlich wird immer wieder, wie sich die Ängste der Erwachsenen unmittelbar während des ängstigenden Geschehens oder aber durch die Erzählungen der ängstigenden Erlebnisse auf die Kinder übertrugen.

>>Da, ich erinnere mich, da, ich saß auf der Zaunsäule, des war ein beliebter Beobachtungsposten und hab also da, ja im Grunde mit Schrecken gehört, was da die Erwachsenen (mh) erzählten, auch von bestimmten Familien, die also da umgekommen sind.<<

Einige Studienteilnehmer berichten von Kriegsträumen, wie etwa der Vorstellung, »nicht von der Stelle zu kommen«, die sie immer wieder träumten und von der Reaktualisierung bestimmter Folgeerscheinungen von Kriegserlebnissen, wie körperlichen Beschwerden (Übelkeit, Kreislaufbeschwerden, Schweißausbrüche oder Zittern):

> »Ja, des geht also, ich war so, so Träume über Katastrophen, wo s, wo also, wo Bomben einschlagen, wo s kracht (mh), oder wo ich, wo ich auf der Flucht bin und nicht weiterkomm; also ich bin auf der Flucht, hab Panik und komm aber nicht von von der Stelle. Und solche Träume hab ich schon lange Jahre, also. (In welchem Alter ungefähr?) Ach schon in der Pubertät kann ich mich da dran erinnern und, und auch noch ganz lang. Des is eigentlich jetzt in letzter Zeit nicht mehr so. (Also immer wiederkehrende Träume?) Ja (mh). Und auch dieses zu flie- (Schweigen), zu flüchten und, und nicht von der Stelle zu kommen (mh). (Ähm, Flashbacks, unter Flashbacks versteht man bedrängende Erinnerungen, Bilder oder akustische Erinnerungen, die plötzlich hochschießen oder man plötzlich was hört. Äh, kennen Sie so etwas?) Nein. Nee, nur, nur was, äh, des is was anderes, aber also, es gab ja mal ne Zeit, da warn diese diese Probekriegeralarm immer *(Papiergeraschel im Hintergrund)* und da hat ich dann, also, da is mir jedes Mal übel geworden. Da hat ich jedes Mal n Kreislaufkollaps, also ich musst mich schnell wohin setzen, Schweißausbruch und Zittern.«

> »Doch. Also ich glaub der letzte Angriff, den wir im Flie- (Schweigen), im Keller erlebt haben, das war der, wie die Staatsbibliothek abgebrannt ist, also bombadiert worden ist. Und das war ganz schlimm. Weil da bei uns im Keller auch, äh, die Fenster von dem Luftdruck aufgegangen sind. Und dann war der ganze Keller voller Rauch und Ruß und äh, also des war, die Luft, die spür ich heute noch (ja). Ja. Und dann ist auch bei uns, des ist also, wir haben auf Nummer XX gewohnt. Und Nummer XX ist mal total ausgebrannt gewesen und bombadiert gewesen und da hats dann auch, da habe ich eine, ein kleines Mädchen gekannt, die mit uns öfters auf m Spielplatz war (mh). Und da hats dann geheißen, also die ist tot. (Und wie war das für Sie?) Äh, ich glaub, ich hab mir unter Tod nicht so sehr viel vorstellen können, aber, dass es was Schlimmes ist, das hab ich sicher mitgekriegt. (Da waren Sie X Jahre alt, nicht?) Ja, noch nicht ganz. Ich bin im April X worden und das war

noch vorher (mh). Ja, und bei uns, in unsere Wohnung ist auch einmal eine Brandbombe rein. Und da war, des war eine sehr große Wohnung, ich glaub so mit XX qm und da waren die drei vorderen Zimmer, die zur Straße rausgegangen sind, also die waren total kaputt. Da ist auch das obere Geschoss ganz ausgebrannt und bei uns in den drei großen Zimmern vorn, war also keine keine Wände mehr oben dort, da hat man in den Himmel raufgesehen. (Aha. Mh.) Ja. Und des war also, wie man da raufgekommen sind, aus m Luftschutzkeller und in die Wohnung rein. Und ich weiß noch, da ist in der Diele ein Telefon gewesen und mein Vater, äh, der muss irgendwie Bez- (Schweigen), also im Feld im Beziehung, der hat uns dann angerufen sogar nach diesem Angriff. Und war also, meine Mutter hat ihm dann geschildert, dass die Wohnung teilweise ausgebombt ist.«

Todesängste und Gefühle der »Wehrlosigkeit«

Im letzten Beispiel wird die Bombardierung so geschildert, als ob sie keine großen Angstgefühle ausgelöst habe. Die meisten Erinnerungen an Bombardierungen und andere Erlebnisse äußerer Gewalteinwirkungen werden jedoch immer wieder mit heftigen Gefühlen der Angst bis hin zur Todesangst beschrieben. Die Angstgefühle seien von körperlichen Reaktionen, wie Zittern, Schreien und Weinen begleitet gewesen und werden bis in die Gegenwart mit einem Gefühl der »Schwärze« oder »Dunkelheit« verbunden. Vorherrschend seien damals Gefühle der Verzweiflung, das Gefühl wehrlos zu sein, Gehorsam und Stärke zeigen zu müssen, gewesen. Akustische Erinnerungen, zum Beispiel Motive aus dem Bereich klassischer Musik, seien bis in die Gegenwart mit einem Spannungsgefühl assoziiert, da das Hören des Feindsenders unter Todesstrafe gestanden habe und klassische Musik zwischen den Nachrichten des Feindsenders gesendet worden sei. Geruchserinnerungen, zum Beispiel altes Gemäuer oder Verbranntes, und visuelle Erinnerungen, zum Beispiel Flugzeugwracks, verletzte und tote Menschen oder brennende Häuser sowie taktile Erinnerungen, zum Beispiel nachts gepackt und in den Keller getragen zu werden, riefen bis in die Gegenwart schreckliche Erinnerungen oder Gefühle hervor.

Sinneseindrücke aus der Kindheit im Krieg

»An die (Schweigen) Kriegszeit eigentlich relativ wenig, weil 44 war i sechs bis sieben Jahre alt. Und was weiß man da schon noch. Also ich weiß noch, weil i mi an dieses Pausenzeichen erinnern konnt, dass mei Vater im Keller BBC da unten ghört hat, was ja bei Todesstrafe verboten war. An dieses, die Eingangstakte von der Fünften Beethoven san da immer gekommen und an die kann i mi no erinnern, na. Ma, ma erinnert sich ja entweder über Geruch oder Gehör. Es is a amoi a Flugzeig in, in unmittelbarer Nähe von der FLAK-Siedlung abgeschossen worden. Und am andern Tag san ma natürlich hi ganga, die Buam alle. Vui war ma ja ned in der Siedlung. Und diesen Geruch von verbranntem Metall, verbranntem Leder und Kunststoff, den hab i heit no in (Schweigen) in der Nase und a im Gehirn. Da kummt sofort dieses Bild wieder von diesem Flugzeugwrack, des hat no geraucht, des is in der Nacht abgschossn worn. Der Pilot is abgsprunga, aber der war nimmer do, und es is mir amoi vor Jahren passiert, da hat auf der Autobahn da bei am Verkehrsunfall hat auch, ham zwei Fahrzeuge gebrannt und na war des derselbe Geruch. Na war sofort dieses Bild wieder da von dem abgestürzten Flugzeig. Des is mit diesem Geruch untrennbar verbunden, na. Genauso wia des, die Fünfte Beethoven mit diesem BBC London äh, was die da gsagt ham, des weiß i nimmer, des hab i a ned verstanden mit XX, ned. Aber mei Vater wollt hoid oiwai wissen, wia die Kriegslage is, des war koa Nazi, ne, der (Schweigen) der hat si da rausghoidn *(rausgehalten)* sozusagen, ne. Und äh, jetzt wollt er oiwai *(immer)* wissen, wias wirklich is, ne. Ich kann mich auch noch an, an Radio auf die offiziellen Fanfaren, wo ja die Siegesmeldungen kumma san, oder die angeblichen, vom Liszt »Le Prelude«, erinnern. Des wenn ich hör, denk i a oiwai die Zeit, wei des hat ma ja pro forma immer eigschoit *(eingeschalten),* damits d Nachbarn härn, dass ma des a hört und so, und möglichst d Küchenfenster aufgmacht, damit koaner Verdacht schöpft, na.«

»(Mh. Haben Sie Kriegserinnerungen, die sich aufdrängen?) Immer wieder die gleichen (mh). Immer wieder der Geruch (mh). Und immer wieder dies, diese Angst und (lautes Husten) und ja (Schweigen) wir mussten dann immer ins Nachbarhaus in n Keller. Und ich fand das immer so unangenhm. Da saß immer so ne Frau mit so m dicken Hintern auf ihrem Bein. Also (lacht) warn immer so äh Betten aufgestellt und die Kinder wurden da rein gepackt und dann saßen alles zusammen. Und es war n muffliger Geruch im Keller (atmet laut durch). Und daran hatt ich mich als Kind einfach gewöhnt. Also immer wenn s, ich, ich hörte immer das Radio, a also auch wenn ich geschlafen hab oder halb im Schlaf war, ich hörte immer mh, wie Radio gehört wurde. Und ähm, ja und dann die Sirene und dann wurd ich gepackt, eingewickelt und äh in n Keller verfrachtet. Und mich hat eigentlich meine Mutter immer getragen, jemand. Ich denk mein Bruder warn bisschen älter, den hat immer die Haushälterin genommen (Schweigen). Ja des, ähm, ich ich kann nicht sagen, dass ich (Schweigen) Angst hatte. Also ich, mir is nicht bewusst, dass ich Angst hatte. Also viel mehr Angst hatt ich bei Flucht. Und des kam später nach 45 (mh). Da war das extrem. Bin 20, 30 Jahre später in meinem Stadtteil am Milchhof vorbeigegangen; das ist so ein altes Gemäuer, also Beton macht mir nix aus, aber alte Ziegel und es wurde der Milchhof abgerissen und ich wollte zum Zug. Und ich hatte gut Zeit, und auf einmal hab ich zum Laufen angefangen. Dann war ich am Bahnhof total außer Atem, hab ich gedacht, spinn ich eigentlich, was renn ich denn so, i hab doch noch gut Zeit! Und was war denn, warum hab ich so zu Laufen angefangen? Und auf einmal wusst ich, des war der Geruch von diesem Mörtel und Mauern, von diesen Ziegeln, der da auch (Schweigen), der, des hat gerochen wie, wie nach m Bombenangriff (ja).«

Als hilfreicher Faktor bei der Bewältigung extrem belastender Erfahrungen wird – wie oben bereits ausgeführt – die Fürsorge der Bezugspersonen, insbesondere die der Mütter benannt. Meist wird die Beziehung zwischen Kind und Familienmitgliedern jedoch als »misstrauisch« beschrieben. Das Misstrauen sei auch durch belastende Kriegserlebnisse mit den Eltern entstanden, in denen die Eltern sich nicht hilfreich auf ihre Kinder bezogen hätten. Die Bezugspersonen der Kriegskinder waren mehr oder weniger gut imstande bzw. außerstande, die enormen Bedrohungen im Kriegsgeschehen selbst zu bewältigen und gleichzeitig adäquat auf die Ängste ihrer Kinder einzugehen. Viele Ängste der Kinder, ausgelöst durch äußere Gewalteinwirkungen und verstärkt durch die psychische Instabilität ihrer Bezugspersonen, konnten nicht hinreichend von den Eltern aufgenommen, also »contained«, »markiert«, »entgiftet« und »entgiftet zurückgegeben« und somit hilfreich beantwortet werden. Die Kinder im Säuglings-, Kleinkind-, oder Latenzalter nahmen das bedrohliche affektive Klima im Kriegsgeschehen zusätzlich zu ihrem eigenen, von ihnen selbst evozierten Angsterleben auf und haben diese

Mischung eigener und fremder Angstgefühle als überwältigend erfahren und verinnerlicht. Erinnert werden in diesem Zusammenhang beispielsweise Schreie von Müttern, deren Kinder unterwegs auf der Flucht gestorben seien, oder Schreie von Kindern, die von ihren Müttern aus den Fenstern geworfen worden seien. Derartige Inhalte lösten während des Erzählens 60 bis etwa 75 Jahre später noch immer heftige emotionale Reaktionen bei den Studienteilnehmern aus und brachten die innerpsychische Labilität in Bezug auf diesen Themenbereich zum Ausdruck. Im Gegensatz dazu beschrieben einige Studienteilnehmer ihr Geborgenheitserleben, das sie, trotz der extremen äußeren Belastungen im Krieg, von bedeutsamen, auf sie bezogenen, wichtigen Personen erfahren hätten. Es gehörte zum damaligen Alltagserleben der Kriegskinder dazu, einer existenziellen Bedrohung ausgesetzt zu sein, sich in Todesgefahr zu befinden, Vergewaltigungen oder Verschleppungsszenarien erleben zu müssen oder zusehen zu müssen, wie Menschen starben oder getötet wurden. Der Eingriff der physischen und psychischen Gewalt in das Beziehungserleben der Kinder war häufig mit dem Erleben von Ohnmacht verbunden, wenn sich die Hilflosigkeit der Erwachsenen auf die Kinder übertrug:

> »Und dann hieß es: »Die, die Russen sind da.« Und da sind wir in der Nacht heimgegangen, das war vielleicht n Weg, mir kam der endlos vor, mir kam der vor wie ne Stunde, also in der Nacht heimgegangen, der Mond schien (Schweigen) und es war einfach Angst in der Luft (Schweigen) also: »Was passiert jetzt?« Äh, ich denk, alle hatten Todesangst. »Was passiert?« Und, und solche Nachrichten, die gingen immer in Windeseile rum.«

Der Einmarsch der Alliierten war aufgrund der Ängste der Erwachsenen in der Fantasie der Kinder mit ausgesprochen bedrohlichen Vorstellungen verknüpft. Insbesondere vor den »Russen« sei die Angst sehr groß gewesen. Auffällig ist, dass von keinem der Studienteilnehmer explizit von sexuellen Gewaltszenarien berichtet wird, die von den Soldaten der übrigen Alliierten ausgegangen seien. Auch hier haben wir es wieder mit einem Tradierungstyp zu tun, bei dem die negative Besetzung »Angst vor den Russen« im Gegensatz zur positiven Besetzung der Amerikaner und ihrer Einflüsse, dem »American Way of Life«, tradiert wurde. Die lebensbedrohlichen Geschehnisse werden etwa wie folgt kommentiert:

»(Das heißt, das hat ja was sehr Lebensbedrohliches in dieser Zeit?) Man musste ständig entweder mit Tod, äh, Gefahr mit Vergewaltigung und Verschleppen, also damit rechnen, mit allem rechnen, ja, ja! Und das natürlich hat das geprägt! Mein Mann, ich hab mein Leben lang nachher, nich, keine Angst mehr gehabt. Die war weg, alle betrunken! Dann war auch noch ein schlimmer Tag *(unverständliches Wort)* kaputt. Und dann ähm, ham se getrunken! Und das war immer schlimm, wenn sie getrunken ham (mh), das war immer schlimm! (Das heißt, sie wurden dann richtig?) Ent-, äh, ham dann richtig jede Kontrolle über sich verloren! Und dann, ham sie eben schon mal geschossen! Es war ja auch nicht verboten für sie, zu der Zeit.«

Erlebnisse im Zusammenhang mit sexualisierter Gewalt

»Und dann ging das aber auch, kam Wehrmacht, die russische. Die Russen waren, hinterher war die Straße schwarz, zogen durch. Aber dann, äh, kamen auch schon manche ins Haus (mh) und nahmen sich schon dies und das, was sie so für sich *(unverständliche Wörter)*, (mh)! Und ähm, (Schweigen) dann zur Nacht ham sich die Familien *(unverständliches Wort)*, wir gehen alle in ein Haus, dann können die uns vielleicht *(unverständliche Wörter)*, (Schweigen) alle in ein Haus einquartiert. Und äh, da kamen dann aber auch die Russen, die ham sich auch einquartiert. Und äh (Schweigen), dann ging das los, dass sie sich die Frauen rausholten und verge-, vergewaltigt haben aus unsrer Mitte, eine nach der andern.«

Einige der Studienteilnehmer mussten als Kinder Vergewaltigungen miterleben, spürten im Vorfeld die Anspannung und Angst der Erwachsenen, wurden selbst vergewaltigt oder misshandelt oder aber waren aufgrund von angstauslösenden Erzählungen ihren eigenen Vorstellungen überlassen, die sie nicht zuordnen konnten. Die sexualisierten Gewalteinwirkungen in der äußeren Lebensrealität und in der psychischen Innenwelt der Kriegskinder scheinen zumeist eine traumatisierende Wirkung entfaltet zu haben. Über Sexualität sei generell nicht gesprochen worden. Viele Teilnehmer, die von Erlebnissen sexualisierter Gewalt berichten, sprechen gleichermaßen von ihrem mangelnden Selbstbewusstsein, von einer mangelnden Wahrnehmungsfähigkeit hinsichtlich der eigenen Grenzen, hinsichtlich ihrer Wünsche und Bedürfnisse.

Zusammenfassende Darstellung
der Repräsentanzen zur Kindheit im Krieg

Abschließend werden die von den Studienteilnehmern geschilderten Kriegserlebnisse ihrer Kindheit und die beschriebenen Kriegsfolgen anhand der im Fokus stehenden inhaltlichen Themenschwerpunkte zusammengefasst:

Allgemeine Erinnerungen
Abwesenheit der Väter
- ➤ Kontakt durch Briefeschreiben: »Was passiert im Krieg?«
- ➤ »Der Krieg – ein spannendes Abenteuer?«
- ➤ Aushaltenmüssen von Spannung, Verlustängsten und Ungewissheit

Die Schrecken des Krieges in der Heimat
- ➤ Bombardierungserlebnisse in der Schwangerschaft sowie in der frühen und späten Kindheit der Kriegskinder werden mit lebenslangen Folgen wie chronischer Angst, Zittern und mangelndem Vertrauen in Verbindung gebracht.
- ➤ Die Bombardierungserlebnisse werden insbesondere im Zusammenhang mit dem Gefühl der Verzweiflung und dem Erleben »wehrlos zu sein« erinnert.
- ➤ Eine Vielzahl belastender Sinneseindrücke aus dem Kindheitserleben im Krieg sei unauslöschlich in ihrer Erinnerung eingegraben.
- ➤ Erinnerungen an eigene Verlusterlebnisse und die anderer seien zu einer großen innerpsychischen Belastung geworden, woraus sich eine lebenslange Verlustangst gebildet habe.
- ➤ Todesangst und Erinnerungen an den Tod

Militärische Übergriffe auf Zivilisten
- ➤ Angriffe auf die Zivilbevölkerung durch Angehörige militärischer Verbände und die Folgen solcher Übergriffe auf Zivilisten lösten bis heute in der Erinnerung Angst und Schrecken aus.

321

Verletzungen und Erkrankungen
➤ Kriegsbedingte körperliche und seelische Krankheiten sowohl der Kinder als auch der Personen der familiären Lebensumwelt

Trennung und Unvollständigkeit der Familie
➤ Kinderlandverschickung
➤ Mangelerfahrung: Soziale, psychische und physische bzw. materielle Mangelerfahrungen der Kriegskinder und ihrer familiären Lebensumwelt. Veränderungen im Beziehungserleben mit den Eltern, Geschwistern und anderen Bezugspersonen
➤ Heimatverlust und dessen Folgen für die Kinder und Personen ihrer familiären Lebensumwelt

Vaterrepräsentanzen zur Kindheit im Krieg
Der zeitweise abwesende Vater
➤ Die Väter wurden einerseits vermisst, andererseits war die Kriegsteilnahme des Vaters von Stolz und der Vorstellung, dass er heldenhafte Taten vollbringe, begleitet. Nach dem Krieg erfolgte meist eine Desillusionierung über das fehlende Heldentum des Vaters.
➤ Es gibt wenige positive Erlebnissequenzen in der Kriegszeit. Diese Sequenzen sind emotional hoch besetzt und haben einen zentralen Stellenwert in der Kindheit.
➤ Es wurden nur vereinzelt dialogische Erlebnissequenzen mit dem Kriegsurlaubs-Vater in der Kriegskindheit beschrieben.
➤ Der Kontakt über die Feldpost wurde zumeist als belastend und verunsichernd erlebt.
➤ Die Unsicherheit in der Familie, ob der Vater heil aus dem Krieg kommen würde und das damit verbundene Spannungserleben prägten das Kriegskindheitserleben.

Der endgültig abwesende Vater: Vaterverlust
➤ Reale Begegnungen mit dem Vater bei Heimaturlauben werden kaum erinnert bzw. bestehen nur aus kurzen Erinnerungssequenzen.

➤ Bedeutende Erinnerungen an den Vater (vom Vater aus dem Krieg geschickte oder mitgebrachte Präsente) haben einen zentralen Stellenwert, sind emotional hoch besetzt.

➤ Der Tod des Vaters sei den Kriegskindern von den übrigen Familienmitgliedern meist nur vage mitgeteilt worden, darüber sei nicht gesprochen worden, deshalb habe der Tod des Vaters nicht betrauert werden können.

➤ Die Enttäuschungswut über den Verlust des Vaters konnte nicht verarbeitet werden, sein Tod nicht betrauert und damit nicht verarbeitet werden. Kinder litten deshalb in ihrer weiteren Entwicklung massiv unter dem Verlust des Vaters.

➤ Die psychischen Repräsentanzen des Vaters in der Mutter waren häufig ambivalent besetzt und von einer latent vorwurfsvollen oder aber auch idealisierenden Haltung bestimmt. Hilfreiche Erinnerungen an den Vater wurden den Kindern meist nicht vermittelt.

Mutterrepräsentanzen zur Kindheit im Krieg
Die »starke«, die überlastete Mutter
➤ Lebensbedrohliche Ereignisse für die Mütter (z.B. Tiefflieger) im Beisein des Kindes wurden als »sehr einprägsam« beschrieben.

➤ Enorm belastende Erfahrungen, wie beispielsweise Bombardierungen, Aufenthalt im Keller, Erfrierungen, Typhus oder der Aufenthalt im Flüchtlingslager, wurden im Duktus normaler Alltaggeschehnisse beschrieben, die die Mutter so gut es ging bewältigt habe; häufig jedoch sei sie den Anforderungen nicht gewachsen gewesen.

Die »distanzierte« Mutter
➤ Wegen des existenziellen Überlebenskampfes und der persönlichen Überforderung konnten die Mütter nicht ausreichend psychisch präsent für ihre Kinder sein und auf deren Bedürfnisse adäquat eingehen, sodass die Kinder ihre Mütter als distanziert und wenig auf sie bezogen erlebt hätten.

Die uneinfühlsame Mutter (Kriegskinder waren Ersatzpartner)
➤ Mütter wurden als »depressiv« erlebt, die Kinder wurden als Ersatzpartner benutzt.

➤ Mütter werden als »uneinfühlsam« und »streng« beschrieben.

➤ Kinder erlebten sich im Beziehungserleben mit der Mutter verstrickt.

Die vereinnahmende Mutter (Kriegskinder waren Ersatzpartner)

➤ Wut und Enttäuschung über den Verlust des Partners wurden auf das Kind projiziert; die Kinder wurden häufig als Ersatzpartner behandelt und litten unter diesem weitgehend funktionalisierten Beziehungserleben.

➤ Aufgrund der äußeren belastenden Erfahrungen stellten die Mütter zu ihren Kindern eine überaus große Nähe her, die wiederum von den Kindern nicht hinreichend reflektiert werden konnte.

➤ Die Kinder wurden von den Müttern adultisiert und übernahmen häufig die Verantwortung wie ein Erwachsener (Aufgaben des Vaters wurden an die Kinder delegiert).

Die allzu beschützende und ängstigende Mutter

➤ Aufgrund der eigenen defizitären Affektregulierung der Mütter werden deren Gefühle der Wut und der Angst auf ihre Kinder projiziert, gleichzeitig findet eine Rollenumkehr statt, die Kinder achten auf ihre Mütter.

Selbstrepräsentanzen zur Kindheit im Krieg
»Ich hatte eine ganz »normale« Kindheit«, »Das war schon ne schlimme Zeit.« –
Kindheitserinnerungen der 1932/33 bis 1945/1946 geborenen Kriegskinder

➤ Durchgängig beschrieben Kriegskinder ihre Kindheit als »ganz normale Kindheit«, andere hätten es schlimmer gehabt. Das belastete Erleben kann in der Eigenbeziehung nicht adäquat eingeordnet und verarbeitet werden.

➤ Die Studienteilnehmer berichteten von äußeren Gewalteinwirkungen, von ihren Ängsten, von körperlichen Verletzungen, die sie erleiden mussten, von Menschen in ihrem Umfeld, die zu Tode gekommen seien. Gleichzeitig sprachen sie davon, dass sie im Vorfeld des Interviews schlaflose Nächte gehabt und sich gefragt hätten, weshalb sie eine Einladung zum Interview erhalten hätten, das sei doch alles »normal« gewesen.

➤ Neben dem Hinweis, dass diese enormen Belastungen im Kriegsgeschehen ganz »normales« Alltagsgeschehen gewesen seien, stellen die Kriegskinder fest, dass die Zeit dennoch »schlimm« gewesen sei. Die belastenden Erlebnisse der Eltern (Verluste von Familienangehörigen) wurden berichtet, darüber sei aber nicht gesprochen worden. Das Schweigen wird so interpretiert, dass die Eltern an diese Erlebnisse »nicht mehr denken wollten«. Den Studienangehörigen ist meist nicht bewusst, dass sie sich ihre Kindheit nicht zu eigen machen konnten.

Prägende Kindheitserinnerungen aus der Sicht der Kriegskinder:
- Über persönliche Dinge wurde nicht gesprochen. »Wir wollten unsere Eltern nicht belasten.« »Ich habe alles mit mir alleine ausgemacht, das war einfach so.« »Ich bin sehr früh selbstständig geworden.« »Nicht auffallen!«
- »Die Zerstörungskraft vom Krieg hat mit meiner Sehnsucht nach Schönheit zu tun.« »Ich habe eine starke Bindung an die Natur.«
- »Heldentum war wichtig!« »Berufsausbildung war für Jungen wichtig, nicht für Mädchen.« »Ich wollte es immer zu etwas bringen.«
- »Das Nachdenken kam erst viel später, irgendwann.«

Gefühle, die sich auf das Kindheitserleben im Krieg beziehen:
- »Ich habe die Todesangst der Erwachsenen gespürt!«
- »Ich habe im Keller immer Angst gehabt!«
- »Ich habe lebensbegleitende Verlustängste und bin anfällig für Affektansteckungen.«

Protektive Faktoren (Nennungen, die eine psychische Schutzfunktion für die Belastungen der Kriegskinder und Personen ihrer familiären Lebenswelt darstellten):
- Verfügbarkeit wichtiger Bezugspersonen
- Die Natur als hilfreiches Beziehungsobjekt
- Psychische Stabilität durch die Beschäftigung mit Literatur und dem Streben nach Bestätigung im Bereich der beruflichen Aus-, Weiterbildung und Berufsausübung

Wie haben die Kinder diese Erfahrungen und Kriegsfolgen verarbeitet?

Die Frage, ob Kinder unter den Folgen ihrer belasteten Kriegserfahrungen leiden, wird in der Fachliteratur kontrovers diskutiert. Übereinstimmung besteht in der Annahme, dass kleinere Kinder vulnerabler sind als Jugendliche oder Erwachsene, da die innerpsychische Selbstregulationsfähigkeit noch vielmehr von den Bezugspersonen abhängig ist. Hinzu kommt, dass kleinere Kinder auf weniger Verarbeitungsmöglichkeiten zurückgreifen können. Viele Studienergebnisse zeigen, dass Kinder zwischen fünf und neun Jahren die größte Vulnerabilität aufweisen, da sie einerseits die belastenden Ereignisse bereits auf einer reflektierteren Ebene wahrnehmen können als Säuglinge und Kleinkinder, gleichzeitig aber noch nicht über ausreichende Regulationsmöglichkeiten verfügen. Die vorliegenden Untersuchungsergebnisse belegen, ebenso wie die Ergebnisse anderer Studien, dass für die Bewältigung belastender Erfahrungen das Funktionsniveau bedeutender Bezugspersonen, insbesondere deren psychische Stabilität und emotionale Präsenz sowie die Verfügbarkeit von guten Copingstrategien, als maßgebliche Faktoren bei der Bewältigung von belastenden Kriegserfahrungen eine zentrale Rolle spielen.

Schon A. Freud und D. Burlingham beschrieben in Ansätzen diesen Zusammenhang. Die ersten systematischen Beobachtungen von Kindern, hinsichtlich der Auswirkungen belastender Kriegserfahrungen, machten Anna Freud und Dorothy Burlingham während der deutschen Luftangriffe auf London im Zweiten Weltkrieg. Ein Teil der untersuchten Kinder hatte Bombardierungen im Bunker gemeinsam mit den Eltern oder anderen psychisch stabilen Bezugspersonen erlebt. Im Vergleich dazu wurden Kinder untersucht, die evakuiert worden waren, die also keine Bombardierungen erlebt hatten, dafür aber längere Zeit von ihren Eltern oder nahen Bezugspersonen getrennt waren. Das überraschende Ergebnis war, dass die Trennung von den Bezugspersonen für die Kinder weitaus belastender war als das Erleben der Bombenangriffe im Schutz der (in diesem Fall als psychisch stabil eingeschätzten) Eltern oder nahen Bezugspersonen (vgl. A. Freud/Burlingham 1971).

Ursachen der mangelnden Verarbeitung von Kriegserlebnissen

Bei der Untersuchung des Textmaterials wurde immer wieder deutlich, wie sehr die Affekte der Erwachsenen das affektive Erleben der Kinder beeinflussten. Folgende prototypische Textauszüge illustrieren dieses Phänomen:

> »Wenn da die Lampe wackelte und also der Boden zitterte und man wusste, es hat irgendwo einen Einschlag gegeben. Ich glaube mein Schrecken ging eher über den Schrecken der Erwachsenen. Das hat mich beunruhigt. So erinnere ich ungefähr!«

Dieses Kriegskind war zum geschilderten Zeitpunkt im Alter von fünf Jahren. Ein Untersuchungsteilnehmer des gleichen Geburtsjahrgangs äußerte sich wie folgt:

> »Das Kind in mir: Es fürchtet sich vor Bomben, vor feindlichen Soldaten, davor, dass Vater oder Mutter es verlassen oder sterben werden.«

Viele Beispiele im Textmaterial zeigen, wie sehr die angsterfüllten Erlebnisfragmente der Eltern auf die Kinder übergingen. Die Bezugspersonen der Kinder wurden häufig von ihren eigenen Ängsten überflutet, übertrugen diese auf die Kinder und konnten deshalb ihren Kindern bei der Verarbeitung ihrer Ängste nicht hilfreich zur Verfügung stehen. Auf diese Weise fand bei den Kindern eine Introjektion unbewusster oder bewusster spannungsgeladener Gefühlsdimensionen der Eltern statt. Diese emotionalen Übertragungsfragmente mischten sich in die Gefühlswelt der Kinder; es war ihnen nicht möglich, die bedrohlichen Gefühlsdimensionen der Eltern von den eigenen spannungsgeladenen Gefühlen zu unterscheiden, geschweige denn, diese hinreichend zu verarbeiten. Dies hatte zur Folge, dass diese spannungsgeladenen emotionalen Beziehungselemente (Introjekte) vermutlich destabilisierende Elemente in der Selbststruktur hinterlassen und die emotionalen Selbstregulationfähigkeiten im weiteren Entwicklungsverlauf negativ beeinflusst haben. In Abhängigkeit von der adäquaten Zuwendung und psychischen Stabilität der Eltern hinterließen die Bombardierungserlebnisse also mehr oder weniger belastende oder destabilisierende Spuren in der kindlichen Psyche. Bei der Untersuchung des Textmaterials zeigte sich zudem, dass die

Kinder diesen äußeren und innerseelischen Gewalteinbrüchen in sensiblen Entwicklungsphasen ausgesetzt waren, sodass sie erschwerte Entwicklungsbedingungen hatten. Ihre eigene innerpsychische Fähigkeit zur emotionalen Selbstregulation war dadurch massiv eingeschränkt. Sie waren häufig aufgrund der äußeren und innerpsychischen Belastungen außerstande, ihr innerpsychisches affektives Gleichgewicht zu halten bzw. zu regulieren. Die Kinder konnten in ihrem Entwicklungsverlauf nur bedingt die Erfahrung machen, dass ihre Bezugspersonen kontinuierlich als emotional stabile Beziehungspartner zur Verfügung standen. Der Großteil der Untersuchungspersonen hatte aufgrund der fehlenden Markierung fremder überbordender Gefühle, nicht die Möglichkeit, diese als fremde Gefühle zu erkennen. Das Erleben von Verlust-, Gewalt- und Todeserfahrungen ereignete sich im Kontext eines diffusen Gefühls- und Beziehungserlebens. Zudem fand häufig eine Rollenumkehr im Beziehungserleben statt. Die Kinder wurden adultisiert, mussten also für ihre Mütter Hilfsfunktionen übernehmen, die eigene Bedürftigkeit blieb unversorgt. Die Sehnsucht nach Trost und liebevoller, hilfreicher Zuwendung blieb meist unbeantwortet. Vorherrschend im Erleben der Kinder war die zentrale Angst davor, ihre Eltern zu verlieren. Aufgrund dieser defizitären Entwicklungsbedingungen blieben die Kriegskinder häufig lebenslang in diesen defizitären Beziehungsmustern stecken, wiederholten diese Muster unbewusst in ihren späteren partnerschaftlichen Beziehungen, oder aber konnten nur eingeschränkt Nähe in partnerschaftlichen Beziehungen zulassen. Radebold (vgl. 2000, 2004a, b) zeigt anhand seiner Beobachtungen bei der therapeutischen Behandlung von vaterlosen Kriegskindern auf, dass die Kriegskinder in ihrer psychischen Entwicklung schwer beeinträchtigt waren. Aufgrund der Abwesenheit der Väter und wegen weiterer schwerer psychischer Belastungen, denen sie in unterschiedlichen psychosexuellen und psychosozialen Entwicklungsphasen ausgesetzt gewesen seien, hätten sie schwerwiegende Entwicklungsdefizite hinnehmen müssen. Diese Beobachtung hat sich in der vorliegenden Untersuchung bestätigt. Der folgende Textauszug soll dies illustrieren:

»Also ich, mir komm manchmal die Tränen, wenn ich so Sachen erleb, wie zum Beispiel Äußerungen meiner Mutter, dass sie den Schmerz gar nicht in Worte fassen kann. Da laufen mir die Tränen runter. Oder der Abschied stand schon wieder vor der Tür. Also ich war grad neu geboren, musst mein Vater schon wieder weg. Des,

des, also da komm mir einfach hemmungslos die Tränen. Aber dass, ich irgendwie krank war? Ich weiß, ich hab, ich hat Ihnen vorhin ja schon gesagt, dieses aus m Schlaf gerissen werden, in den Luftschutzbunker des hat mich physisch aufgeregt. Da hab ich irgendwie da hinten drin des Gefühl gehabt, des tut mir weh! Irgendwie im Nacken oder so, obwohl da gar nix war. Und wie gesagt, hungern musst ich auch nicht.«

Die Kinder waren überfordert mit der Bewältigung eigener Affekte und den Affekten, die sie von bedeutsamen Anderen aufnahmen. Den Kriegskindern war es gar nicht oder nur eingeschränkt möglich, sich mit diesen bedrohlichen Affekten ihren Familienmitgliedern mitzuteilen; es war ihnen nicht möglich, die Inhalte und Entstehung dieser Gefühle mithilfe bedeutender Bezugspersonen zu reflektieren und diese belastenden Affekte damit zu regulieren. Die Repräsentanzen dieser extrem spannungsgeladenen Gefühlserfahrungen behielten ihre Bedrohlichkeit. Dem körperlichen Gefühl konnten keine hilfreichen Gedanken zugeordnet werden, ebenso wenig, wie hilfreiche Beziehungserfahrungen verinnerlicht werden konnten. Die Affekte potenzierten sich daher und waren mit bedrohlichen Fantasien assoziiert. Durch diese defizitären Beziehungserfahrungen war es den Kindern kaum möglich, eine adäquate geistige Entsprechung des Affektes, also eine sekundäre differenzierte Repräsentanz auszubilden.

Fonagy und Target (2003) sprechen in diesem Zusammenhang im Kontext ihres Mentalisierungsmodells von der geistigen Ebene der »Metakognitionen«, also der Fähigkeit des Kindes zur emotionalen Selbstkontrolle. Diese Fähigkeit kann sich nur dann entwickeln, wenn sich sekundäre Regulations- oder Kontrollstrukturen auf der Grundlage eines adäquaten Beziehungserlebens sowohl auf der selbstreflexiven als auch auf der interpersonalen Ebene in der kindlichen Psyche ausgebildet haben. Die mangelnde Mentalisierungsfähigkeit der Bezugspersonen stellt zudem eine weitere Ursache für eine defizitäre Bindungsentwicklung dar. Die Bindungssicherheit des Kindes wird in der Fachliteratur als zentraler Faktor für die Ausbildung der Mentalisierungsfähigkeit herangezogen.

Die zentrale Bedeutung hilfreicher Bezugspersonen

Die zentrale Bedeutung der Bezugspersonen für Kinder bei der Bewältigung extrem belastender Erfahrungen zeigte sich in der vorliegenden Untersuchung in unterschiedlichen Zusammenhängen. Es zeigte sich, dass belastende Kriegserfahrungen nicht per se einen schädigenden Einfluss auf die kindliche Psyche haben, sondern dass die Verarbeitung von belastenden Erfahrungen maßgeblich von der psychischen Präsenz der Bezugspersonen bzw. den hilfreichen Erfahrungen im sozialen Kontext abhängig sind. Das psychosoziale Umfeld – und dabei insbesondere die Stabilität und emotionale Präsenz der Bezugspersonen – ist für kleinere Kinder in weit größerem Ausmaß bei der Bewältigung von Kriegsereignissen bedeutsam. Für die Bewältigung der belastenden Erlebnisse ist von maßgeblicher Bedeutung, wie die Bezugspersonen diese Ereignisse erklären und bewerten und wie die Kinder diese Ereignisse für sich selbst bewerten. Hinsichtlich der langfristigen Auswirkungen belastender Kindheitserlebnisse gibt es noch keine einheitlichen Forschungsergebnisse. Als Ursachen dafür lassen sich verschiedene Faktoren wie zum Beispiel uneinheitliche Studiendesigns hinsichtlich der Stichprobenauswahl, unterschiedliche soziale Einbettung der Kinder nach Beendigung der Kriegssituation (z.B. psychosoziales Milieu, Flüchtlingsstatus, unterstützende Angebote etc.) anführen. Nicht zuletzt bedingt das unterschiedliche Alter der Kinder während der Traumatisierung die verschiedenen Studienergebnisse.

Kindheitserfahrungen in der Nachkriegszeit und deren Folgen

»Heil Hitler« – »Guten Tag«!
Kindheit im Übergang von der NS-Zeit zur Nachkriegszeit

»Ich weiß auch noch der 8. Mai, da hat, äh, ham se alle geredet: »S wird Frieden, s wird Frieden!«, »Ja wann denn?« hab ich gefragt. »Ja, Mitternacht!« Na hab ich extra gebetet, dass meine Mutter mich aufweckt. Und dann weiß ich noch, ich hab im Schlaf-, äh, im, im Bett meines Vaters geschlafen, weil der war ja noch eingezogen, und dann ham se mich geweckt! »Jetzt ist Frieden!« Aber da war noch lange nicht Frieden, da gings ja erst los für uns (ja)«. Und des war so ne komische Atmosphäre, des hat mir überhaupt nicht gefalln. Und dann hab ich »Heil Hitler« zu ihm gesagt, »Bist du stille!« hat meine Mutter mich dann (lacht). Und dann lief der gleiche Mann wieder bei uns vorbei, kam den Berg runter, lief bei uns vorbei und sagte gar nix. Und des war so ne komische Atmosphäre, des hat mir überhaupt nicht gefalln.«

»*Mein Kampf*, da hat sie nicht drangedacht oder nicht gwusst, dass des was ist, des ham die Amerikaner mitgenommen. Des waren also die drei Relikte (mh) aus der Nazizeit (mh). Wir hatten natürlich eine Nazifahne (mh), wie alle Häuser, die draus hing; aber was damit passiert ist, des weiß ich nicht (mh). Vermutlich versteckt (mh) oder auch verbrannt. Wir hatten *Mein Kampf* zu Hause (mh); ich hab des damals natürlich noch nicht gelesen, das bekamen dann meine Eltern. Ich versteh s nicht, weil sie 32 geheiratet ham. Also sie müssens nachher, nicht zur Hochzeit bekommen haben (mh). Und wir hatten das Parteiabzeichen des Vaters und wir hatten das Hitlerbild (mh). Und als es hieß, die Amerikaner kamen, die ich damals mit den Italienern verwechselte, also ich hatte keine Vorstellung, wer des ist, da wurde das Parteiabzeichen ins Klo versenkt und das Hitlerbild, das war nur Pappdeckel eingeheizt.«

»Und da war noch ein Erlebnis für mich ganz prägend. Die amerikanische Besatzung hat angeordnet, dass die Kinder und Jugendlichen diese Dokumentarfilme anschauen mussten, die zusammengestellt worden sind aus den ersten Filmaufnahmen, die die Briten und die Amerikaner äh, beim äh, Eintritt in die Konzentrationslager gemacht haben, ich war etwa 15 Jahre alt. Es war ja so, dass eigentlich erst mal zwei Stunden gefilmt wurde und dann kamen ja erst die Sanitäter rein, was verständlich war, was man heute in Dokumentarfilmen immer wieder sieht. Das war für mich persönlich ein unglaublicher Schock. Also das weiß ich noch, das war auch für mein ganzes Leben prägend. Muss man sagen, das prägte mein Leben später, das steht außer Frage.«

»S, sind verschiedene Dinge. Aber eigentlich hat mich schon geprägt dieser Wiederaufbau, das hat mich ganz stark animiert. Und vor allen Dingen, das war ja dann später, wie die Verfassung, wie wir die Verfassung bekommen haben. Und ich hab sie, ich kanns nimma auswendig. Aber für mich war des so wichtig, des zu lesen. Alle Staatsgewalt geht vom Volke aus und die Würde des Menschen ist unantastbar, des kann ich Ihnen gar nicht sagen, wie des reinging in mich. Weil ich hab des verstanden, was des ist, die Würde. Wir hatten keine Würde mehr und, und das Volk oder wir, wir waren ja niemand wie Ameisen oder Stimmführer oder wie man das heute noch zu bezeichnen nennt; aber des war so wichtig und man kann, man kann ja selber auch jetzt was tun. Wir waren ja alle behindert, ich war ja auch noch ein Kind muss ich dazu sagen. Aber die Eltern und die Er-wachsenen waren ja auch behindert und die können jetzt was machen. Und jetzt bauen wir wieder auf, jetzt bauen des Land auf. Und jetzt dumma ohne Murren die Steine weg und den Dreck wegfahren und so weiter. Sie und da haben wir gesungen, des, des war doch was. Vielleicht kann man des gar ned so verstehn, Phönix aus der Asche so ungefähr.«

»Erst warens die Nazis und dann warns die Russen. Und dann hieß es doch FDJ und so weiter (mh). Da musste man ja auch in der Schule, wenn denn, musste da mit rein. Und ich, na ja, bin ich drin gewesen. Aber ich bin auch immer in meiner evangelischen Jugend gewesen (mh). Ich war sogar beides, also wie ich das, weiß auch nicht, wie das hingekriecht habe. Später durfte das ja nich mehr sein. Aber am Anfang waren die schon viel, viel, äh, toleranter als später in der DDR (mh), (Schweigen). Ich bin auch in die, regelmäßig in die Kirche gegangen und äh, hab mich eher gedrückt vor diesen anderen Sachen.«

»Äh, sie hat dann sofort umgeschwenkt als die Russen kamen. Meine Mutter war XXX, also eigentlich hatte sie studiert in XXX und war dann XXX; hatte sie richtig dann gelernt. Und äh, hatte dafür, äh, war sehr begabt und machte dann, brachte dann gleich nen Prospekt raus. Also wie man aus zwei alten Teilen ein neues machen kann, hat sie gemalt alles. Das wurde sogar gedruckt. Dann machte sie das ab sofort. Die Russen kamen und sie ging durch die Stadt und sagte: »So! Sofort die ganzen Hitlerbilder aus den Fenstern!« Jedes Fenster musste ja ein Hitlerbild haben, jedes Schaufenster. »Ab sofort kommt da ein Stalinbild rein!«

»Und da waren wir dann eine Zeit, also ja bis so zwei Jahre. Und ich kann mich ein wenig, also da war dann dieser äh, DDR zeitlang, es wurde also auch wieder, gab s junge Pioniere. Und meine Mutter hat, weiß ich noch, so in ihrer Art gesagt: »Jetzt geht s wieder los, jetzt ist es wieder ähnlich wie die Hitlerjugend.« Die hat also wieder gleich eigentlich das durchschaut. Und ähm, ich hatte auch gar kein, also da zu den jungen Pionieren oder so bin ich nie gegangen.«

»Also wir sind, äh, vielleicht ist das auch ein Aspekt, über den wir noch gar nicht gesprochen haben. Natürlich auch so ein bisschen hinein-, bisschen sehr sogar hineingewachsen in diese Wohlstandswelle (mh), in diese Genuss- und Vergnügungsphase (mh). Dieses Bedürfnis Nachzuholen, also wir ham da nicht bewusst drüber nachgedacht, aber des war wohl schon so. Zumindest bei meinen Eltern auch. Also s hat schon auch ne große Rolle gespielt. Also wir hatten auch da sehr durch amerikanische Musik und, und durch diese amerikanische Kultur, dieser Way of Life, den wir sehr gerne mochten, auch das mit, mit vollem Herzen und vollen Armen angenommen. Und äh, ja, so war auch der Umgang. Also alle Freundinnen, die ich hatte, die mochten Rock 'n' Roll und die mochten die Filme mit James Dean. Und diese ganzen amerikanischen Filme, die dann zu uns herüberschwappten. Ähm, wir waren teilweise auch in amerikanischen Bars gewesen, in der, in der Jugend dann (mh) zu Tanzabenden unterwegs gewesen. Also des spielte dabei schon eine Rolle und hat eine, wenn auch hauchdünne Beziehung auch zu dieser Kriegs- und Nachkriegszeit (mh). Ähm, mit den jungen Damen oder mit den Freundinnen ist über Kriegszeit und diese politischen Schwierigkeiten nach dem Krieg nie ernsthaft gesprochen worden. Also des war eigentlich kein Thema, des spielte keine Rolle. Erst später dann, ähm, ja hab ich darüber sehr häufig gesprochen. Äh, aber in der Regel im Kontext mit, äh, dem, was meine Kinder in der Schule (mh) grade darüber gehört haben oder gemacht haben (mh).«

Im Entwicklungsverlauf der Generation der Kriegskinder bestanden bei vielen Personen keine dauerhaften stabilen sozialen Strukturen. Die soziale und familiäre Lebenswirklichkeit der meisten Studienteilnehmer wies wiederholt tiefe äußere Brüche auf. Die Kinder waren in den drei Phasen Vorkriegszeit, Kriegszeit und Nachkriegszeit verschiedenen Stressoren ausgesetzt. Die vorangegangenen belastenden Ereignisse wurden, je nachdem, wie sie verarbeitet worden waren, jeweils durch die folgenden Geschehnisse mehr oder weniger verstärkt. In der Kriegszeit waren diese Kinder Situationen ausgesetzt, die sie bisher nicht kannten. Sie machten massive Gewalterfahrungen, waren in menschenverachtende gesellschaftliche Strukturen nie gekannten Ausmaßes eingebunden, erlebten Morde und Vergewaltigungen, mussten um ihr eigenes und das Leben ihrer Eltern fürchten, verloren ihre Heimat. Da diese Erfahrungen Bestandteil des gesellschaftlichen Kontextes waren, in dem sie ihre Kindheit erlebten, erhielten die Kriegsgeschehnisse den Charakter des »Normalen«. »Angst zu haben«, »sich ganz alleine zu fühlen«, »das Gefühl zu haben, für die Eltern sorgen zu müssen« waren zentrale Erfahrungen, die den Entwicklungsverlauf und damit das Selbst- und Beziehungserleben dieser Kinder formten und ihr Leben als »normal« definieren ließen. Die hilfreiche psychische Präsenz bedeutender Bezugspersonen war aus unterschiedlichen Gründen für die Bewältigung der Extrembelastungen für die Kinder kaum verfügbar. Für die Bewältigung dieser Belastungen kommt erschwerend hinzu, dass die Erinnerungskultur der Nachkriegszeit dadurch geprägt war, dass die in den gesellschaftlichen und familiären Kodex eingeschriebenen tabuisierten Inhalte zwischen Eltern und Kindern in der Nachkriegszeit nicht kommuniziert wurden. Eltern und Kinder erlebten die sogenannte »Stunde Null«, die sich natürlich nicht auf die innerpsychischen Welten der Familien bezog. Alte Identifikationsmuster wurden nicht mehr kommuniziert und neue zusätzliche Anpassungsleistungen und Entwicklungsaufgaben waren erforderlich. Damit waren die Kriegskinder vor dem Entwicklungshintergrund ihrer extremen Belastungen in der Vorkriegs-, Kriegs- und Nachkriegszeit häufig überfordert. Eine Vielzahl unverdaulicher Bilder und verinnerlichter Erfahrungen wirkte auf die Psyche der Studienteilnehmer entwicklungshemmend ein. Neue traumatisierende Erfahrungen – wie Heimatverlust, Entwurzelung, Erleben von Würdelosigkeit sowie Scham- und Schulderleben – bildeten die psychische Grundlage für die weitere Entwicklung, in der neben den altersbedingten Entwicklungsaufgaben erneut belastende Erfahrungen im Selbst- und Beziehungserleben bewältigt werden mussten. Als ein zentraler »Stressfaktor« im Erleben der Studienteilnehmer wird die Zeit der »Entnazifizierung« benannt. Die Zeit der sogenannten Entnazifizierung im Nachkriegsdeutschland beschreiben die Studienteilnehmer meist als eine Zeit, in der die Väter und Mütter sehr angespannt gewesen seien. Der Begriff »Entnazifizierung« taucht in den Erzählungen zur Nachkriegszeit als Beschreibung eines gefühlsintensiven und angespannten Beziehungserlebens zwischen Kind und Eltern immer wieder auf, wie folgende Rückerinnerungen der Studienteilnehmer zeigen:

»Und hat des von Anfang an abgelehnt und äh, mein Vater, ich denke, dass gerade, äh, wie s ja auch immer heißt, äh, der Hitler sehr an Boden gewonnen hat, weil er die Arbeitslosigkeit weggebracht hat. Und äh, so war es auch bei meinem Vater auch eine gewisse Dankbarkeit und ich mein, das was so schlimm war, des ist ja auch mit der Zeit dann herausgekommen. Auf jeden Fall, mein Vater war überhaupt jetzt nicht jemand, der immer von dem geschwärmt hätt oder so. Wir ham immer so, mein Bruder wollte nicht zu Hitlerjugend, aber des war ja dann auch, ma musste ja hingehen, ich war noch ganz kurz bei diesen Jungmädchenschar oder wie des geheißen hat und kurz und gut, also es war auf jeden Fall dann 1948 hat mein Vater seine Stelle verloren.«

»Ja, dann ging, äh, am Anfang noch nicht so, aber dann ging halt stärker dieser Druck auch los im öffentlichen Dienst und 1939 ist er zur Partei gegangen.«

»Mein Vater ist – der war Beamter und er fiel nicht unter den Artikel 131 Grundgesetz, das heißt er hatte nicht so viele Jahre als Beamter beieinander, dass er einen Anspruch hatte auf angestellt werden, wieder verbeamtet werden. Und deswegen war er sieben Jahre lang arbeitslos. Also von XX bis XX. Und das ist natürlich ein indirektes, äh, Erlebnis. Aber das traf uns sehr mit, weil vermutlich mein Vater auch sehr viel Lebensmut verloren hat. Also deswegen, ich hab wahrscheinlich auch über das Maß des Normalen hinaus hätte ich Beklemmung vor Arbeitslosigkeit. Und das ist wahrscheinlich als Kind eben auch indirekt mitgekriegt, wie es, wie es meinem Vater nicht gut ging. Und das betraf die ganze Familie, weil halt sehr sehr wenig Einkommen da war. Wir waren also dann auf Sozialhilfe angewiesen, weil äh, ja.«

Als ein weiterer zentraler Konflikt kristallisierte sich bei der Bearbeitung des Textmaterials die tabuisierte NS-Thematik heraus. Die auf die NS-Ideologie und die NS-Zeit bezogenen Beziehungsrepräsentanzen blieben in der weiteren individuellen psychischen Entwicklung der Kriegskinder weitgehend als abgespaltene Inhalte in der psychischen Struktur bestehen und waren im Interview

335

meist ambivalent besetzt. Diese kommunikativen »Leerstellen« in den Identifikationsprozessen der damaligen Kinder zeigen sich bis in die Gegenwart. Der Beziehungsraum zwischen Kindern und Eltern im Nachkriegsdeutschland war durch das Schweigen über nationalsozialistische Leitbilder und die daran geknüpften Selbst- und Beziehungsrepräsentanzen geprägt. Somit hatten die meisten dieser Kinder nicht die Möglichkeit, über ihre Kindheitserlebnisse zu sprechen, geschweige denn, diese zu reflektieren und zu verarbeiten. Das Untersuchungsmaterial zeigt auf vielfältige Weise, dass ein jahrzehntelanges Schweigen über ihr Schicksal, über die damaligen äußeren und innerpsychischen Belastungen sowie Fremdheitsgefühle das Kindheitserleben dieser Kriegskinder geprägt haben. Die Studienteilnehmer beschreiben in einer Vielzahl von Beispielen, dass sie über ihre Kindheitserlebnisse im »Dritten Reich« und ihre gemeinsamen Familienerinnerungen kaum sprechen »durften« oder »konnten«. Sie hätten gespürt, dass über diese Erinnerungen geschwiegen werden »musste« bzw. dass man darüber auch schweigen »wollte«. Diese bewussten und unbewussten, emotional dicht besetzten Leerstellen im Selbst- und Beziehungserleben der Kinder und ihrer Eltern wurden ambivalent besetzt gehalten. Hinzu kam, dass die Kinder merkten, dass die Väter über ihre Erlebnisse im Krieg nicht sprechen konnten, sie erschienen ihnen in der Rückerinnerung gleichsam »traumatisiert« oder psychisch »zerbrochen«. In der Folgezeit traten sie als nicht integrierte Anteile im Selbst- und Beziehungserleben in einem transgenerationalen Prozess aller Beteiligten in Erscheinung:

> »Mh. Also zunächst einmal war es so, dass es, äh, unsere meine Herkunftsfamilie geprägt hat, dass es geheißen hat: »Was in der Familie geredet wird, wird draußen nicht gesagt. So leicht.« Das musste ich natürlich mit der Zeit überwinden. Öh, weil ich ja andere Leute dann auch, äh, sehr mit einbezogen hab. Äh, meine Partnerschaft (Schweigen), dass ich auch eine, ein sehr eigenständiges Leben, dass ich einfach so entschieden hab, gelebt habe und konnte ich diese Partnerschaft nicht so ohne weiteres leben. Aber wir haben s ganz entschieden gelebt.«

Die Kriegskinder waren zumeist identifiziert mit dem Schweigegebot der Eltern. Ein verinnerlichtes und einengendes Familien-Über-Ich prägt maßgeblich das Beziehungserleben dieser Personen. Ein zu Unterordnung, Passivität und erzwungener Anpassung antithetisches Selbstideal zeigt sich häufig in Projektionen auf die Kinder der Studienteilnehmer, die ganz anders, selbstbestimmt etc. sein sollten, wie das folgende Beispiel illustrieren soll:

> »(Welche Wirkung oder welchen Einfluss hat Ihre, Ihr Schicksal als Kriegskind auf die Beziehung zu Ihrem Sohn?) Mh, dass man ein entschiedenes Leben führen muss (mh). Dass man ned nur dahin schwimmt in den Gegebenheiten der Zeit, sondern dass man eine Meinung dazu haben muss. Und ich glaube, äh, des lebt er auch, das war mir wichtig (mh). Allein schon, dass er sich, äh, diesen Beruf rausgesucht hat.«

Bewusste und unbewusste, im Kontext der NS-Zeit gebildete Beziehungserfahrungen waren einerseits libidinös besetzt, andererseits mussten damit einhergehende zwiespältige Gefühle, wie Angst, Auflehnung, Wut und nicht zuletzt ein grundlegendes Ohnmachterleben, verleugnet werden. Der Primat der Unterordnung war als elterliches und gesellschaftliches Introjekt in die Psyche der Kinder mehr oder weniger ausgeprägt verinnerlicht worden. Die spätere Entwicklungsaufgabe der inneren und äußeren Ablösung vom Elternhaus war dadurch extrem erschwert. Die Studienteilnehmer berichten von Schuldgefühlen, die Eltern im Stich zu lassen, die in der Entwicklungsphase ihrer Adoleszenz verstärkt aufgetreten seien und teilweise bis in die Gegenwart hinein andauerten. Sie sorgten sich, die Eltern alleine zu lassen und damit ihrer »Fürsorgepflicht« nicht adäquat nachzukommen. Konstruktive, entwicklungsgemäße, aggressive und der Individuation förderliche Gefühle waren ihnen nicht zugänglich, blieben abgespalten und verkehrten sich in einen Individuations-Abhängigkeits-Konflikt. Die Studienteilnehmer sprechen in diesem Zusammenhang zum Beispiel von der Vorstellung, »die Mutter tragen zu müssen«. Eigene altersgemäße Ablösungswünsche umzusetzen und dadurch dem spannungsgeladenen Beziehungserleben mit der Mutter oder dem Vater zu entrinnen, sind mit einem ausgeprägten Schulderleben assoziiert. An dieser Stelle ist erneut die Frage aufgeworfen, warum identifikatorische Aspekte der NS-Zeit bisher in der privaten und öffentlichen Erinnerungskultur so wenig Raum eingenommen haben. Gedanken der Studienteilnehmer zu dieser Fragestellung:

»(Haben Sie ne Idee, wieso jetzt die Diskussion dann doch in Gang gekommen ist?) In der Breite meinen Sie jetzt? (Mh.) In der Öffent-? (In der Öffentlichkeit, ja.) Ja, ich denke mal, weil die, die keine Schuld am Krieg oder an Adolf Hitler hatten. Die werden jetzt alt und setzen sich vielleicht kurz bevor sie dann auch nicht mehr da sind, mit ihrer eigenen Geschichte, so nach dem Motto: »Jetzt will ich s mal wissen (mh)! « Ich war bislang fest mit, mit Dingen, die mir wichtiger waren, mit Beruf und Liebe und Familie und jetzt hab ich auf einmal Zeit, und äh, oder mehr Zeit, und jetzt will ich s wissen. Also das ist jedenfalls mein Motiv.«

»Äh, wie ich musste, wenn ich so auf mein Leben zurückschaue, äh, eigentlich immer nur funktionieren. Es hat wenig Gespräche im Hause und auch anderwärts um diese Zeit gegeben. Ich muss auch sagen, äh, XX war ich Student in Berlin und ich habe eigentlich nicht damals, äh, begriffen, dass es auch um eine Auseinandersetzung mit der Nazizeit gegangen ist, äh. Ich hatte äh, eher andere Eindrücke. Ich hab mich nicht unwohl gefühlt, partiell, äh, dadurch, dass es sozusagen gegen alte Zöpfe gegangen ist. Äh, es war sehr vieles verknöchert in der Uni, ich habe XXX studiert. Nur dass es nun so gezielt gegen die Nazizeit und über die Überwindung der Nazizeit gegangen sein sollte, also das hab ich so nicht mitbekommen, zumal ja sehr schnell die Störungen dann auch einsetzten, äh, vom SDS und anderen linken Gruppen, dass dann Marxismus-Leninismus-Schulungen und dergleichen da durchgeführt wurden, statt der Vorlesungen und Seminare. Ich hab immer eins begriffen in dieser Zeit, um das abzuschließen, dass äh, ich für mich verstanden habe was Menschen bewegt hat evtl. mitzulaufen, zu schweigen. Äh, äh, sich nicht äh, aktiv in einem Widerstand äh, äh, zu befinden, denn die Bedrohung war körperlich 68 wie auch teilweise in der Nazizeit. Das ist so meine Fantasie (ja). Gut was hab ich jetzt? (Nun heißt.) Ach entschuldigen Sie!«

»Äh und für mich hat s wirklich geheißn, nachm Krieg in der Nachkriegszeit dann, also wie ich so heranwachs, wu-, heranwuchs, Pubertät oder so. Mh. Also äh, also was alle Pazifisten damals gesagt haben: »Äh, nie wieder Krieg!« Nicht! Also nie wieder diese Dämonie! Nie wieder diese Zerstörung! Nie wieder diese Grausamkeit, äh! Und da gabs einen Film *Vivere in Pace* und erst so glaub ich, im äh, äh, Rauswachsen dann später, sag ma mal ab 18, i war dann am Gymnasium, also wo dann, wo ma si dann den Geist auch bildet, dann war mir eigentlich dieses Carl-Friedrich-von-Weizsäcker-Wort sehr nahe, wie er gsagt hat »Aus der Geschichte lernen kann man nichts, aber weise werden für alle Zeit«. Also des is eigentlich die Motivation, dass ich mir gedacht hab, es ist gut, dass ma diese, des, des noch einmal sagt, wie erschreckend, äh, des auf die, auf die Kinder einwirkt, aber sie sind völlig wehrlos. Sie müssen erdulden, was die Erwachsenenwelt bietet.«

Zentrale Inhalte und Auswirkungen des Entwicklungshintergrundes »Nachkriegszeit«

Als bedeutsame Geschehnisse dieser Zeit wurden von den Kriegskindern zwei zentrale Themenbereiche beschrieben:

➤ das veränderte Kindheitserleben unter den Besatzungsmächten
➤ die Veränderungen in der Familie

Im Rahmen dieser beiden Erlebnisbereiche mussten die Kriegskinder viele Anpassungsleistungen erbringen, die den Entwicklungsverlauf der Kinder prägten und im Nachhinein in unterschiedlichem Ausmaß als abermalige und als die »weitaus schlimmsten« Belastungen erinnert werden. Gleichzeitig werden die erinnerten persönlichen Nachkriegserlebnisse, mit der für die Kriegskinder typischen Formulierung beschrieben: »Wir haben das damals gar nicht so schlimm empfunden, es ging allen so.«

Als maßgeblich und einschneidend in die Entwicklung – im Sinne der größten Belastung – wurden in der Rückerinnerung verschiedene Einflüsse hervorgehoben:

➤ Das Aufwachsen in »einer zerbomten Stadt« unter amerikanischer, russischer, englischer oder französischer Besatzung
➤ Die Kontakte mit Amerikanern, Engländern oder Russen
➤ Der Heimatverlust
➤ Die Vertreibung oder Flucht
➤ Die Anforderungen der Nachkriegszeit und das veränderte Familiengeschehen in der Nachkriegszeit

Die Nachkriegszeit stellte wiederum spezifische Anforderungen an die Kinder in ihrem Entwicklungsverlauf, die vor dem Hintergrund ihrer Erlebnisse der Kriegs- und Vorkriegszeit auf unterschiedlichen Entwicklungsstufen zu leisten waren. Viele Kriegskinder trugen aus der NS-Zeit und der Kriegszeit eine Fülle von Bildern in sich, die sie mit all ihren Sinnen wahrgenommen und die sich tief und unauslöschlich eingeprägt hatten. Dabei gilt es zu berücksichtigen, dass Kinder äußere belastende Geschehnisse nicht in gleicher Weise in einen Bedeutungszusammenhang stellen können, wie Erwachsenen das möglich ist. Kinder können Gewalterlebnisse nicht in der Weise kognitiv einordnen, weil sie die Zusammenhänge nicht erkennen. Belastende Geschehnisse wurden von den Kriegskindern daher meist autoaggressiv verarbeitet. Betrachtet man den gesamten Entwicklungsverlauf der Jahrgänge 1932 bis 1946 vor dem Hintergrund des soziokulturellen, und des politischen Kontextes chronologisch, so fällt auf, dass sie in den Abschnitten Vorkriegszeit, Kriegszeit und Nachkriegszeit jeweils völlig verschiedenen Lebenswirklichkeiten ausgesetzt waren, die extreme Belastungen und fortwährende elementare Veränderungen bis hin zu Traumatisierungen beinhalteten und damit den Kindern zusätzliche Entwicklungsleistungen abverlangten.

Welche Faktoren für die Ausbildung unmittelbarer traumatischer oder späterer retraumatischer Folgen bei den Angehörigen der Jahrgänge 1932 bis 1946 maßgeblich waren, soll abschließend erörtert werden. Aufgrund der Bedeutungsvielfalt bei der Begriffsverwendung »Trauma« werden zunächst zentrale Aspekte dieses Terminus erläutert, die für die vorliegende Untersuchung von Bedeutung sind. Der Begriff »Trauma« (griech. Wunde, Verletzung) weist in psychischer Hinsicht auf einen Schock, auf eine starke innerpsychische oder äußere Erschütterung mit nachhaltiger Wirkung hin, die durch die belastende Wechselwirkung zwischen innerpsychischen und äußeren Faktoren erfolgt. Die Bewältigungsmöglichkeiten der Psyche können diesen äußeren bzw. inneren Belastungsfaktoren nicht mehr standhalten, wodurch das Eigenbeziehungserleben und das Beziehungserleben mit anderen Personen auf eine extrem negative Weise beeinflusst werden. Die belastenden Erfahrungen, im Zusammenhang mit überbordenden negativen Gefühlen, können nicht in die Lebensgeschichte integriert werden, bleiben als unverarbeitete bedrohliche Elemente in der Psyche bestehen und können bei abermaligen innerpsychischen Belastungen bzw. Konflikten oder äußeren Belastungen erstmals oder aber erneut ihre traumatisierende Wirkung entfalten. Die Entwicklung vieler Kriegskinder war durch eine Fülle solcher extremen Erfahrungen bzw. Belastungsfaktoren geprägt.

Man spricht dann von »Extrembelastungen«, wenn Belastungen spezifische Merkmale aufweisen. Die vielfältigen Extrembelastungen, denen die Studienteilnehmer in der Vorkriegszeit, Kriegszeit und Nachkriegszeit ausgesetzt waren, beinhalten jene Faktoren, die Extrembelastungen kennzeichnen:

➤ Unvorhersehbarkeit/Unvermeidbarkeit
➤ Unabsehbare Dauer
➤ Beständige Lebensgefahr
➤ Völlige Veränderung der Umwelt
➤ Zerschlagung der Gruppenstrukturen
➤ Beständige Ohnmachtsgefühle (vgl. Walter 1998)

Der Psychoanalytiker Hans Keilson (1994) spricht in diesem Zusammenhang von innerpsychischen Elementen, die wie »radioaktiver Abfall zwischengelagert« seien und irgendwann wieder an die Oberfläche kämen. Es sei wichtig, dass diese innerpsychischen Elemente aus der Psyche der Kinder wieder nach außen verlagert würden. Diese Möglichkeit bestand für den untersuchten Personenkreis nur bedingt. Die seelischen Wunden der Kriegskinder waren tabuisiert und auch die physischen Verletzungen blieben mitunter unversorgt. Die Kinder waren in ihrem psychischen Erleben sich selbst überlassen, behielten gleichermaßen ihre abgekapselten Introjekte, ihre Ängste, ihr Ohnmachtserleben sowie Gefühle der Scham und Wut für sich, da sie einerseits glaubten, diese bedrohlichen Gefühle nicht zeigen zu dürfen, andererseits fürchten mussten, auf Verständnislosigkeit zu stoßen. Auf die Kriegskinder und ihre Familien wirkte in der Nachkriegszeit, neben all diesen indifferenten Gefühls- und Erlebnisdimensionen, äußerlich ein ungeheurer geistiger Umbruch auf ihre Lebenswelt ein. Unterschwellig schwelte gleichzeitig in der gesellschaftlichen und familiären Lebenswelt der Kinder der Zivilisationsbruch des Holocaust und damit das unermessliche Leid, das der jüdischen Bevölkerung und anderen Minderheiten in der NS-Zeit vom eigenen Volk zugefügt worden war.

Die Kinder selbst litten meist unter der durch den Krieg bedingten Armut, dem Verlust des sozioökonomischen Status und dem Zerfall der Familie. Abermals waren sie verschiedenen Entwicklungsanforderungen ausgesetzt:

➤ Dem Einstellen auf den neuen Sitten- und Wertewandel,

➤ dem Einstellen auf gewissermaßen neue »Autoritäten«, auf die »Besatzungsmächte«,

➤ dem Einstellen auf die instabile psychische Verfassung der bedeutsamen Bezugspersonen,

➤ der Übernahme einer Vermittlerfunktion in der Familie und im gesellschaftlichen Kontext gegenüber den »Besatzungsmächten«,

➤ der Anpassung an eine fremde Umgebung,

➤ der Konfrontation mit vergangenen Erlebnissen, die verdrängt und »vergessen« waren,

➤ dem Aufgebenmüssen von Rückkehrwünschen in die alte Heimat,

➤ dem Schweigen der erwachsenen Familienmitglieder über die NS-Zeit,

➤ dem Schweigen der Väter, aber auch der Mütter, über ihre Kriegserlebnisse, über die Familiengeschichte in der NS-Zeit und über ihre aktive oder passive Teilhabe an der Verfolgung, der Diskriminierung, der Folter und Ermordung der jüdischen Bevölkerung und anderer Minderheiten. Die Kinder merkten, dass ihre Eltern, abgesehen von bestimmten, wiederholt erzählten Familiengeschichten, über die NS-Zeit und ihre Kriegserlebnisse nicht sprechen konnten. Sie nahmen darauf Rücksicht. Im Nachhinein beschreiben die ehemaligen Kriegskinder ihre Väter nach der Rückkehr aus dem Kriegs oftmals als »psychisch zerbrochen«.

➤ Des Weiteren litten sie unter dem Unvermögen der Bezugspersonen, den Verlust nahestehender Personen zu verarbeiten und zu betrauern und

➤ der mangelnden Möglichkeit, die belastenden Erlebnisse zu kommunizieren und ihnen im weiteren Entwicklungsverlauf Raum geben zu können.

Auf diese erneuten, spezifischen innerpsychischen Entwicklungsanforderungen wurde – wenn überhaupt – nur unzureichend eingegangen. Als besonders belastend werden die Veränderungen im Familienverband, so der Verlust des Vaters, erinnert, mit dem viele Kriegskinder zurechtkommen mussten. Der Verlust wurde auf unterschiedliche Weise erlebt, wird aber über die gesamte Lebensdauer als anhaltende Belastung beschrieben. In den meisten Fällen wurde der Tod des Vaters nach dem Krieg nicht in den Vordergrund gestellt, sondern ausweichend beschrieben, zum Beispiel in der Weise, innerhalb der Familie keinen Rahmen zur Verfügung gestellt bekommen zu haben, in dem der Tod oder die Abwesenheit des Vaters hätte thematisiert werden, die schmerzlichen Gefühle verarbeitet und der Verlust hätte betrauert werden können.

»Und da ist dann mein Vater angeblich äh, als äh, ja Werkschutzmann bei einem Luftangriff zu Tode gekommen. Anderseits gibt es aber auch, äh, die Mutter hat kein offiziellen Totenschein, äh, der ist nur, äh, von der Werksärztin ein handschriftlicher Schein, äh, gewesen, äh, dass der Vater zu Tode gekommen ist. Andererseits, äh, wurde ihr angeblich, äh, (Schweigen). Sie ist dann über die grüne Grenze nach XXX gegangen, die Urne abzuholen. Äh, wurde ihr ein Hut gezeigt mit einem kleinen Einschussloch (mh). Was das nun zu bedeuten hat, weiß ich nicht, wie das zusammenkommt?«

»(Gab es denn in der Nachkriegszeit Hilfen, die Sie geheilt haben?) Nein (mh), nichts (mh)! Ich sag Ihnen was, ich, äh, äh, gar nichts hamm ma gehabt, gar nichts! Man soll nicht drüber sprechen, man soll gar nicht drüber reden, dass man *(unverständliches Wort)* geschädigt ist. Man darf die *(Interviewer und Studienteilnehmer murmeln gleichzeitig)*, manche waren ja auch Flüchtlinge und was weiß noch Schlimmeres (mh), da darf man nicht drüber reden. (Und außerhalb der Familie?) Außerhalb, ja überhaupt. Es war einfach ein Tabu!«

343

Zusammenfassung der Ergebnisse: Die belastende Wiederkehr der Kriegskindheit im weiteren Leben und im Alter

Die interdisziplinäre Forschung zur Thematik »Kriegskinder des Zweiten Weltkriegs« hat in den letzten zehn bis 20 Jahren über die psychischen Prozesse im Zusammenhang mit den schwer belastenden Kindheitserlebnissen der Kriegskinder bedeutende Erkenntnisse gewonnen. Vorliegender Forschungsarbeit lag das Anliegen zugrunde, weitere differenzierte Erkenntnisse zur Thematik »Kindheit im Nationalsozialismus, Kindheit im Zweiten Weltkrieg und Kindheit in der Nachkriegszeit« zu erschließen und damit einen Beitrag zur Grundlagenforschung zu leisten. Die Untersuchung fokussierte zwei zentrale Untersuchungsbereiche, zum einen den Bereich der Verarbeitungsmöglichkeiten schwer belasteter Kindheitserfahrungen und zum anderen den öffentlichen und privaten Umgang mit dem Erbe der nationalsozialistischen Vergangenheit. Der Fokus der Arbeit konzentrierte sich auf das individuelle Schicksal einer Teilgruppe der Kriegskinder, nämlich auf die Gruppe der Angehörigen der Jahrgänge von 1932/1933 bis 1945/1946, die belastenden äußeren und innerpsychischen Erlebnissen ausgesetzt waren. Die teilnehmenden Personen weisen allesamt mindestens eines der Erlebnismerkmale »Trennungen von der Familie«, »Flucht«, »Vertreibung«, »Vom Bombenkrieg betroffen« oder »Traumata/Andere kriegsbedingte Erfahrungen« in ihrer Kindheitsentwicklung auf. Die Studienteilnehmer wurden hinsichtlich ihrer Kindheits- und Lebensentwicklung untersucht und als Subjekte mit einer spezifischen Identität und vor allem einer individuellen Lebensgeschichte dargestellt, die über die Selbstzeugnisse der Betroffenen rekonstruiert wurde. Ausgangspunkt der Untersuchung war die Annahme, dass die spezifischen Erlebnisse der Kindheit im nationalsozialistischen Deutschland, im Kriegsgeschehen des Zweiten Weltkrieges sowie in der Nachkriegszeit prägende Spuren in der Entwicklung der Kriegskinder hinterlassen haben, die nach 60 bis 75 Jahren im Interview erfasst werden können. Diese Annahme hat sich bestätigt. Auch noch 60 bis 75 Jahre nach dem Krieg leiden die zwischen 1932/1933 und 1945/1946 geborenen Frauen und Männer an physischen und psychischen Beschwerden in unterschiedlicher Ausprägung. Sie litten und leiden unter ihren spezifischen körperlichen Belastungen und negativen innerpsychischen Erfahrungswelten, die im Zusammenhang mit den vorkriegs-, kriegs- und nachkriegsbedingten Entwicklungsanforderungen enstanden sind, und die sich in unterschiedlichem Ausmaß, bis in die Gegenwart hinein, in einem defizitären Selbst- und Beziehungserleben oder aber in einem somatoformen Störungsbild zeigen.

Unvergessliche Erinnerungen und Bilder

Die Teilnehmer schilderten eine Fülle von Erinnerungsbildern, die sie unverarbeitet in ihrer psychischen Innenwelt über ihr gesamtes Leben hinweg mehr oder weniger belastet hätten. Einige Textauszüge sollen dies wiederum veranschaulichen:

»Jaaaa, ja natürlich die Bilder! Ja, das hab ich vielleicht auch vergessen (Schweigen). Das war also noch in (Schweigen), also 45 nach dem Einmarsch. Dann also jeden Morgen früh ging so ne Karre da durch und sammelte die Leichen auf. Und das war für mich schrecklich [...].«

»Und dann wurde ja diese Fabrik aufgemacht. Und diese eingesperrten Leute die halbverhungerten und die Frauen und die Kinder, die sind dann, die warn halt dann frei. Und dann ham die und da überfallen wie die Heuschrecken. Uns konntens nichts nehmen. Wir hatten von der (Schweigen) so an Häuschen mit Garten. Aber die ham die Bahn total ausgeplündert. Ich weiß nicht, ob ich das verstehen kann, aber ich weiß nicht, wie ich reagiert hätte. Und des, da war Mord- und Todschlag, ich sags Ihnen! Und wir ham das sehen müssen. Wir ham das gesehen, wie diese Russen oder Polen und was das halt immer waren. Das waren ja Zwangs- äh, äh, verschütte Leute hier zum arbeiten. Die haben da ihre Bewacher halt dort geschlagen, manche auch totgeschlagen (mh) vor allem und aufgehängt an Bäumen (mh). Und äh, des wenn ma des so sehen muss, des is schon grauenvoll!«

»Jetzt hab ich in Erinnerung noch gehabt natürlich die großen Paraden die Leopold-straße entlang. Als kleiner Junge (mh) nicht, war ich begeistert von diesen tollen Paraden. Bin auch in der Pappelallee da am Gehweg mit entlang gegangen, war also zutiefst beeindruckt. Und sind auch einige Bilder hängen geblieben, also die, also wirklich, äh, unauslöschlich waren.«

Viele Studienteilnehmer berichteten von lebensbegleitenden innerpsychischen Defiziten in ihrem Selbst- und Beziehungserleben und davon, dass ihre belasten-den Kindheitserlebnisse nunmehr verstärkt im Alter wieder erinnert würden. Neben der medialen Präsenz der Thematik dürften der Wegfall der strukturge-benden beruflichen Anforderungen und der im Ruhestand zur Verfügung stehende erweiterte psychische Reflexionsraum ursächlich für die verstärkte Beschäftigung mit der Kindheit heranzuziehen sein. Die Untersuchungsteilnehmer berichteten, dass mit der vermehrten Erinnerung an ihre Kindheit belastende Gedanken, Gefühle und Erinnerungsbilder auftauchten.

Leerstellen der Kommunikation: Verschlossene Erinnerungs- und Erlebniswelten

Die Auswertungsergebnisse zeigen, dass es für die Kriegskinder von 1945 bis 1990 keinen Erinnerungsraum innerhalb der Familie oder in der Gesellschaft gab, in dem sie sich mit ihren belasteten Erinnerungswelten hätten mitteilen können. Es habe in ihren Familien lediglich bestimmte, sich wiederholende Er-zählinhalte und Erzählrituale über die Vergangenheit im Dritten Reich gegeben, die meist in einem Opfernarrativ gehalten und immer wieder neu ausgestaltet worden seien. Das Nachdenken der Kriegskinder über ihre Kindheit, das Sprechen über den Holocaust sowie über die Verarbeitung des »Verlustes« ihrer Ich-Ideale und nationalen Identitätsbildungen bzw. die reflektierende emotionale Bewältigung ihrer vielschichtigen Belastungen hat nur in geringem Maß stattgefunden. Ebenso zeigt diese Untersuchung, dass bei den Studienteilnehmern und ihren Familienangehörigen eine Reflexion der familiären Verstrickungen innerhalb der NS-Gesellschaft, in Form einer aktiven oder passiven Teilhabe an der menschenverachtenden Ideologie des Nationalsozialismus, kaum bzw. gar nicht stattgefunden hat. Die Frage nach den Hintergründen für die mangelnde Reflexion identifikatorischer Aspekte mit der nationalsozialistischen Gesellschaft stellt sich immer wieder aufs Neue.

Eine verantwortungsvolle Positionierung innerhalb einer differenzierten Erinnerungskultur, die Bezug auf die Doppelstruktur zwischen Wissen und Nichtwissen in Bezug auf die jüngste deutsche Geschichte nimmt – im individuellen, familiären und öffentlichen Bereich – wurde aus unterschiedlichen Gründen, die es auszuführen gilt, nicht, bzw. nicht in ausreichender Weise von den jeweiligen Generationen geleistet. Die Gründe dafür sind vermutlich in erster Linie in der stabilisierenden Funktion der innerpsychischen Abwehr zu suchen, die innere Distanz zu diesen negativen, meist abgespaltenen innerpsychischen Inhalten schafft, die jedoch auf konflikthafte Weise weiterhin wirksam sind. Die Reflexion der ehemaligen Identifizierungsprozesse der Kriegskinder und ihrer Familien mit der nationalsozialistischen Bewegung wäre an die persönliche Anerkennung der Teilhabe an einem Verbrechen an der Menschheit in einem bisher ungekanntem Ausmaß geknüpft, derer sich die Angehörigen dieser Generation durch die aktive oder passive Teilhabe an der nationalsozialistischen Bewegung schuldig gemacht haben. Für die Möglichkeit der Bearbeitung der innerpsychischen Konflikte im Entwicklungsverlauf der Kinder und ihrer Eltern sowie für eine verantwortungsbewusste Auseinandersetzung mit der Zeit des Nationalsozialismus und des Holocaust wäre die individuelle Anerkennung der Teilhabe an den Geschehnissen im Dritten Reich eine zwingende Voraussetzung gewesen.

Die Studienteilnehmer äußern sich wie folgt zu diesem Aspekt:

»(Langes Schweigen.) Ich denk, es muss etwas zu tun haben mit dieser, mit der Zerstörung all, von so vielen Hoffnungen. Die Zerstörung der Wohnung, ja. Also dieses vor dem Nichts wieder stehen (mh), mein Vater politisch im Nichts stehen.

Der hat diese Idee geglaubt (mh). Ja? Und der war auch, mein Vater war auch, da hab ich auch gelernt, was Fanatismus ist. Mein Vater war auch fanatisch. Der ist es auch leider geblieben. Ja? Das konnte – und das war für uns eigentlich eine fürchterliche Folge aus dieser Zeit – irgendwo in irgendeinem Zusammensein, wenn mit dem dann, äh der Gaul durchging, dann, dann hielt der eine begeisterte Rede und hat, das, den Nationalsozialismus verteidigt. Ja, der konnte dann so, so Sachen sagen, äh: »Das war alles in Ordnung! Und alles ganz toll.« Also nicht, toll nicht, aber alles ganz, äh, öh wunderbar, »nur das mit den Juden, das hätt er nicht machen brauchen.« Ja? (mh). Und, und weil man eigentlich immer mal nicht wusste, wann kommt denn das mal wieder, ja! Da hatte ich vor solchen Äußerungen auch Angst.«

»Ne. Ne. Kann ich mich nicht entsinnen. Es ist natürlich nicht ganz so einfach, weil ich mich so viel damit beschäftigt habe, dass auch ordentlich zurück zu definieren und zu buchstabieren, wann war s gewesen. Ja? (Mh.) Äh, die meisten gingen ja die Dinge von mir aus. Ich habe mit meiner Mutter plötzlich immer geredet. Sie von sich aus nicht. Und der? Ne, der war froh, wenn er seine Ruhe hatte (mh). Der wollte n bisschen Humor bekommen von uns, aber keine ernsten Sachen, ja. Ich war ausgesprochen früh entwickelt, frühreif. Das hängt mit meinem Vater zusammen, der enorm geistig sehr aktiv war und dem habe ich immer nachgeeifert, dem wollte ich imponieren. Ja, obwohl er auch immer so *(unverständlich)* war, (mh), ne? Das ist der Stachel, gell, das ist, ähm. (Würden Sie sagen, für Ihr persönliches Leben, es gab etwas zu bewältigen nach dieser Jugend, in dieser Jugend, in dieser Kindheit, in dieser Jugendzeit?) Tja, da ist ne Frage, wie bewusst mir das war. Äh, dadurch dass ich enorm aktiv war, ähm, war für mich der Eindruck nicht gegeben, dass ich was aufholen muss. Ja, (mh). Es laufen ja Dinge oft in verschiedenen Ebenen parallel, nicht. Äh, das auseinanderzudividieren ist natürlich (Schweigen), da müsste man (Schweigen), sein. Ne, ähm, aber, sodass ich jetzt sage, ich hab jetzt ein Mordstrauma gehabt, bewusst nicht, ne, ne. Dazu war ich viel zu energisch. Ja (mh) und so wütend! Ich hab als diese, diese ganzen (Schweigen), ich muss nicht sagen Frust, aber es war ein Defizitgefühl muss doch mit da gewesen sein, sonst wäre ich nicht so geworden, ne? (Was für ein Gefühl? Ein Frustgefühl?) Nein, eigentlich nicht. Also, was ich, also schon als, als großen Nachteil anschaue in der Nachkriegszeit, dass die Eltern so wenig für uns Zeit gehabt haben und eigentlich alles so, ähm, so Dienstmädchen überlassen haben, weil einfach der Aufbau für die alle (ja) das Wichtigste war und das sagen eigentlich auch alle meine Freundinnen. Also, da hab ich wesentlich mehr Zeit für meine Kinder gehabt und ich glaub selbst meine Kinder, die ja voll berufstätig sind, nehmen sich viel mehr Zeit für ihre Kinder, halt am Abend (ja). Und es wird auch viel mehr diskutiert, also selbst mit den Enkeln wird alles schon richtig diskutiert (ja). Und das haben unsere Eltern ja überhaupt nicht gemacht (ja).«

»Äh, wenn Sie mich jetzt so reden hören, über uns, dass ich eigentlich die Nazi-Zeit erlebt hab und die Nachkriegszeit, zuerst waren wir ausweich- (Schweigen), ausgegrenzt. Ich persönlich, aber vom Hören und in der Schule, wir sind das auserwählte Volk. Wir sind die Besseren usw. und dann das *(unverständliches Wort)* Abschaum, das Schlechteste, was es gibt. Sie, da muss ma a erstamal mit fertig werden, in diesem, wir waren ja irgendwo in einem (Schweigen), nach dem Krieg. Wir waren ja gar niemand mehr! Der Morgentau-Plan sollte uns ja alle irgendwie, wird Ihnen ja auch bekannt sein, der Morgentau-Plan. Der unterschrieben worden ist als allerletztes Jahr von Churchill. Der wollte es nicht, dass wir eigentlich irgendwann von der Landkarte verschwinden (mh). Und wissen Sie, mit dem muss man leben. Ich war ja nicht mehr, wie der Krieg aus war, Kind, ich war eigentlich schon viel zu erwachsen (mh). (Für was?) Ich war viel zu erwachsen, dass ich diese Dinge so erfasst hab, wie sie waren. Irgendwo habe ich das zwar schlecht einordnen können, aber, dass wir jetzt die? Ich habe ja immer versucht von meinem Ding, meine Geschwister und ich wir sind Kinder, wir ham, und meine Eltern, wir haben doch, wir haben ja bloß gelebt hier und gelitten. Und jetzt sollen wir für alles verantwortlich sein?«

»Während des Krieges und in der unmittelbaren Nachkriegszeit (schnauft)! Ja, mein Vater war dann ein ungeheuer milder Vater, weil er wusste, dass er sehr krank ist (mh). Und hat also, äh, uns ungeheuer umhegt. Hat mit uns musiziert, hat mit uns Instrumente gespielt, hat mit uns Zeit verbracht, hat mit uns also alles gemacht was in seinen Kräften stand, Ausflüge gemacht, Boot fahren, eben in die Berge und ans Meer fahren. Er wollt sozusagen alles nachholen, was nicht möglich war und war also kaum ein strenger Vater. Wie gesagt, ich hab missbilligt, dass er zu wenig sich gemerkt hat von Russland, weil ma doch dahin schaut, weil ma schon so weit fortgeht und ähm (Schweigen). Meine Mutter hat sich halt auch bemüht eine möööglichst intakte, ein möglichst intaktes und, und freundliches Klima zu ham, nach den ganzen Unerfreulichkeiten.«

»Des is auch, nein, nein, nein, ich bin, äh, einfach reingegangen, weil ich, äh, des Gefühl hatte ich werd irgendwie? Ich bin zwar mit meim beruflichen Leben immer ganz toll fertig geworden und alles und war auch immer gut und so. Aber ich hatte, ich hatte des Gefühl ich werde mit mir selber nich fertig, also mit meim Inneren. Und dann hab ich halt auch ein, und ich, meine Kinder sind ja ein Wunderbares, geben dir ein wunderbares Echo. Und dann hab ich einfach an meinen Kindern gesehen, äh, dass ich irgendwie überhaupts nichts richtig mache. Und dann bin ich halt in die, in die Analyse gegangen.«

»Ich hab schon sehr viel über meine Eltern nachgedacht, also schon über meine Kindheit. Und ich denke schon auch, dass des, da war des schon auch Thema, der Krieg, aber des war jetzt nich son herausragendes Thema, weil ich auch irgendwo gar nich erkannt hab. Und dann hab ich, dann hab ich da aufgehört (Schweigen). Des war auch so lustig, da hab ich aufgehört irgendwie also auch. Da hab ich dann geträumt von dieser Frau, dass ich bei, dass ich rausgeh aus der Tür und sie hat mir ges-, sie hat mir Geschenke gegeben und mitgebracht und alles. Und ich geh zur Tür raus und sie hat mir auch n paar wunderbare schwarze Mütze geschenkt. Und da hats draußen geregnet und da hab ich gesehen, dass die Mütze aus Papier ist (lacht). Und dann bin ich aufgewacht, weil ich gedacht hab, ne Mütze aus Papier kann ich nich gebrauchen.«

»Dann weiß ich, dass ich irgendwann hat, hat meine Beziehung zu meim Vater, die war so ganz seltsam so von Mitleid geprägt und so ne Heldenverehrung, also wo ich mir selber schon so idealistisch vorkam wie er. So, auf der einen Seite und auf der anderen Seite hab ich nie, ich hab mich mit meim Va-, mit meim Vater gestritten. Ich hab mich fürchterlich mit meiner Mutter gestritten, nie mit meim Vater, den hab ich irgendwie auch immer geschont und hab auch an vieles überhaupt nicht zu rühren gewagt, weil ich den als so verletzlich empfunden hab [...] Nach dem Schlaganfall hab ich halt so gemerkt, dass mir bei alles mögliche, äh, dass ich natürlich Angst hab sowieso und dass auch vieles irgendwie, das ich mal so ne Bilanz ziehe. [...] Und dann bin ich, und dann hat ich so immer, so komische Zustände, wo ich immer, äh *(unverständliches Wort)*, so wie jetzt mit Ihnen und unterhalt mich. Und auf einmal hab ich dann das Gefühl ein Abgrund tut sich auf und des hab ich immer im Mund richtig geschmeckt. Also, es is alles dieses Gefühl von diesem total Nichts eigentlich. Oder, na ja und da bin ich dann hier. Und da kam, und dann kam, ich weiß es jetzt, da hab ich auch noch nich übern Krieg gesprochen sondern mehr über die Angst. Und immer, und dann fingen diese, diese Schwindelanfälle und da, bin dann erst so richtig drauf gestoßen.«

»Ja dieses äh, dass ich äh, also eine Eigenheit von mir ist, dass ich schon äh, immer meine Gefühle anzweifle (mh). Also, dass ich mir selber nich äh, des hat sich gebessert. Aber dass ich mir se, also nicht traue, meinen Gefühlen nich traue. Und dann eben wieder dieses, äh, berühmte »Stell dich nich so an« von zu Hause. Des denk ich, dass es mir des sehr erschwert hat. Und dass ich leicht ähm, mich einfach, auch als eben, dann halt als, äh, ja larmoyant und oder als Versager betrachte. Aber irgendwie nich, ähm (Schweigen), also ich nehms mir eher übel. Und, äh, statt das ich, das ich freundlich mit mir bin (mh). Und ich denke, dass es des erschwert hat, weil ich des einfach gar nich, äh, gar nich ernst und ja, des is nich in meiner eigenen Personen, aber dass ich dieses, dieses Schicksal der Juden und der der ganzen Verfolgten, dass des mich halt so beeindruckt hat, dass ich gedacht hab, ne, also da brauchst du *(mehrere unverständliche Wörter)*.«

Die Ergebnisse machen deutlich, dass der Lebensverlauf der untersuchten Personengruppe durch den Einfluss unterschiedlicher Kindheitsdeterminanten geprägt worden ist. Es zeigte sich, dass die spezifischen Belastungen in der Kindheitsentwicklung der Kriegskinder – in Abhängigkeit von modulierenden Variablen (protektiven Faktoren versus belastenden Faktoren) – mehr oder weniger gut verarbeitet worden sind. Dabei haben die belastenden Faktoren erheblichen Einfluss auf die weitere psychische Entwicklung dieser Personen genommen. Das spezifische Erscheinungsbild der jeweiligen Symptomatik trat insbesondere in sensiblen und belastenden Lebensphasen (z.B. Trennungserleben oder strukturelle Veränderungen in der äußeren oder innerpsychischen Lebensrealität) auf. Ein Großteil der Untersuchungsteilnehmer konnte diese spezifischen Belastungen bis in die Gegenwart hinein nur unzureichend verarbeiten. In Abhängigkeit von protektiven Faktoren ließen sich diese unverarbeiteten psychischen Erlebnisdimensionen als mehr oder weniger belastende konstante innerpsychische Einflussvariablen über den gesamten Lebensverlauf aufzeigen. Ebenso zeigte sich eine weitgehend stabile Verarbeitung der belastenden Erlebnisse bei denjenigen Personen, die bedeutsame Bezugspersonen zur Konflikt- und Belastungsbewältigung zur Verfügung hatten oder aber die in ihrem weiteren Leben therapeutische Hilfe in Anspruch genommen haben.

Jene Faktoren, die einen hemmenden oder gar schädigenden Einfluss auf die weitere Entwicklung genommen haben, sollen nun in ihren zentralen Aspekten zusammenfassend dargestellt werden. Bei der Untersuchung der – in vielerlei Hinsicht unterschiedlichen –innerpsychischen»Kriegskindheits-Figurationen« haben sich die bereits vorgestellten vier Prototypen herauskristallisiert. Aufgrund der komplexen qualitativen Auswertung und der großen Datenfülle (ca. 2.000 Din-A4-Seiten) konnten aussagekräftige Typenbildungen vorgenommen werden. Die vier Prototypen spiegeln die elementaren Erlebnisdimensionen der untersuchten Teilgruppe der Kriegskinder wieder.

Prototyp VK 1/2: Gute Verarbeitung der belastenden Kindheitserlebnisse
➤ *»Ich hatte hilfreiche Beziehungen in der NS-Zeit, im Krieg und in der Nachkriegszeit!«*
➤ *»Nach dem Krieg wusste ich das erste Mal, dass es Häuser gibt, die ganz ruhig waren!« Verunsichernde Erfahrungen in der Kindheit.*
  ➤ *Prototyp VK 1: Vorliegen schwerer Kindheitsbelastungen bei ausreichender Möglichkeit der Verarbeitung dieser Erlebnisse in der Kindheit und Jugend.*
  ➤ *Prototyp VK 2: Die Kindheit im Krieg oder in der NS-Zeit war durch keine maßgeblichen äußeren oder innerpsychischen Belastungen gekennzeichnet.*

Prototyp VA: »Der abwesende Vater« bzw. »Vaterverlust« und die lebenslangen Folgen
➤ *»Vaterlosigkeit« oder »Wir mussten funktionieren, die Väter schwiegen!«*
➤ *Ausgeprägte lebenslange Folgen durch die Vaterlosigkeit bzw. durch die mangelnde psychische Präsenz des Vaters.*

Prototyp VK/TH: Verarbeitung der belastenden Kindheitserlebnisse durch therapeutische Unterstützung im Erwachsenenalter
➤ *»Wir mussten schlagartig erwachsen werden, durch die Therapie habe ich mich stabilisiert!«*

➤ *»Verunsichernde« Erfahrungen in der Kindheit mit ausgeprägten lebenslangen psychischen Folgen bei weitgehender Verarbeitung dieser Erfahrungen im Erwachsenenalter durch psychotherapeutische Behandlung.*

Prototyp LF: Lebenslange Folgen
➤ *»Ich hab' nichts Spektakuläres zu erzählen« – eine Kindheit mit lebenslangen Folgen!*
➤ *»Und dann ging die Angst wieder los«, verunsichernde Erfahrungen in der Kindheit. Schwere Kindheitsbelastungen haben mehr oder weniger ausgeprägte lebenslange psychische Folgen bei unzureichender Möglichkeit der Verarbeitung dieser Erfahrungen.*

Als prägende Kriegskindheitsdeterminanten werden folgende maßgebliche Erlebnisdimensionen der Untersuchungsteilnehmer festgehalten:
➤ *»Vaterbild«*
➤ *»Mutterbild«*
➤ *»Selbstbild«*
➤ *»Bild der NS-Zeit und des Holocaust«*
➤ *»Kriegsbild«*
➤ *»Bild der Nachkriegszeit«*

Die vielfältigen Inhalte und Wirkzusammenhänge, die sich auf den spezifischen Entwicklungshintergrund der Kriegskinder beziehen, konnten in grundlegenden Ansätzen herausgearbeitet werden. Die nun folgende zusammenfassende Darstellung der maßgeblichen Einflussvariablen in der Entwicklungsgeschichte der untersuchten Personengruppe wurde anhand der vier Prototypen vorgenommen. In die Ergebnisdarstellung fließen zudem die Ergebnisse aus der Querschnittsuntersuchung (inhaltliche themenspezifische Auswertung von 1.257 Seiten Datenmaterial) und die Ergebnisse aus dem Prozess der Typenbildung (Auswertung von 72 Interviews) ein. Die zusammenfassende Darstellung bezieht sich ferner in ihren zentralen Aspekten auf die innerpsychischen Dimensionen der »Selbst-Entwicklung«, des »Beziehungserlebens«, der »Bewältigungsmechanismen« sowie auf innerpsychische »Abwehrprozesse«.

Abwesenheit oder Verlust des Vaters

Für die Identitätsbildung stellte sich das Merkmal »Vaterlosigkeit« als eine zentrale Konstante heraus, die für den gesamten Lebenslauf der untersuchten Personen mehr oder weniger bestimmend war.

Der Begriff »Vaterlosigkeit« ist mit der Vorstellung assoziiert, keinen Vater zu haben. Jedes Kind hat selbstverständlich einen realen Vater, sowohl in der äußeren Lebensrealität als auch in Form einer innerpsychischen Repräsentanz, auch wenn in der Kindheit oder in der weiteren Lebenszeit kein Kontakt zum Vater bestand, dieser in der Kindheit verstorben oder gefallen ist oder über einen bestimmten Zeitraum abwesend war. Die Repräsentanz »Vaterverlust« beschreibt innerseelische Erlebnisdimensionen, die auf den realen und innerpsychischen Vaterverlust Bezug nimmt. Von der Generation der 1932/33 bis 1945/1946 geborenen Kriegskinder wuchs in etwa ein Drittel infolge des Zweiten Weltkriegs vaterlos auf. Diese Kinder mussten mit dem realen Verlust ihrer Väter zurechtkommen und konnten diese schmerzhafte »Leerstelle« in ihrer innerpsychischen Lebensrealität meist über den gesamten Lebensverlauf nicht hilfreich füllen, da die gleichzeitige innerpsychische Verstrickung mit den bewussten und unbewussten Beziehungswelten ihrer Mütter ihnen dies unmöglich machte. Häufig haben diese Personen die Vorstellung entwickelt, dass ihr Leben zugleich besser verlaufen wäre, wenn sie den belastenden Vaterverlust als innerpsychische Repräsentanz nicht über das gesamte Leben hindurch hätten ertragen müssen. Hier wird offenkundig, dass die defizitären Vaterrepräsentanzen mit ihren bewussten und unbewussten subjektiven Bedeutungszuschreibungen, im Hinblick auf eine stabilisierende Selbst- und Identitätsentwicklung, nicht thematisiert und betrauert werden konnten. Eine adäquate Selbstentwicklung war aufgrund der defizitären verinnerlichten Vaterrepräsentanzen über die gesamte Entwicklung hinweg nur eingeschränkt möglich. Die Konstante »Vaterbild« beschreibt die innere Vorstellungs- und Erlebniswelt des Kindes, die auf die erworbenen Vaterrepräsentanzen Bezug nimmt. Meist herrschte bei den Studienteilnehmern ein idealisiertes, ambivalentes oder auch extrem negatives Vaterbild vor, das in Ermangelung realer (hilfreicher) Beziehungsrepräsentanzen in der Vorkriegs-, Kriegs- und Nachkriegszeit durch eigene Fantasien ersetzt werden musste. Die Fantasien der Kriegskinder, die sich auf die Vorkriegs- und Kriegszeit beziehen, beinhalten neben negativen bewussten und unbewussten innerpsychischen Inhalten überzeichnete positive Inhalte, wie große Bindungswünsche, Größen-, Helden- und Retterfantasien.

Maßgeblich für die Verarbeitung der unterschiedlichen Formen von Vater-losigkeit sind aber auch die Inhalte, die in Abwesenheit der realen Person »Vater« durch bedeutsame Bezugspersonen lebendig gehalten werden. Die Inhalte des Konstrukts »Vater«, im Sinne bedeutsamer, über andere Personen vermittelte Repräsentanzen haben die psychischen Regulationsfähigkeiten der Kriegskinder maßgeblich geprägt. Von zentraler Bedeutung für die Ausgestaltung dieser »imaginären Vaterrepräsentanz« sind also jene Vaterrepräsentanzen, die den Kindern nach Maßgabe der subjektiven, negativen und positiven Prägungen von nahestehenden Bezugspersonen vermittelt wurden. Hier kommt dem Einfluss der Mütter große Bedeutung zu. Die Repräsentanz »Vaterbild« ist somit einerseits durch die Mutter oder andere nahe Bezugspersonen geprägt, andererseits unterliegt sie einem Prozess, der durch bewusste und unbewusste Fantasien des Kindes geformt und überformt wird. Die fehlende reale Existenz des Vaters wurde auf diese Weise ebenso kompensiert wie die verdrängte Enttäuschungswut über den erlittenen Verlust des Vaters. Nach dem Krieg führten die realen Begegnungen der Kriegskinder mit ihren Kriegsheimkehrervätern zu einer Desillusionierung der von den Kindern in ihrer Fantasie geschaffenen, heldenhaften Vorstellungen über den Vater. Auch konnten meist keine ausreichend guten neuen Beziehungs-erfahrungen mit den Heimkehrervätern gemacht werden, da diese aufgrund der eigenen traumatisierenden Belastungen und vielschichtigen Verleugnungsprozesse nicht in der Lage waren, eine adäquate emotionale und gedankliche Bezogenheit zu ihren Kindern herzustellen.

Die Repräsentanz »Vaterbild« mit ihren Subkategorien ist in Abhängigkeit von moderierenden Variablen die zentrale Konstante für die Entwicklung des Prototyps VA: »Der abwesende Vater« bzw. »Vaterverlust« und die lebenslangen Folgen.

➤ *Vaterverlust: Der abwesende Vater (endgültig abwesend nach dem Zweiten Weltkrieg)*

➤ *Der zeitweise abwesende und nach dem Zweiten Weltkrieg zurückkehrende und veränderte Vater*

➤ *Der über die Erinnerungen aus der NS-Zeit und die Kriegserlebnisse schweigende Vater*

➤ *Der psychisch abwesende, distanzierte Vater*
➤ *Der psychisch mehr oder weniger präsente Vater*

Belastende Mutterrepräsentanzen

Die Untersuchungen im Querschnitt und auch im Prozess der Typenbildung haben gezeigt, dass die Kriegskinder in ihrer Entwicklungsgeschichte gute und entlastende, aber auch vielfältige belastende Beziehungserfahrungen mit ihren Müttern machten, deren psychische Folgen häufig über das gesamte Leben andauerten und noch immer andauern. Sie dauern deswegen an, weil im Beziehungserleben zu den Müttern defizitäre Interaktionsmuster entwickelt wurden, die eine große innerpsychische Spannung erzeugen, aber dennoch aufrecht erhalten werden müssen, weil diese verinnerlichten Beziehungsmuster zwar spannungsgeladen, aber dennoch vertraut sind und damit ein größeres »Sicherheitsgefühl« erzeugen als unbekannte Interaktionsformen. Die wesentlichen Aspekte des defizitären Beziehungserlebens mit den Müttern werden im Folgenden vor dem Hintergrund der jeweiligen soziokulturellen Gegebenheiten aufgezeigt.

Repräsentanzen »Mutterbild«, die sich auf die Vorkriegszeit beziehen

An vielen Auswertungsstellen der Interviews zeigte sich, dass sich insbesondere diejenigen Studienteilnehmer, die ihre frühe Kindheit in der nationalsozialistischen Vorkriegszeit erlebten, in ihrer frühkindlichen Erlebniswelt nur sehr abstrahiert mitteilen konnten und dass sie dabei wenig Bezug auf sich selbst nahmen. Diese eingeschränkte persönliche Darstellungsfähigkeit ihrer frühkindlichen emotionalen und gedanklichen Erlebniswelt weist darauf hin, dass die Kinder in ihrer innerpsychischen Konfliktwelt weitgehend sich selbst überlassen blieben, es nicht gewohnt sind, ihr frühkindliches Selbst- und Beziehungserleben zu kommunizieren. Die Studienteilnehmer der Gruppe A (Jahrgänge 1932/1933–1939) haben primäre Identifikationsprozesse mit ihren Müttern vor dem Hintergrund des gesellschaftlichen Kontexts des nationalsozialistischen Deutschlands durchlaufen, deren Werteorientierungen von nationalsozialistischen Idealen geprägt war. Die NS-Erziehungsideale postulierten Härte und Unnachgiebigkeit gegenüber allem Schwachen und forcierten Entindividualisierungsprozesse. Die frühkindlichen

357

Selbst- und Mutterrepräsentanzen dieser Kriegskinder erschienen gleichsam uneindeutig oder verworren; die Schilderungen wirkten entemotionalisiert, ohne wechselseitige Bezugnahme zwischen Mutter und Kind, waren auf die Mitteilung von Fakten reduziert. Dieser Mangel an wechselseitiger adäquater Bezugnahme zwischen Mutter und Kind zeigt sich ebenso auf weiteren Auswertungsebenen der Untersuchungen. Es zeigte sich, dass die libidinöse Besetzung der Kinder durch ihre Mütter, oft nicht ihnen selbst, sondern der Wahrung und Festigung der gesellschaftlichen Strukturen des Dritten Reiches galt, die Kinder somit von ihren Müttern funktionalisiert wurden. Die Repräsentanzen dieses frühen negativen Beziehungserlebens beinhalten die Vorstellung, von ihren Müttern im Sinne der NS-Ideologie funktionalisiert worden zu sein, ohne dass sie jemals mit ihren Müttern darüber hätten sprechen können. Mit diesen verinnerlichten und prägenden Beziehungserfahrungen gehen grundlegende bewusste und unbewusste Beziehungsängste und Ängste vor Vereinnahmung einher. Ein weiterer Konflikt besteht in der Vorstellung, dass sie mit der Verweigerung der ihnen zugedachten Aufgaben Gefahr liefen, die für ihre weitere Selbst- und Ich-Entwicklung notwendige Wertschätzung ihrer Mütter zu verlieren. Diese früh verinnerlichten, ambivalenten Beziehungsmuster und Identifikationsprozesse nahmen maßgeblichen Einfluss auf die gesamte Lebensentwicklung.

Repräsentanzen »Mutterbild«, die sich auf die Kriegszeit beziehen

Die Beschreibung des Mutterbildes in der »Kriegskindheit« nimmt in erster Linie Bezug darauf, inwieweit die Mütter bei der Bewältigung der belastenden Kriegserfahrungen hilfreich für die Kinder waren. Wie bereits ausführlich dargestellt, zeigte sich in den Untersuchungen, dass die belastenden Ereignisse nicht per se einen schädigenden Einfluss auf die kindliche Psyche nehmen, sondern dass die Bewältigung der belastenden Erfahrungen maßgeblich von der emotionalen Präsenz und der psychischen Stabilität bedeutender Bezugspersonen abhängig ist. Es zeigte sich, dass die Kinder in ihrem Selbstregulationsvermögen weit mehr auf ihre Bezugspersonen bezogen sind als auf das Ereignis selbst. Einerseits wird die mütterliche Fürsorge und ständige Verfügbarkeit der mütterlichen Bezugnahme als zentraler Faktor bei der Bewältigung von schwer belastenden Erlebnissen, wie zum Beispiel Bombardierung, der Anblick von brennenden Häusern und toten Menschen etc., geschildert. Andererseits wird in vielen Ausführungen der

Interviews deutlich, dass ein Großteil der Kinder immer wieder von den Müttern (aufgrund deren psychischer Überlastung oder ideologischen Überzeugung) funktionalisiert wurde. Die Kinder mussten ihren Müttern den Partner ersetzen (Parentifizierung) oder aber es fand eine Rollenumkehr statt und die Kinder mussten ihren Müttern gegenüber eine fürsorgliche Position einnehmen (Adultisierung). Dabei zeigt sich in vielen Interviewpassagen, wie existenziell belastende Gefühle der Angst, insbesondere die Angst, die Eltern zu verlieren, sowie das Erleben der Hilflosigkeit der Eltern, auf die Kinder übergingen und oft bis in die Gegenwart nicht verarbeitet werden konnten.

Repräsentanzen »Mutterbild«, die sich auf die Nachkriegszeit beziehen
Die »Mutterbilder« der Nachkriegszeit sind vielfältig und an die Darstellung erneuter zusätzlicher Entwicklungsanforderungen geknüpft. Es zeigte sich, dass in der Wahrnehmung der Kriegskinder die Beziehungsgestaltung zwischen Mutter und Kind aufgrund der gesellschaftlichen Veränderungen (Entnazifizierung) und den Veränderungen im Familienverband (die Rückkehr oder der Verlust des Vaters) erneuten fundamentalen Veränderungsprozessen unterworfen war, die auf das Beziehungserleben der Kinder maßgeblichen Einfluss genommen haben. Dabei wird die Zeit der Entnazifizierung als besonders spannungsgeladen erlebt. Die Repräsentanzen »Mutterbild« der Nachkriegszeit beinhalten wiederum die mangelnde psychische Verfügbarkeit der Mütter, gleichzeitig wird die überaus große Nähe zu den Müttern als belastend erlebt. In der Adoleszenz wird der Ablösungsprozess von der Mutter als ausgesprochen problematisch und schuldbehaftet beschrieben, ebenso wie die psychosexuelle Entwicklung und die Identitätsentwicklung. Vor dem Hintergrund der zusätzlichen Belastungen der Nachkriegszeit wird deutlich, dass die defizitären mütterlichen Beziehungserfahrungen auf den weiteren Entwicklungsverlauf dieser Personen maßgeblichen Einfluss genommen haben.

Selbstbild: Transgenerationale Identifikationskonflikte

Ein zentraler Aspekt bei der Entwicklung der Selbststrukturen der Kriegskindergeneration des Zweiten Weltkrieges bezieht sich auf das belastete Selbsterleben im Hinblick auf die grundlegenden Veränderungsprozesse ihrer verinnerlichten Wertenormen. Die Identitätsentwicklung ereignet sich in der Kindheitsentwicklung im Übergangsraum zwischen Kind, Bezugspersonen und Gesellschaft. Beide Erlebnisbereiche wiesen ausgeprägte Diskontinuitäten und belastende Einwirkungen für die Kriegskinder auf. Der Identifikationsprozess der Kriegskinder war einem Prozess gesellschaftlicher Umformungen unterworfen, der wiederum die Notwendigkeit der Umformung und Überformung der Wertvorstellungen in der Selbstentwicklung zur Folge hatte. Der kindliche Entwicklungsprozess beinhaltet die Ausgestaltung des individuellen Selbstbezugs und die daran geknüpfte Ausbildung der Eigenverantwortlichkeit. Im Rahmen der nationalsozialistisch geprägten Erziehungsnormen und deren Umsetzung wurde die Ausgestaltung des individuellen Selbstbezugs durch ein kollektives Wir-Gefühl ersetzt. Volksgemeinschaft wurde an die Stelle der individuellen Entwicklung gesetzt. Die Kinder waren identifiziert mit der Vorstellung, Teil eines großen Ganzen zu sein. Dieser Identifikationsprozess fand seinen sprachlichen Niederschlag in der Bezeichnung »Volkskörper«. Kinder wurden »gleichgeschaltet« und entindividualisiert. In diesem Prozess fühlten sie sich einer großen Gemeinschaft zugehörig, als Teil eines »Volkskörpers«, als etwas Besonderes: »Du bist nichts, Dein Volk ist alles«. Immer wieder zeigte sich die Begeisterung der Studienteilnehmer über das ausgeprägte Gemeinschaftserleben, das sie als Kinder erlebten, bzw. das sich transgenerational als Verlusterleben vermittelte. Die Erziehung zum Gehorsam gegenüber dem Führer trat an die Stelle der Ausbildung einer Eigenverantwortlichkeit. Man sprach von dem neuen »völkischen Gefühl«. Das völkische Gefühl beschreibt die Haltung der Unterwerfung unter den Willen des Führers, in der die Verantwortlichkeit des Einzelnen an den Führer delegiert und durch dessen bedingungslose Herrschaft ersetzt worden war. Die Kinder, die in den letzten Kriegsjahren geboren sind, waren diesen Erziehungseinflüssen nicht mehr direkt, wohl aber in Form von verinnerlichten Normen ausgesetzt. In der folgenden Kriegszeit und Nachkriegszeit waren die Kriegskinder aufgrund der veränderten Werteorientierung zusätzlichen psychischen Entwicklungsanforderungen ausgesetzt. Anfängliche »Idealbilder« der Kriegszeit und NS-Zeit mussten verleugnet werden, waren ambivalent besetzt und mussten nun durch die Wertenormen der Nachkriegszeit ersetzt werden. Ein adäquater Entidealisierungs-, Trauer- oder Reflexionsprozess fand nicht statt, was zur Folge hatte, dass diese konflikthaften innerpsychischen

Erlebnisdimensionen der Kriegskinder unverarbeitet blieben bzw. in Form unterschiedlicher, spannungsbesetzter innerpsychischer Abwehroperationen besetzt gehalten werden mussten.

Wie die vorliegenden Untersuchungsergebnisse zeigen, war die Ausbildung einer gelungenen persönlichen Identität im Entwicklungsverlauf dieser Kinder immens erschwert und hatte oftmals eine defizitäre Identitätsentwicklung zur Folge. Die Identitätsentwicklung nahm einen entwicklungshemmenden Bezug auf das Selbst in unterschiedlichen Bereichen ein. Das Selbsterleben der Kriegskinder beinhaltet latente Gefühlsdimensionen, wie beispielsweise überdauernde Schuld- und Schamgefühle, lebensbegleitende Ängste vor inneren und äußeren Objekten und existenziellen Bedrohungen, lebensbegleitende Vorstellungen, über Gefühle aus der Kindheit nicht sprechen zu dürfen und zeitlich überdauernde Ängste vor psychischer und physischer Gewalt. Die Untersuchungsergebnisse werfen insbesondere unter dem Aspekt der transgenerationalen Vermittlung spannungsgeladener, unreflektierter seelischer Inhalte, viele weitere Fragestellungen auf. Von großer Bedeutung ist dabei die Frage, welche Inhalte transgenerational vermittelt werden (z.B. unbewusstes Festhalten an einer zentralen Identifikationsfigur, Abwehr von Schuld durch »Neutralisierungsbestrebungen«, unbewusste Vermeidung einer konstruktiven Bewältigung von inneren und äußeren Konflikten oder bewusste und unbewusste Feindseligkeitserwartungen), die wiederum einen reflektierten Umgang mit dem Erbe des Nationalsozialismus blockieren.

Bild der Kriegszeit:
Der Einfluss des Zweiten Weltkriegs auf die Kindheitsentwicklung

Wie die vorliegenden Ergebnisse der Untersuchung zeigen, weisen die vielfältigen Kriegskindheitsschicksale eine Fülle belastender Erinnerungssequenzen aus der Zeit des Krieges in Deutschland auf, die im Laufe ihres weiteren Lebens überformt wurden oder aber als bedrohliche innerpsychische Elemente eine Belastung für die weitere Kindheitsentwicklung und den gesamten weiteren Lebensverlauf der untersuchten Personen darstellten. Dabei zeigte sich, dass die mangelnde psychische Präsenz bzw. die inadäquate gedankliche und emotionale Bezogenheit der bedeutsamen Personen sowie die mangelnde Kontinuität und Verlässlichkeit der psychischen Präsenz dieser Bezugspersonen, zur Ausbildung unterschiedlicher psychischer und körperlicher Symptome führten, unter deren Ausprägungen die Kriegskinder in unterschiedlichem Ausmaß bis ins hohe Alter leiden. Die Variable »konstante hilfreiche psychische Verfügbarkeit einer Bezugsperson« bildet somit eine ebenso zentrale Größe für die Bewältigung extremer Belastungen wie die Variable »Bindungssicherheit«.

NS-Themen und Holocaust:
»Die Krypta im Ich«

Die oft zitierte Sprachlosigkeit in deutschen Nachkriegsfamilien über den Nationalsozialismus und im Besonderen über die Judenverfolgung und den Holocaust findet in der vorliegenden Studie Bestätigung. Nahezu durchgängig begegnet man der auf die eigene Familie bezogenen deutschen Opfer-Täter-Spaltung, in der zumeist ein Opfernarrativ in den Familien der Kriegskinder vorherrscht und die Identifizierung mit der elterlichen »Nichtzugehörigkeit an der nationalsozialistischen Bewegung« verinnerlicht wurde. Diese Postionierung geht in der Regel mit ausgeprägten bewussten und unbewussten innerpsychischen Abwehrprozessen einher. Massive Spaltungsprozesse zeigten sich im Hinblick auf die Identitätsbildung der Studienteilnehmer, so im Umgang mit ihrer eigenen Entwicklungsgeschichte im nationalsozialistischen Deutschland und der Verstrickung ihrer Eltern in nationalsozialistische Identifikations- und Handlungsprozesse, die zum Beispiel immer wieder in der Doppelstruktur zwischen Wissen und Nichtwissen aufschienen. Spaltungsprozesse im Sinne unbewusster innerpsychischer Abwehrbewegungen zeigen sich zudem in der fehlenden Auseinandersetzung mit der Thematik »personale Verantwortung«. Diese innerpsychischen Spaltungsprozesse korrespondieren wiederum mit dem mangelnden Bewusstsein der Studienteilnehmer für ihre spezifische Kindheitsentwicklung. Nicht zuletzt ist als ein zentraler ursächlicher Faktor für die innerpsychischen Abwehrprozesse der Kriegskinder ihr Leiden unter dem bisherigen Schweigen über ihre Kindheit – im Sinne eines fehlenden Resonanzraumes – heranzuziehen.

Bild der Nachkriegszeit:
Im subjektiven Erleben der Kriegskinder die schwierigste Zeit

Kriegskinder beschreiben eindrücklich, wie sie unter den gesellschaftlichen Um-
wälzungen und familiären Veränderungsprozessen gelitten hätten und wie sie
dabei sich selbst überlassen gewesen seien. Die weitere Individuationsentwicklung
der Studienteilnehmer in der Nachkriegszeit beinhaltete erneute Belastungsfaktoren und war dadurch weiterhin erschwert. Die Studienteilnehmer mussten erneut
mit dem Fehlen der verfügbaren verlässlichen psychischen Präsenz ihrer Eltern
zurechtkommen. Im Vordergrund ihrer Schilderungen steht einerseits die Feststellung »Wir waren ganz alleine auf uns gestellt«, andererseits ist von enormen
innerpsychischen Ablösungsschwierigkeiten aus den Verstrickungen mit der
verinnerlichten psychischen Beziehungswelt der Eltern die Rede.

In welcher Weise die Gesamtheit der dargestellten Einflussvariablen einen schädigenden Einfluss auf die innerpsychische Entwicklung dieser Teilgruppe der
Kriegsinder genommen hat und deshalb maßgebliche Folgen bis ins Erwachsenenalter nach sich gezogen hat, ist im Wesentlichen von protektiven Faktoren
und der Stärke der belastenden Einflussfaktoren abhängig. Je nach Beschaffenheit
dieses Bedingungsgeflechtes nahmen die ausgeführten negativen Variablen (Risi-
kofaktoren) in Abhängigkeit von moderierenden positiven Variablen (hilfreiche
Lebensumstände und protektive Faktoren) mehr oder weniger schädigenden
Einfluss auf die psychische Entwicklung dieser Personen.

Resümee

50 bis 70 Jahre nach Ende des Zweiten Weltkriegs begannen Experten verschiedener Fachrichtungen, das ganze Ausmaß der Tragödie der Kriegskinder wahrzunehmen. Derzeit sind diese Kriegskinder etwa 70 bis 85 Jahre alt und leiden noch immer an den Folgeerscheinungen ihrer Kindheitserfahrungen. Ein Großteil der damaligen Kinder wuchs unter dauerhaft geschädigten familiären, sozialen und materiellen Bedingungen auf, deren negative Folgen für den weiteren Lebensverlauf prägend waren. Die maßgebliche Bürde dieser Generation besteht darin, in der Kindheit schweren belastenden Erfahrungen ausgesetzt gewesen zu sein, aber über viele Jahrzehnte in der Mehrzahl in dem Bewusstsein gelebt zu haben, nichts »Schlimmes« erlebt zu haben. Das belastete Kriegskindheitserleben war in der Wahrnehmung dieser Menschen »Normalität«, ebenso wie es die mangelnde Bezugnahme der Kriegskindeltern im Nachkriegsdeutschland auf die Belange der Kriegskinder war. Viele Kriegskinder mussten einen Großteil ihrer konflikthaften Erfahrungswelten aus der Kindheit tief in ihrem Inneren vergraben, um überhaupt weiterleben zu können. Therapeutische Begleitung nach belastenden Beziehungserfahrungen während und nach extremen äußeren Gewalteinwirkungen gab es genauso wenig wie Personen, die sich um die Betroffenen in den Jahren nach dem Krieg gekümmert hätten. Die Kriegskinder bemerkten in ihrem weiteren Leben meist keine Beschwerden, die sie eindeutig mit ihren Kindheitserlebnissen

in Verbindung gebracht hätten, bis alte Wunden im Alter wieder aufrissen. Ein Rückblick in die Vergangenheit der »unauffälligen« oder »vergessenen« Generation offenbart das Ausmaß ihrer verschwiegenen Welten und zeigt, wie schwierig es war, ihre schwer belastenden Kindheitserlebnisse im weiteren Lebensverlauf zu kommunizieren und damit zu verarbeiten. Dabei wird immer wieder deutlich, wie vielfältig die Inhalte dieser Forschungsthematik sind und wie schwierig es ist, der Komplexität des Themas gerecht zu werden.

Wie sich an vielen Stellen dieser Arbeit zeigte, unterliegt die Kindheitsentwicklung der Kriegskinder sowohl in der Vorkriegszeit des Dritten Reichs als auch in der Kriegszeit und in der Nachkriegszeit einer Fülle von belastenden Einflüssen, deren Auswirkungen in ihrer Komplexität zunächst nur in ersten Ansätzen erfasst werden konnten. Die Forschungsergebnisse machen einerseits die Vielfalt der belastenden Erfahrungen der Kriegskinder deutlich, gleichzeitig zeigen sich aber auch unübersehbare Übereinstimmungen. Forschungsergebnisse unterschiedlicher Fachrichtungen zeigen mittlerweile einheitliche Aspekte der folgenschweren Kindheitsbelastungen auf. Von besonderer Brisanz ist dabei, dass die Kriegskinder aufgrund der fundamentalen gesellschaftlichen Wandlungsprozesse für sich keinen Erinnerungsraum ausbilden und kommunizieren konnten, auf den sie im Kontext der familiären oder der gesellschaftlichen Erinnerungskultur hätten Bezug nehmen können. Sie konnten sich ihre Kindheit nicht zu Eigen machen, was wiederum einen nachhaltigen Einfluss auf die folgenden Generationen hat. Die vielfältigen Inhalte ihrer Kindheitserinnerungen fielen einer Kultur des Verdrängens und Verschweigens zum Opfer und bilden zentrale Elemente eines tabuisierten gesellschaftlichen Erinnerungsraums, der Bestandteil eines unbewusst tradierten oder aber auch bewussten deutschen Selbstverständnisses geworden ist. Eine aktive familiäre Erinnerungskultur zu schaffen, die sich auf den Zeitraum zwischen 1932/1933 bis 1945/1946 bezieht, wurde von den Eltern der Kriegskinder aus Gründen, die es weiter auszuführen gilt, zumeist nicht geleistet. Die eingeschränkte, polarisierende Kommunikation »danach« über die familiären Verstrickungen mit den NS-Verbrechen der NS-Vorkriegs-, NS-Kriegs- und der Nachkriegszeit und deren Auswirkungen zog und zieht sich über weitere Generationen als Tradierung hinweg, ebenso wie die traumatisierenden Folgen der Erlebniswelt der jüdischen Mitbürger, wie die aller weiteren verfolgten Menschen und wie die der

Gesamtheit der Kriegskinder des Zweiten Weltkriegs. Die Fülle der defizitären Erlebnisdimensionen wurden auf der bewussten und unbewussten Ebene in ihrer vielschichtigen Unbezogenheit und Ambivalenz an ihre Kinder weitergeben. Die traumatischen Hinterlassenschaften und vielfältigen Konfliktszenarien, die sich noch Jahrzehnte generationsübergreifend bemerkbar machen, wurden über lange Zeit nicht beachtet und blieben unerforscht.

Durch die Beachtung der spezifischen Entwicklungsgeschichte der Kriegskinder des Zweiten Weltkriegs in der Öffentlichkeit sind seit den 90er Jahren Erinnerungsprozesse in Gang gekommen, die nach etwa 60 bis 80 Jahren seelische Wunden offenbaren, aber auch ein erneutes Zusammengehörigkeitsgefühl entstehen ließen, das wiederum sehr viele belastende Erinnerungen weckte. Die entwicklungsfördernde Funktion des Erinnerns war zuvor in den Hintergrund getreten und wurde durch individuelle und gesellschaftliche Abwehrprozesse geschwächt.

Die Aufgabe des Erinnerns nunmehr erneut hervorzuheben und gleichzeitig bereits vergegenwärtigte Historisierungen zu hinterfragen und zu reflektieren, ist somit für die Kriegskinder und die folgenden Generationen von zentraler Bedeutung. Sowohl in der persönlichen als auch in der gesellschaftlichen Erinnerungskultur bestehen weiterhin unzählige persönliche, familiäre und gesellschaftliche »Leerstellen«, die einer differenzierten – nicht polarisierenden – kommunikativen und wertschätzenden Bearbeitung auf unterschiedlichen Ebenen bedürfen. Mittlerweile stellen sich die Kriegskinder selbst vermehrt als einer Generation zugehörig dar, deren Lebensgefühl geprägt ist von emotionalen Erfahrungen, die 60 bis 80 Jahre zurückreichen und die sich noch heute unter dem schwierigen Umgang mit dem Erbe des Nationalsozialismus und unter anderem durch Identitätsverwirrungen, Bindungsschwierigkeiten oder Existenzängste zeigen. Es ist notwendig der Bedeutung des Erinnerns wieder einen unabdingbaren Stellenwert beizumessen, um individuelle und kollektive Räume der Kommunikation zu eröffnen, die es ermöglichen, auf nationaler und internationaler Ebene einen konstruktiven und verantwortungsbewussten Dialog der Reflexion über die furchtbaren Geschehnisse im Nationalsozialismus und ihre weitreichenden Folgen zu führen.

Rund 70 Jahre nach dem Ende des Zweiten Weltkriegs prägen noch immer individuelle Annäherungsschwierigkeiten den Umgang mit dem Erbe des Nationalsozialismus und unser persönliches und nationales Bewusstsein; gleichzeitig steht die Menschheit angesichts unverändert stattfindender Kriege und Katastrophen, steigender sozialer Ungleichheit und wachsender Konflikte zwischen den führenden Industrienationen und den übrigen Staaten erneut vor komplexen Fragen, für deren Lösung weitere Grundlagenforschung notwendig ist. Die vorliegende Arbeit sollte einen kleinen Beitrag dazu leisten.

Warum wir erinnern und forschen müssen

Die Auseinandersetzung mit der Zeit des Dritten Reichs erfolgt in der Regel auf einer abstrahierten »entindividualisierten« Ebene. Der individuelle, biografisch-differenzierte transgenerationale Zugang zu NS-Zeit, Zweitem Weltkrieg und Nachkriegszeit bricht Artefakte auf und bildet ein Gegenstück zur Ebene der abstrakten struktur-, politik- und ereignisgeschichtlichen Rahmungen. Strukturen von Verfolgung und Vernichtung im Kontext verinnerlichter defizitärer Selbst-, Objekt- und Beziehungsrepräsentanzen können erschlossen und nachvollzogen werden, um konflikthafte Erlebnisdimensionen, so beispielsweise die bewusst und unbewusst prägende Kraft von Feindbildern und Vorurteilen und deren psychische Hintergründe im Entwicklungsverlauf von Kindern und Erwachsenen, diskutieren zu können. Die Untersuchung der vielschichtigen Erfahrungs- und Entwicklungsräume der Kriegskindergeneration und der Folgegenerationen bietet die Chance, der vielfältigen Perspektivität historischer Dimensionen Konturen zu verleihen. Ein Ausblenden der sozialen Lebenswirklichkeiten und deren Einfluss auf die Kindheits- und weitere Lebensentwicklung stellt eine Verzerrung der Untersuchung der Auswirkungen der NS-Zeit dar und würde einer erneuten Konstruktion deutscher Opfermythen Vorschub leisten. Der individualisierende Zugriff auf persönliche und öffentliche Erlebnisbereiche und Konfliktfelder ermöglicht es, Identifikationen mit dem oftmals familiär tradierten Opfernarrativ zu reflektieren und einen sensiblen, verantwortungsbewussten Zugang zur jüngsten deutschen Geschichte und dem immerwährenden Erbe des Nationalsozialismus herzustellen.

Literatur

Adorno, T. W. (1965). Erziehung nach Auschwitz. URL: www.uni-giessen.de/g31130/ PDF/polphil/ErziehungAuschwitzOffBrief.pdf (Stand: 31.07.2013)

Althaus, U. (2006): »NS-Offizier war ich nicht«. Die Tochter forscht nach. Gießen (Psychosozial-Verlag).

Amati, S. (1990): Die Rückgewinnung des Schamgefühls. Psyche 44 (8), 724–740.

Arendt, H. (2007): Über das Böse. Eine Vorlesung zu Fragen der Ethik. München (Piper).

Assmann, A. (2006): Der lange Schatten der Vergangenheit. Erinnerungskultur und Geschichtspolitik. München (Beck).

Assmann, A. (2008): Die Unfähigkeit zu trauern im Spiegel der Generationen. Pychosozial 114 (IV), 99–108.

Assmann, J. (1992): Das kulturelle GedächtniS. 4. Auflage 2002. München (Beck).

Bar-On, D. (1997): Furcht und Hoffnung. Von den Überlebenden zu den Enkeln – drei Generationen des Holocaust. Hamburg (Europäische Verlagsanstalt).

Barwinski, R. (2009): Die erinnerte Wirklichkeit. Zur Bedeutung von Erinnerungen im Prozess der Traumaverarbeitung. Kröning (Asanger).

Bauer, A. (2009): Kriegskindheit im Zweiten Weltkrieg und heutige psychosomatische Belastung durch posttraumatische und komorbide Symptome. Dissertation, Universitätsbibliothek LMU München. URL: http://edoc.ub.uni-muenchen.de/9834 (Stand: 01.11.2011).

Bauriedl, T. (1988): Die Wiederkehr des Verdrängten. Psychoanalyse, Politik und der Einzelne. 2. Auflage. München (Piper).

Behnken, I. & Mikota, J. (Hg., 2008): Gemeinsam an der Familiengeschichte arbeiten. Texte und Erfahrungen aus Erinnerungswerkstätten. Weinheim, München (Juventa).

Benz, U. (1992). Facetten der Erinnerungsarbeit. Die Suche der Kinder nach dem Leben der Väter. In: Benz, W. (Hg.): Jahrbuch für Antisemitismusforschung 1, 296–306.

Benz, W. & Benz, U. (Hg., 1992): Sozialisation und Traumatisierung. Kinder in der Zeit des Nationalsozialismus. Frankfurt am Main (Jost).

Bergmann, M. S.; Jucovy, M. E. & Kestenberg, J. S. (1995): Kinder der Opfer, Kinder der Täter. Psychoanalyse und Holocaust. Frankfurt am Main (Fischer-TB-Verlag).

Beutel, M. E.; Decker, O. & Brähler, E. (2007): Welche Auswirkungen haben Flucht und Vertreibung auf Lebensqualität und Befindlichkeit? Repräsentative Erhebung mit den vor 1946 Geborenen in Deutschland. Zeitschrift für Psychosomatische Medizin und Psychotherapie 53, 203–215.

Bohleber, W. (1997): Trauma, Identifizierung und historischer Kontext. Über die Notwendigkeit, die NS-Vergangenheit in den psychoanalytischen Deutungsprozess einzubeziehen. Psyche 51, 958–995.

Bohleber, W. (2000a): Trauma, Gewalt und kollektives Gedächtnis. Psyche Sonderheft.

Bohleber, W. (2000b): Die Entwicklung der Traumatheorie in der Psychoanalyse. Psyche 54, 797–839.

Bohleber, W. (2009): Kriegskindheiten und ihre lebenslangen Folgen. In: Radebold, H.; Heuft, G. & Fooken, I. (Hg.): Kindheiten im Zweiten Weltkrieg. Kriegserfahrungen und deren Folgen aus psychohistorischer Perspektive. 2. Auflage, Weinheim (Juventa), S. 51–59.

Bortz, J. & Döring, N. (2006): Forschungsmethoden und Evaluation für Human- und Sozialwissenschaftler, 4. Auflage. Berlin (Springer).

Brähler, E.; Decker, O. & Radebold, H. (2003): Beeinträchtigte Kindheit und Jugendzeit im Zweiten Weltkrieg. Fassbare Folgen bei den Geburtsjahrgängen 1930–1945. Psychosozial 26, Heft 2, Nr. 92, 51–59.

Brähler, E.; Decker, O. & Radebold, H. (2004): Ausgebombt, vertrieben, vaterlos. Langzeitfolgen bei den Geburtsjahrgängen 1930–1945 in Deutschland. In: Radebold, H. (Hg.): Kindheiten im II. Weltkrieg und ihre Folgen. Gießen (Psychosozial-Verlag).

Brandt, U. (1964): Flüchtlingskinder. München (Ambrosius Barth).

Brendler, K. (1997): Die NS-Geschichte als Sozialisationsfaktor und Identitätsballast der Enkelgeneration. In: Bar-On, D.; Brendler, K. & Hare, A. P. (Hg.): Da ist etwas kaputt gegangen an den Wurzeln. Identitätsformen deutscher und israelischer Jugendlicher im Schatten des Holocaust. Frankfurt (Campus), S. 53–104.

Brockhaus, G. (1997): Schauder und Idylle. Faschismus als Erlebnisangebot. München (Kunstmann).

Brockhaus, G.; Ermann, M.; Keupp, H. & Mertens, W. (2005): Gedanken zum 8. Mai. Forum der Psychoanalyse 21, S. 308–316.

Celan, P. (2012): Mohn und Gedächtnis. München (Deutsche Verlags-Anstalt).

Chamberlain, S. (1997): Adolf Hitler, die deutsche Mutter und ihr erstes Kind. 4. Auflage (2003), Gießen (Psychosozial Verlag).

Cisneros, D. (2004): Deutsche Kriegskinder. Entwicklungshintergrund Zweiter Weltkrieg im Spiegel der psychologischen und psychotherapeutischen Literatur. Unveröffentlichte Diplomarbeit, Münchener Projekt Kriegskindheit.

Decker, O.; Brähler, E. & Radebold, H. (2004): Kriegskindheit und Vaterlosigkeit. Indizien für eine psychosoziale Belastung nach fünfzig Jahren. Zeitschrift für Psychotraumatologie und Psychologische Medizin, 2, 33–42.

Diner, D. (1987): Zwischen Aporie und Apologie. Über Grenzen der Historisierbarkeit des Nationalsozialismus. URL: www.library.fes.de/gmh/main/pdf-files/gmh/1987-03-a-153.pdf (Stand: 30.11.2013), 153–159.

Dörr, M. (1998): »Wer die Zeit nicht miterlebt hat «. Frauenerfahrungen im Zweiten Weltkrieg und in den Jahren danach. Frankfurt (Campus).

Eckstaedt, A. (1989): Nationalsozialismus in der »Zweiten Generation«. Psychoanalyse von Hörigkeitsverhältnissen. Frankfurt a. M. (Suhrkamp).

Ermann, M. (2004): Wir Kriegskinder. Forum der Psychoanalyse 20, 226–239.

Ermann, M. & Müller, C. (2006): Not und Notwendigkeit des Erinnerns. In: Janus, L. (Hg.): Geboren im Krieg. Kindheitserfahrungen im 2. Weltkrieg und ihre Auswirkungen. Gießen (Psychosozial-Verlag).

Ermann, M. (2007a): Kriegskinder im Forschungsinterview. Zeitschrift für Individualpsychologie, 32, 304–311.

Ermann, M. (2007b): Reminding. Internationales Forum der Psychoanalyse, 16, 53–54.

Ermann, M., Hughes, M-L. & Katz, D. (2007c): Kriegskindheit im Spiegel von Psychotherapieberichten. Forum der Psychoanalyse, 23, 181–191.

Ermann, M.; Pflichthofer D. & Kamm H. (2007d): Children of Nazi-Germany 60 years on. International Forum of Psychoanalysis, 18, 225–236.

Ermann, M. (2008): Erinnerungsdiskurse – Forschungsinterviews in Deutschland. In: Reulecke, J.; Schmook, R. & Jeremicz, J. (Hg.): Kriegskinder in Ostdeutschland und Polen. Berlin (Verlag Berlin-Brandenburg), S. 51–60.

Ermann, M. (2009): Stumme Zeugen. Über die (Un-)Fähigkeit, die Kriegskindheit zu betrauern. In: Wellendorf, F. & Wesle, T. (Hg.): Über die (Un-)Möglichkeit zu trauern. Stuttgart (Klett Cotta), S. 263–275.

Ermann, M. (2010): Verdeckte Spuren der deutschen Geschichte. Kriegskinder und ihre Kinder – ein ungewolltes Erbe. Forum der Psychoanalyse, 26, 325–350.

Faimberg, H. (1987): Das Ineinanderrücken der Generationen. Zur Genealogie gewisser Identifizierungen. Jahrbuch der Psychoanalyse, 20, 114–143.

Fonagy, P. & Target, M. (2003): Fonagys und Targets Mentalisierungsmodell. In: Fonagy, P. & Target, M. (Hg.): Psychoanalyse und die Psychopathologie der Entwicklung. 2. Auflage, 2007. Stuttgart (Klett Cotta), S. 364–405.

Fooken, I. (2006): »Späte Scheidungen« als späte Kriegsfolgen? Kriegskindheitserfahrungen und Beziehungsverläufe. In: Janus, L. (Hg.): Geboren im Krieg. Kindheitserfahrungen im 2. Weltkrieg und ihre Auswirkungen. Gießen (Psychosozial-Verlag), S. 85–103.

Fooken, I. (2007): Zur Einführung: Themenrelevante Erkenntnisse aus deutschen Längsschnittstudien. In: Fooken, I., Zinnecker, J. (Hg.), Trauma und Resilienz. Chancen und Risiken lebensgeschichtlicher Bewältigung von belasteten Kindheiten. Weinheim (Juventa).

Fooken, I., Heuft, G., Radebold, H., Reulecke, J. & Stambolis, B. (2011): Abschlussbericht der Forschungsgruppe w2k. URL: www.kriegskinder-fuer-den-frieden.de (Stand: 01.11.2011)

Forte, D. (1995): Der Junge mit den blutigen Schuhen. Frankfurt (Fischer).

Forte, D. (1998): In der Erinnerung. Frankfurt (Fischer).

Frank, O. & Pressler, M. (Hg., 1992): Anne Frank Tagebuch. Fassung von Otto H. Frank und Mirjam Pressler. Aus dem Niederländischen von Mirjam Pressler. Frankfurt am Main (Jost).

Franz, M., Lieberz, K. & Schepank, H. (2004): Das Fehlen der Väter und die spätere seelische Entwicklung der Kriegskinder in einer deutschen Bevölkerungsstichprobe. In: Radebold, H. (Hg.): Kindheiten im II. Weltkrieg und ihre Folgen. 2. Auflage, 2005. Gießen (Psychosozial-Verlag).

Franz, M. (2005): Wenn Mütter allein erziehen. In: Praxis der Kinderpsychologie und Kinderpsychiatrie 54, 817–852.

Franz, M. (2006a): Traumatische Kindheit – ihre Folgen für das Erwachsenenleben. In: Psychotherapie im Dialog 1 (2006), Heft 7, 83–88.

Franz, M. (2006b): Wenn der Vater fehlt – Spätfolgen einer vaterlosen Gesellschaft. In: Nachrichten aus dem Deutschen Institut für Jugend und Gesellschaft 1. Bulletin, 2006, Heft 6, 22–31.

Franz, M., Hardt, J. & Brähler, E. (2007): Vaterlos: Langzeitfolgen des Aufwachsens ohne Vater im zweiten Weltkrieg. Zeitschrift für Psychosomatische Medizin und Psychotherapie 53, 3, 216–227.

Frei, N. (2001): Auschwitz und Holocaust – Begriff und Historiographie, URL: www.k85.squat.net/cineoffensive/auschwitz/Auschwitz und Holocaust.pdf (Stand: 15.09.2013), S. 1–3. In: Loewy, H. (Hg.): Holocaust: Die Grenzen des Verstehens. Eine Debatte über die Besetzung der Geschichte, S. 101–109.

Frei, N. (2005): 1945 und wir. Das Dritte Reich im Bewusstsein der Deutschen. München (Beck).

Frei, N. (2006): In: Zeit, 19.12.2006, Ausgabe 52: URL: www.zeit.de/2006/52/KA-Mittelst-ck (Stand: 20.10.2013).

Freud, A. (1971): Heimatlose Kinder. In: Kriegskinder. Berichte aus den Kriegskinderheimen »Hampstead Nurseries« 1941 und 1942. Band 2. Freud, A., Burlingham. Frankfurt am Main (Jost).

Friedrich, J. (2002): Der Brand. München (Propyläen).

Gebhardt, M. (2009): Die Last der »Lebensbemeisterung«: Ein Sozialisationsmuster des 20. Jahrhunderts und seine lange Wirkung. In: Seegers & L. Reulecke, J. (Hg.). Die Generation der Kriegskinder. Gießen (Psychosozial-Verlag).

Goldhagen, D. J. (2000): Hitlers willige Vollstrecker. Ganz gewöhnliche Deutsche und der Holocaust. Aus dem Amerikanischen von Kochmann. München (Goldmann).

Grass, G. (2002): Im Krebsgang. München (Deutscher Taschenbuch-Verlag).

Greb, T., Pilz, U. & Lamparter, U. (2000): Das Erleben von Krieg, Heimatverlust und Flucht in Kindheit und Jugend bei einem Kollektiv bypassoperierter Herzinfarktpa-tienten. In: Radebold, H. (Hg.). Kindheiten im II. Weltkrieg und ihre Folgen. 2. Auflage, 2005. Gießen (Psychosozial Verlag). Gießen.

Grice, H. P. (1975): Logic and Conversation. In: Syntax and Semantics. Cole, P., Morgan, J. (Hg.), Bd. 3, S. 41–58. Dt., In: Meggle, G. (Hg.,1993). Logik und Konversation, Übersetzung, Kemmerling, A. In: Handlung, Kommunikation. Frankfurt am Main (Suhrkamp), S. 243–265.

Grünberg, K. (2000): Liebe nach Auschwitz – Die Zweite Generation. Tübingen (Edition diskord).

Grünberg, K. & Straub, J. (2001): Unverlierbare Zeit. Psychosoziale Spätfolgen des Na-tionalsozialismus bei Nachkommen von Opfern und Tätern. Tübingen (Edition diskord).

Grundmann, M. (1992): Familienstruktur und Lebensverlauf. Historische und gesellschaft-liche Bedingungen individueller Entwicklung. Frankfurt (Campus).

Grundmann, M., Hoffmeister, D. & Knoth, S. (Hg., 2009): Kriegskinder in Deutschland zwischen Trauma und Normalität. Botschaften einer beschädigten Generation. Berlin, Lit.-Verlag), S. 1–30.

Haag, K. (2006): Wenn Mütter zu sehr lieben. Stuttgart (Kohlhammer).

Haarer, J. (1938): Die deutsche Mutter und ihr erstes Kind. München, Berlin (Lehmanns).

Hardt, J. (2003): Kriegskinder in der Analyse – Kriegskinder als Analytiker. Rezeption in der psychoanalytischen Fachwelt. Psychosozial (92), 81–86.

Heimannsberg, B. & Schmidt, C. J. (Hg., 1988): Das kollektive Schweigen. Nazivergan-genheit und gebrochene Identität in der Psychotherapie. Kröning (Asanger).

Heinlein, M. (2010): Die Erfindung der Erinnerung. Deutsche Kriegskindheiten im Ge-dächtnis der Gegenwart. Bielefeld (Transcript Verlag).

Herbert, U. (2001): Der Umgang mit dem »Holocaust« in der Bundesrepublik Deutsch-land. URL: www.lfpr.lt/uploads/File/2001-8/Herbert.pdf (Stand:15.10.2011).

Hess, Pater Sales (1946): Dachau: Eine Welt ohne Gott. Nürnberg (Sebaldus-Verlag).

Hessel, A., Geyer, M., Gunzelmann, T., Schumacher, J. & Brähler, E. (2003): Somato-forme Beschwerden bei über 60-Jährigen in Deutschland. Zeitschrift für Gerontologie und Geriatrie, 36, 287–296.

Heuft, G. (2006): Traumareaktivierung, Retraumatisierung und neurotische Entwicklung. In: Radebold, H. Heuft, G. & Fooken, I. (Hg.,). Kindheiten im Zweiten Weltkrieg. Weinheim (Juventa), S. 104–117.

Heuft, G., Kruse, A. & Radebold, H. (2000): Lehrbuch der Gerontopsychosomatik und Alterspsychotherapie. München (Ernst Reinhard Verlag).

Heuft, G., Schneider, G., Klaiberg, A. & Brähler, E. (2007): Ausgebombt – Psychische und psychosomatische Spätfolgen des Zweiten Weltkrieges. Zeitschrift für Psychosomatische Medizin und Psychotherapie, 53, 228–243.

Heyne, C. (1993): Täterinnen. Offene und versteckte Aggression von Frauen. Zürich (Kreuz-Verlag).

Hitler, A. (1925): Mein Kampf. In: Die Universalität der Menschenrechte. Bundeszentrale für politische Bildung. URL: www.harrold.org/rfhextra/download/Adolf%20Hitler %20-%20Mein%20Kampf%20-%20German.pdf (Stand: 27.08.2011)

Hole, G. (2004). Fanatismus – Der Drang zum Extrem und seine psychischen Wurzeln. Gießen (Psychosozial-Verlag).

Hughes, M. L. (2005): Kriegskindheit im Spiegel von Psychotherapieberichten. Unveröffentlichte Diplomarbeit im Rahmen des Münchener Projekts Kriegskindheit.

Jost, G. & Riedesser, P. (1998): Lehrbuch der Psychotraumatologie. 4. Auflage, 2009. München (Ernst Reinhardt Verlag).

Kamm, H. (2010): Kriegskinder als Psychoanalytiker. Forum der Psychoanalyse 26, 335–350.

Karow, Y. (1997): Deutsches Opfer. Kultische Selbstauslöschung auf den Reichsparteitagen der NSDAP. Berlin (Akademie Verlag).

Katz, D. (2004): Deutsche Kriegskindheit und ihre Berücksichtigung in der Psychotherapie. Unveröffentlichte Diplomarbeit im Rahmen des Münchener Projekts Kriegskindheit.

Keilson, H. (1994): Abschied, Erinnerung und Trauer. In: Wiesse, J. & Olbrich, E. (Hg.). Ein Ast bei Nacht kein Ast. Göttingen (Vandenhoeck & Ruprecht) S. 11–20.

Kelle, U., Kluge, S. (1999): Von Einzelfall zum TypuS. 2. Auflage, 2010. Wiesbaden (Verlag für Sozialwissenschaften).

Kestenberg, J. S. (1974): Kinder von Nazi-Verfolgten. Psyche, 1974, 28, 3, 249–265.

Kestenberg, J. S. (1993): Spätfolgen bei verfolgten Kindern. Psyche, 47, 8, 730–742.

Koch-Wagner, G. (2001): Gefühlserbschaften aus Kriegs- und Nazizeit. Mutter-Tochter-Beziehungen unter dem Einfluss von Kriegstraumata und nationalsozialistischen Ideologiefragmenten. Aachen (Shaker).

Kocijan-Hercigonja, D. (1997): Kinder im Krieg. In: Hilweg, W. & Ullmann, E. (Hg.). Kindheit und Trauma: Trennung, Missbrauch, Krieg. Göttingen (Vandenhoeck & Ruprecht), S. 177–194.

Kogan, I. (2009): Der stumme Schrei der Kinder. Die zweite Generation der Holocaust-Opfer. Gießen (Psychosozial-Verlag).

Kogan, I. (2011): Mit der Trauer kämpfen. Stuttgart (Klett Cotta).

Koukkou, M.; Leuzinger-Bohleber, M. & Mertens, W. (Hg., 1998): Erinnerung von Wirklichkeiten. Psychoanalyse und Neurowissenschaften im Dialog. Band 1: Bestandsaufnahme. Stuttgart (Verlag Internationale Psychoanalyse).

Krause-Vilmar, D. & Messner, R. (2002): Leben zum Tode – ein Bericht über Versuche, gemeinsam mit Studierenden den Nationalsozialismus zu verstehen. In: Jahrbuch für Historische Bildungsforschung, 8, 365–398.

Kruse, J. (2004): Seminarlexikon zur rekonstruktiven Analyse qualitativer Interviews. URL: www.uni-koeln.de/hf/konstrukt/didaktik/biografiearbeit/seminarreader (Stand: 01.11.2011)

Küchenhoff, J. (1991): Eine Krypta im Ich. Zur Identifikation mit frühverstorbenen Angehörigen. Forum der Psychoanalyse,7, 31–46.

Küppers, H. (1963): Simplicius 45. Leverkusen (Friedrich Middelhauve Verlag).

Kurth, W., Janus, L. & Galler, F. (Hg., 2006): Emotionale Strukturen, Nationen und Kriege. Jahrbuch für psychohistorische Forschung, Band 7, Heidelberg (Mattes Verlag).

Kuwert, P., Spitzer, C., Träder, A., Freyberger, H.J. & Ermann, M. (2007): Posttraumatische Belastungssymptome als Spätfolge von Kindheiten im Zweiten Weltkrieg. Psychotherapeut 52, 212–217.

Lamnek, S. (1993): Das narrative Interview. In: Lamnek, S.: Methoden und Techniken. Qualitative Sozialforschung. Band 2, Weinheim (Beltz), S. 70.

Lamnek, S. (2005): Qualitative Sozialforschung, Lehrbuch, 4. Auflage, Beltz, Weinheim.

Lamparter, U., Apel, L., Thießen, M., Wierling, D., Holstein & C., Wiegand-Grefe, S. (2008): Zeitzeugen des Hamburger »Feuersturms« und ihre Familien. Ein interdisziplinäres Projekt zur transgenerationalen Weitergabe traumatischer Kriegserfahrung. In: Radebold, H., Bohleber, W. & Zinnecker, J. (Hg.). Transgenerationale Weitergabe kriegsbelasteter Kindheiten. Weinheim, München (Juventa), S. 215–255.

Lamparter, U., Apel, L., Thießen, M., Wierling, D., Holstein, S. & Wiegand-Grefe (2008): Zeitzeugen des Hamburger »Feuersturms« und ihre Familien. Ein interdisziplinäres Forschungsprojekt zur transgenerationalen Weitergabe traumatischer Kriegserfahrungen. In: Radebold, H., Bohleber, W. & Zinnecker J. (Hg.): Transgenerationale Weitergabe kriegsbelasteter Kindheiten. Interdisziplinäre Studien zur Nachhaltigkeit historischer Erfahrungen über vier Generationen. Stuttgart (Klett-Cotta).

Laoer, N., Wolmer, L., Cohen & D. J. (2001): Mothers' Functioning and Children's Symptoms 5 Years after a SCUD-Missile Attack. American Journal of Psychiatry 158, 1020–1026.

Leuzinger-Bohleber, M. (2003): Die langen Schatten von Krieg und Verfolgung: Kriegskinder in Psychoanalysen. Psyche 57, 982–1016.

Leuzinger-Bohleber, M. (2011): Kriegskinder und Zeitgeschichte. URL: www.agingalive.de/zeitgeschichte.html (Stand: 02.11.2011).

Lieberz, K., Franz, M., Schepank, H. (2011a): Seelische Gesundheit im Leuzinger-Bohleber, M. & Zwiebel, R. (Hg., 2003): Trauma, Beziehung und soziale Realität. Tübingen (Edition diskord).

Lucius-Hoene, G &Deppermann, A. (2004): Rekonstruktion narrativer Identität. Wiesbaden (Verlag für Sozialwissenschaften).

Maercker, A., Herrle, J. & Grimm, I. (1999): Dresdener Bombennachtsopfer 50 Jahre danach: Eine Untersuchung patho- und salutogenetischer Variablen. Zeitschrift für Gerontopsychologie und -psychiatrie, Vol. 12, No. 3, 157–167.

Maercker, A., Forstmeier, S., Wagner, B., Glaesmer, H. & Brähler, E. (2008): Post-trau-
matische Belastungsstörungen in Deutschland. Ergebnisse einer gesamtdeutschen
epidemiologischen Untersuchung. Nervenarzt 79, 577–586.

Massing, A. & Beushausen, U. (1986): »Bis ins dritte und vierte Glied.« Auswirkungen
des Nationalsozialismus in den Familien. Psychosozial 28, 27–42.

Brockhaus G, Ermann M, Keupp H & Mertens W (2005): Gedanken zum 8. Mai. Forum
Psychoanal 21, 308–316.

Mitscherlich, A. & Mitscherlich, M. (1967): Die Unfähigkeit zu trauern. München (Piper).

Mommsen, H. (2008): Aufarbeitung und Verdrängung. Die Rolle der Zeitgeschichte.
Psychosozial, 114, IV, 7–13.

Müller, C., Heidtmann, E. & Ermann, M. (2008): Warum wir erinnern und forschen
müssen. In: Bendel, R. (Hg.): Vertriebene finden Heimat in der Kirche. Köln,
Weimar, Wien, (Böhlau), S. 174–186.

Müller, C. (2013): Kriegskinder – Wie haben sie ihre Kindheit verarbeitet? Kindheitsent-
wicklung im Nationalsozialismus, im Zweiten Weltkrieg und in der Nachkriegszeit.
Dissertation, LMU München. URL: www.edoc.ub.uni-muenchen.de/15531/1/
Mueller_Christine.pdf. (Stand 02.08.2013)

Müller-Hohagen, J. (1993): Komplizenschaft über Generationen. In: Welzer, H. (Hg.).
Nationalsozialismus und Moderne. Tübingen (Edition diskord), S. 26–60.

Müller-Hohagen, J. (2005): Verleugnet, verdrängt, verschwiegen. Seelische Nachwirkungen
der NS-Zeit und Wege zu ihrer Überwindung. München (Kösel).

Neumann, P. H. (1979): Paul Celan: Schönheit des Grauens oder Greuel der Schönheit?
»Todesfuge«. In: Hinck, W. (Hg.). Geschichte im Gedicht. Texte und Interpretatio-
nen: Protestlied, Bänkelsang, Ballade, Chronik. Frankfurt am Main (Suhrkamp),
S. 229–237.

Pape, D. (2005): Diskursanalyse im Interview. Unveröffentlichtes Skriptum.

Petri, H. (2009): Das Drama der Vaterentbehrung. München (Ernst Reinhard Verlag).

Piaget, J. (1987): Piagets Entwicklungstheorie. In: Oerter, R. & Montada, L. (Hg.):
Entwicklungspsychologie. 2. Auflage, 1987. Weinheim (Psychologie Verlags Union),
S. 450–455.

Psyche Sonderheft (2000): Trauma, Gewalt und Kollektives GedächtniS. 54. Jahrgang.

Psyche Sonderheft (2001). Zur Psychoanalyse menschlicher Destruktivität. 55. Jahrgang.

Psyche Sonderheft (2003). Vergangenheit in der Gegenwart. Zeit – Narration -Geschichte.
57. Jahrgang.

Radebold, H. (2000): Abwesende Väter und Kriegskindheit. Fortbestehende Folgen in
Psychoanalysen. 3. Auflage, 2004. Göttingen (Vandenhoeck & Ruprecht).

Radedold, H. (2004a). Kriegsbeschädigte Kindheiten (1928–1929 bis 1945–48) Kenntnis
und Forschungsstand. In: Radebold, H. (Hg.): Kindheiten im II. Weltkrieg und
ihre Folgen. 2. Auflage 2005. Gießen (Psychosozial-Verlag), S. 17–29.

Radebold, H. (2004b): Traumafolgen während des Alterns – Dargestellt am Beispiel der
Kriegskindergeneration. In: Börner, I. (Hg.). Trauma und psychische Erkrankungen –

Borderline Persönlichkeitsstörungen. Band 46, Senden (Edition Medizin und Wissenschaft) S. 49–60.

Radebold, H. (2005). Die dunklen Schatten unserer Vergangenheit. 3. Auflage, 2009. Stuttgart (Klett-Cotta).

Radebold, H. & Heuft, G. (2006a): Bleiben (Kriegs-)Traumata potenziell lebenslang ein Risikofaktor? – Wir haben eine Geschichte, wir sind Geschichte und wir verkörpern Geschichte. ZPPM 4, 39–52.

Radebold, H.; Heuft, G. & Fooken, G. (Hg., 2006b): Transgenerationale Weitergabe kriegsbelasteter Kindheiten. Kindheiten im Zweiten Weltkrieg. Kriegserfahrungen und deren Folgen aus psychohistorischer Perspektive. Weinheim (Juventa).

Radebold, H.; Bohleber, W. & Zinnecker, J. (Hg., 2008a): Transgenerationale Weitergabe kriegsbelasteter Kindheiten. Interdisziplinäre Studien zur Nachhaltigkeit historischer Erfahrungen über vier Generationen. Weinheim, München (Juventa).

Radebold, H. (2008b): Kriegsbedingte Kindheiten und Jugendzeit. Teil 2: Väterliche Abwesenheit und ihre Auswirkungen auf individuelle Entwicklung, Identität und Elternschaft. In: Radebold, H.; Bohleber & W., Zinnecker, J. (Hg.): Transgenerationale Weitergabe kriegsbelasteter Kindheiten. Interdisziplinäre Studien zur Nachhaltigkeit historischer Erfahrungen über vier Generationen. Weinheim (Juventa).

Reichertz, J. (2003): Die Abduktion in der qualitativen Sozialforschung. Opladen (Leske-Budrich).

Reulecke, J. (Hg., 2003): Generationalität und Lebensgeschichte im 20. Jahrhundert. Schriften des Historischen Kollegs, Bd. 58. München (Oldenbourg).

Reulecke, J. & Stambolis, B. (2008): Kindheiten und Jugendzeit im Zweiten Weltkrieg. Erfahrungen und Normen der Elterngeneration und ihre Weitergabe. In: Radebold, H.; Bohleber, W. & Zinnecker, J.(Hg.): Transgenerationale Weitergabe kriegsbelasteter Kindheiten. Weinheim, München (Juventa), S. 13–31.

Reulecke, J. (2010): »Vaterlose Söhne« in einer »vaterlosen Gesellschaft«. Die Bundesrepublik nach 1945. In: Thomä, D. (Hg.): Vaterlosigkeit. Geschichte und Gegenwart einer fixen Idee. Berlin (Suhrkamp), S. 142–159.

Roberts, U. (1994): Starke Mütter – ferne Väter. Töchter reflektieren ihre Kindheit im Nationalsozialismus und in der Nachkriegszeit. Frankfurt (Jost).

Schelsky, H. (1957): Die skeptische Generation. Düsseldorf, Köln (Eugen Diederichs Verlag).

Schlesinger-Kipp, G. (2004): Psychoanalytische Behandlungen von Kriegs»kindern«. Ergebnisse der Katamnesestudie. In: Radebold, H. (Hg.): Kindheiten im II. Weltkrieg und ihre Folgen. 2. Auflage, 2005. Gießen (Psychosozial-Verlag), S. 75–90.

Schlesinger-Kipp, G. (2012): Kindheit im Krieg und Nationalsozialismus. PsychoanalytikerInnen erinnern sich. Gießen (Psychosozial-Verlag).

Schmid, M. (2010): Erziehungsratgeber und Erziehungswissenschaft. Bad Heilbrunn (Klinkhardt Verlag).

Schmidbauer, W. (1998): »Ich wußte nie, was mit Vater ist«. Hamburg (Reinbek).

Schmitz-Berning, C. (1998). Vokabular des Nationalsozialismus. Nachruck, 2000. Berlin, New York (de Gruyter).

Schneider, C. (1993): Jenseits der Schuld? Die Unfähigkeit zu Trauern in der zweiten Generation. Psyche 47, 754–774.

Schneider, G.; Driesch, G.; Kruse, A.; Nehen, H.-G. & Heuft, G. (2007): Alt und krank und trotzdem zufrieden? Zur Resilienz im Prozess des Alterns. In: Fooken, I. & Zinnecker, J. (Hg.): Trauma und Resilienz. 2. Auflage, 2009. (Weinheim, München (Juventa), S. 121–130.

Schneider, J. (2001): Deutsch sein. Das Eigene, das Fremde und die Vergangenheit im Selbstbild des vereinten Deutschlands. Campus Verlag (Frankfurt/New York).

Seegers, L. (2009): Vaterlosigkeit als kriegsbedingte Erfahrung des 20. Jahrhunderts in Deutschland. In: Seegers, L., Reulecke, J. (Hg.): Die Generation der Kriegskinder. Gießen (Psychosozial-Verlag).

Seidler, C. (2003): Lange Schatten – Die Kinder der Kriegskinder kommen in die Psychoanalyse. In: Radebold, H. (Hg.): Schwerpunktheft Kindheit im II. Weltkrieg und ihre Folgen. Psychosozial, 26, 73–80.

Selek, P. (2010): Zum Mann gehätschelt – zum Mann gedrillt. Berlin (Orlanda Frauenverlag GmbH).

Steinke, I. (2000): Gütekriterien qualitativer Forschung. In: Flick, U.; von Kardorff, E. & Steinke, I. (Hg.): Qualitative Forschung. Ein Handbuch. Hamburg (Rowohlt, Reinbek), S. 319–331.

Strauss, A. L. & Corbin, J. (1996): Grundlagen qualitativer Sozialforschung. Weinheim (Beltz Psychologie Verlags Union).

Streeck-Jost; A., Sachsse, U. & Ökzan, I. (Hg., 2001): Körper Seele Trauma. Biologie, Klinik und Praxis. Göttingen (Vandenhoeck & Ruprecht).

Teegen, F. & Cizmic, L-D. (2003): Traumatische Lebenserfahrungen. Zeitschrift für Gerontopsychologie und -psychiatrie. Volume 16, Nummer 2.

Teegen, F. & Meister, V. (2000): Traumatische Erfahrungen deutscher Flüchtlinge am Ende des II. Weltkrieges und heutige Belastungsstörungen. ZfGP 13, 2000, 112–124.

Thomae, H.; Coerper, C. & Hagen W. (1954): Deutsche Nachkriegskinder. Stuttgart (Klett Cotta).

Ulbrich-Monsees, K. (2008): Identität und Selbstbild der Kriegskinder. Unveröffentlichte Diplomarbeit, Münchener Projekt Kriegskindheit.

Urban, D. & Singelmann, J. (1998): Übertragung fremdenfeindlicher Einstellungen von den Eltern auf die Kinder. Eine regionale Längsschnitt-Studie über die intra- und intergenerationale Formierung eines Musters sozialer Orientierung. Zeitschrift für Soziologie 27, 4, 276f.

Volkan, V. (2012): Die Erweiterung der psychoanalytischen Behandlungstechnik bei neurotischen, traumatisierten, narzisstischen und Borderline-Persönlichkeitsorganisationen. Gießen (Psychosozial Verlag).

Walter, J. (1998): Psychotherapeutische Arbeit mit Flüchtlingskindern und ihren Familien. In: Endres, M. & Biermann, G. (Hg.): Traumatisierung in Kindheit und Jugend. München (Reinhard), S. 59–77.

Wellendorf, F. (Hg., 2009): Über die (Un)Möglichkeit zu trauern. Stuttgart (Klett Cotta).

Welzer, H. (Hg., 1993): Nationalsozialismus und Moderne. Tübingen (Edition diskord).

Welzer, H. (Hg., 1995): Das Gedächtnis der Bilder.

Welzer, H.; Montau, R. & Plaß, C. (1997): Was wir für böse Menschen sind. Der Nationalsozialismus im Gespräch zwischen den Generationen. Tübingen (Edition diskord).

Welzer, H.; Moller, S. & Tschuggnall, K. (2002): Opa war kein Nazi. Nationalsozialismus und Holocaust im Familiengedächtnis. Frankfurt a. M. (Fischer).

Welzer, H. (2007): Die Deutschen und ihr Drittes Reich. Landeszentrale für politische Bildung. Aus Politik und Zeitgeschichte. URL: www.bpb.de/apuz/30543/die-deutschen-und-ihr-drittes-reich?p=all (Stand: 30.10.2013)

Marie-Luise Kindler, Luise Krebs, Iris Wachsmuth,
Silke Birgitta Gahleitner (Hg.)

»Das ist einfach unsere Geschichte«

Lebenswege der zweiten Generation
nach dem Nationalsozialismus

2013 · 202 Seiten · Broschur
ISBN 978-3-8379-2225-7

Die Generation der nach 1945 Geborenen kommt langsam ins Rentenalter.

In diesem Lebensabschnitt wird die Auseinandersetzung mit der Vergangenheit verstärkt zum Thema. Damit stellen sich aber auch Fragen wie: Inwiefern verspüren die Angehörigen dieser Generation das Bedürfnis, ihre Geschichte und die ihrer Eltern aufzuarbeiten, zu verstehen? Werden überhaupt Verknüpfungen zur kollektiven Geschichte hergestellt?

Die vorliegende Studie der Alice Salomon Hochschule Berlin gibt einen fundierten Einblick in die komplexe Verkettung der Folgen des Naziregimes und der daraus resultierenden familialen Tradierungen. Gezielt wurden nicht nur die Söhne und Töchter von Opfern und TäterInnen befragt, sondern auch Nachkommen von Eltern, die die Zeit der Naziherrschaft als Angehörige der nationalsozialistischen Mehrheits- und MitläuferInnengesellschaft oder auf andere Weise überlebt und gestaltet haben. Dabei zeigt sich, dass die stets neu variierenden Aspekte des Umgangs unsere Aufmerksamkeit verlangen, um Möglichkeiten der Aufklärung und Auseinandersetzung zu bieten. Zugleich fördern die Ergebnisse der Untersuchung die Einsicht, dass Verstehen niemals lückenlos möglich sein wird.

Walltorstr. 10 · 35390 Gießen · Tel. 0641-969978-18 · Fax 0641-969978-19
bestellung@psychosozial-verlag.de · www.psychosozial-verlag.de

[] **Psychosozial-Verlag**

Gertraud Schlesinger-Kipp

Kindheit im Krieg und Nationalsozialismus

PsychoanalytikerInnen erinnern sich

2012 · 376 Seiten · Broschur
ISBN 978-3-8379-2200-4

Als Teil der interdisziplinären Erforschung des kulturellen Gedächtnisses untersucht die Autorin Erinnerungsprozesse von Psychoanalytikerinnen und Psychoanalytikern, die zwischen 1930 und 1945 geboren wurden.

Mithilfe von Fragebögen sammelt sie die Erinnerungen von 200 »Kriegskindern« an ihr Aufwachsen im Nationalsozialismus. Ein unerwartetes Ergebnis ihrer Studie ist, dass 60 Prozent der Befragten traumatische Erlebnisse angeben. Es gibt signifikante Alters- und Geschlechtsunterschiede und die eigene Psychoanalyse war bei der Verarbeitung dieser Kindheit unterschiedlich nützlich.

Mit zehn Personen dieser Gruppe führt Schlesinger-Kipp anschließend vertiefende Interviews, um der »narrativen Wahrheit« näher zu kommen. Ausgehend von dem Konzept der »Nachträglichkeit« untersucht sie den Einfluss des späteren Bewusstwerdens der kollektiven deutschen Schuld sowie die Auswirkungen der nationalsozialistischen Erziehungsideale auf die individuellen Erinnerungen an die Kindheit.

Walltorstr. 10 · 35390 Gießen · Tel. 0641-969978-18 · Fax 0641-969978-19
bestellung@psychosozial-verlag.de · www.psychosozial-verlag.de

Psychosozial-Verlag

Hartmut Radebold (Hg.)
Kindheiten im Zweiten Weltkrieg und ihre Folgen

3. Auflage 2012 · 237 Seiten · Broschur
ISBN 978-3-8379-2244-8

»Die Seelennot der Kriegskinder, wie sie sich von der
Warte der Analytiker in der
therapeutischen Praxis darstellt. Und wie sie sich in die
zweite, in die dritte Generation
fortwirkt. Eine erhellende Lektüre inmitten der Erinnerungskultur.«

Die ZEIT

»Die Aufsätze des Buches geben Einblick in den Kenntnis- und Forschungsstand und diskutieren Perspektiven,
außerdem werden unterschiedliche
historisch-sozialgeschichtliche, psychologische und medizinische Aspekte
angesprochen und u.a. anhand von
Studienergebnissen und Fallberichten
vorgestellt. Die Lektüre empfiehlt sich
insbesondere Therapeuten, die mit dieser Generation arbeiten, aber natürlich
auch allen psychosozialgeschichtlich
Interessierten oder selbst Betroffenen.«
Psychotherapie im Dialog 1/2006

Nachdem sie lange geschwiegen und
verdrängt hat, erinnert sich die Generation der »Kriegskinder« an ihre
Kindheit und Jugendzeit im Krieg
und die Folgen. Das, was ihr Leben so
elementar bestimmte, wird erst in den
letzten Jahren wahrgenommen und
diskutiert.

Walltorstr. 10 · 35390 Gießen · Tel. 0641-969978-18 · Fax 0641-969978-19
bestellung@psychosozial-verlag.de · www.psychosozial-verlag.de

🔲 **Psychosozial-Verlag**

Reinhard Hesse (Hg.)

»Ich schrieb mich selbst auf Schindlers Liste«

Die Geschichte von Hilde und Rose Berger

2013 · 223 Seiten · Broschur
ISBN 978-3-8379-2273-8

Zwei unwahrscheinliche Lebensgeschichten in faszinierenden Interviews, Dokumenten und Bildern.

Hilde und Rose Berger wurden in der Zeit des Ersten Weltkriegs als Kinder eingewanderter jüdischer Eltern in Berlin geboren. Beide entwickelten schon früh politisches Bewusstsein und engagierten sich in jüdischen Jugendgruppen, später in der kommunistischen und schließlich in der trotzkistischen Bewegung. Kurz vor Ausbruch des Zweiten Weltkriegs musste die Familie Deutschland verlassen. Während Rose nach Frankreich fliehen konnte, gehörte Hilde zu den Juden, die im ukrainischen Boryslaw unter dem Schutz von Berthold Beitz standen. Nach dessen Einzug in den Kriegsdienst wurde Hilde in das KZ Plaszow deportiert. Dort hatte sie als Schreibkraft die Aufgabe, Oskar Schindlers später berühmt gewordene Liste zu tippen – ein Zufall, der ihr das Leben rettete.

Anhand von Interviews und Erzählungen wird in diesem Band die ungewöhnliche Geschichte zweier Holocaust-Überlebender dargestellt. Zahlreiche Dokumente und Bilder veranschaulichen die Überlebensgeschichten der Schwestern und geben einen Einblick in ihr Leben nach dem Krieg.

Walltorstr. 10 · 35390 Gießen · Tel. 0641-9699 78-18 · Fax 0641-9699 78-19
bestellung@psychosozial-verlag.de · www.psychosozial-verlag.de

🔲 **Psychosozial-Verlag**

Markus Zöchmeister
Vom Leben danach
Eine transgenerationelle Studie über die Shoah

2013 · 532 Seiten · Broschur
ISBN 978-3-8379-2281-3

Die Verbindung von singulären Schicksalen zu einer Komposition der Stimmen eröffnet neue Einblicke in Prozesse der Traumatradierung.

Das Trauma der Shoah wirkt sich bis heute auf die Überlebenden und ihre Familien aus. Anhand von Interviews mit Angehörigen der ersten, zweiten und dritten Generation geht der Autor seiner zentralen Forschungsfrage nach: Gibt es bestimmte Mechanismen, die die Transposition des Traumas von einer Generation auf die nächste befördern?

Der zentrale Angelpunkt scheint dabei in einem Phänomen zu liegen, das Markus Zöchmeister als die Nähe zum Tod beschreibt. Der Tod des anderen, der ebenso gut der eigene hätte sein können, prägt das Leben über Generationen hinweg. Durch die Komposition der Stimmen gelingt es, den Weg der Tradierung nachzuzeichnen und der Theorie der Transposition neue Erkenntnisse hinzuzufügen.

Walltorstr. 10 · 35390 Gießen · Tel. 0641-969978-18 · Fax 0641-969978-19
bestellung@psychosozial-verlag.de · www.psychosozial-verlag.de